PRÓLOGO DE LA EDITORIAL

Este libro ha tenido, desde su origen hasta su lanzamiento, una vida muy peculiar. Su publicación fue aplazada primero, y rechazada después, por la Editorial Proteo, que se había hecho cargo de todas las anteriores novelas de Deyanira Alarcón. De su autoría no era posible dudar por tratarse de un texto estrictamente manuscrito. Pero Proteo alegó que consistía en un material inconcluso, abocetado sólo y demasiado distinto, y aun contrario, a la obra anterior, cuidada y coherente, de la autora. En él se aludía a intimidades no del todo contrastadas y a ideas sociales inverosímiles en el caso de la famosa novelista. Así como a una dureza de vocabulario y de actitudes del todo impropias de ella.

Los géneros literarios nunca han tenido límites estrictos. Y quizá ahora menos todavía. Este libro no es una novela ni siquiera al modo menos tradicional: lo que en él se recoge no es ficción. ¿Podría considerarlo alguien un libro de viajes? Acaso de dos: un largo viaje interior e intrincado, y otro exterior, muy conocido, en una versión personal. Pero también puede vérsele como un conjunto de reflexiones, vividas con desgarro, sobre el amor, la soledad, la felicidad siempre perseguida y con excesiva frecuencia no encontrada...

Pero ¿podría consistir entonces en una biografía, en una autobiografía más bien? No es ésa su intención. Ni en un diario. Ni en un estudio sobre el sexo. Ni en un relato de aventuras contra la mafia y la política. Ni en un estudio con referencias zoológicas o botánicas... Sin embargo, contiene algo de todo lo anterior... En ningún caso corresponde a un tipo de escrito calificable. Hay que acercarse a él sin prejuicios: con los ojos y el corazón abiertos a lo que vaya a encontrarse, que nunca será lo mismo para un lector u otro.

Lo que se narra en él, si algo se narra, es una historia infrecuente, pero de ninguna manera inverosímil. Entre otras cosas, porque se refiere a hechos comprobados, quizá más frecuentes de lo que creemos. Y desde luego por la condición de los personajes, que son reales e incluso conocidos por bastantes lectores. Sobre todos, la propia protagonista, que es a la vez la que lo escribe.

Quizá la forma de contar los hechos sea insólita, pero no más que los hechos que cuenta. El lector, por lo tanto, debe colaborar más que en otras ocasiones; debe comprender la evolución de una historia interior que sale de sí misma, pero no con la intención de ser leída. Consiste –eso sin duda– en el trayecto interior y exterior de una mujer en crisis que, por ser escritora, ella misma como personaje investiga. Quizá da por sabidos algunos extremos de su vida, o al menos no los recoge; pero con los datos que, sin proponérselo, suministra, tendrá el lector lo suficiente para adentrarse en ella y acompañarla en la búsqueda de sí misma. Si la vida no está sobre la literatura, y ésta no sirve para aquélla, debe ser olvidada o suprimida. Es lo que se hace aquí.

Su primera parte es reflexiva e íntima, como la asimilación de cualquier soledad; la segunda, un viraje total, puede resultar, en comparación con la anterior, vertiginosa, como la asimilación de cualquier desafío y de cualquier difícil historia de amor.

La autora de este libro –llamémosle así–, Deyanira Alarcón, no fue nunca una mujer sencilla de entender. En este caso lo demuestra mejor que en sus anteriores novelas, que llegaron al público con gran éxito y brillante acogida. Sencillamente porque aquí no es una novelista, es ella, entera y verdadera: una mujer que trata de explicarse a sí misma y de sobrevivir escribiendo, después de haber renunciado a ese tipo de literatura que sólo sirve como literatura. Este libro, cuya autora no pensó como tal sino como un espejo que hace aguas a veces y a veces refleja una superrealidad, es un texto disperso que, sin procurarlo, se transforma en una confesión veraz y estremecida. En una confesión desprovista de pudor e incluso de respeto a sus imaginables lectores, que ella no tuvo en cuenta, más aún, que rechazó al escribirla. Porque no pretendía ni su aceptación ni su aplauso ni su entretenimiento. Ni siquiera su posible existencia.

Es eso lo que opone este libro a sus novelas de ficción anteriores, de carácter más creativo, imaginario y tradicional. Aquí Deyanira Alarcón, famosa no sólo por su pluma sino por su belleza, aparece sola y desnuda, tanto en sus opiniones cuanto en sus peripecias. De ahí que sea inclasificable, precisamente por la intención no clasificable de su creadora. En su desordenado conjunto se despreocupa de la forma acostumbrada, de un fin lógico y perseguido, de una exposición respetuosa e incluso respetable. Se trata de una pesquisa personal, con avatares que suelen encubrirse o disfrazarse y con un lenguaje no siempre comedido. Todo sorprende aquí: las inusuales reflexiones, los pasos de una distracción forzosa, cierta procacidad, una relación o varias sobrevenidas y sorprendentes para ella misma también...

En definitiva, éste es un libro singular y curioso. Porque nunca quiso convertirse en un libro ni se escribió pensando en los lectores. Ni siquiera en ser leído por nadie. Asume el desahogo de su autora, que no volvió los ojos, a conciencia, sobre él. Acaso por eso habla con desdén de *Los papeles de agua*, que significan el acatamiento de un destino y sintetizan la actitud, la conciencia y casi la presciencia de quien lo cumple a ciegas. A pesar de todo lo dicho, o precisamente por ello, sin el lector no tendrían el más mínimo sentido. De ahí que lo editemos.

Con seguridad no debemos aclarar –o quizá fuese confundir– ningún otro supuesto. Salvo algo que, al final, nos corresponderá añadir.

LOS PAPELES DE AGUA

Miro hacia atrás y veo que me ha rodeado siempre una cerca encrespada de vidrios rotos y de cristales puntiagudos. ¿Quién me encerró con ella? ¿Quién podría saltarla sin desangrarse? Ni un solo momento de mi vida puedo considerarlo feliz. Ni siquiera cuando he tratado de engañarme. Todo lo que me importaba se me ha acercado sólo para decirme adiós.

Que no se pongan moños los que escriben, ya lo hagan bien ya mal: eso nadie lo sabe hasta después. Porque todo es literatura. En el sentido estricto y en el despectivo a la vez. Si no se escribe, si no se cuenta, nada existe ni dura. Aunque parezca susurrada, secreta o al menos sigilosa, la política es literatura en cuanto trata de explicarse y de proliferar. Y en cuanto trata de convencer y apear sus absurdos, la teología es también literatura en el peor sentido de la palabra. Y la justicia y la economía y el latrocinio y la desigualdad de clases. Y, por encima de todo, el amor: una moneda muy valiosa que no sirve para comprar absolutamente nada. (Voltaire atisbó algo: «Curtir la piel del oso que devoró a Abacaba no consuela».) O la cenestesia, ese resumen de nuestro interior y de nuestro exterior, esa confusa síntesis de nuestras sensaciones.

No sé el tiempo que llevo sin escribir. No me interesa ya. Me deprime. Me parece un infantilismo. Es para escribir contra el escribir (y también contra el no escribir) por lo que hoy, después de estar vagando por esta ciudad inhabitable, subo a mi par de humildes habitaciones, donde no hay nada personal, nada me recuerda a nadie, ni a mí misma, y cojo una cuartilla escrita por la otra cara con una diligencia del juzgado número 38 de Madrid, dirigida a no sé quién ni me importa, y que tampoco sé cómo ha llegado hasta mis manos. El folio del que formaba parte va acompañado de otro, que sugiere cómo burlar la ley a golpe de talonario. También eso es literatura... Lo es hasta lo que no se escribe y en consecuencia no puede leerse. Cuanto se relata y se obra, se obra y se relata como literatura. Todo lo que acontece es literatura o nada.

Entonces, ¿para qué romperse las manos escribiendo? (La de veces que me habré preguntado por qué he escrito siempre a mano... Ninguna máquina, ni antigua ni moderna, me ha tentado.) ¿Para qué reprocharme a mí misma, como lo hago, no escribir ya? Si no he dejado nunca de escribir, o eso supongo... Lo que ocurre es que ahora estoy cansada, no de hacerlo sino de no hacerlo. Quizá mis antiguos lectores lo agradezcan, aunque a todo llega una a acostumbrarse... Estoy deprimida. Estoy aburrida. He corrido mucho durante un largo tiempo. O a mí se me ha hecho largo. Quizá esté agotada. O mejor, hasta los ovarios. Tengo gana de hablar sólo con los analfabetos; porque lo que oigan los leídos será otra vez literatura.

Me he venido –o me han traído– hasta aquí para estar sola. Para no hablar ni con el servicio, porque no lo necesito y ni siquiera conoce el español. Para hablar sólo un poco, muy poco, con algún transeúnte y preguntarle una dirección. En esta ciudad, donde la respuesta es siempre la misma: *«Destra, sinistra, sinistra, destra, destra, sinistra e altra volta sinistra»*. Los transeúntes son los que me hacen ahora compañía. He decidido (pero ¿lo he decidido yo de veras?) quedarme aquí para convencerme de qué innecesario es escribir. Sobre todo si se está convencida de que nadie va a leerte como debe, o como tú te crees que debe. O, mejor aún, de que nadie va a leerte en absoluto. O, mejor que mejor, de que van a tratar de aniquilarte: los grupitos contrarios, los enemigos ni siquiera terribles sino ruines, los envidiosillos que desean tacharte encogiéndose de hombros cuando te cita alguien.

No me asombra: siempre ha sido así. Con todos. Pasa hoy con Nietzsche y con quienes lo criticaron desde su aparente mismo nivel, como Mann o Canetti, que había previamente hundido a Mann: él sólo amaba a Demócrito, porque quedaba lejos. Pasa hoy con Heidegger, que tanto ilusionó al principio a tres o cuatro contagiados, y ahora se le acusa de escribir como un esquizofrénico. O con Melville, al que se acusa, ante su matrimonio blanco (o más que blanco, transparente) de la *prosa eyaculatoria* de su libro *Pierre.* O con el infeliz Kafka, que animó a tantos desanimados de momento, porque se consideraban más enriquecedores y más profundos y más felices que él, y quizá lo eran. Pasó y pasa con los rusos en general: aquel Iván Goncharov de mi infancia, o Dostoyevski (del que nadie está seguro ni de escribir bien el apellido) o el autosuficiente Tolstói, que a nadie quiso y por nadie fue querido en vida, y, por fin, después de ella, aún se atrevió a escribir que Shakespeare era un escritor rematadamente malo y que su éxito sólo lo explica «una especie de hipnosis colectiva». No se le pasó ni por la imaginación que tal escritor malísimo fuese un colectivo integrado nada menos que por Marlowe, Bacon, Edward de Vere, conde de Oxford, y quizá por el propio mister W. H. de los sonetos… Ja, ja. Como para que te declaren inmortal sin que sepan ni de números ni de letras… Yo, sin embargo, creo que Shakespeare fue sólo un trío: él, que sí existió, Marlowe, y Bacon, los tres homosexuales, como otro que yo sé… Pero todo lo ensayístico del primero es del tercero; los sonetos del primero son del segundo; y las comedias del tercero, del primero, aunque en este campo hay mezclas, confusiones y matrimonios adulterinos. Como otro que también sé. En cualquier caso, un lío sin importancia: lo único que importan son sus consecuencias, señor conde León Tolstói.

¿Y la infeliz y pensativa Simone de Beauvoir, a la que el horroroso Jean-Paul Sartre llamaba su Castor? Los dos, siempre tan unidos que compartían las novias, han sido hoy comparados con Ginger Rogers y Fred Astaire. Qué pena. Tantos razonamientos para acabar así. Nos está bien empleado, por escribir. Mauriac, que tenía mala leche como todos los *buenos* dijo que, después de leer *El segundo sexo*, sabía todo sobre la vagina de la Beauvoir. «Es asqueroso», concluía... Aunque yo esté de acuerdo con ella en una cosa: hay que cambiar el orden del mundo antes de que cambie de deseos. Los suyos, más que nada, eran la libertad sexual y toda su reata. Me parece muy bien. Por eso, cuando ella y su Jean-Paul, con su estrabismo tan divergente, fueron a Moscú no era tanto para besarle los bigotes a Stalin como para acostarse con Lena Zonina, una espléndida espía del KGB. Para acostarse ella más que él por descontado. Porque ella, tan rebelde de cama, era sumisa, doméstica, delicada y celosa fuera de la cama y dentro de la prisión dogmática del bisojo filósofo. Y a pesar de ello alardeaba de feminista, de independiente y pensadora. Nunca me atrajeron sus libros ni su vida. Una vez pensé que Tomás de Aquino pensaba en ella cuando definió a la mujer como un hombre frustrado: como era santo, quizá profetizaba. Una pena. La misma pena que no vale escribir. Por fortuna yo he dejado de hacerlo. Porque la palabra *escritor* me da unas veces risa y otras escalofríos.

Y no sé si lo he decidido o he sido obligada. Sea como sea, prefiero no escribir con tal de no hacerlo, por ejemplo, como lo hizo Borges, que nunca se atreve a chocar contra la piedra, sino que la reblandece para describirla mejor y a su manera, no a la de la piedra. Qué escasa valentía y cuánto engaño ajeno después del autoengaño. O lo mismo que Brecht, tan admirado en un momento, antes de que se supiera su opinión sobre lo que escribía: «¿Qué importa si la gente pasa hambre? ¿Es que la sacias cuando escribes teatro sobre el hambre? Hay que llegar arriba, hay que imponerse, hay que tener un teatro, hay que representar al público las propias obras. Y después ya veremos». Sí, cierto: después ya lo hemos visto. Todo es una descomunal letrina, donde los propios excrementos no se distinguen de los de otros. Porque la mayor parte hemos dicho, antes de abrir la boca, más de lo que teníamos que decir. De ahí que yo haya elegido cagar en mi retrete y tirar luego de la cadena.

Di que sí, Asun, preciosa: vomita todo el rencor que tienes dentro. Así te quedarás tranquila de una vez. Ojalá.

Quizá antes, mucho antes de ahora, la cosa de escribir tuvo cierto halo. No lo digo por los clásicos, que sólo lo hicieron para criticar desde la barrera, detrás del burladero. O para comer, sobre todo los españoles, que le bailaban el agua a cualquier poderoso. Pero ahora el más idiota, de cualquier sexo y profesión, con una vida cargada de aburrimiento y de jubilaciones, de avaricia o de escándalos, aunque no sean muy grandes, quiere contarnos algo. Quiere escarmentarnos o iluminarnos: jodernos, en una palabra. Y la literatura que inventa, o que manda inventar a un negro, es aún peor que su experiencia, más ramplona y con más errores... ¿Y a esa mierda la transformaron unos cuantos en sustituto de la vida? Qué desencanto si es que algún día estuve de veras encantada. Qué mal trueque. Aunque ningún escritor, quizá por eso, desea vivir peligrosamente al borde del abismo. Todo mentira. Hemingway y su pandilla americana, qué *bluf.* Bastante peligro es ya escribir. Yo caí en él. De él vengo. No voy a repetir esa corrida... Ni aunque me echara su capotillo san Fermín. Sólo la buena poesía –pero ¿cuál es la buena?– puede librarse de la condena universal. Porque es dictada, claro. Y hay que tener muy buen oído, un oído muy fino, para escuchar lo que nos dicen –¿desde dónde?– y para musicar lo que escribimos... Quizá la música es lo que salva todo. Pero ¿qué música? Hay tanto horror que intenta confundirse con ella... En el crucero que, sin quererlo yo o sin conciencia de ello por lo menos, me dejó aquí, compuse algo sin escribirlo, pero aún lo recuerdo. Maldita sea mi estampa. Decía aproximadamente así:

La gran estela nos prolonga
y nos despide a un tiempo.
Desgarra los turquesas
entre espumas rabiosas;
altera la grave indiferencia:
salta, se pliega, se refugia
en sí misma, juega, se enreda y abre,
muerde, lanza un millón de carcajadas,
se queja y clama, se ensordece,
se abruma y nos abruma...
Hasta que cicatriza, después de adormecerse,
lejos de nuestros ojos.
Y allí, en el horizonte,
se funde nuevamente
con la serenidad.
Quizá con el olvido...
Así actúa el amor
y todo lo demás.

Siento una especie de náusea física cuando recuerdo lo que he escrito. De la cantidad hablo. No es ya tedio y hartazgo de haberlo hecho, sino pesar. Y miro alrededor y me escandalizo. Veo que ahora se escribe más que nunca. Quizá sean culpables los ordenadores. Por gente que no sabe siquiera ortografía ni otra regla ninguna; ni sentido del ritmo. Por gente que, porque se aburre, quiere aburrir a los demás. O peor, por gente que se considera interesante, o que presume de vida apasionada o de inteligencia superior. O sólo porque quiere publicar algo, a menudo sin el más mínimo interés, y ver su nombre en un libro o, mejor todavía, en la televisión. O encarga a otro que lo haga por él, porque, en el más encomiable de los casos, él o ella ya sabe por lo menos que no sabe escribir. Como una especie de pésimo periodismo de hoy para mañana, que sólo sirve para envolver merluza semicongelada. O ni para eso, porque los periódicos no se usan ya como envoltorios. Ni como nada, porque para eso están otros papeles: el albal y el higiénico. Qué decepción. Qué vida tan vana y tan baldía he llevado… (Aunque al final me pusieran en mi sitio, que aún no sé cuál será.) He llevado y aún llevo. Porque, lo quiera o no, esto que estoy haciendo ahora mismo es escribir. Aunque me pese.

Lo que sí tengo claro es que no escribiré nunca más para que me lean –eso lo juro–, sino porque sienta la necesidad de hacerlo. Igual que el adicto que toma su droga para sobrevivir y matarse a la vez. Para tomar conciencia de mi vida. De lo que únicamente creí que es mi vida. Conciencia de la vida de los personajes que he inventado hasta ahora, que la tome su puta madre. Siempre que no se me considere su madre a mí. Pero hay momentos en que me es imprescindible escribir y me es imprescindible a la vez estar segura de que lo que escriba desaparecerá luego. En estos pobres papeles, para que no quede, para que se sumerjan empapados en el canal de la Giudecca, precisamente en él. Sólo por sentir un poco más de intensidad que quien vive y olvida, escribiré lo que a tontas y a locas se me ocurra o me ocurra. No tengo otro interés ahora. Como quien escribe en el agua. Directamente en ella. Por una parte, cumple así la urgencia de rememorar quién es, dónde está y qué le ha sucedido donde está; por otra, su firme voluntad de que otros ojos no lo lean nunca.

Qué grima me provoca pensar, sólo pensar en el mal moral y en el mal físico, en lo necesario y lo contingente, en la libertad o la necesidad, en los efectos y las causas, en el origen del mal y en la armonía preestablecida, en la gilipollez de que este mundo pueda o no ser el mejor de los posibles... ¡Basta!

¿Cómo he podido llegar hasta aquí, caer hasta aquí? Y caer en todos los sentidos: en este sitio y en esta situación. El caso es que necesito responderme... Menos mal que compré hace días estos mendicantes librillos en blanco, que anteayer comencé a ensuciar. No me costaron ni un euro cada uno: así son como son; no esos cuadernos de hule negro a que siempre se alude, hasta cuando es mentira... Lo cierto es que yo reflexiono mejor escribiendo que pensando. Pensar en seco me aburre, creo, y acabo dándolo todo por resuelto. Sólo si lo escribo me fijo; sólo me concreto mirándolo...

Por lo tanto, no juzgues: cuenta. ¿Qué ha pasado? Desde el principio. Bueno, o poco más o menos.

Me había jurado –más sencillo sería decir propuesto– no volver a coger un rotulador; pero en fin... Esto de ahora lo hago no para que se lea, sino para aclararme yo. Eso debo tenerlo, y lo tengo, rigurosamente claro. De ahí que lo repita. Por si acaso.

Se trata de lo que un novato llamaría «una cadena de acontecimientos». Por descontado, adversos... Bueno, cuéntalo ya, pelmaza. Lo del crucero no importa ahora. Ahora, lo de la espera y el regreso frustrado.

La empresa del barco sólo buscaba salir de nosotros cuanto antes para recoger a otra pandilla de imbéciles. Y nos dejó tirados en el puerto, a la espera de otros autobuses que nos llevarían al aeropuerto, y eran de una empresa distinta de la que nos había llevado hasta el puerto. Sencillito; para mí, sencillito. Sola, harta, y medio tonta, con una maleta chica llena de idioteces que había comprado en ese par de horas libres en la ciudad. En Venecia nada menos, por si fuera poco.

No se me olvidará en la vida. Para ser la primera vez que viajo sola, lo he hecho todo muy bien. Era ante el almacén 107. Me rodeaban las mismas estúpidas e inexpresivas caras que había visto en el barco. Tenía que irme de allí: aquella especie de terminal era lo más inhóspito y lo más enemigo que he visto nunca. Los pasajeros, literalmente amontonados en bancos fríos dentro de aquella nave oscura. O fuera, al sol, morenitos, con sus feos equipajes de mano. Las consignas, atestadas. La desolación, entre matemática y horrorosa, de aquel local para el que nadie se ocupó de fingir siquiera un toque acogedor. Lo mismo que este cuarto en que ahora escribo... Tenía que salir de allí, y lo hice. La capilla de San Petrus y San Nicolaus. Todo era hostil, hasta los santos. Y para hostilidades estaba y estoy yo.

Me fui a una especie de enorme bar, enfrente, tampoco hospitalario de ninguna manera: un nauseabundo autoservicio. Lo recuerdo muy bien: lleno hasta los topes, qué vocerío, qué empujones. Me salí al sol con un capuchino y una gaseosa de San Benedetto. Me quedé contemplando casi sin verla, o sin verla, la etiqueta: una golondrina y el estilizado dibujo de un manantial. Algo tenía que hacer. En algo tenía que fijarme para desentenderme un poco de que soy la atormentadora de mí misma, como escribió Terencio aun sin imaginarme, que si lo hace... *Acqua frizzante.* El cielo era azul pálido. Movía las luces y las sombras una acacia sobre mí, que ya estaba bastante mareada. Leía el nombre *Algida* sobre mesas y sillas: blanco sobre rojo, con un extraño doble corazón... Me pareció haberlo visto en muchas partes, pero no me importa un carajo. Ni eso ni nada. Entrecerré los ojos... La brisa, la acacia, la golondrina, el agua ya sin gas, la modorra, el vaivén agotador de la gente... El caso es que el autobús debió de llegar antes –o yo llegué después– y se largó al aeropuerto ese de Marco Polo sin mí. Marco Polo, Leonardo da Vinci... ¿Ésos son nombres de aeropuertos? Hay que ver cómo son de suyos los italianos...

Alguien me explicó lo inexplicable: habían cambiado la subida al autobús a la terminal 108 y a las doce. Cuando llegué no había allí nadie. Con tiempo y con esfuerzo quizá habría podido conseguir un taxi. Me disuadieron. Era domingo. Mejor tomar otro autobús de un vuelo posterior: corría riesgos, pero... El autobús aquel demoró la arrancada. Fue por el Ponte Novo y sin ninguna prisa. Ahora sí que estaba despierta. Una islita llena de vegetación, sola, tentadora. Unos taxis acuáticos, con sus estelas y sus falsas urgencias. Unos amarraderos de troncos muy gruesos. Las lanchas, los motoscafos, los fuerabordas de los malditos domingueros. Y el autobús, sin ninguna prisa. A la izquierda, las chimeneas y las instalaciones de Mestre. Unos saúcos, cuyas flores al sol resplandecían justo en el borde de un canal... Dejamos la dirección Venecia-Padova por la de Treviso-Trieste. Hacia Mestre, una casa modesta, con ropa tendida. Y echo de menos, no sé por qué, mi infancia, mi casa primera, mi irresponsabilidad, mi padre, mi maldita petulancia... ¿No sé por qué? Se me llenan de lágrimas los ojos y siento asco de mí. De mí y de todo... Una tienda cerrada de compraventa de coches de segunda mano: *ocasione*... Un gran campo de amapolas, y luego un verdor profuso y casi negro de álamos y pinos: también *ocasione.* La mezcla de la tierra y la industria, de la naturaleza desvalida y el negocio... *Ocasione, ocasione...* Casitas al borde de la carretera con rosales delante, con petunias en los pequeños balconcillos. Y el Anthony Hotel, que me emociona no sé por qué coño ni me importa. Y toda la prisa de este mundo y del otro que de ninguna manera le afecta al autobús. Siento la tentación de darle al conductor un cogotazo, al conductor que me invitó a subir. Creo que es inútil.

Desisto.... La gente, sin quehacer, asomada a las azoteas. Cierro los ojos. Me abandono. Cuando vuelvo a mirar, porque el autobús da un ligero vaivén, el cámping Marco Polo. Y un letrero: *Aerostazione 25 minutti.* Media hora todavía...

Por fin una señal de prohibición. *Eccetto autonezzi autorizzati.* Se recomienda entrar por la puerta central. Corro o procuro correr. Entro. Me llaman la atención el cristal y la madera abuhardillada del techo: un dato humano. Desaparecerá cuando el autor del Guggenheim de Bilbao reforme el edificio... Pero tengo demasiada prisa. A la derecha, el *ristorante* Brek; a la izquierda, los mostradores de chequeo. Me he dejado –no estoy segura, pero qué si no– la tarjeta de embarque, junto a los somníferos, en el camarote del barco. Lo sé. Lo sabía: no puedo viajar sola, soy una pobre desgraciada. Todo es un puro lío en italiano, lleno de dobles tes y dobles zetas. Me pelotean de una en otra ventanilla, de una cara aburrida a otra más aburrida. Y en domingo. Por fin, la compañía que ha de llevarme: «Dará la comunicación en el mostrador de *tutti vuoli*». Mi avión está llenándose. Tendrán que sentarse todos los pasajeros y ver si existe un hueco. Mi maleta está embarcada ya: se encargaron, claro, los del barco. Los de aquí se verán obligados a hacer recuentos, a llamar al pasajero al que pertenece, o a bajar la maleta, en último extremo. El avión anuncia su salida sin embargo... No sé por qué me fijo en el anuncio de un banco. Es un piano tocado a ocho manos*: «Ciò que sappiamo fare bene da soli, lo fariemos meglio insieme».* Pienso que acaso tienen razón. Sin embargo, en alto, muy en alto, digo: «Una mierda como una catedral». Habría preferido que, al llegar yo, el avión ya hubiese despegado; quedarme con esa sensación de que ha acabado el tiempo, de que ha acabado mi obsesión, mi oportunidad, una etapa de mi vida, quizá mi vida entera... ¿Qué hacer con el tiempo sobrante, tan escaso hasta ahora? Pero no: ahora me espera una larga serie de preguntas, de diligencias, de desesperaciones. Comencé, muy despacio, por la primera: la gestión de enterarme de qué había sucedido... Como si no lo imaginara.

El avión lleva dos horas y media sin salir. Están embarcados todos los pasajeros menos uno. Mi equipaje no ha sido identificado. Forma parte del conjunto del crucero. Y sólo una maleta lleva mis datos; la otra, con las cosas de última hora compradas ayer, no. Dan mi nombre por los altavoces: Asunción Moreno Morales. Aquí nadie me conoce por él. Ni por ninguno. Además, a estas alturas, yo no me atrevo a decir que soy yo. Mi seudónimo se iría a tomar por culo. De pronto mi seudónimo, Deyanira Alarcón, me parece una idiotez sin límites. Y no tengo gana además de quedar como una gilipollas. Entro en unos servicios. Me miro fijamente al espejo. Tropiezo tan fuerte con mis ojos que me pongo a llorar...

Por fin mi avión sale. Tratándose de Italia estoy segura de que no soy yo la única causa del tremendo retraso. Por fin sale sin mí. Yo estoy secándome la cara con unos trozos de papel higiénico. Arriba, en unos aseos no muy limpios. En el espejo lo que se refleja es una cara sin maquillar que me parece completamente ajena. Una tez oscura, quizá el sol del crucero. Unos ojos negros demasiado grandes, un óvalo y un cuello demasiado delgados, una boca innecesariamente bien dibujada sobre una barbilla a la vez rotunda y suave... ¿Ésa soy yo? ¿Así he sido yo siempre? Qué horror. O no, quién sabe.

En el fondo, la realidad era que no me salió del coño volver. ¿Qué hacía yo en Madrid después de todo lo que se había montado? ¿No salí huyendo de eso?

Anoche me dormí reflexionando: «Muerta en Venecia». Pero ¿cómo morirse aquí salvo que te pegues un tiro en la sien o haya una peste, sin declarar para que no se le estropee el negocio? Arrojarse a un canal no sirve para ahogarse: sólo para salir, o que te saquen, llena de lodo e inmundicias que prefiero ignorar... Sin embargo, sé que ya estoy de más aquí.

No sólo en Venecia, sino en todo este puto mundo. Esta mañana leí algo que había escrito la semana pasada en un papel rayado: nunca había usado uno así. Con mi pésima letra, pequeña e incomprensible, pero sin una tachadura. Quizá en otro momento me habría alegrado. ¿Por qué? ¿Por confirmar que tengo facilidad para escribir y soy una escritora? ¿Y eso qué leche significa ya? Yo estoy de más; pero mi cadáver, tan innecesario como yo por lo menos, también estaría de más en un sitio como éste en que nadie (he insertado arriba: o casi nadie) me conoce. Escribo esto y me da algo de pena. Soy idiota perdida. Luego me compadezco con una breve sonrisa tímida... ¿Qué harían con un cuerpo que sobra, con un cuerpo que no reclama nadie, que sólo acarrea el trabajo de liarlo en una sucia sábana y enterrarlo en una fosa común, o dejar que los peces se lo coman en el canal de la Giudecca...? El canal de la Giudecca:

> Tu voz me suena dentro
> como el lejano mar suena en la caracola.
> Yo te he dado mis sueños,
> de los que tú eres el aire y los colores.
> Mis sueños, de los que eres tú el amo,
> el origen y el fin.

Rimbaud lo dijo mejor; no intentaré imitarlo: «He batido mi sangre. Me dispensaron de cumplir mis deberes. Es preciso no seguir soñando en eso. Soy verdaderamente de ultratumba. Basta de encargos ya». Qué cierto es que los poetas –y sólo los mejores, los demás no lo son– sólo te sirven cuando un momento tuyo coincide con otro por el que ellos pasaron. Qué cierto; pero, en ese caso, te sirven de manera absoluta.

Creo que me estoy volviendo loca como una cabra. Nada de lo que escribo tiene la menor razón de ser. Quizá sí la palabra sueño. Porque la serenidad la había perdido ya antes de llegar a la Serenísima. Todo empezó en un sueño reciente.

Lo tuve la noche última en el barco. Soñé, con una claridad justificada, *que no era querida*. Por nadie. En absoluto. Luego vacilé, me estremecí dentro de una inimaginable tristeza (en la realidad la tristeza y el miedo siempre son menos grandes que en los sueños) que lo llenaba todo. Quizá era la certeza de la muerte: es su certeza, no la muerte en sí misma, lo que nos pone tristes... Y a continuación volví a soñar. Pero esta vez soñé *que era no querida*, y fue peor. Me angustió y me obligó a sollozar. Desperté. ¿Dónde estaba? Aquella pequeña habitación, aquella mínima terraza tras las cortinas que abrí... Era sólo mi camarote. Un camarote de lujo de un crucero de lujo. Miré el reloj. Me vino la historia que rehúyo, entera, a la cabeza. Lo mismo que un mazazo. Todo lo que me negaba a recordar, y que me niego aún. Una tristeza, pequeña sin embargo, revoloteó igual que un menudo insecto vibrátil en torno a mí. La aparté de un manotazo, como se espanta una mosca tenaz...

Por el contrario, me alegré, aunque no mucho, al recordar lo más urgente. Eran las siete y media de la mañana. Una mañana de mayo ya firme y muy diáfana. El barco iba a navegar, en consecuencia, por el canal de San Marco y el de la Giudecca. Para mostrarnos la primera imagen, la más teatral y lograda, de Venecia. Volvíamos de las islas del Dodecaneso. Ahí acababa el viaje. El barco entraba ya por el puerto del Lido. Los islotes, la vegetación, las torres, todo hermoso. Más que nada, la luz... Pero yo supe que todo también era una trampa.

No, no es absolutamente necesario seguir engañándose. Ni aquí ni en ningún otro sitito. Ni con Venecia ni con ningún otro pretexto. Lo que sucede no es que me engañe yo, es que siento el imperativo de escribir. Aunque estuviese en una isla desierta sería así. Ya le ocurrió a Robinson Crusoe. Pero él, con la esperanza de descubrir la huella de otro pie humano en la arena; con la esperanza de que alguien lo encontrara y leyera su diario. El hombre y la mujer son su propia esperanza. Nada más que eso. Lo malo es que no hay nada que esperar. En mi caso y en el de todo el mundo. Porque todos están tan deshabitados como yo, sólo que no caen en la cuenta. Ignoro si es mejor o es peor. Acaso morirse tonto sea más ventajoso. Aunque la mejor muerte debe ser la inmediata. Quizá si me hubiese arrojado al mar esa hermosa mañana de hace casi diez días... No, me habrían rescatado creyendo que, al salvarme la vida, me hacían un favor. Todo es una equivocación en la que estamos, vivimos o por lo menos nos movemos; una broma pesada que dura demasiado. Hay un soneto que Blanco White escribió en inglés, y que termina: «La angustia ante la muerte, débil hombre, es inútil. / Como se va la luz del sol, se va la vida».

No sé si se me entiende... Vale, vale: no sé siquiera si me entiendo yo cuando esto escribo, puesto que nadie va a leerlo. Pero supongamos –suponga yo, quiero decir– que lo leyese alguien: ¿me entendería? ¿Entiendo acaso yo lo que intento decir? El idioma, ningún idioma, está preparado para expresar lo que yo necesito –tampoco es verdad que lo necesite– expresar. Todo es una ficción, una convención variable según quien lo interprete. Si yo escribo *pasión*, ¿qué lector coincidirá con otro en el sentido que yo le quiero dar a esa palabra? Nadie comprende a nadie *de verdad*. Ni siquiera esa verdad existe. Todo es contingente, inseguro, inexpresable. Las interpretaciones varían, no se agotan, no se fijan. Porque la expresión misma es el principio de la falsedad. Esto que estoy escribiendo ahora, a-h-o-r-a, lo prueba: ¿qué me importa escribirlo o no escribirlo, de este modo o de otro, eligiendo tal o cual adjetivo para dar qué matiz? ¿O para que lo lea quién o nadie? No existe nada esencial, nada que cambie el rumbo de las cosas que jamás elegimos. Y el rumbo de la vida menos aún que el de otra cosa cualquiera... Entonces, ¿me gustaría suicidarme, o por lo menos me gustaría morir? No lo sé. Ni siquiera. Morir o no morir da igual, o mejor, *es* igual.

En el fondo, en este fondo, ahora caigo: todo lo que ha hecho el hombre a través de su historia es ocultar esa verdad, tratar de desembarazarse de ella, de no comprometerse, de librarse de mirarla a los ojos, de inventar unos cuantos millones de otras verdades pequeñitas, convencionales, más simples, más indiferentes, de más ligera digestión. Cerrar los ojos. Cerrar los ojos de común acuerdo. Ése es el verdadero esperanto: querer no darse cuenta... ¿Dónde va lo que muere, lo que desaparece? Donde las nubes que se deshacen o se alejan, donde las formas y el amor y la risa y la comprensión. Yo lo dije una vez, o quizá otro lo dijo: «¿Dónde va el ruiseñor cuando termina mayo, cuando olvida la voz del atanor y el roce de las zarzas?». Todo va a ningún sitio... Vivir es sólo un empeño, un propósito firme de alguien que no está vivo y que lo sabe.

Se habla mucho de que la verdad y el porvenir los tienen los científicos. Sin embargo, desde Arquímedes apenas se ha avanzado. Hasta el indeseable maltratador de Einstein. Hay uno ahora sentado en una silla de ruedas, doblado y redoblado, que lo mejor que tiene es su cuerpo. Ahora resulta que creen en el Big Bang; incluso en que para «antes del principio» tiene una respuesta muy sencilla. Son como escritores de fantasía. La suya es una ciencia-ficción dada con queso. Pueden cerrar el puesto, *plegar* como dicen los catalanes, e irse. Ahora resulta que la mecánica cuántica y la relatividad no encajan. Y ellos creían, los sabios físicos, que abarcaban todas las fuerzas observadas en la naturaleza. Así que han terminado, ¿no? Pues que se vayan. Que no engañen, que no engañemos a nadie más. Ni siquiera a nosotros mismos. Cuando ellos reconocen que puede haber más dimensiones de las que nos es dado observar, tres o cuatro, y que están enrolladas; cuando definen un agujero negro como un manojo de cuerdas, enrolladas también supongo, dan ganas de reír y de matarlos luego y volverse a reír. A todos. A todos los que creen que esto tiene un sentido. En la historia de la física, en cualquier historia de lo que no existe y muda y se diluye, ha habido que cambiar todas las ideas básicas para abordar preguntas que parecían –y lo eran– imposibles. En la ciencia, sí, y en el amor también, y en cualquier forma de arte, de estremecimiento, de todo aquello a lo que acostumbramos llamar vida.

Pero acaso lo que acabo de escribir no es cierto. Ni existe. Y acaso yo lo sé. Lo veo y nada más: eso es todo. Como anoche vi la vaga luz de la luna menguante y la dejé de ver. Y quizá ella me vio. Porque el mundo, lo que llamamos mundo, nos guiña cómplice porque tiene la misma inexistencia que nosotros: formamos parte de una incoherencia idéntica, de una idéntica ingenuidad, de un idéntico ensayo. Lo mismo que sucede con este falso espejismo (hay espejismos de otra clase) que supone Venecia: el tácito y subyacente compromiso de ver lo mismo todos o creer que lo vemos; el pacto veneciano tan largo de la humedad, del moho, de la piedra flotante, de la evidente y convencional belleza alrededor de ella, por encima y debajo, construida mientras en silencio se destruye…

Si yo pudiese decir «nunca más» segura de ser sincera al decirlo, encontraría en ello un descanso nada despreciable. Porque los vaivenes, las circunstancias y las vicisitudes del amor a los enamorados, o a uno de ellos sólo, les parecen recién descubiertos por ellos; pero son siempre idénticos… Te quise puerilmente, con una pasión profunda y delicada, acerca de la cual no he podido hablar ni una sola vez: no hubo nunca un momento propicio ni una propicia compañía. Cuanto más sensitiva es una persona, cuanto más casta y tímida, más necesaria es la máscara de risas y de puyas donosas. Como una gasa fina que cubre las heridas bajo el brutal esparadrapo… Es preciso recordar que todos pueden ser tan fácilmente heridos como nosotros mismos… La idea de la muerte siempre me resultó amable; pero hubo días, cuando te miraba, en que me dije: «Es bueno no estar muerta». Cuando una cree que ama, es decir, cuando se ama, entrega una el orgullo, que es mayor que la vida, y se rinde. Entonces el amor es el camino para que el amante penetre en la mente del amado y éste recline su cabeza... ¿O todo lo que soy, si soy algo, es tan sólo el pasado? El amor no es una silla dorada donde una se sienta; no es un lecho de rosas en donde una se acuesta, ni siquiera una plancha con clavos, donde una, como un faquir, pretende descansar. El amor no es siquiera un lugar donde, por lo menos, se respira. El amor simplemente no es nada. ¿O sería mejor decir que es justamente la nada en la que uno o los dos desaparecen? Eso consolaría.

Pero no. La mujer, tan joven, de Pushkin bostezaba cuando él le leía algo que fuese más largo que un soneto. Y la del pobre Verlaine bostezaba sólo de pensar que su marido era poeta y maricón. Quizá por eso él escribió: *«De la musique avant toute chose...»*. ¿Y el otro Paul?: «El amor te dice: "Ah, ven que voy a destruirle"»... Sí, pero también: «Amar hasta el extremo a alguien es volverlo inagotable». Qué valor el de Valery, al que su mujer le pegaba si lo veía escribiendo: tenía que hacerlo en los amaneceres.

No lo sé. No lo sé. Sé que ahora estoy llorando... Y qué ajena de mí.

Soy una blandengue y una papanduja. Me iré sola a hacer gárgaras.

Llegaba rigurosamente exhausta del maldito aeropuerto. Tuve que entrar en una cafetería para reponerme. La joven –amable, morena, servicial y guapa– que me atendió, lo hizo con un afecto sorprendente. Después de conocer, más o menos, lo que le bosquejé de mi caso –no mucho–, hizo alguna llamada, me dio la dirección de esta casa anónima en donde me instalé. Y me dibujó un plano en una servilleta. Conversamos en mi italiano relativo y su relativo español, no aprendido con pasión en Barcelona, donde pasó unos meses. ¿Conversamos? Creo que exagero. No me acuerdo de qué.

Era un domingo, y parecía que todo el mundo se había echado fuera de su casa. Atravesaba numerosos pasadizos, cada uno con su nombre bien claro. Aquí las calles son estrechas, semejantes y ambiguas. Muchas tienen dos nombres: de tal cosa o tal otra, de Pasqualino o del Olio... La confusión comenzaba a invadirme. Me sentía mareada como en un tiovivo. El incesante paso de la gente y el colorido de sus ropas; las banderas o las colgaduras con los colores del iris, no sé si testimonio de pacifistas o de homosexuales; los coros que, instalados en las pequeñas plazas, cantaban porque sí, o pidiendo para alguna causa más o menos justa. En San Anzolo, una torre apenas vertical y el edificio donde vivió y murió Cimarosa, daban respaldo a una orquesta desmedida... Hacía calor y yo estaba atarantada. El café doble expreso no me había resucitado. En el inaccesible San Stefano se celebraba un funeral. Muy concurrido por gente casi toda extremadamente joven. La iglesia, en restauración como Venecia entera: una estructura tubular por arriba, paredes casi derruidas, columnas cubiertas por un plástico blanco... Entré para sentarme un rato en paz. Me encontré más vieja que nunca entre aquellos chicos que se miraban o se abrazaban con los ojos llenos de lágrimas. «Te he llamado para que vinieras: va a ser nuestro último paseo.» Un grupo, que parecía la familia del muerto, callaba. Pero sonaban móviles. Todo lo que miraba me traía a empujones la muerte: los esbeltos muchachos, su bella pesadumbre, los ramos de gerberas, de anturios, de liatrix... Eran mis ojos los que secaban las flores, los que dejaban sin sentido los arcos, los que discordaban la música, las piedras de ayer, los muelles que había atravesado, la hermosura a la que insultaban, aliadas a mi agobio, las fealdades exteriores: el monumento a Francesco Morosini, las gordas y bobas figuras de Botero... Había salido de la iglesia porque me ahogaba en ella. Fue peor: tropecé con los grupos, más o menos alegres, de venecianos en fiesta o de turistas, de niños perseguidos y amenazados por sus acompañantes. «Te vas a caer. Te vas a romper la crisma. Vuelve.» Por ningún lado había ningún coche. Nunca en Venecia. Sin embargo, la muerte estaba allí presente, como en todas partes de este mundo y del otro, si es que existiera. Los desocupados mirándose unos a otros, y todos a los turistas rubios y torpes, envuelto el aire común en los aromas del entierro. Y otro coro, delante de otra ruina, pidiendo para la reconstrucción del símbolo: el Fénix, La Fenice, que resurgirá si es que ya no ha surgido, pronto e innecesario, de sus propias cenizas… Me encontré sin fuerzas. Alguien me llevó a un banco incómodo. ¿Para qué resurgir? Envidié al muerto, quien fuera. ¿Para qué volver a levantarse? Qué pereza. Justamente una patada sobre mi corazón: las cenizas del fénix. Supe lo que era, quizá por primera vez, la angustia. No la de Kierkegaard, el temor de lo que se desea, que la considero un lujo humano, sino la intransferible, la que asalta de pronto a vida o muerte. Oía redoblar las campanas. Su sonido caía estremeciendo la tarde prodigiosa. Continuaba escuchando los móviles. Entretanto había salido el ataúd de la iglesia, muy lentamente, camino de la góndola que lo llevaría a San Michele, bajo los esbeltos puentes… Para siempre. Para nuestro estúpido siempre. Rodeado de calas y alhelíes; sobre hombros de casi adolescentes…

Junto al antiguo quiosco, enclaustrado tras una valla, el nuevo: desdeñoso, «municipal y espeso» habría dicho Rubén. Una vieja, por encima de la música, sola, gritaba desesperadamente: «¡Alexandra, Alexandra!». Me empujó una negra pelirroja cogida, agachándose, del brazo de un maduro bajito. El coro había cantado a Monteverdi. Ahora empezaba a cantar «Ese lunar que tienes, cielito lindo, junto a la boca». Estuve a punto de gritar yo, como la vieja humilde. Una pareja, con trajes dieciochescos, posaba ante un fotógrafo ambulante. Otra, esperaba para ponerse los disfraces y a su vez retratarse con miradas idiotas y risas de Goldoni. Se abría paso una manifestación contra la caza en el Véneto. *«La caceria uccide l'amore»*, creo que decían las pancartas numerosas en medio de globos amarillos. Otras, se levantaban a favor de los pájaros migratorios, de las ballenas, de los osos panda, de todos los animales menos del hombre y la mujer. La gente cantaba a gritos y aplaudía, no sé si al coro o a los manifestantes o a los muchachos amigos del difunto. Quizá murió en un accidente de caza... Unos turistas, medio extraviados o bebidos, procuraban no perder del todo a su guía, que levantaba una banderola bermellón, con la que el dulce aire de la tarde jugaba y se divertía. El ataúd fue por fin embarcado. Dos chicos, de unos diecisiete años, se abrazaron llorando. Otros regresaban del canal con rostros descompuestos, atravesando aquella fiesta sin justificación. Alguien dijo a alguien que el que iba dentro del ataúd había muerto en un accidente de moto... Yo necesitaba salir de allí, de aquella turbamulta, de aquel decorado valleinclanesco y terrible... Pero aún tenía que atravesar, sin más remedio, el concurso nacional de *cinofilia italiana.* Sentí sobre mis hombros las manos de mi perro *Mambrú*, recién muerto como todo lo que amo: ¿todo lo que amo todavía? Recordé, con ojos mojados, su necesidad de mí; quizá no lo había acariciado de forma suficiente: nunca hice nada bien... Conservo sólo sus medicinas últimas: es todo. Miré lebreles, teckels de pelo duro, perros húngaros con sus lanas de rastafaris, un galgo interminable, un diminuto perrillo despellejado dentro de una bolsa, un sharpei cuya piel parecía otra bolsa aún más grande... El ataúd ya surcaría el canal bajo el Puente de los Suspiros. No sé si lo que yo pretendía era llegar a San Vidal con su modesta torre. No sé tampoco si para oír a Vivaldi, a quien veía anunciado, o para sentarme en silencio y expirar. Lo que no pretendía era contemplar sus mármoles blancos ni sus convencionales pinturas de Pellegrini: todo era un decorado con una buena acústica... Pero aún faltaba por atravesar otro puesto de flores. Nuevamente las flores, la exaltación, el retumbante gozo de la vida. El cebo y el artificio de la vida. Pacíficos, alegrías, gardenias, gladiolos y simientes: las simientes de todo lo que exhibía aquel jardín portátil... No me queda a mí tiempo para simientes ya. Bajo tanta dulzura que levemente palidecía, tanto hervor insoportable de la vida, la vida, la vida, yo me sentí morir. Coloqué mi culo en unos escalones, recliné contra un húmedo muro la cabeza, cerré los ojos, traté de cerrar los oídos también, me defendí de todos mis sentidos y procuré morir. Y procuré morir con todas mis fuerzas. Pero con resultados pésimos.

Sólo mucho después llegué a esta casa. Desangelada y fría, como yo. Por eso sigo en ella. Hay más gente, pero no la conozco.

Ahora todo reposa en un aire casi familiar. Como si nunca hubiese dejado de cruzar el puente *delle Maravegie.* Como si siempre hubiese frecuentado la librería Toletta, junto al río del que tomó su nombre, y atisbado, por encima de un murete, las madreselvas, las celindas y el tulipero africano que se ocultan a medias tras de él... ¿Todas las calles se asemejan? ¿O quizá es que me parecen a mí todas iguales? Yo aseguré, no sé dónde ni cuándo, que la última ciudad donde podría escribir o refugiarme sería Venecia. Tiene razón quien dijo que hay que callarse antes de haberlo dicho todo, aunque algunos lo han dicho todo aun antes de empezar: yo, por ejemplo. Venecia se parece tanto a sí misma que yo me pierdo siempre si es que voy a un sitio concreto, lo que dudo. Máscaras de carnaval en todas las tiendas, dentro y fuera, souvenirs, más souvenirs, la exhibición indecorosa de recuerdos que no sirven de nada, góndolas, gondoleros, silbidos, aguas sucias, puentes breves y angostos, más Venecia, la mugre, el fasto, la cochambre, el lujo inasequible e incansable, y Venecia otra vez, la misma siempre...

Por el *Sotoportego dei Nobili,* después de la calle Lombardos, la Torre de Lombardos, el Campo de San Barnabe, con su desolada iglesia que nadie considera y su puerta hacia la calle de la Boteghe, una ristra de anticuarios inútiles y unos grandes grafitis de todos los colores. Y en la del Fabre o del Capeler o sabe Dios qué nombre, mi taberna *do Farrai*, donde tomo a veces vino y a veces inicio una aventura que no concluye nunca. Bastante aventura tiene la gente ya con vivir en Venecia... Miro el escaparate de un quincallero de bronces mínimos y polvorientos, siempre inmutable; atravieso el *Campiello de Squellini*, para salir detrás a la calle de la Madona. Es donde ahora estoy y escribo, cuando me da la gana, páginas incomprensibles como ésta.

Mis dos habitaciones dan a una plaza pequeña y silenciosa. Cinco plátanos les proporcionan sombra a un bar, a una fuente y a dos bancos. Es ése mi paisaje. A él da una calleja sin salida, que tiene el rico nombre de *Ramo del Pozzetto.* Por el lado opuesto, la Universidad Ca Foscari, con su patio modesto y respirable de rosas de pitiminí, y su restauración correspondiente. Quizá yo sea lo único que en Venecia no se está restaurando... Por descontado, el río Foscari y el puente Foscari. A la izquierda un jardín entrevisto con digitales púrpuras y un árbol de aligustre, un ciprés, dos palmeras. Y la calle Larga Foscari, como para no confundirse con una onomástica excesiva. Quizá se oyen los sones de una guitarra y de un acordeón, pero yo no hago caso: no tengo el coño para ruidos. Por la estricta calle de Dona Onesta, llena de tiendecillas frente a un jardín discreto, el río Frascada. Y en seguida, la *trattoria* en la que como mal. Y muy cerca, la calle del Cristo, parda y umbría y gris y desconchada, con otro comercio, la Bomboniere por mal nombre, donde venden, cuando venden, collares, cristales barrocos, que yo no puedo ver a menos de dos metros sin estremecerme... Sale nada menos que al campo dei Frari, con su basílica de Santa Maria Gloriosa, donde se mezclan con habilidad el ladrillo y el mármol rosa o blanco. Sé que el *campanile* es del siglo XIV, y que esta tarde hubo una boda allí con arroz suficiente como para invitar a paella a todos los que concurrían. Cuando por fin desaparecieron, entré sólo un momento. Quería comprobar una vez más cómo la austeridad del gótico se puede convertir en un barroco funerario. Todo es riqueza entre los *frari:* tan pordioseros y tan mínimos por los huevos. Tizziano, Vittoria, Canova... Y en el altar mayor, la grande Asuntione, Maria Gloriosa. Todo entre los *frari* es humildad, paciencia y escasez. Ya, ya.

Agotada por la pompa y el venecianismo insaciable, me he visto obligada a sentarme en un café: Juan Pesaro Dux. Lo atienden una bellísima veinteañera de ojos verdes rasgados y, misteriosamente, inesperadamente, la camarera generosa del día de mi llegada. Ella me reconoce. Se llama Nadia. Me presenta a su amiga Bianca. Promete ir a verme dentro de muy poco. Observo cómo se miran, de vez en cuando, mientras van y vienen. Percibo físicamente esas miradas: sólidas, expresivas, trashumantes de vez en cuando pero certeras siempre. Las envidio. Si las hubiese conocido antes, cuando pude elegir uno u otro camino... No, no te engañes, Deyanira o como ahora te llames, no te engañes: tú no has podido nunca elegir un camino. Te empujaron, o te empujaste a ti misma siempre: en el oficio y en el corazón. La adolescencia y la juventud no están ya aquí contigo. La prueba es que te sientes obligada hasta tal punto que llegas a amar tu soledad y tu desamor. Sabes que ése es tu oficio, y, si te ofrecieran otro, no sabrías cumplirlo. Tomaste a ciegas, de todo corazón, tu oficio de amante y de escritora. Es demasiado tarde para que aprendas otro. Llevas representando tanto tiempo éste, el de sobrevivir... Te asustaría tener alguien al lado que te ayudara a obtener tu placer. Cualquier placer que fuese: ni siquiera llegaste a saber cuál.

Elías Canetti es un judío machista. No lo digo como insulto, sino como definición. A pesar de que los judíos están hechos a ser más insultados que nadie, por más tiempo y con una incomparable abundancia, por sus propios profetas. Si hablo de Canetti es porque traje conmigo un libro de sus *Apuntes*. Hoy he encontrado éste: «La escritora dice: He pedido prestadas cada una de mis líneas. Todos los que las prestaron me quieren. Me he vuelto famosa. Fue sumamente fácil. Basta con no decir nunca nada que no sean las líneas prestadas. El silencio es poderoso. ¡Cómo estas líneas halagan a quienes me las prestan! Nunca les parezco aburrida. Me prestan su importancia. Quien conoce la munificencia de la vanidad jamás se equivoca.

»También he estado en varios lugares. Eran lugares selectos, como la gente a la que pedía los préstamos. Todos esos lugares constituyen mi biografía. No pueden ser demasiados. Son lugares célebres que todos recuerdan fácilmente. Su fama ha pasado a mi nombre».

¿Podría referirse a mí? No lo creo. Está escrito en 1966, recién nacida yo. O casi. Claro, que a los judíos, tan hechos a sus profetas y por sus profetas, tan hechos al «maldito fuego fatuo» de su mesías, a lo mejor algo se les contagia. De todas formas, en esas líneas no me reconozco; pero ya no me reconozco en ningún texto, ni en los míos siquiera. Tampoco en un espejo. Me encuentro desdoblada y hundida si es que las dos cosas son a la vez posibles. Sé que hay escritores –quizá también yo en algún momento– que se cumplen sólo escribiendo, que se desahogan escribiendo, que sustituyen el fervor y la palpitación y el riesgo de la vida por aquello que escriben: es más cómodo y menos peligroso. Pero también sé que muchos hay que opinan que vivir no es sólo una cosa para nuestros criados, sino que puede ser, al contrario de lo que se cree con mayor frecuencia, un sustituto osado y temerario de escribir o pensar... Ignoro todavía cuál es mi caso, y ahora ya no tengo la menor curiosidad por comprobarlo. Pero, lo mismo que hay cirujanos que se jubilan por no sentirse ya capaces de actuar en el quirófano, o toreros que se retiran porque su valor o sus facultades han decaído casi sin percibirlo, o trapecistas sin red que se apean y ponen para siempre en el suelo los pies, también podría haber escritores que se apartasen de su vida ficticia, que no es otra cosa que transcribir la vida verdadera... Es lo que he hecho yo. Ahora estoy sin ninguna. Al contrario de lo que creían los románticos, ningún verdadero escritor ama ese riesgo, esa zozobra mortal que es la vida. Ni Byron ni mucho menos Hemingway. ¿Tiene bastante el escritor *auténtico* con la angustia y el riesgo de escribir? Ahí está su peligro, su arena, su trapecio, su quirófano. Y también su tentación de retirarse a descansar. O a vivir sin tener que contarlo. O a amar sin tomar nota de una declaración de amor que hace, y le parece buena para ponerla en boca de un personaje suyo. Porque se corre el riesgo de que aquel a quien amas, o lo crees, te dé por celos una bofetada. Por celos de la literatura, qué sandez.

Sin cesar se repite que una imagen vale más que mil palabras. Como si no fuesen las palabras quienes suscitan la imagen, y ésta, sin aquéllas, un fogonazo que pronto se diluye. Como si la reiterativa frasecita, para existir, no necesitase siete breves palabras. Un objeto, sin la palabra que lo nombra, ¿qué es? Algo huérfano, intransmisible de una a otra mente salvo a través de una morosa descripción que requiere a su vez más palabras... El idioma es un vehículo, sí, pero algo más también: un sistema circulatorio de raíces y arterias que nos incorpora la antigua sangre de que descendemos. Una vía de comunicación, sí; pero también una vía de conocimiento. Y una compañía infinita. ¿Por qué, si no, me alimento y me protejo trazando palabras, sin saber bien cuáles ni por qué, en estos papeluchos?

Hay, sin ir más lejos –y necesito, para no morirme de asco o de pena, repetirlo hoy–, una palabra que resume la mayor parte de cuanto amé y necesité. Es el verbo comunicar: hacer partícipe a alguien de lo que se sabe o se tiene o se echa en falta; manifestarse o descubrirse; conversar, acompañar, contagiar sentimientos a alguien, o tomar su parecer... Casi todo lo que amaba y necesitaba... La comunicación más alta posee el don de despertar en otro el sentido de quién es y contribuir a que se reconozca. Lo mismo que el amor, si es que es algo: un trabajo que contribuye a que otro se realice y que a su vez realiza a quien lo hace. Es ese vaivén recíproco lo que me movía a escribir. Y para eso, para que la comunicación brote, se requieren personas diferentes y, al menos, el asomo de un idioma común. Aquí, fuera del mío, lo percibo más que nunca. Un idioma consiste en mucho más que un vocabulario... Pero qué difícil ordenar el caos de la vida con la mera palabra. Por eso el arte es como la vida, pero no es la vida. Cada escritor la describe a su modo: una realidad ya digerida. Pero ella es múltiple, huidiza, falsa, irrepresentable, superior a nuestros bocetitos. No tiene un sentido ni un propósito que podamos captar. La imitamos y la empequeñecemos para que quepa en el minúsculo guardapelo de nuestras frases. Y el orden artificial que introducimos en ella, como entomólogos, viene dado por la previa intención, o por nuestro método, o por nuestra inspiración, inverosímil en el mejor de los casos.

Hubo un tiempo en que pensé que el ser humano, al inventar la palabra, inventaba a la vez lo que quería decir. O que la necesidad de sentir algo, de introducir una peculiaridad nueva en la vida, requería un sonido o una modulación nunca antes escuchada, un nuevo esfuerzo de la garganta que lo pronunciase. Pensaba entonces que el ser humano era algo sobrenatural: que un náufrago ahogándose en el mar es más grande que el mar, porque el náufrago sabe que se muere y el mar no sabe que lo mata. Eran tiempos distintos para mí: tampoco yo sabía que me ahogaba. Tampoco yo sabía que no poseemos un idioma, como suele decirse, sino que él nos posee. Y que es preciso obedecerlo y abandonarse a él y dejarse utilizar con docilidad por él... No existe otra manera de escribir. Es imposible hacerlo en una lengua por la que no nos sintamos poseídos, transidos, penetrados. Y en la que penetremos a la vez, como en un bosque. Nacimos dentro de él y nos envuelve: lo reconocemos, lo venteamos, lo intuimos... Ahora mismo disfruto perdiéndome entre él... A él estamos habituados, a sus inagotables andurriales, a su regocijo, a su esplendor sombrío y deslumbrante, a sus sorpresas que en ocasiones presentimos y en ocasiones nos desconciertan y conmueven... Fuera, me hallo perdida en un bosque semejante al mío, pero no el mío: el italiano. Quizá por eso me estoy poniendo tan cargante que me aburro a mí misma.

«La escritora dice –escribe Canetti–: He pedido prestadas cada una de mis líneas.» Un corte de manga para Canetti. Y para esa escritora del carajo. Porque cada escritor, como un obrero cualquiera, tiene sus deformaciones profesionales. Sabe o debe saber que escribir literatura no es importante comparado con otras ansiedades. Sabe o debe saber que eso que, con tanta desmedida, llama crear, no es más que un acto de moderación: la vida es un exceso que sólo en el exceso inexplicable puede existir de veras. Y el escritor, infortunado, se propone contarla. Es decir, se pone a cantar lo que apenas sí sabe balbucir. Y, con bastante frecuencia, ha de huir de la vida para verla mejor, para que sus altos verdes árboles no le impidan adivinar el bosque. Ése es mi caso ahora, pero no veo nada.

El escritor, y la escritora también, señor Canetti, sabe que serlo es menos admirable que otra cosa cualquiera, y sabe que lo suyo no es una vocación sino un destino. En otro caso, es tonto del culo. A él se le trajo al mundo, en el que apenas cree, para escribir, no para que además le guste escribir. Tiene la obligación de hacerlo, y de hacerlo lo mejor posible, pero no la de estar orgulloso ni alegre por hacerlo. Sucede como si de continuo una voz le dijera: «Sigue tu camino, deprisa; si no, no llegarás». «Pero ¿adónde debo llegar y cuál es mi camino?» «Tú, sigue, sigue, sigue...» Y él sigue, como un caballo que ha perdido a quien lo montaba y persiste, no obstante, participando no le importa ya en qué carrera. Se refugia en la vieja leyenda exculpadora: «¿Dónde vas?». Le preguntaron a Itzig, el jinete. «No lo sé –respondió–. Preguntádselo a mi caballo.» El escritor sabe o debe saber –Flaubert lo supo– que la palabra, su único instrumento, acaba por ser sólo un caldero rajado sobre el que tocamos musiquillas para que baile un oso... Cuando lo que queríamos era enternecer a las constelaciones. Vaya un chasco.

Y el escritor sabe que, como tal, no recibió otro don ni otro hijo ni otro amor ni otra riqueza que la palabra. Y la palabra, también lo sabe, es *flatus vocis:* aire, no más que aire; pero él es su palabra y nada más: *vox et praeterea nihil.* En latín es más claro. Ha de decirla. Ha de ser imparcial: decirla y romperse después. ¿Puede extrañar que lo atribulen sus deformaciones profesionales? ¿Puede extrañar que se apoye, quien no encuentra otro apoyo, lo mismo que hago yo, pesadamente en sus palabras? Aquí estoy, sentada. O de pie, paseando. ¿Fumo, bebo, me drogo o me drogué? No sé, todo. ¿Y qué iba a escribir entonces, cuando aún escribía? Y, si estaba ya segura de lo que tenía que decir, ¿cómo escribirlo? ¿De qué forma más directa, más lúcida, más breve, más intensa? De eso sí que el escritor nunca estará seguro. Ni tampoco de para quién escribe. ¿Para los que aún se empeñan en seguir escrutando el mensaje cifrado en que se han convertido las palabras? No sabe para quién, ni por qué, ni qué espera, ni si espera. Alguien lo leerá acaso, alguien lo escuchará; pero él lo ignora: ni quién, ni en qué estado de ánimo. Y además no le importan. Como a Brecht. Él lo que debe hacer es escribir: un sino, como la belleza o la muerte, añoradas sin cesar y perseguidas, memoria y profecía de sí mismas. Solo, solo. Hay muchos oficios que se ejercen a solas; pero la soledad interior del oficio de escribir es la mayor de todas... Por eso estoy aquí, en Venecia: el peor sitio para encontrarme sola. Y escribo a tontas y a locas. Como en un álbum de agua.

Y lo más terrible no es que el escritor verdadero siempre haya de ser víctima, como lo he sido yo, siempre haya de ser mártir o héroe, siempre una especie de chivo expiatorio, como lo he sido yo. Eso es ya un fenómeno social, no solitario; eso es ya posterior, o previo si se quiere... Estoy refiriéndome a la soledad del acto de escribir. Lo terrible no es el hecho de exhibirse en los folios, de desangrarse en ellos: eso es un masoquismo consolador a veces. Ni es lo terrible la misión, inventada o no, de remediador de la realidad o devorador de ella; ni la búsqueda del conocimiento de las causas más hondas, de la verdadera voz de la justicia, que a mí me costó cara. Lo terrible no es su labor de denuncia, de desenmascaramiento, de guerra a muerte a la inhumanidad. Todo eso es anterior o posterior, y se da por supuesto... Hablo de la infinita soledad del que levanta unos segundos los ojos del papel, mira al frente y no ve nada. O no mira al frente, sino dentro de sí, y está temblando, extraviado en una selva no amiga, casi siempre hostil, llena de ruidos, de rumores, de recovecos, de sugestiones, y tiene que llegar adonde nadie lo está esperando, ni él; adonde ni siquiera sabe, sin lazarillo ni huellas ni precedentes ni olfato; perdido, solo y perdido... De eso hablo. De ese animal no doméstico ni domesticable; de ese animal indómito, en apresurado anhelo no de un posible amo sino de su propio ladrido, de su gañido, de su aullido, de una voz propia... Yo, por lo menos, sí que la busqué. Por lo visto, sin éxito. Quizá ahora escribo para vengarme.

De ahí que el auténtico escritor no haya de justificarse. Todo le servirá, *etiam peccata.* Hasta sus pecados. San Agustín lo dijo. Qué gracioso ese norteafricano que tenía una madre tan pesada rezando día y noche por él. Hasta que lo convirtió. Y él dijo entonces: «Hazme casto, Señor, pero no ahora...». Quizá sus pecados sobre todo. Qué estricto y qué útil el latín. El auténtico escritor –o la señora escritora, señor Canetti– debe hacer sólo lo que le salga de las narices. Pero al escribir es conveniente que le salga de las narices hacer literatura si es que tal cosa existe. Porque es como el pianista de una sala de fiestas: los demás bailan lo que les pide el cuerpo, y él toca a ciegas o a tientas con la música. De tarde en tarde, alguien coincide con su ritmo, y lo mira a los ojos y lo entiende; pero con eso no hay que ilusionarse. Lo que cuenta es la música; no se tiene otra cosa...

¿No voy a saber yo que el escritor es siempre un marginado? ¿No me he marginado yo? Los otros corren tras metas previsibles, encaran dificultades superables, se recompensan con resultados más o menos próximos. El escritor no sabe dónde va ni qué busca: eso lo he aprendido a trancas y barrancas. Lo marginan o se margina él (y ella, señor Canetti): no le gusta la clase en que nació, ni su mundo, ni su época, a veces ni su nombre como es mi caso, ni la triste profesión que lo alimenta. Lo cambiaría todo si pudiera. Si pudiera, se cambiaría él. Pero la literatura es para él como el aire: contaminado o no, precisa respirarlo. Ésa es la prueba definitiva de que uno es escritor: moriría –en cierta forma, pero moriría– si escribir no le fuese posible. Yo he tenido la prueba cuando ya me era inútil. Y ni siquiera he muerto: estoy en ello.

Me he equivocado, sí, me he equivocado. La literatura fue mi forma de amar, de conocer, de acariciar, de aprender. No fue un refugio frente a nada. Ver la vida literariamente no es cegarse a la vida, sino verla más clara. El que escribe no vive para contar: cuenta para vivir más y, de paso, contagiar más vida a los que leen. Escribir no consuela de nada; no, no cura, sino que reabre las heridas: es una llaga nueva por la que, como por un ojo, se ha de ver todo de nuevo; por la que, como por una boca, se ha de contar todo de nuevo; revivir lo que de veras no se ha sabido vivir...

Y si alguien hubiese aprendido a escribir a la perfección, todo estaría aún por empezar: que nadie se ilusione. Entonces debería aprender qué decir. «Ya tienes el envase, llénalo.» Se trata de un oficio que, por sí mismo, salvo para el que lo ejerce, es inútil; pero que es previo a todo. Una literatura que no sirva para la vida ni siquiera será literatura: no será nada, nada. Porque la vida, o lo que así llamamos, tiene siempre razón. No es sagrado lo que separa a los hombres ni lo que destruye el fervoroso goce de vivir: en mi último libro yo lo supe y lo dije. Porque, para algunos seres, literatura y vida son dos nombres de la misma ansiedad y el mismo júbilo. Aunque los dos le duelan sin remedio en el mismísimo centro de los huesos...

Todas las cicatrices tienen un deber que realizar, que significan a la vez su razón de existir y su destino. Yo estaba convencida, hasta el tuétano de esos huesos, de que el mío era escribir. Como el de ser bellas, perfumar, tener espinas y morirse deprisa es el deber de las rosas.

Sin embargo, todo eso se ha ido a tomar viento ya. Qué coñazo me he puesto. Esas tres páginas no las leería otra vez ni yo misma. ¿Es que no sé otra cosa que mirar hacia atrás? Me voy a convertir en estatua de sal. Más me valdría: así podrían exponerme en ARCO, donde, como en todas esas componendas, tan aficionados son a las novedosas antiguallas y otras mamarrachadas.

¿Me he vuelto loca o qué? La loca veneciana. Dentro de poco me perseguirán los niños por las callejas escupiéndome... Han pasado dos días y medio desde que escribí los párrafos que acabo de releer (o mejor, de leer por vez primera) con una gran sorpresa. Y me pregunto con sinceridad plena, con la misma supongo que los escribí, para qué lo hice. ¿Por qué lo hice? ¿Para qué escribir más con el alma, si existe lo que así llamamos, tan abierta? No hay destino, no hay vocación: todo eso puede ser contradicho. ¿O es que no soy yo la mejor prueba? Un simple fracaso puede apartarnos de lo que, antes de él, nos pareció esencial para nosotros... Escribir no sirve para nada. Dejándolo no se traiciona a nadie, ni el que lo deja se traiciona a sí mismo. ¿Qué es, en este mundo, necesario? Nada. Quizá vivir. Pero porque estamos ya aquí, y la inercia nos mueve; si no, tampoco lo sería. Como no lo es sobrevivir... Qué tía tan aburrida eres, tontita. Vete a la puta calle.

Hay ocasiones en que la vida se empecina y disfruta llevándonos la contraria. Acabo de volver de la calle a esta casa entre escamada y complacida. Salí para sacudirme lo que acababa de leer faltando a un juramento; nunca volveré a hacerlo... A la primera hora de una tarde que aún no se daba cuenta de que lo era. Y de repente un niño tropezó conmigo. Miraba hacia atrás, pero nadie lo seguía. Estaba solo.

Qué raro –me dije–, un niño en Venecia. Y solo. Acaso se ha perdido: no me extrañaría nada en este laberinto. Pero no me rehuyó, ni pareció que se sorprendía: como si hubiese tropezado con alguien que buscaba. Retrocedí unos pasos. El niño sonrió. No tendría más de cuatro años. Se me acercó, alargó la mano y me ofreció un caramelo. Dudé un momento si cogerlo o no. Luego me regañé: «Cabrona, cógelo. ¿No ves que te está sonriendo?». Seguía con la manita levantada. Así que le sonreí yo también: yo, que me había olvidado ya de cómo se sonríe. Y me pregunté qué podía darle a cambio de toda su fortuna... Acepté el caramelo y le acaricié luego la mejilla derecha. Tan tersa y sonrosada... El niño, sin dejar de sonreír, se dio media vuelta y echó a correr.

Me quedé inmóvil y asombrada. También un poco enriquecida, y sin saber qué hacer, y un poquito ridícula con aquel caramelo en la mano: con este caramelo que veo sobre el papel. Y diciéndome sin mover los labios, o eso pienso, que quizá la vida... Miré alrededor con minuciosidad. No vi ya al niño ni a nadie. ¿Nadie lo había mandado? ¿Qué era entonces lo que había visto en mí? Es posible que fuera un ángel.

–¿Eres idiota? –me pregunté, esta vez en voz alta.

Un ángel, aparte de que no existen ángeles, no se te acercaría nunca. Y menos aún para darte un caramelo. Una hostia, quizá...

Eché a andar, no sabía hacia dónde, más deprisa que antes. Eché casi a correr. ¿Dónde había ido el niño? ¿Sabía que yo era extranjera, y por eso no habló? Tengo miedo de las buenas acciones: no estoy acostumbrada y me pongo siempre en lo peor. Jamás me comería el caramelo. Pero, en esta ocasión, no porque lo crea envenenado, sino porque es la única prueba de una realidad. Estaba emocionada... «Qué bajito has caído, Hermenegilda, o como quiera que te llames ahora», murmuré para mí. Y me vine deprisa aquí, a escribir lo sucedido. Menos mal que me traje el caramelo; si no, no lo creería.

Cuando estuve, recién llegada, en el café donde conocí a Nadia, me emocionó su sencilla amabilidad. Más bien diría su solidaridad. Yo era tan sólo una desconocida, ni siquiera una turista que pudiese producir un beneficio. Ni a ella ni al establecimiento, que evidentemente no era suyo. Y, no obstante, me organizó la vida. Con una improvisación natural, ligera y amistosa. Como si me esperara: encogiéndose de hombros y quitando cualquier importancia a lo que hacía. Me localizó la casa en la que vivo. Me aconsejó ponerme una chaqueta o un jersey o un chal que me ofrecía. «Porque va a refrescar, ya lo verá.» Me convidó a una grapa después del café doble; trató de pasarme una bayeta por los zapatos llenos de polvo, o no sé, quizá unas servilletas de papel... Yo la miraba incrédula, asombrada y agradecida más de lo que podía expresar.

Una vez instalada, para decírselo, la llamé por teléfono, cuyo número me había apuntado. Cuando la volví a ver el otro día en el otro café, sentí, en primer lugar, remordimiento por no haber ido al suyo, donde ella antes estaba, para darle las gracias en persona. En segundo lugar, me sorprendió que no era el mismo bar donde la conocí, y no tuve valor para preguntarle si había cambiado ni por qué ni cuándo. En tercer lugar, deduje algo ante el comportamiento, sutil pero evidente, de las dos muchachas compañeras. Y me desconcertó, y hasta me conmovió, que no tratase de ocultar ante mí su relación. «Aún te queda algo humano», me dije: porque ahora me dedico, por necesidad, a hablar sola. O a escribir para nadie, que es peor.

Esta tarde han venido las dos amigas a hacerme una visita.

–Pasábamos muy cerca, y he pensado en subir a saludarla. Si no nos hubiese querido recibir o hubiera estado fuera, le habría escrito una nota. Las dos queremos ponernos a su disposición.

Era Nadia la que hablaba. Bianca se sonreía, y era bastante: la sonrisa le achinaba aún más sus ojos verdes:

–¿Cuánto tiempo se quedará en Venecia?

–No lo sé. No sé nada... Estoy en un punto y aparte de mi vida. Quizá en un punto muerto... O en un punto final.

Nadia se echó a reír.

–No hay nada que no tenga solución, Deyanira. –Recordaba mi nombre, que no es fácil: a veces yo me olvido–. Si las cosas no pueden ir peor, una se ahorca: yo lo he hecho varias veces. Si pueden mejorar, una se empeña en que mejoren. Y suele suceder de un día a otro, cuando menos se espera. –Miró con dulzura a Bianca–. El día en que nos conocimos –tendió la mano y tocó la mía– no estaba yo mucho mejor que usted. Sólo encontrarla me hizo darme cuenta de que un poco mejor sí que lo estaba, la verdad. Y se lo agradecí. Me ayudó mucho.

–¿Podemos tutearnos? Sé que hay mucha diferencia entre vosotras y yo, pero…

–¿Mucha diferencia? Pero ¿quién te lo ha dicho? Estás peor de lo que yo creía. –Bianca soltó una risa fresca. Me habían sentado en el sofá en medio de las dos. Las dos habían vivido en España algún tiempo. Hablaban con añoranza de ella. Contaban experiencias divertidas, quizá para consolarme de no sabían qué penas.

–¿Has venido a esta ciudad sin pies ni cabeza para algo concreto, o sólo porque has perdido la tuya?

–Por lo segundo –dije–. La cabeza y todo lo demás… –Vacilé pero me decidí, y en voz baja agregué–: Antes era escritora.

–Nos lo había dicho alguien. Aquí acaba siempre por saberse todo, generalmente mal. En realidad Venecia es un pequeño pueblo. Un monasterio casi: de clausura… Pero ¿se puede dejar de ser una cosa tan importante de la noche a la mañana?

–Si no escribes más, sí.

–¿Y eras una escritora normal? ¿O de esas que ahora escriben sin puntos ni comas ni comillas ni nada? A mí es lo que más me cuesta, porque me quedo sin respiración. –Era Bianca. Yo no tuve otro remedio que reírme, pensando en el *Ulises* de Joyce.

–Eso fue una experiencia; ya la hizo uno. No debe repetirse. Se escarmienta en cabeza ajena y basta… Como en todo… O en casi todo. Pero hasta ahora sí creía que era una escritora normal.

–¿Y desde ahora? –preguntó Nadia que parecía más juiciosa.

–Ya no lo sé. Ni siquiera si he sido nunca una escritora auténtica. En ese campo hay muchos timadores. O buena gente que se cree lo que no es. –Hice una pausa–. Hoy es la primera vez que digo en alto: «Fui escritora». Hasta hoy, desde que salí de España, he dicho, lo creyeran o no, que era señora de compañía, cocinera, mafiosa, narcotraficante, policía secreta, sacerdotisa, vidente, ya ni sé, todas las tonterías, hasta experta en abortos ilegales… Hasta acróbata. –Bianca se echó a reír–. Yo creo que la gente, desde el principio, sabía lo que era: una pobre loca huida de algún manicomio que no existe. –Ante el atento silencio de ellas, proseguí en voz más baja–: Hay que preguntar el precio de las cosas antes de tocarlas, antes de pretender quedarte con ellas… En el amor, también… Cuando él te ha proporcionado alguno de sus dones, que nunca son gratuitos, el resto de tu vida suele ser ese precio. El destino es como un gigante ciego y tonto: sólo sabe empujar… Igual que Polifemo.

Pero ¿por qué decía aquellas cosas a unas desconocidas? ¿De qué hablaba? «Estoy perdiendo la razón», pensé.

–Qué cosas tan bonitas dices… Pero qué tristes. Mira, no te preocupes –me advirtió Bianca con una encantadora confianza–. No te preocupes. Todo el mundo tiene mucho que hacer, muchas obligaciones que cumplir; apenas le queda tiempo para nada… Entre el trabajo, la oficina, el gimnasio, los aperitivos, la comida o buscar la comida, los niños, los cuernos del marido o de quien sea, qué sé yo… El tiempo libre es poco, porque acaba uno muriéndose… ¿Quién va a perderlo leyendo libros? Así que no te hagas mala sangre.

–Qué burra eres, Bianca. –Nadia me miró con una compasión casi imperceptible.

–No, si tiene toda la razón… No te parezca mal. Aunque

ya sé que nada de lo que Bianca diga te lo parece. –La sonrisa de Nadia se acentuó:

–Te inspirará Venecia, ya verás.

–Ha inspirado ya a demasiada gente, y debe de estar harta –rió Bianca–. Lo terrible es que, en eso, se parece a mí. –Nadia se mordió el labio, el grueso labio inferior–. O yo a ella, mejor.

–¿Hablas de Deyanira o de Venecia? Porque aquí hay algo nuevo siempre, distinto, que merece la pena. –Nadia se puso en pie y dejó una mano sobre mi hombro–. No sé, unas gallinas que cacarean en el patio de una casa arruinada, un rayo de sol que rompe las nubes y dora un palacio, el ruido en el agua de una góndola que se acerca pero que no se ve…

–Ahora eres tú quien parece la escritora –dijo Bianca.

–Todo da la impresión –concluyó Nadia– de una belleza irremediable, de un rostro que necesita maquillarse continuamente, y ya no sabemos si el maquillaje lo remedia o lo afea…

–Tú sí que sabes decir bonitas cosas. –Acaricié su mano. Bianca nos observaba–. Pero en Venecia se hacen los días muy largos. Y la vida… Yo no la quiero ya…

Bianca se incorporó, se acercó a nosotras, inclinó su cabeza hasta rozar la mía:

–Ya verás cómo lo pasamos las tres divinamente. Cuenta desde ahora con nosotras: de una en una o con las dos.

Las tres nos echamos a reír. Se hizo casi un minuto de silencio. Mirando a Bianca, tan próxima, le dije:

–«Jamás mis ojos contemplaron hombre o mujer que se te pareciese… Sólo una vez, en Delfos, hace ya mucho tiempo, junto al altar de Apolo, vi algo tan bello como tú: la esbeltez de una palmera que subía hacia el cielo…» –Las dos chicas me miraban asombradas, mejor será decir sorprendidas: no es lo mismo–. Es un pasaje de la *Odisea.* –Apagué la voz, y agregué–: Lo dice Ulises, cuando encuentra a Nausica, mientras se cubre el sexo con una rama de acebuche. También ella estaba desnuda...

–Pero no se tapó con nada, ¿ves? Las mujeres somos más naturales. A lo mejor es que Ulises tenía el pito pequeño.

Volvimos a reírnos. De un modo muy sutil, las palabras de Bianca habían aclarado mucho la situación. Entre las dos muchachas había algo: lo que yo presentí. Sin saber bien por qué, o sin preguntármelo, me fui encontrando cómoda entre ellas. Y necesité estarlo más aún. Les rogué que volvieran a sentarse y dije:

–Yo estoy casada con un homosexual. –Entre ellas se cruzó una mirada rápida–. No me casé con él porque lo fuera. –Dejé pasar unos segundos para suscitar más su curiosidad–. Es, o era, ya no lo sé, mi mejor amigo... Yo, en cuestiones de sexo, soy muy ignorante, de verdad, pero muy comprensiva... Hay quien hace el sexo sólo consigo mismo. –Las dos me miraban con expectación–. De quienes lo hacen con otros, yo veo dos clases sólo: los heterosexuales y los homosexuales. Los dos tienen su sexo bien claro y definido: unos son hombres y otras son mujeres. Un sexo masculino y otro femenino. Hagan el amor uno con otro, o con alguien del mismo que el suyo: eso no importa...

–¿Y los transexuales? –Era Bianca, por supuesto, quien preguntaba.

–Eso es una excepción. Dolorosa, tiene que ser muy dolorosa, pero una excepción... Y además quieren, con toda razón, que se les respete, pero también que se les desee. Es decir, un error y un horror. Yo conocí a un respetable profesor de griego en Cádiz que, cuando se extirpó lo que le sobraba, se implantó en el pecho algo mucho más de lo que le hacía falta, se tiñó de rubio platino y se echó a la palestra con la razón perdida y la boca lo mismo que una sandía abierta... Tailandia, sin ir más lejos, aunque un poquito sí, está abarrotada de gente transexual. Quizá porque la suave mezcla entre lo femenino y lo masculino es una manifestación de su cultura... –No sé si dije todo lo que ahora escribo, pero lo pienso así. Incluso, caigo en este momento, me olvidé de un ejemplo más cercano en esta ciudad: un señor llamado James Morris publicó su libro *Venecia* poco más o menos cuando nací yo: a los catorce años lo reeditó llamándose ya Jan Morris y es una gran señora... Nunca ha dejado de vivir con su mujer. Quizá ahora sean cuñadas.

–Pero ahora se habla mucho del tercer sexo –apuntó en voz baja Nadia.

–Sí, pero no es, en mi opinión, lo que se dice. No es la homosexualidad. Para mí el tercer sexo es otra cosa. El que ahora está de moda... Hablo de esos hombres-muchachos, lampiños, alargados, afeminados por mucha tabla de lavar o de chocolate que tengan en el torso, mucho estómago hundido, muchos pectorales o bíceps... Sin un defecto. Yo los encuentro tan poco atractivos: una belleza inútil. Y un poquito ridícula. Forman un rancho aparte, que ignoran a los que los ignoran... Hay hasta futbolistas o toreros: lo mismo sirven para lucir ropa de Armani o Dolce y Gabbana que para torear un poco o darle a la pelota. Yo no los veo hombres. Son otra cosa. Como Adonis, que iba de mano en mano. Como las chicas modelos o las actrices más de moda. O cantantes mediocres, que adoptan hijos negros o chinos para no deformarse pariendo. Ellos y ellas son el verdadero tercer sexo: no sirven para follar ni para que los follen. Son objetos de consumo: no para el sexo, sino para los anuncios. Nadie puede gozar de su belleza sino con la mirada. Ahora hay más seres así que nunca. Como si los dioses, al desaparecer, nos los hubiesen dejado en testimonio. Pero son incompletos: bellos y vacíos, bellos y ambiciosos, bellos autónomos, sin un destinatario... ¿Es que son incompatibles la belleza y la inteligencia con el amor? ¿No puede existir un ser completo? ¿No existe, o no lo dejamos existir? El tercer sexo es el de Narciso: se ve a sí mismo, se desea a sí mismo, hace morir de amor a la ninfa que lo ama: Eco, naturalmente... Para mí son hermosos, esbeltos, estatuarios y fríos; todo, menos cachondos: prohibido tocar. A mí no me erotizan. Quieren ser deseados, porque para eso les pagan y se moldean y trabajan; pero no necesitan desear. Unos y otras están por encima de eso... Por encima del agua en que se miran, se reflejan y acaso se masturban. Para mí no hay nada más decepcionante que una mujer o un hombre seductores que se propongan a toda costa parecer seductores y eso es todo... Anda, que no hay que ser de veras un macho o una hembra para aparecer como maricón de verdad y tortillera de verdad, no de gestos ni de contoneos ni de voces mutantes: de verdad, quiero decir de dentro a fuera... Y que conste que no sé por qué os hablo así, porque yo estoy en parecidas circunstancias. En fea, en vieja, en horrorosa, pero en las mismas circunstancias. Claro que por razones muy distintas... No soy del tercer sexo. Yo soy autosexual. –Las dos chicas se echaron a reír después de dudar unos segundos.

–¿Has dejado en España algún amor? –Bianca lo preguntó rozándose con el índice los labios.

–No lo puedo decir –balbucí–. Pero no porque no lo desee, sino porque resulta imposible de explicar. –Ahora Nadia y Bianca estaban frente a mí. Fue Nadia quien habló; más sensata, más comprensiva que Bianca, pero tan a oscuras como ella. Habló al tuntún:

–Las heridas del amor no desaparecen nunca del todo. Nos lo parece quizá, pero siempre quedan sus cicatrices. Aunque ya no nos duelan... Basta con que cambie un poco el tiempo, con que vaya a cambiar, para que las cicatrices se rebelen... Hay quien muere de amor...

Entrelacé las manos y apreté una con otra. Percibí la buena voluntad de aquellas muchachas guapas y jóvenes y amantes. Y vivas sobre todo. Pero ya habíamos hablado suficiente quizá. Sobre todo yo.

–Eso son paparruchas –me embalé de nuevo–. La gente muere de cáncer o de infarto o de tifoideas. Lo del amor es como lo de la bendición de Su Santidad que se pone en las esquelas: un invento para que haga bonito. Ni siquiera Romeo y Julieta murieron de amor. Él murió envenenado, y ella, de un machetazo. Y de mí, ya ni hablamos. –Había subido sin darme cuenta el tono de la voz. Lo bajé de repente y las miré como a dos niñas buenas–. Es la profunda y absoluta ignorancia de todo la manera preferida, para hacerse visible, del amor. El olvido de lo que creíamos saber. La inauguración de un mundo frágil que desearíamos eterno... Eso es lo que a la gente le acobarda y le hace huir: el desvalimiento, la dependencia, la sorpresa infinita, el asombro infinito que provoca el amor... Y es eso justamente lo más hermoso de él: la huella que deja cuando nos abandona... Por eso a mí el amor me resulta difícil. Y yo a él, imposible... Mi corazón se ha derrumbado: sólo quedan escombros... Sé que tenéis razón... –Cambié, acharada, de tema–. Soy libresca, ¿verdad? Sigo siendo escritora, ¿no creéis? –pregunté. Para mí la conversación había concluido. Por el contrario, Nadia insistió:

–Pero siempre hay algo nuevo, que nos sorprende, que nos abre los ojos de otra forma. Cada día... La primera vez que tú y yo nos encontramos, yo estaba sola. –Miró a Bianca–. Y ahora, no: ella volvió. –Yo moví la cabeza de un lado para otro. Estaba agotada. Me llevé la mano al pelo, la dejé caer... Había perdido la costumbre de la conversación.

–Ya hay demasiada gente que escribe, demasiada gente que ama, demasiados días interminables que amanecen sin necesidad alguna, demasiadas cosas distintas a nuestro alrededor, demasiadas Venecias... –Bianca se echó a reír:

–Ah, no, Venecia sólo hay una, gracias a Dios. Con una, basta y sobra.

–Ésa es sólo la primera impresión. –La miré–. A la larga es peor... Tú ¿de dónde eres?

–Siciliana.

–Ya me parecía a mí.

–¿Por el acento?

–Eso no lo distingo. Por la simpatía. En el más alto sentido de la palabra, sois las dos tan simpáticas... Habéis conseguido que me olvidara de que no quiero hablar con nadie, ni siquiera conmigo. He venido hasta aquí, o me he quedado aquí, sólo para callarme... Y, desde que llegasteis, no he parado de hablar.

–Enhorabuena. Cuando empieza a decirse *esto se terminó*, acaba por hablarse más que nunca.

–Por fortuna, hablo muy mal el italiano. Y, por si fuera poco, no creo mucho en él: es demasiado preciosista. Parece que uno canta ópera cuando lo habla. Cuando lo habláis, quiero decir... Ya sé que es una vulgaridad pensar eso, pero...

–Tampoco nosotras hablamos un español clásico. Ni por el forro –dijo, castiza, Nadia. Las miré muy despacio, y algo se conmovió dentro de mí. Dije en voz tenue sin saber por qué:

–La verdad es que, para hablar más que nunca, no hace falta saber ningún idioma.

–Eso, que no es sencillo de entender, yo lo he entendido muy bien –replicó Nadia.

–Y yo –concluyó Bianca riendo–. A ver si tú te crees que soy retrasada mental.

De repente, sentí la urgente necesidad de hablar, hablar.

–El amor quizá sea la más inmediata respuesta a cualquier deseo femenino. Pero amor no es sinónimo de hombre. –Las dos se miraron, y luego a mí, en silencio–. Para aquel minucioso relojero de La Haya, llamado Spinoza, no es un deseo sino una satisfacción, una presencia interior, una idea en la cabeza de quien ama, una emoción en su cuerpo, una alegría. Si no... –Estuve a punto de interrumpirme–. La alegría, que yo ya he olvidado, es el paso que da un ser humano desde una menor perfección a otra mayor.

Nadia se giró hacia Bianca:

–La alegría es el valor que más cotiza hoy en nuestra bolsa. ¿No es cierto? –Bianca se echó a reír, cosa que hacía cuando no estaba segura de querer decir algo.

–Tener una bolsa en común es la alegría ya... Antes debía

de ser así. –Y seguí, sin saber por qué, metiéndome en un berenjenal que no era el mío ni el de nadie–. Herodoto visitó Egipto, y cuenta, de los habitantes del Nilo, que eran las mujeres las que compraban y vendían en el mercado mientras que los hombres tejían en las casas. Las mujeres transportaban las cargas sobre los hombros; los hombres, en la cabeza. Ellas orinaban de pie; ellos, sentados o en cuclillas, como hacía un rey de España, marido de Isabel II, don Francisco de Asís, que era mariquita.

–¿Mariquita? –Bianca frunció las cejas.

–Sí, homosexual... Antes no era así. Contra lo que pensamos hoy, la magia, la religión y la poesía eran parte de la vida de hombres y de mujeres. Desde el juego infantil hasta el primer contacto erótico con quien quiera que fuese... Desde el pensarse solas hasta saber que una forma parte del mundo... Entonces el mundo era de otra manera. –Se hizo un silencio atento que me obligó a seguir–. Quizá yo me he engañado a mí misma durante mucho tiempo... Hasta una época en que los hombres eran sensibles y delicados como mujeres, propensos a llorar y a ser artistas, propensos a los abismos, primorosos y desconfiados entre ellos; engalanados y presumidos, con largas melenas rizadas; muy dados a conversar junto al fuego en invierno y a reír de cualquier cosa...

–¿Y cómo eran entonces las mujeres?

–Más maduras quizá, más dominantes... Lo que hoy llamamos «femenino» era para ellas un defecto... Ha habido tiempos en que los dos sexos eran a la vez pacíficos y femeninos, pero también destructivos y masculinos... No creo que nosotros hayamos nacido en el mejor momento. Ni en el más natural.

–¿Por qué lo dices? –preguntó alarmada Bianca.

–Quizá porque hoy nuestros problemas son individuales, porque cada uno o cada una es un caso singular que cada uno o cada una tiene que resolver.

–¿Quieres decir que hemos inventado el psicoanálisis? –Era Bianca, riéndose otra vez.

–O quizá algo peor: nos hemos enfrentado unos y otras. El sexo del hombre está claro, visible, agente y ostentoso. Y su función, también: su deseo y su oficio es penetrar. El sexo nuestro es pequeño, oculto y, sobre todo, doble: clítoris y vagina, actividad y pasividad, placer localizado y una especie de sexualidad total.

–En ese caso, yo habría elegido ser lo que soy: mujer –aseguró Bianca, mientras Nadia callaba–. Y bisexual –concluyó.

–Lo peor es que ellos nos llevan ventaja en casi todo lo que es el sexo… Es de eso de lo que yo estoy hasta el coño… –Como rompiendo una tensión, las dos soltaron una carcajada–. No, no es cosa de risa –añadí yo, también riendo–. El hombre crea y folla cuando se inspira, cuando está poseído…

–¿Se necesita estar inspirada para eso? –preguntó, inquieta, Nadia.

–Se necesita haber sido poseída. Bien o mal, lo cual tiene cojones… –Caí en que barbarizaba, pero no me frené–. Tendríamos que llegar a la autoposesión, recuperar para nosotras ese pequeño y escondido espacio que el hombre avasalla, ese espacio interior… Tendríamos que conseguir encontrar en nuestro propio cuerpo la inspiración y el placer: al mismo tiempo… A mí no me ha resultado tan difícil. Por eso os dije antes que yo era autosexual.

–Pero hay algo mejor –los ojos de Bianca eran dos picardías–: utilizar el hombre a nuestro modo, como un consolador, cuando creamos que es más conveniente.

–No deja de ser un reto aceptable. Aunque no sé si da buen resultado siempre. Como consolador, el hombre es un poco rebelde: suele tener más fuerza que nosotras. –Di unos pasos sin rumbo.

–El secreto está en saber utilizar su fuerza en nuestro beneficio. Haciéndole creer que es en el suyo, por descontado.

–La cara de Bianca era pura o impura malicia. Yo me volví hacia Nadia interrogándola con los ojos.

–Yo soy mucho menos complicada. Y más dócil. Prefiero ser utilizada si es que me gusta la persona que me utiliza.

–Egoísta por activa y por pasiva –la acusó, señalándola con el índice, Bianca. Entonces fui yo quien tuvo que reír.

Nos estábamos mirando las tres. Las acompañé en silencio hasta la puerta. Me besaron para despedirse.

–Hasta muy pronto –dijimos las tres al mismo tiempo.

Cerré la puerta. Y de repente me sorprendí a mí misma preguntándome a qué había venido esa lección de clítoris. Me negué a contestarme. Y me sigo negando.

Pero antes de volver a sentarme y escribir a rachas estos párrafos, recordé, también sin saber por qué, unos antiguos versos de Rosetti:

> Ya estuve antes aquí,
> pero cuándo o cómo no lo puedo decir:
> recuerdo la yerba detrás de la puerta,
> el dulce olor amable,
> el suspiro, las luces en torno de la orilla...

No todo el turismo es en Venecia idéntico. Hay turistas expertos, turistas vulgares y turistas desdeñosos. Existen también los desengañados como yo. Y los apasionados, a quienes los venecianos palaciegos (que quieren casi a toda costa mudarse a un apartamento de proporciones humanas), después de inventarse sobre sus incómodos caserones, para salir de ellos, las más disparatadas leyendas, engatusan a yanquis millonarios o a advenedizos del dinero. En todo caso, Venecia es la gragea de Italia, su consomé, la concentración exagerada de todo lo italiano: como Sevilla y Córdoba y Granada al mismo tiempo, que ya es decir.

Aquí hay que andar a la buena de Dios. En ella, tires por

donde tires, te pilla Ramírez. A primera hora de la tarde escucho una guitarra que suena a Albinoni. Es un muchacho esbelto y no muy limpio quien la toca. Está cerca del Sestier de San Polo. Esta ciudad es un producto barroco de la suma de todos los estilos y de todos los tiempos. En ella se amontona de tal manera el arte, o lo que sea, que cada persona ve una ciudad distinta, muchas ciudades distintas, cada día. Y las confunde todas, porque es vieja y engaña. Como la Celestina. Creo que disfruta despistando a las visitas. A mí no le es difícil porque voy enmimismada, y no hay demasiadas maravillas que llamen mi atención si es que me queda alguna. En el Sestier, una ventana exhibe unas peonías rosas y blancas. Siento predilección por el *Campiello de San Giovanni* siempre que no haya actos que, en lugar de fijar mi atención, me la enturbien. Si está vacío, me siento en la base de su torre descuidada, que yo creo que me gusta a mí sola. Luego me levanto y camino. Me encuentro con el Renacimiento en el *Campiello de la Scuola Grande.* El cielo, como un toldo impoluto encargado por la municipalidad, tiñe con una inmóvil luz las piedras…

Sigo por la calle del Ogio o del Carpentier, por el Ponte del Cristo, bajo las ropas tendidas a secar de la calle San Zuana, para acercarme, si es que no me pierdo, al campo de San Polo. Pero me pierdo como siempre. Me pierdo precisamente porque creo que conozco el terreno… Cerca del río de San Stin estaba el hotel donde nos alojamos, en nuestro falso viaje de novios, Gabriel y yo… Calle del Escaleter y calle Bernardo, un paisaje húmedo y sombrío siempre en reparación. Después de unos tanteos llego por fin al Campo de San Polo. En uno de los bancos medio rotos, una anciana de luto me mira un segundo sin el menor interés. Yo le pago con la misma moneda, bajo la luz tamizada por los almeces, las acacias y los castaños. Me siento en otro banco también deteriorado, donde hay escritos nombres, iniciales, alusiones y fechas: varias generaciones han dejado su huella. Un grupo de niños juega con una pelota grande. Se levanta una brisa amable y fresca. En este Campo, separadas por la iglesia del santo, conviven una cara noble y otra cara plebeya... Pienso en lo que no quiero pensar. Un momento después, por la calle de la Madoneta atravieso otro río. Pero retrocedo, porque me lleva al Puente Rialto y siempre lo he temido: hay demasiada gente que acaba por llevarte a donde tú no quieres. Allí, el miércoles, un portugués aproximadamente de mi edad me pidió que le firmara un libro mío. Era el que más amé y el que más odio, *Los comensales*, el último, el fracasado. Estuve por decirle que yo no era la autora, pero me pareció que su intención no era mala. Quizá leído en castellano por un portugués resulte algo mejor. O quizá el resultado no depende de la lectura sino de las intenciones del lector.

Una de mis iglesias predilectas es la de San Apolinario, que los venecianos, tan aficionados a afear todo cuando les viene en gana, llaman Sant Aponal, que tiene nombre de crema antihemorroides. Me encanta su *campanile* véneto bizantino. Es como un calendario: del siglo XI, restaurado en el XV. En la fachada, un Calvario, un Cristo resucitado, una virgen, la Oración en el Huerto, la Santa Cena, un Cristo en la columna, es decir, un arbitrario vía crucis. En la crestería, otro Cristo triunfante con San Juan y la Virgen. Y un medallón superior de la Madona con su hijo. Total, un disparatado terremoto. Entrañable, supongo, para quien tenga fe. Quizá quienes lo hicieron no tuviesen demasiada, pero amaban su trabajo y su arte. O su artesanía, que es casi más hermosa. Dentro ya, hay un rosetón de Cimabue, restaurado también, pero en 1583. Una, en Venecia, siempre espera que algunas manos experimentadas y piadosas la retoquen. Podría suceder en el momento menos pensado. Pero conmigo, no: yo estoy ya desahuciada.

Ser turista en Venecia es un mareo insaciable. Pero no serlo acaso sea peor; porque, al no tener cerrada la fecha de salida, corres el riesgo de caer en la adicción. Cambian tanto las luces que es fácil creer que, por donde has pasado muchas veces, es un lugar que tus ojos descubren por primera vez. Y eso a mí me obliga a desconfiar, me pone en guardia. He llegado a pensar que la municipalidad, con un cuidadoso registro de lugares y horas, coloca acordeones, pianolas, violines, viejos o viejas, niños jugando, vecinas dando voces o comentándote algo sobre otras vecinas... Ayer vi una señora muy mayor con un abrigo de pieles muy raído –hacía mucho calor– y un perro amarrado con una cuerda gruesa llena de nudos. Otra mujer, desde un balcón, me gritó: *«La storia de questa dona e una tragedia continuativa»*.

Pensé que, si le contaba la mía, podría repetirle lo mismo a quien viniera detrás de mí. Con toda la razón.

Yo me pregunto cómo a los venecianos, y a las venecianas aún más, les quedan todavía deseos de bromear y hablarles a los extraños sin reserva ninguna. Con frecuencia se escuchan fragmentos de conversación que nada significan: de paseantes sueltos, de alguien sentado a una mesa junto al ventanal de un bar, de vecinas que dialogan y manotean, con naturalidad y con largueza, de uno a otro balcón. El mismo día del portugués, desde uno de otra calle bastante concurrida, una mujer gorda y joven me contaba una anécdota de su vida. El marido, esa mañana, de una ojeada, con sólo contar los ojales de una camisa y los botones, y deprisa, se había dado cuenta de que le faltaba un botón. Aún tenía ella la camisa, bastante derrotada por cierto, entre las manos. Con orgullosa admiración me comentó: *«Il mio marito e proprio matematico»*. En realidad, esta gente vive una fiesta sin saberlo; quizá por eso me cae mal: vive una fiesta a la que yo no fui nunca invitada...

La sombra, que aumentaba casi insensiblemente, se empeñó en perseguirme: doblaba las esquinas tras de mí cuando yo me adentraba en cualquier callejón. Luego me pareció que me envolvía. Los peatones escaseaban. Por fin la sombra comenzó a precederme. La ciudad –lo que yo veía de ella: paredones desconchados, algún jardín ajeno a todo asomándose a un muro, los habituales puentes– anochecía. Los objetos, más delicados que bajo la luz, brillaban con una propina de resplandor final. Las piedras, más espesas y pesadas y densas, se hundían en lo oscuro como si hubiesen cumplido su dura jornada de trabajo diario. Las luces aún no se habían encendido. Daba la impresión de que la noche se resistía a caer...

La vida es como un día. Al principio parece interminable, aunque se produzca una muerte repentina; pero llega un momento en que se ve el final, aunque el telón se retrase en caer.

El otro día las chicas me dejaron de regalo un breviario de aforismos de Lichtenberg. Es muy curioso. Dice, por ejemplo: «Si de pronto ya no pudiera distinguirse a los sexos ni por la ropa siquiera, un nuevo mundo de amor surgiría». Y «se recomienda pensar por sí mismo para discernir los errores ajenos...». En general yo he pensado mucho, mucho más de lo que he leído. Por desgracia dice también: «Es infalible señal de un libro bueno el que con los años nos guste cada vez más». Menos mal que esto que escribo no es ni siquiera un libro y que jamás será leído. Luego se pega un tiro en la nuca: «El alemán nunca imita tanto como cuando quiere absolutamente ser original porque también lo son otras naciones. A los escritores originales de otras naciones jamás se les ocurre querer ser originales». A mí ahora ni siquiera se me ocurre escribir.

He conseguido no escribir durante una semana. La culpa de esta recaída de hoy la tienen unas fotos que, maldita sea mi estampa, me traje sin darme cuenta en un bolso de viaje. Sólo a una descerebrada como yo se le ocurre moverse con semejante artillería: me ha explotado en las manos.

Simplemente mirar las fotos en las que voy creciendo me pone la carne de gallina. A cada una se le pone carne de lo que es.

No, no es que tengamos un cuerpo: ¿quién lo tiene, quién nos lo ha dado, quién puede reclamárnoslo, quién lo envejece a pesar nuestro? No tenemos un cuerpo; es que *somos* un cuerpo. Él, tan complicado y tan desconocido, es cuanto somos.

Cada día con mayor precisión, la ciencia puede localizar, sin posibles errores, el punto exacto del cerebro donde radican la verdad, la mentira, el placer sexual, la memoria, el atractivo, el celo... Nuestras actitudes, ideas y creencias, nuestras devociones proceden de la clase de vida que se nos da o que llevamos o que conseguimos. Es decir, son productos de la sociedad que nos rodea. Pero la condición más íntima, la condición estricta y peculiar de cada uno está en la sede de las neuronas, donde se desarrollan los procesos del conocimiento o cualquier otro del que dependa la toma de nuestras decisiones...

Yo veo estas fotos mías de niña, de adolescente, de desconocida jovencita, y, aparte de avergonzarme de ella y de cuanto la rodeó, me doy cuenta de que las cosas hubieran podido suceder de otro modo. Pues no, qué cabronada... La tragedia verdadera no es que las cosas o las personas desaparezcan bellas y jóvenes. O los ideales. O los sueños. La tragedia es que tengan tiempo de ajarse, de inutilizarse, de pudrirse. Porque *somos*, sí, un cuerpo: un cuerpo corruptible. Éramos pocos y parió la abuela.

No sé lo que les parecerá a los demás la suya: me refiero a su infancia, no a su abuela. Abuelos yo no conocí a ninguno. A mí mi infancia me parece lo contrario de un paraíso. La felicidad que se le achaca a la niñez es inventada. El ser humano necesita creer que, en algún momento, fue feliz; que en algún momento estuvo apoyado con firmeza y convivió con dioses familiares. Necesitamos creer que tuvimos una edad de oro. Como la Arcadia Feliz de la Humanidad, cuando no había ni vallas ni linderos separando propiedades privadas, cuando era común todo y disponible. A su imitación, el ser humano se inventa una infancia dichosa. Si pensáramos con detenimiento luego, como yo ahora ante estas putas fotografías, no nos recordaríamos felices. Mi infancia, al menos, no lo fue. La veo, desde ahora, con espanto. Con ella empezó el lío...

Quizá sobre todas las infancias cae un telón. Lo que nosotros pretendamos prolongar luego de la nuestra, o conocerla a fondo, será literatura. Y yo no estoy ahora para murgas. No tengo más que verme, con este babero de colegio y esta carita de pazguata asustada. ¿Se llama a esto una época fácil y sin preocupaciones y bonita? Pensamos que la niñez es un edén del que fuimos expulsados; no es así. La expulsión no es salir de la infancia, es salir de la madre. Que el niño deba llorar en el instante de nacer no extraña nada. Y no porque el llanto abra la entrada del aire en sus pulmones, sino porque comienza una acorraladora agresión que no va a concluir. Más tarde habrá momentos, muy efímeros, en los que el mundo y sus brisas, sus olores, las doradas mañanas o el rocío, sean para la piel una caricia. Pero no entonces. Entonces sale uno de una bolsa pensada para él y a su medida. Y sale hacia el gran enemigo, hacia la convivencia y el desastre. Tengo tal necesidad de romper estas fotos...

Se dice que el olvido y la esperanza son las muletas sobre las que caminamos. La esperanza es la fuente de la infelicidad; pero el olvido es la más precisa condición de la vida: «Sano está quien olvida». Ella selecciona lo que debe recordar y lo que debe abolir para seguir su marcha. Por eso aquella soledad primera –la más radical, la más incomparable– no está presente luego. Al contrario, el adulto se empeña en identificar niñez y paraíso. Apenas reflexionase, comprobaría que no; pero su corazón se le resiste. Y su cobardía consigo mismo. Prefiere convencerse de que, en una época de su vida, al principio, en la fase más lejana, él ha sido feliz porque estuvo acompañado; más aún, estuvo envuelto entre pañales de ternura y de generosidad y de protagonismo. Prefiere estar seguro de que, en algún momento de su vida, él fue el rey: un rey irresponsable. Los mayores han olvidado, de forma subconscientemente voluntaria, su niñez. Se hacen de ella una idea artificial y poética: por lo que hoy ven, por lo que desearon, por lo que ahora desean. Se remiten a ella con frecuencia, se refugian en ella, y joden a los niños con sus ficciones, porque creen comprenderlos, porque creen que deben exigirles la manifestación y el reconocimiento de su felicidad: una felicidad que los niños no sienten. Ignoran, no quieren reconocerlo, que lo que nunca se vivió no puede revivirse.

Ignoro lo que fuese tal edad *venturosa* para los demás; para mí transcurrió en una noche oscura del alma, si es que existe algo así. Del alma y del sentido, como hablaban los místicos de su avidez y de su acidia. Quizá por eso se refieran con tanta frecuencia a la infancia; espiritual o no, me da lo mismo. Alguien lo espera todo de su dios –quien lo ha puesto en el mundo– y su dios se le esconde, enmudece, se hace ininteligible. Alguien alza los ojos a la divinidad, y ella no comparece: igual que en una encuesta, no sabe/no contesta. Es la Noche del Huerto. La noche en que Jesús, sólo hombre ya, le suplica a su padre y, ante su silencio ausente, suda sangre, cosa que tiene tela. Alguien, que depende esencialmente de otro en lo físico y en lo espiritual, es abandonado. En la infinita noche silenciosa, o peor, crujiente como ésta. Solitaria, o peor, surcada de presencias como ésta. Negra, o peor, iluminada por asechanzas y destellos, los de estas fotos hijas de la gran chingada... Abandonado el niño cuando más hambre o más necesidad tiene, entre monstruos feroces y riesgos incógnitos. Su dios está mirando hacia otra parte. Un día, al despertar y buscar con los ojos su benevolencia, y buscar con la mano el rostro que ama, no lo encontrará ya. No encontrará la boca que cantó nanas para que él se durmiera en los brazos que lo acunaban... Ésa es la puñetera historia. Lo demás son berenjenas en vinagre.

A partir de ese instante le asediarán las mortales ideas de la preterición, del abandono, de la contingencia. No volverá a recuperar su trono. Ha sido apeado de él. Lo abandonó su dios, que atiende otros quehaceres. Luego él era un quehacer más, no el absoluto, no la tarea única, no el dios para su propio dios como él creía. Si algo no sacara al indefenso de tal desolación; si la esperanza, si el olvido no fuesen los aliados de la vida –la primera, una aliada sólo anestésica–, si el niño o la niña supiesen qué es la muerte y cómo conseguirla, en ese instante se suicidarían. Su viaje ya ha perdido, recién inaugurado, toda su explicación, todo su norte... Pero el ser humano está hecho para el olvido de lo que ya es pasado y para la esperanza de lo que acaso pase, hecho para engañarse y consolarse... Cuando crezca, comenzará a creer que su infancia fue un concurrido paraíso. O quizá todo eso ocurra sencillamente porque cuanto viene después es aún peor.

La niña cateta y escuchimizada que veo en esta cartulina, por esa época, se miraba, a escondidas de todos, ante el armario del dormitorio de sus padres, en el único espejo de cuerpo entero que había en aquella pobre casa. Se abría el delantal, se bajaba las bragas hasta los calcetines, se miraba esa zona secreta del sexo, que nadie podía ver. Esa niña fue la que descubrió, en las primeras horas de una tarde de verano, después de un meticuloso plan de acecho, por una rendija entre las puertas, a su padre quitándose el uniforme. Lo iba dejando encima de la cama de matrimonio. Recogería luego el pijama para estar más fresco. Pero durante unos segundos permaneció desnudo. Y es esta niña quien vio su extraño sexo, más complicado y bonito que el suyo, su pecho con un vello bien distribuido, su vientre liso, sus costillas marcadas, sus anchos hombros y su cintura escurrida, sin caderas, hacia los muslos largos…

¿Deseó aquel cuerpo la niña? Ahora ya no lo sé. Pero creo que, en vez de desearlo, la niña deseó pasivamente ser deseada; que aquel miembro, omnipotente y recio, la dominase y la envolviese. Cada vez que su padre la besaba, desde ese día, ella lo recordó desnudo, y le correspondió de otra manera: una manera que él, con cierta sonrisa imperceptible, parecía comprender. Su padre era un hombre, o por lo menos un guardia civil, guapo, como está en esta foto: de nariz recta, frente ancha, boca gruesa y barbilla altiva… No me extraña que mi madre lo adorara y se desentendiese un poco de todo lo demás.

Se nota mucho en esta foto de ella. Su desgana, su desánimo ante las cosas. No tenía demasiado entusiasmo por vivir: era la esclava del señor. Descuidaba la casa; sentía el cansancio de la casa, que no era grande, y de los hijos, que éramos sólo dos. Quizá consistiera en algo físico: una debilidad, una enfermedad que no tuvo diagnóstico. Quizá era algo moral: un pesimismo o un presentimiento de lo que iba a pasar, una pasión del ánimo. No tomaba partido ante ningún dilema.

Quizá conocía la probable infelicidad de su marido, quizá la imaginaba y se la atribuía a sí misma, o no se consideraba bien correspondida, o preveía el alejamiento de los hijos, o alguna muerte próxima, porque de todo hubo…

Conmigo no se llevaba mal, como con una cómplice en la que ella pudiera descargar una responsabilidad, la de estar viva, que era incapaz de sostener. Había horas en que se dejaba invadir por un abatimiento imposible de superar. Se le notaba el peso sobre los hombros… De vez en cuando, por el contrario, reía con una risa muy joven y muy clara. Y aún quedaba la risa por el aire, cuando su dueña estaba ya asombrada por haberse reído: como escandalizada por haber cometido una falta que había de reprocharse. Y entonces perseveraba un tiempo con los ojos perdidos, plegados aún los labios, con las manos cruzadas encima de la falda, como pidiendo un poco de perdón…

No la recuerdo apenas sino con trajes negros. Como está retratada aquí. Alguien, no sé quién, sacó la foto. Un primo mío quizá. Y ella antes pidió permiso unos minutos para cambiarse de ropa, porque estaba vestida con una bata azul claro. En seguida bajó con su traje negro. Mi padre la miró sin sorprenderse; luego me miró a mí. Yo le sonreí, y él me correspondió encogiéndose de hombros. Como si entendiera lo que yo no entendía: la relación entre mi madre y yo. Yo la amaba y la odiaba: en realidad cualquier relación de amor tiene esa duplicidad. Quería ser ella y a la vez me avergonzaba de ser mujer. Para las dos había un hombre sólo.

Yo –no quisiera escribir esa palabra– era simplemente un horror. Mi hermano, una preciosidad. Todas las visitas daban a mis padres la enhorabuena al verlo. Lo ponderaban. Lo piropeaban. Mi padre fruncía el entrecejo:

–Un hombre no tiene que ser guapo.

–Pues tú lo eres –le decían las mujeres en voz baja, echándole a él la culpa.

Yo sabía lo que sucedería después. Me miraban, callaban un instante, y decían deprisa:

–Bueno, esta niña también tiene unos ojos muy bonitos.

Yo aprendí en seguida dos cosas: que el adverbio *también* puede difundir un desastre irremediable, y que todo lo que no fueran los ojos lo tenía feísimo.

Mi madre, detrás de mí, para protegerme me ponía sus manos en los hombros. Mi padre, frente a mí, fruncía los labios en un beso. Y yo quería siempre, con o sin visitas malintencionadas, con o sin familiares despectivos, ser no sólo sencillamente guapa sino maravillosa. O sea, que se esmeraron mucho en educarme mal.

Despliego la pequeña colección de fotografías. Son un sobre abultado, al que nadie se le ocurrió nunca ordenar en un álbum. Las fotos familiares de la época eran fotos en que las mujeres miraban a lo lejos, como esperando a alguien que no iba a venir nunca, con una mano falsamente recogida en la cintura y otra subiendo a la garganta. Con un aire –eso lo entendía yo muy bien– de aristócrata que trata de disimular su sangre azul, es decir, son fotos que retratan lo contrario de la realidad. Y en mi caso, mucho más aún. Yo en ellas intentaba reflejar el desdén que me producían esa postura y esa foto de pueblo. Quería simular un *me fastidia* y el deseo de que aquella tortura concluyese, cuando sucedía precisamente lo contrario: yo me moría porque me retrataran. Para eso había estado posando toda la vida. Toda la diminuta vida. Poniendo cuerpo y alma en reflejar no lo que había allí, sino lo que yo ansiaba que hubiera habido: una princesa, una actriz, una niña bellísima rubia en aquel corral maloliente, o cerca de aquellos aldeanos, despreciando a las personas que estaban a un lado y a otro míos, con facciones apretadas e insensibles... Desterrada, eso es: desterrada en aquellos poblachos y en aquella casa cuartel... Secuestrada en ellos... ¿Me gustaría saber ahora qué opinaban de mí quienes se retrataban conmigo? No ahora, en que supongo que estarán deslumbrados, pregonando que ya entonces adivinaban mi porvenir brillante, sino entonces. Entonces, ante esa cursi, ante esa impertinente huelepedos, ante esa niña estúpida que, con sus facciones de campesina como ellos, pretendía darse aires de grandeza. Ante esa subnormal que, con su actitud, ofendía a todos los de su alrededor... He llegado a la conclusión de que todos, mujeres y hombres, tenemos dentro un ejemplar gordo, bajo, aburrido y ridículo, al que sólo los más afortunados pueden impedirle salir toda la vida. En general, antes o después, sale y nos monta el número.

De esta foto que tengo ahora delante recuerdo que, para que me la hicieran y salir bien en ella, me tuve que poner una colonia, como si el olor fuese fotografiable, prestada por una niña. Supongo que se la habría birlado a su madre, que vivía también en la casa cuartel del «Todo por la Patria». Y recuerdo que mi padre arrugó la nariz cuando se inclinó para besarme.

–¿A qué hueles? –me dijo–. A tu edad las niñas no se ponen en el pelo esas porquerías.

–Déjala. –Mi madre hablaba en voz muy baja–. No tendrá muchas ocasiones de perfumarse en su vida.

En la foto estoy con la mirada inencontrable. Parezco una pésima cómica francesa de la segunda mitad del XIX: lo pienso ahora. Me veo tratando de improvisar una postura natural: la mano derecha en la cintura, como desmayada, un gesto muy de asco, una expresión despectiva por el mundo entero, no sólo por la humilde casa cuartel y los cuatro geranios de su patio. Y la inútil esperanza de que el fotógrafo, que era el padre de la niña de la colonia, hiciese una obra perfecta y a mi gusto. No fue así; el resultado, en blanco y negro, es borroso y no entra en detalles por fortuna. La boca, con la fingida sonrisa muy de vuelta de todo, es una triste mueca. Yo parezco contrahecha y medio tonta. Sin embargo, entonces, cuando la vi unos días después, me pareció una imagen seductora. Debía de tener mucha vida interior incomprendida. O, al menos, eso pensaba yo, que intentaba compensar con gurruminos artificios mi falta de atractivo. Tendría once años o doce: mala edad. La poca gente con la que nos veíamos –no nos relacionábamos mucho, la verdad– solía fijarse en mí, y comentar, en voz baja, alguna cosa. Y suponía que era su impresión aprobatoria y admirada. Me equivocaba por supuesto: me encontrarían sencillamente rara, algo de todas formas no ajeno a mi intención. Una pobre niña estirada e insólita, sin el menor motivo para ser estirada y con muchísimos para ser insólita. Ahora sé –ya no me ruborizo– que las risas apenas reprimidas y las frasecitas en tono menor, que atribuía yo entonces a mi encanto, eran la lógica reacción ante el ridículo espantoso que hacía constantemente.

–¿Qué le pasa a su hija?

–Nada que yo sepa. ¿Por qué lo dice? –replicaba mi madre.

–Porque parece que le deben y no le pagan.

Había, sin embargo, personas más explícitas.

–Esta niña es una meona –afirmó convencido un niño de mi clase. Y aquello me dolió.

–No, peor: es una pobre mema –aclaró otro. Y aquello me dolió más todavía, sobre todo porque se largaron dándose uno a otro empujones y soltando carcajadas.

Un par de meses después, casi al finalizar el curso, el que me había llamado mema no pensaba lo mismo. Me pidió que fuésemos juntos, solos, a la feria, para montarnos, acaso de la mano, en algún cacharro o entrar en alguna atracción de las que daban miedo y provocar así una proximidad acentuada. Fuimos. Yo, imaginativa y abundante, necesité convencerme de que me amaba. «Teníamos once años / y la palabra abril significaba / igual para los dos», pensaba yo, como lo escribió una vez, qué potra, Antonio Gala.

Él tenía un dinerillo ahorrado, y me invitaba a todo. Me

invitó hasta a una horchata. Al pagarla, un golfillo que había junto a nosotros en el mostrador alargó la mano y le quitó un duro de la vuelta. Mi enamorado, que se llamaba Ambrosio, se lo exigió sin levantar la voz:

–Dame mi duro –dijo.

El otro ya se alejaba riéndose. Mi compañero fue tras él como un mendigo, o eso me pareció.

–Dame mi duro –repetía con la mano tendida. A mí me dejó sola en el puesto de las horchatas. «Dame mi duro, ladrón, dame mi duro», escuchaba cada vez más lejos... Comprendí que no me amaba. Si me hubiese amado, agarraría al ladrón por el cuello, le partiría ante mí, en honor a mí, la cara. Para lucirse como mi caballero fuerte y valiente delante de su dama... No; no lo hizo. Yo me fui sola de la maldita feria. No volví a dirigirle la palabra.

Ahora sé lo que era: una fantasiosa desacertada. No sé si fue entonces o algo después cuando me colocaba sombreros de mi padre, que me sostenía con un moño para que no me tapasen los ojos. O faldas antiguas de una tía muerta muy joven, que nadie se había atrevido a colocarse por pasadas de moda y por ser de una muerta. Consideraba la vida como un permanente carnaval. Gracias a que de todo eso no quedan testimonios en esta colección de fotos familiares y, por tanto, aburridas... En realidad, mucho de cuanto escribí después tiene una relación con eso, con ese fingimiento, con esa mascarada: no quería ser yo. Aspiraba a envolverme, a forrarme como un libro, a ocultarme tras apariencias inventadas... Y cuanto he escrito me parece ahora falso, porque me estaba falseando yo. Lo que sucedió es que los demás, Gabriel Roelas incluido, y también yo por añadidura, preferíamos al nuevo personaje, más llamativo y recompuesto, y respetábamos más a la ficción que a Asun Moreno Morales, que era gris y aburrida como ellos y más redicha que ellos. Preferíamos ya a la futura Deyanira Alarcón, deslenguada y de vuelta, una *declasèe* a la inversa y voluntaria. ¿Cómo no se preguntaba nadie por qué camino se puede ir a menos cuando se viene de la nada? Una *declasèe* auténtica sólo lo puede ser cuando la preceden cinco generaciones opulentas. O a lo peor aquello fue todo una cuestión de marketing. O se dejaron de veras engañar. No lo sé ni me importa. Ya no quiero saberlo. A ellos los cegaba una luz artificial, eléctrica para mayor humillación, que se interponía entre su mirada y la realidad; entre la literatura verdadera, si es que hay alguna que lo sea, y ellos.

De ahí a inventarme un pasado y otra vida no hubo nada. Una familia nueva, una niñez, una falsa y alta posición social que me aburría por ser de nacimiento, una esmerada educación..., es decir, inventármelo todo. Que mi vida fuese mi primera obra de imaginación. Sustituir cuanto me disgustaba. O sea, me puse también por dentro la ropa de mi tía Eusebia, pero con otro nombre, con firmas de modistos, más ajustada, más recargada. El ensayo ya lo había hecho de pequeña. O mejor, de pequeña no había hecho otra cosa que ensayar. Pero todo a la medida de otra, tan falsa ya como mi tía y mi padre y mi madre imaginarios. Ahora ya no sé si lo siento o no lo siento. Ahora es que ya no sé quién es la verdadera. Desde luego yo, no. Ni falta que me hace.

Mi hermano, el guapo de la casa, que era compañero de los niños burlones, se avergonzaba un poquito de mí. O quizá más que un poco. Se llamaba Óscar, no sé por qué, aunque era el nombre que yo le hubiese puesto. Mi padre era José Moreno, y era sargento; mi madre, María, por descontado. Yo, tampoco sé por qué, Asunción. En cuanto pude me lo cambié por el de Deyanira. Un nombre que leí en un libro de mitología clásica. Estaba en la biblioteca pequeña del colegio y nadie lo había abierto jamás.

En esta foto estoy con otro chico de la casa cuartel. Éste quería ser guardia como su padre. Era rubio, con labios muy dibujados y nariz corta. No demasiado alto. Yo deseaba con ardor que me besara, pero él no parecía dispuesto a darse cuenta. En la fotografía lo miro con arrobamiento –tampoco se dio cuenta– mientras él, con el ceño fruncido, está impaciente por darle una patada a la pelota que sostiene en las manos. O quizá a mí.

Una tarde del mes de marzo, lleno el pueblo ya de olor a azahar, de ensayos de la banda para Semana Santa, de cielo terso y de una luz tan clara como si no existiera otra cosa que ella, me decidí a asediarlo. No sé cómo había conseguido que me acompañara a comprar algo al pueblo, a doscientos o trescientos metros de la casa cuartel. Él me miraba actuar, hablar, gesticular y reír de repente, con ojos sorprendidos. Al principio, después ya se asustó. No pude prolongar mucho el paseo. En cuanto comenzó a declinar el sol por los eucaliptos de la orilla del río, salió corriendo sin despedirse siquiera. Se llamaba, o se llama, Gonzalo, lo mismo que su padre y que el general Queipo de Llano. A mí su nombre me parecía aristocrático. A él, no. Ni yo.

–No está bien de la cabeza –le dijo esa noche a su madre–. Esa niña del sargento Moreno está como una chota. Yo creo que se ha querido reír de mí. Eso por lo menos. Pero anda, que va lista.

Aquel día, para atraerlo más, me había puesto un traje lleno de perifollos. Había conseguido que mi madre me lo hiciera con cuatro o cinco retales variados, en contra de la voluntad de mi padre, que me había prohibido ponérmelo.

–María, la niña tiene pendiente de ella a toda la casa cuartel.

–No se lo digas, Pepe, o no tendrá arreglo nunca... Es una niña, tú lo has dicho. Quiere ser ya una mujercita y presumir. Ya se le pasará.

Ninguno de los dos sabía nada de mí.

En el colegio, en Lengua, era yo la primera. Escribía vagos y soñadores poemas de amor en prosa. Eran una copia de Rabindranath Tagore, traducido por Zenobia Camprubí y rehecho a la manera de Juan Ramón Jiménez, es decir, un duermevela. Las ciencias, sin embargo, no se me daban bien: tenía que aprenderlas a fuerza de memoria, sin entender qué era lo que decía. Me parece.

–¿Qué va a hacer con su vida? –se preguntaba mi padre, que era la personificación de la normalidad.

–Lo que quiera. O lo que la dejen. Como todas, se casará. Será una desgraciada. Se llenará de hijos… Qué sé yo.

Yo estaba escuchando a mis padres desde el pasillo a través de la puerta que habían dejado abierta.

–¿Eres tú una desgraciada? ¿Te has llenado de hijos?

Mi padre había levantado un poquito la voz. Por la forma de sonar sus últimas palabras, supuse que mi madre le tapaba la boca con la mano. Oí su risa breve y la envidié. A pesar de que, con su luto perpetuo y su melancolía, me avergonzaba algo. Quien me enorgullecía era mi padre: el jefe, el que mandaba, el justo. Incluso después de pasar lo que pasó. No, después más todavía. De momento consideré a mi madre una obtusa desagradecida, que no se daba cuenta de lo que tenía al lado.

Un día en que mi padre no almorzó con nosotros porque algo sucedió en la capital, que era Málaga, mi madre, en la cocina, dejó de repente de fregar la vajilla y, sin secarse las manos, se llevó una a la mejilla en un gesto muy suyo, se pasó un dedo por la ceja, y me dijo mirándome a los ojos:

–Ojalá seas más feliz que yo… Yo ni siquiera he sabido morirme a tiempo. Y eso es lo peor que nadie puede hacer.

No entendí nada entonces. En casa se hablaba muy poquito. Cuando supe que a los niños no los traía la cigüeña, con lo cual tuve un alegrón porque las cigüeñas me parecían horrendas, me pregunté cómo habíamos sido concebidos mi hermano y yo. No encontraba respuesta. Ahora veo una foto de mis padres el día de su boda. Mi padre, de uniforme, en pie, con el tricornio en el brazo derecho; mi madre, de negro, con velo blanco y una coronita de azahar, sentada en un sillón incomodísimo. Están guapos los dos. Pero mirando al frente, como si no tuvieran que ver uno con otro… ¿Cuándo se besaban? Cuando se abrazaban, ¿qué se decían? ¿Por qué disimulaban delante de nosotros? ¿O no disimulaban y eran así de secos siempre?

Hay una foto para algún carné de familia o algo similar. Mis padres y mi hermano están catetos pero naturales, como eran. Mi padre con su tricornio encasquetado, mi hermano como si no estuviera, mi madre con la raya en medio y el pelo recogido, con una cara desvaída, prescindible, casi inexistente. Y los tres deseando terminar cuanto antes. Pero yo, por el contrario, encantada y pretenciosa: más cateta por tanto que ellos tres. ¡Deyanira! Mira que el nombrecito... Ahora mismo recuerdo que, la tarde de esa foto en la capital, un perro grande aullaba sin consuelo cerca de donde estábamos. Estuvo aullando sin cesar, todo el tiempo que duró aquel *posado.*

–Es que ha muerto su amo –dijo el fotógrafo.

–Lo sentimos muchísimo –dije yo de todo corazón. Sin venir a qué y con un ribete de superioridad. Quizá porque nosotros no aullábamos. Mi padre me miró, volviendo la cabeza, con ojos extrañados.

Aquí está con nosotros, con mi padre y conmigo, el tercer guardia de la casa cuartel. Yo no tendría ni diez años. O quizá sí, más: sigo quitándome años. Él me miraba mucho. Y yo, sin saberlo del todo, sabía muy bien por qué. Cuando me preguntaba algo delante de la gente, nunca le contestaba. Si nos encontrábamos a solas, solía salir corriendo. Lo detestaba. Me producía una repulsión parecida a la que sentí una vez que el tonto de mi hermano, con la mano cerrada, me dijo:

–Voy a hacerte un regalo. Tómalo.

Y me puso un sapo en mi mano extendida. Grité tan alto y durante tanto tiempo que mi padre tuvo ocasión de reírse, de reñirme, de volver a reírse de mí, de mandarme callar a voces más grandes que mis gritos. De cogerme en sus brazos y apretarme y besarme y darle un pescozón a Óscar... Pues ese mismo asco me daba aquel imbécil.

–Ya tienes una edad, Asun. ¿Cómo va todo? ¿Funcionan ya las cositas como deben?

Y me buscaba los ojos con los ojos e intentaba acariciarme. A mí me daban arcadas. No sé qué hacía con nosotros esa tarde. Nos retrataron por la calle, en Málaga. Habíamos ido en un autobús, sentado él a mi lado. Me rozaba como si no quisiera. Yo le daba la espalda mirando por la ventanilla los campos de naranjas y limones, con los montes al fondo, suaves y redondeados como en un nacimiento. De pronto me cogió una mano. Di tal alarido que estuvo a punto de pararse el autobús. Mi padre se volvió.

–He creído que íbamos a atropellar a un perro, niña. –Yo miré a aquel hombre con tal odio que enrojeció. El hijoputa se llamaba Alipio. Por si era poco. Y era feo de cojones.

Sin embargo, el nombre que mejor recuerdo de aquellos tiempos, que a mí entonces me parecían siglos y ahora minutos, es el de Eugenio. Tenía unos pocos años más que yo. No puedo decir si era o no guapo; sé que me amaba o eso creía yo, y también que le correspondía. Vivía en el pueblo de mi madre, donde fuimos a pasar algún verano. Estaba en Extremadura, y era un lugar callado y apacible. O quizá triste, no sabría decirlo. Eugenio, también. Me miraba a hurtadillas. Si yo lo sorprendía mirándome, desviaba los ojos, o sonreía con una especie de dulzura involuntaria que a mí me emocionaba. Al principio lo trataba con cierto menosprecio: yo era andaluza, hija de un guardia con graduación, escribía a la chita callando, tenía una forma de ser distinta a la de los otros... Luego me fui haciendo asequible. Salíamos con mi hermano hasta que, pasado el calor, la tarde declinaba de una manera muda e inexplicable. Él era huérfano de madre, y su padre parece que bebía demasiado. Recuerdo que, después de acompañarnos a casa de mis tíos, desde el piso de arriba, antes de bajar para la cena, me asomaba a una ventana que daba casi al campo, sin encender la luz, y veía a Eugenio, apoyado el pie izquierdo, con la pierna doblada, contra una tapia casi derruida, mirando a esa ventana. Y, después de cenar, volvía a asomarme, y aún Eugenio estaba allí, en la misma postura. Yo sentía una agitación muy especial. Pensaba que, si no hubiese estado todavía allí, yo me habría muerto. Era dada a inventar y fantasiosa, ¿qué le íbamos a hacer? Eugenio murió a los diecisiete años, nunca supe de qué. Fue el primer chico al que di un beso.

En la fotografía que tengo aquí delante, y que sacó mi hermano, estamos los dos solos. Él me enseña a hacer aquello de lo que se sentía más orgulloso, por lo que le tenían envidia los muchachos del pueblo: tirar piedras al agua. Piedras que se deslizaban dando saltos de rana: tres, cuatro, cinco… Muchos años después supe que ya se jugaba en Grecia así y que su nombre era epostracismo. A mí me parecía al mismo tiempo una idiotez y un prodigio. Las que tiraba yo, se hundían de un modo irremediable y sordo. Yo comencé a admirarlo por esa habilidad, que me brindaba sólo con los ojos, como el novillero que brinda la muerte de su toro a quien ama. Cuando yo fracasaba una vez y otra, él no se burlaba nunca de mi torpeza. En la fotografía yo estoy lanzando una piedra, que él había elegido para mí, bajo su mirada alentadora. O eso creo. No sé si estoy inventando o suponiendo. Sé que todo aquel verano tuve la hermosa certeza de ser amada, respetada y venerada por alguien que jugaba a la rana, la chata, la raya, la coca, las chavas, las tejas, o como se llame ahora ese juego en cada sitio, mucho mejor que nadie.

Luego, cuando de forma casual me enteré de que los hermosos efebos de Grecia se divertían del mismo modo ante la mirada de los sabios amantes (una mirada de condescendiente superioridad quizá, pero subyugada por la posición de los brazos y las piernas, el giro repentino, el veloz lanzamiento que estiliza las formas deseadas), caí en la cuenta de que yo, sin saberlo entonces, me comportaba igual ante Eugenio... Y también he sabido que los físicos, hoy, han estudiado con detenimiento tal fruslería: la utilización de piedras planas y redondeadas, el tiro enrasado que las haga girar sobre sí mismas, el hecho de que, cuanto más gira la piedra, más estable es y más rápida va y más posibilidades tiene de rebotar un mayor número de veces. Y he aprendido, por desgracia muerto Eugenio ya, y acaso como un inconsciente homenaje, que el ángulo ideal que ha de formar la piedra con el agua debe de aproximarse a veinte grados y no superar jamás los cuarenta. Y que, para una piedra de cinco centímetros, la velocidad ha de ser de un metro por segundo; y que el tamaño no influye en el acto físico del rebote, pero sí en la velocidad, y que, cuanto más deprisa gire la piedra, mejor rebotará: por eso el movimiento rápido de muñeca que me enseñaba Eugenio es esencial para que la piedra golpee el agua paralela a ella... Y recuerdo a Eugenio en aquella casi noche en que yo lo besé y él se dejó besar y yo corrí y él me alcanzó después de superar su sorpresa y me adelantó y se volvió de pronto y me tendió los brazos con los ojos muy abiertos y me asió por los míos y me besó en la mejilla izquierda y luego echó a correr como un loco de atar ya desatado...

Ni que decir tiene que sigo sin saber jugar al epostracismo. Jamás he intentado aprenderlo. Me ha sucedido siempre igual con todo. El milagro de conducir los rebotes de una piedra no era un milagro: no hay milagros aquí en ninguna parte. Y el que más se aproxime muere de muerte prematura.

En la infancia siempre hay una mañana en que parece que se entreabre un resquicio y asoma como un atisbo del futuro. Así supe yo que tenía que escribir. No, no que me gustara, ni que pensara que sería ése mi modo de vida, ni tampoco que lo considerase esta vez elegante y distinto, ni que fuese mi modo de salir del pozo en que me parecía haber nacido: un pozo lleno hasta arriba de estrechez y escaseces que marcan para siempre... No, más bien como otro sueño que tuve, no despierta como aquél, no hace mucho, ya en mi plena desgracia. Un sueño plácido, bondadoso, lleno de resplandor, de una felicidad ultraterrena y jamás presentida. Son regalos que la vida te hace, probablemente para compensar, o acaso para joderte más cuando salgas del sueño y veas la sangre empapando tu almohada.

No sabría decir ahora cuándo se abrió esa puerta enigmática que da a una habitación llena de cadáveres como en el cuento de Barba Azul. Porque para mí escribir era contar dolores, sólo dolores y desasosiegos. Esa idea me asaltó en forma de deseo de hacer algo yo sola. Sola y a solas: tiene mandanga el gran proyecto. Quizá intuí que toda vida, para ser verdadera, tiene que dirigirse a algo o a alguien... Algo secreto que no necesitara compañía de nadie ni aprobación de nadie. Algo que me volvía hacia mí misma, fuera de la pobretería que cada vez resultaba alrededor más evidente. Necesitaba irme, volar, salir. Y escribía mis idioteces de noche, entre mosquitos y ladridos de perros, que eran mi única verdadera compañía. Una hija de un guardia civil, ¿a qué otra cosa podría llegar más que a maestra de pueblo si es que se decidía a vivir por ella misma con decencia? Salvo que se dedicara a ser criada...

Mi adolescencia fue terrible. Como todas. Pero la mía, más. (Claro, no podía ser de otro modo: yo soy el centro del orbe. Qué equivocada estaba y sigo estando.) Todavía escucho –ahora como si tuviera puestos unos tapones de cera en las orejas– los gritos de la casa cuartel, las peleas y reproches entre las vecinas por cualquier incidente, los escándalos a causa de lo malo o de lo bueno que sucediera, los chismes y las aviesas miradas... Una noche, en mi cuarto, a solas y en voz alta, me juré que mi vida no sería así. Aunque tuviera que matar, que venderme, que prostituirme, que traicionarme, que vivir aparte como una leprosa para siempre... No, no quiero pensar en todo aquello.

Recuerdo, sobre todo, los veranos, porque entonces los encontraba inusitados, y lo eran. Y, no obstante, ahora me parece que todos formaban un solo verano interminable, lleno de eras y de parvas, de bieldos que aventaban la paja sobre el grano. Con unos mediodías demasiado deslumbrantes y unas noches muy breves. Ya no distingo bien entre lo sucedido y lo inventado a través del recuerdo: nunca lo he distinguido. Todo parece un letargo muy largo y a la vez repentino, irrespirable casi, del que no debería haberme despertado... Y evoco cosas mínimas: una mancha sobre una alfombra en una casa que no era la nuestra; yo la contemplo sin poder despegar los ojos de ella, mientras me están riñendo. Creo que soy la causante de la mancha. Es la hora de la siesta. Yo prometo limpiarla. Mis padres, que debían de ser quienes me reprochaban, desaparecen. Mientras, de rodillas, froto con agua tibia la alfombra, que era sólo de esparto, escucho unos extraños gemidos. Vienen desde la habitación donde duermen mis padres...

O evoco una noche, en que todo se había reducido al blanco y al negro. Y en la que alguien gritó.

O recuerdo el tozudo acoso de un tío mío, que me mira los pechos aún casi lisos con ojos muy abiertos y una respiración que se acelera. Y yo, asombrada y fría, observándolo; dando un paso hacia atrás cuando alarga las manos grandes, con gruesos dedos de uñas ennegrecidas... No sé si esto es verdad. O turba mi memoria un anochecer junto al mar: el rebalaje en medio de las olas, la retirada del agua, su retorno sobre la arena empapada. ¿Las olas son el mar, me preguntaba, o el mar es sólo lo que apenas se mueve? *«La mer, la mer, toujours recomencée»*, que luego, muchísimo más tarde, leería llorando, como una maribobales.

Y, por encima de todo, recuerdo un sentimiento permanente –o así lo veo ahora– de soledad. Cada noche, mi padre me mandaba al piso de arriba a buscar su arqueta de tabaco de picadura, que él mezclaba y liaba al terminar la cena. Yo subía, no sé si con miedo, cantando en voz bajita. Sola, absolutamente sola, olvidada de todos, dando las luces, alargando la mano a los interruptores con la certidumbre de que mi mano tropezaría sobre ellos con otra mano muerta. Y me liberaba, pero casi me decepcionaba, no encontrarme con ella. Envuelta en mi manto de soledad, demasiado grande para mí, que arrastraba por la escalera, subía y cogía el tabaco y regresaba al comedor y tropezaba con una interrogación en los ojos de mi padre: ¿qué quería decirme? Cada noche. Todas las noches hasta que sucedió lo más terrible.

Hablo de una soledad no siempre imaginada, no interior siempre. Un agosto, en un pinar de un pueblo de Segovia, donde vivían unos primos lejanos de mi madre, me quedé yo olvidada no sé por qué, ni cómo, ni de qué manera. Era muy pequeña. ¿Cómo pudo suceder eso? Oigo ahora, igual que entonces, el sonido semejante al de un retal de seda que se rasga, del vuelo de una torcaz. Casi me dio en la cara... Y la infinita espera, sentada contra el tronco de un pino, debajo de una cazoleta de barro que recogía la miera, la resina manando gota a gota de una herida hecha aposta. Me dormí mientras la noche invadía, de tronco en tronco, toda la pineda, mientras se acomodaban aleteando las palomas... Me despertaron por fin los gritos de quienes me buscaban. Tendría yo cinco años. Soñaba algo agradable. Me acuerdo, más que nada, del fastidio del ruido, la interrupción tan brusca del silencio y del sueño, el alborotado reproche de las palomas... Volví a cerrar los ojos y me dormí sobre el hombro de mi padre. Por eso deduzco que tendría cuatro o cinco años. Nunca volvió nadie a hablar de aquella pérdida, de mi extravío. Se trataba de una cosa sólo mía: no lo habría consentido yo. Después he escrito tanto de tantas cosas que eran tan sólo mías, que, en primer lugar, han dejado para siempre de serlo; en segundo lugar, ya lo confundo todo: no distingo lo que es real de lo que yo he agregado. De ahí que no hace mucho llegué a la conclusión de que, quien está solo, está también muy mal acompañado.

Eso me trae a la memoria un pequeño milagro. Alguien, no sé quién, trajo a un estanque chiquito que cavaron no sé por qué en el patio de la casa cuartel, un pez de color rojo, del tamaño de una mano mía, e incansable. Un año entero poco más o menos dio vueltas solitario dentro de aquella rústica pecera. Mi hermano y yo le echábamos no sé qué porquerías para que las comiese. En verano, en una acequia que bordeaba la casa, encontramos otro pez del mismo color rojo y más pequeño. La acequia hacía una curva leve y se apresuraba, al llegar a ella, la corriente. El pez se resistía mordiendo con sus dientecillos invisibles el verdín de la pared, como si adivinara que allí estaba su destino y traspasar la curva era encontrar la muerte. Mi hermano y yo no dudamos de que era una hembra. Y que había sucedido un milagro; ¿qué pintaba un pececito de color en una acequia agraria? Se la llevamos al estanque, como un regalo, al pez más grande, que no se comió al chico. Al revés: se juntaron allí dos soledades, que desaparecieron al juguetear una al lado de la otra. Parecían besarse, darse la bienvenida y girar alrededor de su encuentro, manifestar su recíproco gozo... Pero no existen, yo lo he sabido siempre, los milagros. Aquel invierno, en el campo, fue terrible. Sucedió lo que nunca: se heló hasta el agua del estanquito de palmo y medio de profundidad. Murieron los amantes. Cuando lo descubrí, supe lo que yo intuía de antemano: así iba a ser porque tenía que ser. El milagro había sido una traición... Ni se me ocurrió pensar en el regalo de la compañía...

Creo que debería reflexionar, es decir, escribir, que para mí es lo mismo, sobre la actitud que aquella niña tenía ante el sexo. Parece imposible que ella fuese mi primera edición. No me reconozco de ninguna manera en lo que me viene a la mente; pero sí debo reconocer que ella era así… Un momento: si lo pienso bien, en algo no he cambiado. La inmediatez y la sinceridad de Asun Moreno siguen siendo las mías. Ella se recreaba, en general dormida pero a veces despierta y nada más intuir lo que el sexo era, con ser acariciada, pellizcada, lamida, absorbida, llena de equimosis y moratones, macerada, masticada, incluso devorada, entregada a las infamias desconocidas de otros cuerpos, amordazada y amarrada, frotada por amantes llenos de sabiduría, traspasada por ellos, puesta de pie en la cama por sus penetraciones… Sin amor desde luego. El amor limpia y pacifica; ella era partidaria acérrima de la guerra sucia. Antes de conocer a Sade, antes de haber leído a Lucrecio, que identificaba al enamorado con un enfermo triste, barruntaba ya el placer que es más puro para quien está sano por no hallarse apresado entre altas emociones… Es lo que yo fantaseaba: torpe, ignorante, imaginativa sin motivos y a tientas. Gestos de amor a secas que me hicieran morir de placer, de desprecio, de olores corrompidos, de asco, de extenuación y miedo… Leí no hace mucho, en un autor de bestsellers, que sin amor no cabe placer en el acto sexual. Nunca imaginé que nadie pudiera afirmar semejante cursilería. Decir exactamente lo contrario puede que sea aventurado, pero también indiscutible. Por lo menos para quien verdaderamente sepa gozar del sexo. Te gusta un cuerpo, y lo deseas en pelotas contra el tuyo, bajo el tuyo, apretándose, moviéndose, erizándose por encima o debajo o frente al tuyo. No es el momento de andarse por las ramas parloteando de amor como dos mariconas. Aunque sea mentira, aunque sea una añagaza para llegar ahí. Una vez conseguida la llegada, ni una palabra más de amor, por dios bendito. Lo dice hasta Shakespeare, existiese o no: «¿Por qué una mirada engañosa e impura / va a tener que juzgar el hervor de mi sangre?». Eso era lo ideal para aquella atrevida señorita de mierda. Quizá consciente sin saberlo de que, al expresar un sentimiento o cualquier otra interioridad, se empequeñecen tan sólo con exteriorizarlos. Sólo los perfectos embusteros hacen creer lo contrario. En falso, claro está.

Y es que cualquier amor, todo amor, al expresarse engaña. Hasta cuando dice la verdad. Porque, seamos sinceros, la dice indiferente de ser o no creído. Como una satisfacción íntima y personal. O quizá es que el amor nace sólo para engañar si se pronuncia. El sexo, por el contrario, aparte de hablar poco, es natural, evidente, básico y obvio: él no sabe mentir; se nota cuando miente, se acepte o no la trápala. Salvo cuando nosotras, por dinero o por sincero afecto, fingimos bien nuestros orgasmos. Por otra parte, tan desacreditados. Qué triste ha de ser –lo es– follar sin quererlo; teniendo que pensar en otro cuerpo, teniendo que borrar los cuerpos que han estado donde el de hoy está ahora. Por eso yo toda mi vida he elegido a quienes me gustaban. Y había de ser yo quien les propusiera esa batalla compartida. Yo debía adivinar su decisión, preverla, estar pendiente, más aún, dependiente... Sin embargo, no me agradaba. Prefería que me pretendieran ellos; pero no cualquiera, sólo el que yo quería, porque lo que no me podía permitir es que fueran ellos los que me eligieran. Ellos, los infelices, que confunden la erección con la pasión y la eyaculación con la salvación del alma... ¡Una polla en vinagre!

La mayoría piensa que inspira a los otros emociones más fuertes, más decididas, más individualizadas que las que en realidad inspira. La gente suscita, en los demás, sentimientos comunes, nebulosos, inconcretos, y nada arrebatados ni impetuosos: ni en contra ni a favor. Los seres humanos se ignoran unos a otros. El hombre, por ejemplo, no aspira ni siquiera a desear conocer ni entender a la hembra. Le basta con creer o convencerse a sí mismo de que es incomprensible, y se recrea en ello. Cuando lucha contra otros hombres, como los ciervos en la berrea, no lucha por la hembra sino por el poder. Como quien tiene un perro –yo lo sé bien, porque siempre los he tenido– al que conoce, pero no del todo y mucho menos de lo que supone. Pero disfruta con esa diversión de adivinar, de vez en cuando, si es que se toma la molestia; de imaginarse lo que busca y lo que quiere; del juego de calcular sus reacciones. Si una mujer aspira a ser comprendida por un hombre, siempre fracasará. Y no porque el hombre sea un alcornoque incesante, sino porque tiene a la mujer como un espejo en que se mira: defectuoso, ya por más ya por menos, pero nunca riguroso ni exacto. Tampoco él aspira a un espejo perfecto. Ni él se buscaría en tal espejo, salvo para salir mejorado. Si no fuese así, acabaría por romperlo... Y supongo que a la mujer, ahora que lo pienso, le sucederá igual. Por eso hay tanta violencia de género: de uno y de otro... En cuanto a mí, creo haber estado siempre del lado oscuro del espejo: nadie me ha reflejado.

Pero por lo que hace a la niña Asun, se encontraba en el trance de tener que llamar la atención de los hombres sobre ella, constante y como fuese. En eso consistía su afirmación: en ser sólo un reflejo, qué errada estaba la jodida (lo de jodida es un decir). Una mañana, yendo en autobús a Málaga, se sentó al lado mío un hombre muy andaluz, de ojos depredadores y brillantes, de tez morena y cuarteada. Las manos ásperas las llevaba apoyadas sobre las rodillas. Quizá al pasar un bache, la izquierda cayó sobre mi muslo derecho. Se detuvo allí unos segundos más de lo imprescindible para recuperar su posición. Yo no reaccioné en contra. Me apoyé cuanto pude sobre su cuerpo. Y en silencio, esperé. Su respiración empezó a apresurarse. Yo lo observaba como la araña a la mosca. Alargué mi mano derecha y la deposité, con toda suavidad, sobre la entrepierna del hombre, que permanecía inmóvil y ajeno a cualquier cambio. Pero no del todo. Algo, bajo su bragueta de pana y mi mano, se inflamaba. Yo moví los dedos y toqué el sexo que se endurecía, toqué la blandura de los testículos. Su cabeza se reclinó sobre el respaldo del asiento. Respiró hasta lo más hondo. Después me miró de refilón, entre sorprendido y aterrado. De nuevo respiró. Ya como suspirando… Después se levantó y se cambió de sitio. Tuvo miedo de mí. No me extrañó ni entonces ni después.

En otro autobús, que el colegio tenía para hacer excursiones, no demasiado largas ni demasiado numerosas, un conductor simpático y sonriente me tocaba las nalgas y algo más cuando fingía ayudarme a subir. Me sentaba delante junto a él, porque me lo pedía con una sonrisa que hacía asomar, entre sus labios gordos, unos dientes muy blancos. Me gastaba bromas, me hacía guiños, me provocaba, tropezaba y me asía más de lo imprescindible, me manoseaba con cualquier pretexto… Hasta que un día, yo fingí buscar algo en el suelo, una vez detenido el autobús. Dejé bajarse a los otros compañeros y, al incorporarme, me apoyé en la rodilla del chófer –se llamaba Ricardo– y deslicé mis dedos muslo arriba. Él, por unos instantes, miró al frente como si nada sucediera, luego, a un lado y a otro. Mi mano ya alcanzaba su bragueta cuando él se puso en pie casi de un salto, y se apeó por la puerta de su lado. Nunca jamás volvió a tocarme el culo. Qué cobardes los tíos, qué calzonazos. Sólo jadean por lo que no se les ofrece. Que se jodan.

(Eso que acabo de escribir tampoco es del todo exacto. Si sigo escribiendo como una novelista que inventa, ni este ni los otros papeluchos valdrán la pena. Tampoco pretendo que la valgan: nadie los va a leer. Los novelistas son muy malos escritores, si lo sabré yo... Con tal de conseguir cualquier efecto, de sorpresa o de atracción o de rechazo, son capaces de todo. Y escribir es otra cosa. Siempre escribir, se haga como se haga, es otra cosa. Por eso estoy yo aquí, comiéndome las uñas.)

Si bien se mira, toda obra es autobiográfica. Pero nos cuidamos muy bien de que no se identifiquen con la realidad los pasajes que más lo son: violaciones, abusos de un familiar o de alguien que se sitúa cerca para sacar partido... Pero la verdad es que a los lectores todo eso les afecta menos de lo que al novelista le parece y es, en el fondo, su intención. Desde hace poco, según he comprobado, yo ignoro lo que sea escribir. Antes fue una manera de identificarme, de arraigarme, de asirme. Escribir lo que fuera, porque siempre seguía reflejándose una... Ahora, no. Ahora no podría ser. Escribir es para mí ya sólo un pasatiempo, en el más riguroso de todos los sentidos. Ha dejado de ser, por decirlo de una manera cruda, una publicidad. Es más preciso: una identificación, una manera de reflexionar, que buena falta me hace. Esto que ahora escribo nunca será leído, por suerte para todos. Yo, la primera: no lo releeré. ¿Podría dejar de escribirlo entonces? Por supuesto. Podría destruirlo cada noche o cada mañana, como algo inservible, como un desahogo cuya misión ha sido ya cumplida. Pero necesito, como por el momento necesito mi cuerpo, estos cuadernos que me representan más mal que bien. Los necesito como un carné de identidad. Ellos son lo más mío, lo único mío que me queda. Aquí, trasterrada, esto es yo. Estos rayajos de tinta, este papel tan malo en que casi se corren, son yo. Poquita cosa, ya lo sé. Mejor.

Hay algo que nunca pensé que contaría. No ya por escrito sino de palabra que se la lleva el viento. Es ese asunto de la pérdida de mi virginidad. Y juro que me digo: «Tengo que no mirar atrás. No me importa que lo que dejé fuese cuanto tenía, fuese lo único que tenía. Desde ahora tendré otras cosas. Aunque no me tenga ya a mí, ¿qué importa eso?». Y es que la vida (creo que mil veces lo he escrito ya) al principio parece interminable, aunque la muerte nos aceche en la próxima esquina; pero llega un momento en que se ve el vacío. Para mí ya ha llegado. Por eso tengo –¡al fin!– que reflejarme, como fui, en este espejo: nunca tuve otro.

Lo que sucede es que, del día en que perdí la virginidad, no me acuerdo de nada. Sé, faltaría más, que no fue algo ni bello ni delicado, ni se derramaron rosas de cariño, de ternura o deseo… Menos mal que en el mundo, antes de aquel día e independientemente de aquel día, existe la belleza gratuita. De vez en cuando debemos recordarlo, aunque no se tropiecen nuestros ojos frecuentemente con tal don. Si no, yo no sería capaz de escribir ni de mi puta vida ni de la puta vida en general. Tendría que adobarla, adornarla, perfumarla, disfrazarla, travestirla… Y la pobre se quedaría desollada, falsa, incómoda y horrenda igual que una *drag queen.* Es curioso que sea ahora cuando caiga en la cuenta del horror verdadero de la vida y del maldito gozo de la vida. Pero ahora ya soy incapaz de contarla. No me siento llamada. Ha ardido La Fenice. Sólo quedan las cenizas del Fénix, y este Fénix ya no renacerá. La Fenice, por idéntica que sea a la que ardió, tampoco será nunca la misma: inaugurarán una costosa réplica, de esas a las que Venecia nos tiene tan acostumbrados. Ha ardido todo, y el León –el mío por lo menos, no sé si el de San Marcos– ha perdido las alas. Es un león a pie, que cruza las calles por los pasos de cebra, y sólo sirve para asustar criadas… Por el contrario, todo el resto se ha convertido, de repente, en un ejército –en lo que fue un ejército– que huye. No va a dejar nada vivo detrás de sí: quema, destruye, asola, pulveriza, despedaza y mata, mata, mata, con tal de huir y huir. Sin saber ya de qué.

–Pero ¿por qué eres tú tan distinta de tu hermano, de todas las demás niñas? –me preguntó mi madre un día.

–Porque yo soy una artista, mamá. Yo soy poeta.

–No sé qué será eso, pero seguramente algo que no es como debería ser. Sabe dios cómo terminaremos, y a quién acabarás echando tú la culpa de todas estas cosas tuyas.

Tenía toda la razón: así fue.

Yo no pertenecía aún a lo que Dante llama «el tropel de Dido», en el Canto V del «Infierno». O sea, a la pandilla de los lujuriosos. Pero ya cultivaba el *amor propio* y era muy masturbadora. Me refiero a que todavía era la dueña de un himen sin romper. Hasta entonces creía con ceguera, que es la única manera decente de creer, en lo que me habían dicho. «Aseguran y juran que hay un momento así, en el que una se inclina, reúne energías, contiene el aliento, un instante de supremo silencio que se da en la tensísima identidad de dos personas. El mismo instante es como la sombra que la pasión proyecta. Un relajamiento de todas las tensiones anteriores y al propio tiempo un estado de nueva y súbita sujeción, en el que ya está contenido todo el futuro. Una incubación concentrada en la punta de un alfiler, o en otra punta que con suerte será más gorda... Y, por otra parte, algo insignificante, una sorda e imprecisa herida, una debilidad, un temor, una victoria...» En una palabra, la releche.

Yo creía en todo eso. Me preparaba para ser desvirgada en un lecho cubierto quizá con pétalos de flores, para ser desnudada con una delicada urgencia, para recibir caricias iniciales que abrieran el deseo y lo multiplicaran como el corazón de una vellorita, para ser iluminada apenas con una luz temblorosa de velas, para ser mecida por promesas y tranquilizada con susurros casi ininteligibles...

Bueno, pues fui desvirgada en los retretes de un cine de

barrio. Me es imposible decir el nombre del cine ni el de mi pareja porque nunca los supe. El del barrio, sí: El Palo. Pero del tío, ni su nombre, ni su edad, ni su cara apenas, ni el tacto de sus manos. Estaba viendo una película de Cary Grant cuyo título he olvidado también, pero jamás olvidaré la nuca del protagonista. Un hombre vino a sentarse cerca de mí. Luego un poco más cerca. Luego en la butaca de mi derecha. No había mucha gente. Sentí un primer contacto de su rodilla, tanteador y exploratorio. Lo aguanté. Sentí que subía el brazo izquierdo hacia mi espalda y llegaba a mis hombros. Recliné en él mi cabeza. Su mano derecha aterrizó en mi muslo. Crucé esa pierna sobre la otra para facilitar la operación. Eché un vistazo sobre la cara sin afeitar de un hombre de unos cuarenta años. Yo tenía diecisiete, pero parecía mayor, porque era eso lo que intentaba. Mientras su mano derecha se ocupaba de mis pechos, la izquierda empujó mi cabeza hacia su boca. Yo pensé que ahí terminaría casi todo. Por si acaso, exploré su entrepierna: no había objeción que hacerle, la verdad. Eso estaba pensando cuando, sin más rodeos, pegó un tirón de mí, me levantó, me arrastró por el pasillo, me sacó de la sala y me metió en los servicios que había bajando una escalera a la derecha. Dentro de un cubículo que cerró, comenzó a abrirse paso. Cuando concluyó con la blusa, me desabrochó hábilmente el sostén. No sé si me levantó o me bajó la falda… Yo he de reconocer que me costó mucho trabajo desabrocharle el cinturón a él, abrir sus pantalones y dejarlos caer. Lo único que me sorprendió fue el tamaño de algo que nunca hubiese imaginado así. No tuve más remedio que acariciarlo: era un deber. Por poco tiempo, porque el aliado me atacaba con toda su artillería. Yo ignoraba lo que iba a hacer él, lo que iba a hacer yo, lo que íbamos a hacer juntos. No tuve la menor oportunidad de dudarlo. Me oprimió contra la pared. Ni siquiera se había quitado una especie de cazadora algo mugrienta. Había metido una mano, o las dos, en mis bragas. Yo sentí que, con la maniobra y con sus dedos, me trastornaba. Su lengua la tenía yo en mi boca. Él no hablaba. Ni yo. Sencillamente no estábamos para esas zarandajas... Por fin, me introdujo donde era previsible lo que era previsible. Me pareció excesivo. Me pareció violento. Emití un suave quejido que lo exaltó más aún. Preferí, pues, callar y soportar. Noté una breve vacilación, un instantáneo frenazo. Pero fue muy breve, apenas perceptible: un empellón más fuerte me dejó sin defensas. Pensé que si se corría dentro... Después no pensé nada. Fue un asalto muy breve. Soltó un quejido él también, pero más fuerte que el mío. Suspiró con la boca muy abierta: «¡Me cago en la Verónica!». Yo pensé: «Huele a tabacazo». Se retiró de mí. Se subió el calzoncillo y los calzones. Se pasó la mano por los pelos de la cabeza. Salió después de echar una ojeada. No dijo ni adiós. Ni gracias. Ni qué bien. Y cerró la puerta con cuidado y sin ruido. Yo reconozco que me quedé desconcertada. Pero no demasiado. El mundo es muy distinto de como nos lo cuentan... Por lo menos, me quedé desconcertada pero no embarazada. También es cierto que no aprendí del todo la lección.

Después tuve, no puedo decir si a menudo o si no porque depende de cada criterio, relaciones tampoco puedo decir que propiamente eróticas. Yo reconozco que entonces era muy partidaria del sexo, de la libertad sexual quiero decir. Pero no tenía demasiada suerte. Para mantener relaciones continuadas se requiere una clase de personas no fáciles de encontrar. Se requiere una apariencia de amor, que en aquellos años habría conducido al matrimonio. Yo detestaba dos cosas: el matrimonio y la maternidad. Tuve que contentarme en demasiadas ocasiones con abastecerme a mí misma. Eso tiene la ventaja de que una acaba por conocer muy bien sus propios rinconcillos íntimos y los laberintos que conducen a ellos. Y, por otro lado, puedes elegir el momento, o aceptar la sugerencia externa de lo que lees o la interna de lo que piensas y te apetece. Y puedes dedicar el tiempo a otras actividades que no sean una conversación inconsistente con quien no tienes nada en común sino las ganas de follar: puedes leer, pasear, soñar, inventar, tener alguna amiga o algún amigo blancos (no hablo de raza sino de intenciones), estudiar sin prisas ni agobios, qué sé yo, todo, todo, todo...

Fue así como me enteré de ese mundo, tan peregrino, del *Kamasutra* y del *Anangarranga.* Sólo el capítulo de los besos me llevó dos semanas. Quiero decir el beso y el mordisco. Porque así como el arañazo no recibe nombre, los mordiscos los tienen muy variados: el de jabalí, la nube quebrada, el escondido, el hinchado, el puntual, la línea de puntos, el coral y la joya, o la línea de joyas. Ese último es cuando se muerde con todos los dientes, y debe darse en la garganta, en las axilas o en las ingles: una especie de antropofagia afectuosa. Qué gente, la oriental...

En cuanto a las clases de besos propiamente dichos, hay tantos que, si uno supiera el nombre de todos y quisiera darlos pensando en él, necesitaría una memoria prodigiosa o un diccionario; si no, se distraería a menudo y olvidaría lo que hace y de lo que se trata. El beso ladeado, en el que la pareja gira las cabezas en opuestas direcciones para aproximar más las bocas. El reclinado, cuando uno echa atrás la cabeza y el otro lo besa sosteniendo en alto su mentón. El directo, en el que los labios se chupan y se mordisquean. El de presión, que se da fuerte y con la boca cerrada: es muy a propósito para iniciar o concluir una sesión sexual, y hay que tener cuidado con la parte interior de los labios. El del labio superior, cuando un amante muerde el de arriba y el otro es mordido en el de abajo. (De todos modos hay mucho sexismo en el librito este: el activo es el hombre, y la mujer, pasiva, lo cual es indignante.) El beso broche es el que se da sujetando los labios del otro con los tuyos, y no es muy eficaz cuando uno de los dos, o los dos, tienen bigote. El beso nominal, como su nombre indica, consiste en besarse dos dedos y tocar con ellos la boca del otro: una chorrada. El palpitante es sembrar de besitos la boca del otro. El de contacto es rozar levemente con la boca los labios de la amada. El beso de las pestañas se llama de mariposa y es desaconsejable y abiertamente cursi. El de los dedos es lo mismo que el nominal, previa unción de los dedos con saliva: no sé qué efecto puede producir, aparte de cierta repulsión. Si se llama de un dedo es porque, mojado éste, se introduce en la boca del otro, lo cual me parece aún más grave. El beso con la nariz, como indica su nombre, es olisquear todo el cuerpo del otro. El que enciende el amor, se da en las comisuras de los labios del amado dormido. El que despierta, en las sienes, cerca del pelo, para despabilar al durmiente, lo que no deja de ser una cabronada. El beso que distrae la atención, lo que quiere es llamarla sobre quien lo da y que el otro se deje de una vez de sandeces ajenas al asunto. El demostrativo se ofrece en público y se deposita sobre un dedo de la mano o del pie si el otro está sentado; o sea, que lo que busca es llamar la atención. El del recuerdo de la pasión es postcoital y cuando uno tiene la cabeza sobre el muslo del otro, si es que han ido las cosas por ahí, y lo besa en el muslo o en el dedo gordo de ese pie. El beso transferido se da a un retrato o a una imagen o a un objeto favorito, pero mirando al otro para que se entere que es a él al que quiere besarse. El beso del cuerpo está bien claro, pero no es conveniente que se lo den los dos al mismo tiempo para que las sensaciones no se neutralicen y haya un poquito de concentración. Lo de besar el pecho y los pezones es más comprensible, aunque se aconseje que se haga con saliva, primero suave y luego intensamente; también puede soplarse la zona humedecida; el hombre debe saber que sus pezones, lo mismo que los nuestros, sienten y pueden ser mordidos a punto del orgasmo, no demasiado fuerte para no distraerlo, porque, en cuanto se les saca de su norma, los hombres son muy dados a despistarse, y entonces santas pascuas... Hay muchas más formas de besar; pero yo, si llevase un consultorio sexológico (nunca sentimental), aconsejaría la improvisación apoyada siempre sobre la experiencia. Lo digo porque, en una ocasión, yo quise poner en práctica la llamada *carrera de la liebre azul*, que consistía en tirar del pelo de diversos lugares, y en uno de estos tirones resbalé, me caí de la cama y me partí dos costillas. O quizá me empujaron. De eso no se habla en el *Anangarranga*, aunque sí debería. La gimnasia sexual también es no sólo aceptable sino necesaria. Sin ejercicios previos, la improvisación es un fracaso. Y, desde luego, un riesgo.

Pero, aparte de esa gimnasia, existe lo que se llama la emoción. Creo que hay mujeres que han sentido, con más fuerza que ningún otro, orgasmos puramente emocionales. Sin necesidad de penetraciones, sobos, contactos, besos rechinados o ensalivados, ni otras majaderías. Sin necesidad tampoco de una inmersión metafísica en otro mundo. Ni de que la luz que emana la cabeza del otro vaya a la suya y la deslumbre... Sencillamente arrebatadas y muertas de deseo. Yo no he tenido en mi perra vida esa divina suerte.

Y es que nosotros, la verdad, hemos abandonado mucho la importancia del sexo. Me estoy poniendo un poco doctoral y bastante ordinaria, pero como no me oye nadie... Alardeamos mucho, pero jodemos poco. Estudiamos el sexo con minuciosidad, pero jodemos poco. Hacemos descubrimientos que nuestros predecesores no necesitaban, pero jodemos poco. Históricamente, en nuestro mundo, el sexo significaba peligros y amenazas, sevicias, malos modos y fuente de enfermedades múltiples y vergonzosas, y eso que jodemos poco. Ahora los anglosajones protestantes han descubierto sus virtudes sanatorias: las del sexo, no las de ellos. Por lo visto, el orgasmo cicatriza las heridas y calma el dolor de muelas, la masturbación reduce las depresiones, las erecciones mejoran la mayoría de las artrosis y de las jaquecas... Pero seguimos jodiendo poco. Es cierto que ha adquirido una calidad recreativa, lejos de las argucias de la reproducción y de las trascendencias ficticias del amor; cierto también que se ha convertido en una fuente de normalidad y de salud, y que a la gente ha acabado por importarle un pito el desarrollo de la especie. Pero, a pesar de todo, se jode poco. Incluso sabiendo, como sabemos, que se consumen 200 calorías por orgasmo, lo que equivale a correr treinta minutos; que mejora el funcionamiento del corazón, de la tensión arterial, de la próstata, y que previene el cáncer de mama; que es un pasatiempo simpático e intrascendente, y tan saludable como el aire del campo no viciado o el pesadísimo método de pilates. Y, sin embargo, jodemos poco: ésa es la triste y última verdad.

Y es difícil que a otra actividad humana se le otorguen tantas facilidades. Fuera de determinadas mitificaciones que, más que nada, sirven para que las madres embriden a sus hijos. (Recuerdo que al Casanova de esta ciudad, las madres que ya habían gozado con él, se lo llevaban a las hijas para que no se perdiesen semejante acontecimiento. ¿Sucedería ahora? Ahora ni se pone en práctica el refrán de si tienes potros, suéltalos; si tienes yeguas, guárdalas.) Pese a mi experiencia, los hombres primitivos actuales y las mujercitas actuales y primitivas siguen dando valor a la rotura del himen, a las sábanas ensangrentadas, a la desfloración, al sufrimiento que la virgen padece, a toda esa parafernalia teatral de un coño que se abre por vez primera para recibir a una polla con bombos y platillos, con ayes y con quejas. Y que pone la mano abierta a continuación para recibir el contrato matrimonial, una bella y cómoda paga, o un agradecimiento rendido de por vida. Verdaderamente un timo; para mí por lo menos, que ni siquiera me enteré de nada. Es de esperar, a cambio, que hoy, como con los muebles, los buenos coches, los buenos cuadros, los experimentados coños de segunda mano o de segunda lo que sea, hayan ganado en prestigio. Como las antigüedades, los edificios rehabilitados, los *remakes* del cine, el retorno de grupos y éxitos musicales, las conmemoraciones omnipresentes, la boga del *grunge* y sus herederos... Tal conjunto forma parte del estilo de un mundo al que es de esperar que le produzca alipori desvirgar a una novia. Sobre todo si se la desvirga como hicieron conmigo... Muy bien, pues pese a tanta oferta y a tan tentadoras rebajas, sigue jodiéndose insuficientemente.

Me gustaría defender el sexo –pero ¿ante quién?– de los numerosos detractores que aún hoy en día tiene. Con un móvil, no telefónico sino sexual, parece que se cometen casi todos los crímenes. Sólo el dinero lo supera. Pero siempre con protagonistas masculinos. Las mujeres no llegamos nunca a esos excesos de tan poca monta: no arriesgamos por ellos nuestra libertad ni nuestra integridad. Aunque, con vergonzosa frecuencia, somos las que sufrimos las consecuencias de los machos descalificados. Y aunque lo cierto es que, en la naturaleza y en el mundo animal, gozamos de egregios ejemplos de lo opuesto. El más conocido es el de la santa teresa, la mantis religiosa, que agarra al macho, se lo tira y después lo devora en un suculento e incomparable banquete nupcial. Ésa es su manera de corresponder, con naturalidad, a los cortejos, ceremoniales, rituales y preparativos que preceden a la fornicación. Yo lo aplaudo: si hay algo que celebrar, que lo celebre la que va a procrear; por muy poco interés que yo sienta por la reproducción en general, y en especial por la de ese no feo y verde insecto en oración.

Lo que pasa es que han llegado a mis oídos –a mis ojos para ser más exacta– unas noticias sobre la tejedora orb apasionantes. Se trata de una especie de araña peculiar. En ella, la hembra no muerde y mata al macho; al contrario o casi: el macho se abraza a la hembra estrechamente y le inserta dos apéndices portadores del esperma. Con el primero no sucede nada; con el segundo, muere: quiero decir que él se muere, que él se suicida. Por dos sabias razones queda así, muerto, transformado en mochila: la primera razón, para suministrarle a la hembra suficiente alimento con su cuerpo para sufrir el embarazo y parir en buenas condiciones; la segunda, para que el cadáver despensero impida a otros machos copular con la superviviente. La naturaleza no digo que no sea sabia, pero tampoco manirrota. Es la culpable de ese paralelo entre el sexo y la muerte, de las dificultades y dolores del parto, del uxoricidio, seguido del suicidio masculino... Y a eso se llama llevar el amor a sus últimas consecuencias. Menudo cachondeo.

Pero ahí no acaba todo ni muchísimo menos. Por no hablar de los zánganos de las abejas reinas y de otras entomologías. Me voy a reducir a una referencia más: la de una chinche que parasita a cierto murciélago africano. Los machos de esta especie ignoran la vagina de las hembras; clavan el pene en el abdomen de ellas y a su través introducen el semen en el torrente sanguíneo, que lo lleva a los ovarios. Con el fin de defenderse, las hembras han desarrollado un mecanismo que desvía el pene afiladísimo hacia una estructura esponjosa e íntima. Pero lo más sobrecogedor es que los machos también han acabado por adoptar esa estructura protectora. ¿Para qué? Todo estuvo claro como el día cuando un grupo de investigadores descubrió que también los machos tenían cicatrices iguales a las que ostentaban las hembras después de la coyunda: las chinches machos practican la bisexualidad en consecuencia. Y, para más sorpresa, las chinches hembras cuentan con una versión de los genitales masculinos, se conoce que con el fin de jugar entre ellas. Según se ha descubierto –hay que ver qué chinches son estos chinches– tal enredo procede de diversas transexualidades: los machos, a fuerza de ser acosados por otros machos, desarrollaron defensas genitales femeninas. Y, al reducirse el daño que se hacían los machos entre sí, se inspiraron las hembras y desarrollaron una réplica masculina de sus propios genitales defensivos. A eso sí que debe llamarse evolución gozosa y civilizada y no a nuestros un poco infantiles juguetitos sexuales: vibradores, cunnilinguos o anales, dildos, bolas chinas, estimuladores de clítoris o de pezones, conos vaginales para la debilitación de la pelvis, antifaces, esposas, látigos y demás artimañas artilleras, propias de un pequeño ejército de soldados de plomo. En el fondo, cada día me extraña menos que se joda tan poco. Y más aún ahora, con lo del cibersexo. Los seres humanos servimos para muy poca cosa. Que la naturaleza nos considere como una urticaria pasajera no puede extrañar a nadie. O como unas simples e incómodas ladillas.

Porque el sufrimiento de la mujer va camino, al fin y al cabo, de la vida. Pero el papel del hombre es tan ridículo: un puro trámite, un instrumento no diferenciado, un adminículo de usar y tirar. De ahí que se vengue manejando el mundo, adquiriendo riquezas, haciendo guerras y otras marranaditas; para resarcirse de su servidumbre sexual haciéndose ilusiones, y de la de tener que alimentar a las crías. No me sorprende que, en lugar de morir, mate; para distinguirse por lo menos en algo de los animales.

Y tampoco me sorprende que, después de lo dicho, el sexo haya bajado mucho en la bolsa de la vida. Sé muy bien que el porno no es reciente –lo reciente es el aburrimiento que produce–, y que los primitivos hombres erectos ya se pintaban con pollas campanudas y falsas en las cuevas rupestres. Pero lo más triste es lo que ahora sucede: que el porno vaya unido al jolgorio y que dé risa; que uno se fije en unas costritas que tienen en la rodilla el actor o la actriz de una película pecable e impecable; que las medidas sexuales o pectorales hayan tenido que crecer a fuerza de operaciones para llamar un poco, y pasajeramente, la atención; que se haya perdido el más mínimo interés en el destape, que deslumbró a los españoles de la catetísima movida; que los estudios de Wilhelm Reich nos parezcan a todos fastidiosos y más pasados que la cotonía; que lo que fue pretexto de agitación social, de grandes manifestaciones, de movimientos de liberación, de espanto de los buenos burgueses, haya quedado reducido a un polvo más o menos festivo que a nadie escandaliza. Ya no existen perversiones sexuales: pero no porque el hombre se haya quitado telarañas de su cerebro, sino porque no le importan más que a cuatro catetos, católicos además. Nadie folla ya, salvo los paternalistas y a contramano, para la procreación, sino para la recreación y no siempre se logra. Incluso lo que se lleva es una cierta abstinencia, que hace tan elegante (ya repetí cien veces que se jodía poco); una búsqueda de la intimidad, huyendo de los pregones de la tía Juliana y de la bastedad del sexo a pelo, prestado o por intercambio de parejas, a través de internet, sin llegar a tocarse, seleccionado, individual, en el propio domicilio... Y a solas, como yo. En conclusión, una vez más, que no se jode apenas.

Me gustaría saber cuánto y cómo se jodía en la Pentápolis (quiero tirarme un farol previo; de muchacha logré aprender el nombre de las cinco ciudades: Sodoma y Gomorra, sí; pero también Ruma, Seadeh y Seboah, que siempre se eliminan), hasta qué punto se disfrutaba con todo quisque, incluidos los ángeles, para que dios, entonces llamado Javeh, harto de que no lo necesitaran para maldita la cosa, la condenase al fuego. Debía de ser glorioso el sexo allí. Tanto, que la mujer de Lot, volviendo la cabeza para decir adiós con añoranza, se convirtió en estatua de sal. Y sus hijas, para gozar con su puñetero –en el sentido estricto– padre, lo emborrachaban cada noche. Se conoce que los incestos, a los ojos de Dios, son *peccata minuta*, más pequeños desde luego que la homosexualidad de cualquier tipo. No sé yo si debo darle la razón. Aunque supongo que tampoco la necesita: él está también solo. Porque lo de uno y trino conduce a un trío raro. Como el del nabo, la nabiza y el grelo; qué le vamos a hacer.

No es que trate de recordar, pero me parece que el último día que escribí estaba de otro humor. Aunque desconfío de mi sintaxis y de mi ortografía, no revisaré esas páginas. ¿Para qué o para quién? Y si hay reiteraciones, que les vayan dando.

Hoy pienso cuánto juega la vida con nosotros. Parece que tomamos decisiones, y es ella la que nos lleva de un ronzal adonde le conviene... Creímos que aquella casa la decoramos cuidadosamente para vivir con un amor al lado; la vida utilizó ese truco: aquel amor nunca llegó a vivir en esa casa. Los fuegos que encendemos, las palabras de dicha entrecortadas, los grandes gestos estudiados son caminos que la vida utiliza para empujarnos al fin que era su meta... Aquella muerte que nos destruyó no era verdad que nos destruyera: nos ejercitaba y nos vigorizaba para otros ejercicios más difíciles, para otros fines que ni siquiera entraban en nuestros cálculos. El desamor, que tanto nos dolía y tanto rehuimos, aquel escándalo que provocamos, el abandono lento de la gente eran sólo la vía hacia la soledad imprescindible. El dolor que nos llevó a pensar que jamás levantaríamos cabeza era el paso primero hacia la simulada realización y el inicio del aparente cumplimiento... Nunca estamos seguros. ¿Qué proyectos caben aquí? ¿Qué sabemos de nada? ¿Qué significado siquiera conocemos de la palabra futuro? El perro que creímos que iba a remediar una crisis de amor o compañía nada remedió, nada: el amor se acabó, y el perro sirvió sólo, y es bastante, para escribir un libro. Y morir luego.

Para reconocerlo y enterarse, sin comprender, de esto, para aceptar avanzar o no a ciegas, hay que estar ya de vuelta. Pero de vuelta ¿desde dónde y hacia dónde? ¿Quién le coge las vueltas a la vida? Bien cierto es que la vida da muchas, y algunas, de campana. Es mejor encogerse de hombros y aguardar que nos siga conduciendo sin preguntar adónde. Porque ella, la vida, es el chófer de este coche, en el que montamos alegres y al que damos la dirección a la que deseamos ir. Sin caer en la cuenta de que, como un taxista abusivo, él nos lleva por donde quiere hasta donde quiere. Sin mirarnos siquiera por el espejo retrovisor para observar la cara que ponemos.

Una sola pregunta, si hubiera algo consecuente aquí, destruiría el mundo: *¿por qué?* Y otra, aboliría cualquier afán, cualquier ilusión, cualquier proyecto: *¿para qué?* Hay que domesticar todo lo que queremos grande; hay que empequeñecerlo para que quepa en nuestra casa de muñecas. Vivir es tan absurdo... Cuando los dioses ya no nos gobiernan, nos quedamos a solas; sin límites, sin tasa, acaso demasiado. Y aun sin creer, necesitamos pensar que somos marionetas para irnos engañando; porque, si no, no podríamos vivir: tendríamos que arder. Pero la historia, ecuestre y soñolienta, indiferente sigue: ¿qué importamos? Voces que no entendemos nos advierten de lo que no entendemos y nos mata. Y por fin, destripamos la muñeca parlante, y descubrimos el sinsorgo mecanismo con que hablaba. ¿Es esto la desilusión? No, es simplemente la realidad.

Nadie quiere ser rey, creo yo, ni inmortal, ni Juana de Arco, ni patriota, ni francés siquiera, por mucho que ellos presuman. Pero, si un día lo es, tiene que serlo de la mejor manera. Hay que ocuparse, creo yo, de ser lo que parecemos ser o lo que quisimos ser o lo que representamos, del más eficaz y convincente modo posible. Cualquiera que reflexione un poco sabe que el ser humano es inocente e insignificante: eso lo salva. Y cuanto mejor lo sepa él mismo, más insignificante será cuanto lo rodea: hasta su consciencia, hasta su queja. Es entonces, en medio de esa nada, cuando sobreviene la catarsis o el nirvana o la muerte... Y actúa sobre nosotros tachándonos, borrándonos, porque no tiene un modo más alto de actuar. Porque está sobrentendido que la única respuesta al por qué es el por qué no.

Hay quien cree que la Historia, con mayúscula, con una pretenciosa y ensangrentada mayúscula, es el aperitivo de la cena de dios: en ella no se cena sino que se es cenado. Llegar a la médula del auténtico problema es reconocer que no hay problema, que nadie nos plantea problema alguno, aunque nosotros lo necesitemos. ¿Qué es, entonces, eso de gritar y discutir si soy esto o aquello, si valgo o soy estéril? No es nada, porque nada importa. Ni a uno mismo ni a nadie. Ni siquiera a la nada: a ella menos aún. Y seguir respirando es más costoso.

Yo estaba tranquila y despectiva en una casa cuartel de la Guardia Civil. Sonreía al ver el rótulo de «Todo por la Patria». No existían intereses ni personales ambiciones. (O eso me parecía. Luego supe cuánto me equivocaba. Hasta en ese desprecio, hasta en esa indiferencia.) Allí, ni el poder, grande o chico, ni el dinero ni el amor servían. Sólo contaba la ficción cotidiana, los gestos vanos, la simulada esperanza. Yo atisbaba o soñaba de lejos con un hombre al que pudiera decir: «Tus piernas son mi Guadalquivir y mi Guadiana». Porque el amor y el propio cumplimiento nos parecen lo único importante. O jugamos a que nos lo parezcan por miedo a desaparecer. Nos contentamos, de costumbre, con una débil lluvia, con un sol que se apaga o que se enciende, con un poco de calor o de frío. A mí me parecía, sin embargo, que había seres señalados para ejercer juegos apasionantes: eran los creadores, los que yo imaginaba que eran los creadores. Porque, por dentro, no podía engañarme: el amor y todo lo demás eran igual que un juego del escondite; por mucho que me empecinara en que sería el amor lo único que aísla y acompaña… si existiese. Cuando se están mordiendo los amantes, abrazándose, devorándose, no es por amor, sino por tratar de cubrir el hueco que hay entre ellos; por ocupar las manos; por hablarse, aunque de lo que están más seguros es de que no se entienden; por escuchar hablar a alguien para estar menos solos, para pensar y hacerse la ilusión de que alguien, algún día, pueda entenderlos o hacerlos entender. Y sobre todo, sobrevolando todo, el miedo a la gran libertad: la que no existe, la pura libertad que todos temen.

Quizá por todo eso elegí utilizar el lenguaje. Un lenguaje de mugidos, de ladridos, de monólogos cuarteados por los demás, que no quieren leer ni oír en alta voz lo que ellos mismos alguna vez se han dicho; por los demás, transformados por mí en personajes que, en un momento, se hacen clarividentes. Eso era lo que me daba la impresión de vivir, lo que a un tiempo me alteraba y me atraía. Fue al principio la música, que era un arte distinto, autónomo, superior, no alimentado por modelos como la pintura o la escultura. La música, que no precisa el universo, ni estrellas ni nubes, ni amores ni paisajes; que no está dentro de nuestro mundo, sino a su lado, revistiéndolo y dándole cierto sentido. Pero no, me arrastraba lo otro, la palabra, tan inferior y tan humana.

Y me decía, torpemente y a ciegas, pero me lo decía de algún modo: «No intentes escribir. Intenta no escribir». Échate a la calle, sal de aquí, vive, búscate la vida, busca tu propia vida, disfruta de todo lo que haya fuera, que la satisfacción de tus necesidades llene de momento tu vacío… Y así llegará un día en que no podrás contener tu necesidad de escribir, y lo que escribas no será fútil para todos y aún menos para ti… El escritor (yo no me lo decía así de claro, pero así lo presagiaba) tiene que ser agarrotado por las viejas emociones, con estímulos nuevos. Luego supe que eso es lo que le sucedería hoy a Shakespeare, sea quien fuese quien tal nombre utilizara. Ya no hay coronas, ya no hay príncipes, ya no hay guerras por alcanzar un trono. Y, si las hay, no es lo que a ti te ha de estremecer. Pero hay hombres y mujeres palpitantes, y otros muchos tipos de tragedias. Y hay cielos y hay infiernos, o hay ese empeño humano, heredado y vigente todavía, de cielos y de infiernos. Vanidad de vanidades y todo vanidad. Pero, entre todas, una era la mía y necesitaba tenerla entre mis manos y darle brillo y que ardiera y fuese contemplada: como una lámpara de Aladino. Tenía, antes de escribir, que luchar por la vida, porque es la lucha por ella lo que hace disfrutarla más y mejor. No al contrario, como cree todo el mundo. Es la batalla, no la victoria, lo que importa.

Y luché por la vida. Escribí justamente para vivir, es decir, metí la pata hasta la ingle. Para poder vivir, que es justamente lo único por lo que no debe escribirse. El arte no puede ser nunca un modus vivendi. Y menos todavía, un modo de vivir bien: no hablo de cantidad sino de calidad. Pero no sé cómo, yo me dejé arrastrar: por eso estoy aquí de esta manera. Porque, cuando se habla de la lucha por la vida, ya no se habla (me engañé, me engañé) de conseguir un poco de comida diaria y un techo decente: hoy se habla de un éxito que deslumbre por lo menos a los que están más cerca. Y esa equivocación tiene unas consecuencias terribles: correr una maratón con la velocidad y la intensidad de una carrera de 500 metros, o acaso de 100. Queremos llegar al nivel más alto sin darnos cuenta de que el artilugio que utilizamos es tan sólo una noria... Se equivocó la niña Asunción Moreno: quizá hizo bien en desaparecer. Y desapareció en cuanto lo hicieron sus tristes escaseces y apareció Deyanira Alarcón y su bienestar y su dinero. *Mea culpa.*

Hoy no estoy para bromas. Me engañaron, pero yo me dejé engañar. Me piropearon, pero yo me dejé piropear y me vendí. Puedo culpar a Gabriel Roelas, pero la culpa es mía. Y por eso, repito, estoy ahora aquí. Casi todo el mundo, por tonto que sea, sabe que el dinero no engrandece; pero, por desgracia, sabe también que hoy nadie es importante sin dinero. Todo, y desde luego el éxito, cualquier éxito, se mide por el dinero que da. Mi última novela, precisamente la que atacaba a los adinerados (los atacaba yo, que ya lo era bastante), y que por eso titulé *Los comensales,* no dio dinero. Por tanto, escribo mal y he fracasado y no soy inteligente. ¿O es que ahora puedo aprender otro idioma? El dinero es ya la medida de todas las cosas, el idioma común. No somos griegos, aunque los admiremos: la antropomesura no es lo nuestro.

El éxito competitivo, el que alcancé con mis primeros libros (desoyendo una voz, que es cierto que me hablaba cada vez más bajito), se considera hoy la fuente de todo lo que es bueno. Se ponga en juego la inteligencia, la constancia, el arte, la belleza, cualquier cosa, la facultad o la cualidad que sea, o dan la fama, que también busca y se mide en dinero, o no sirven de nada. Alguien ha dicho que la fama es la gloria en calderilla; pues es esa calderilla contable y sonante la que hoy consagra y sirve. La gloria nos eleva, pero después y no a nuestros propios ojos; la fama nos tira de los pies: cualquier idiota es capaz de opinar sobre nuestras obras aunque jamás se haya acercado a ellas. Y no porque esa clase de éxito pueda ser un ingrediente de cierta manera de felicidad pública: es que no se toma ningún otro en consideración. Sin darse cuenta de que si, por esa clase de éxito, se sacrifica el resto de ingredientes, el resultado es catastrófico: es el total y auténtico fracaso.

«Cuando nos faltamos a nosotros mismos, todo nos falta», dice, creo, Goethe en *Werther.* Yo he estado siempre obsesionada con ser fiel a mí misma, que es el consejo que en *Hamlet* da Polonio a Laertes. Pero en ese conocerse a una misma, en ese no traicionarse nunca, en ese ser consecuente consigo misma hay algo demoledor también, algo que empequeñece. ¿Por qué no contradecirse si nos multiplica esa contradicción? Qué lío tan grande... Porque, el que se tuviera que contradecir para conocerse mejor, no crecería. Quien se niegue a transformarse es un deficiente mental. Quien no se rebaja en ocasiones a sí mismo es que no aprendió nada. Lo más importante de nosotros es lo que no decimos, quizá porque nunca lo hayamos descubierto a fuerza de no ahondar, a fuerza de mantenernos idénticos. Y hay que profundizar para elevarse con cimientos más fuertes. En la intensidad es donde está la vida: y sólo somos ella o parte de ella. En la intensidad es en lo único en que hemos de ser constantes e inmutables. Así sí que, quienes somos, lo seguiremos siendo. Es el único modo de que lo esencial de nosotros permanezca. El deseo de crecer…

Pero ¿permanecer? Yo me siento como el rabo cortado de una lagartija, que finge un movimiento de vida a pesar de estar muerto; a pesar de estar separado de la vida… Sí; ¿y qué es la vida? ¿En qué consiste? ¿Quién lo sabe? Yo, por lo menos, no. He estado equivocada, durante demasiado tiempo equivocada. Convencida de que era vivir lo único que hacía. Y ahora, por el contrario… Cuánta importancia queremos dar a la verdad, y qué fácil es engañar o ser engañados: hay estrellas que se apagaron hace millones de años y aún las vemos. Cuánta trascendencia damos a la vida, y qué fácil morir: quizá sea ésa la razón de su trascendencia. Es lo único que tenemos: la vida y acaso una remota posibilidad de saber la verdad. Qué futilidad la nuestra y la de todo. Como para tirar cohetes y quemar en seguida la falla que nos costó sudores plantar…

A mí eso de la vida me ha recordado, aunque quizá no siempre, una pastilla efervescente, carminativa la llaman para darle importancia: canturrea, enmascarada entre burbujas, bajo el agua, casi inmóvil, un poco temblorosa, pegada apenas al fondo del vaso. Luego trata de incorporarse y trepa despacito por el cristal igual que una salamanquesa vacilante. Se pone de perfil para pasar más inadvertida, pero lo que la empuja por un lado la hace rendirse por el otro… Sólo al final, después de un hervor frío, llega a la superficie y se ofrece a la vista del que la beberá. Pero ya está roída, gastada, desastrosa y, por fin, inexistente. Eso es lo que se llama un éxito. Un éxito, en nuestro género de buitres.

Ahora sí que no puedo decir que me engañaron: me lo busqué solita. Transigí: me engañé. A regañadientes, pero quise engañarme o quise ser engañada, que viene a ser lo mismo. Trasladé a la literatura la competencia, ese baremo y esa razón de ser de la plutocracia y del capitalismo. Quizá yo deseaba ser más influyente, más respetada, más útil a los otros sin dejar de ser yo; no deseaba ser más rica. No, pero me equivoqué. No sé si de antemano o poco a poco. Ahora estoy infectada. Tengo la cabeza y la sangre con una infección grave. Quisiera, cuando es demasiado tarde, cambiar de norma y de medida. Pero no puedo volver a engañarme, aunque lo deseara. Una novela, como la última mía, no es que no sea mejor porque no dé dinero, es que puede ser mejor a pesar de no darlo. Un escritor que lo sea de verdad no puede medir los resultados de su obra con los ojos con que los mediría un empresario.

Hay profesiones de las que los ajenos no entienden: ingenierías, arquitectura, medicina, derecho, economía... De ahí que sus niveles hayan de medirse por los resultados en dinero: ellos miden el éxito, no el acierto quizá. Si una actividad no tiene un valor pecuniario, cuando ése es su fin, no vale para nada. De ahí que la mayor parte de la gente, que ha conseguido ya un éxito bastante, se aburra más que un hipopótamo, o incluso más que un cocodrilo: no sabe lo que hacer. Por lo menos hasta que no aparece una víctima nueva. Antes, a la *gente bien* se la consideraba obligada a saber algo de lo que no está sometido a ese fin que se cuenta y se suma y cotiza: algo de literatura, de pintura, de música... Hoy hasta esas artes están sometidas al éxito aquel, que no era el que les correspondía. Y saber el autor de una música, o de un cuadro, o de un libro, o de alguna flor como la de la achicoria y su color ambiguo, al no ser fuente de dinero ni de nada que pueda traducirse en él, no tiene ningún mérito... Los chamarileros han entrado en el templo. El templo está perdido.

¿Quién va a leer un libro en estas condiciones, con la de cosas que hay que hacer, como decía Bianca la otra tarde, con las distracciones de alrededor, con lo lejos que está todo, con la lata que dan los hijos y los cónyuges? Lo dijo Bianca para que no me preocupara si no me venía inspiración para escribir. La inspiración... ¿Ahora precisamente? ¿Quién va a leer nada de nada? Salvo que se publicite, que fue lo que yo exigí a la editorial y a Gabriel que se hiciera. Publicidad, publicidad, publicidad. Una buena promoción de mi último libro. Vaya error. Como si se tratara de una marca de yogur, o de algo para evitar pequeñas pérdidas de orina o para hacer de vientre con regularidad... Qué asco.

Pero para algo me ha servido el fracaso. Hasta hace poco pensaba que era una escritora. Mejor o peor, no me importaba tanto. Entre otras cosas, porque las cifras cantaban que era la mejor de mi generación y de mi sexo. Ahora sé que no lo soy. Ni la mejor, ni nada. Aunque (o quizá porque) la industria editorial funcione como una fábrica de bestsellers. Una fábrica con buscadores de libros o de autores que se presten a ser fácilmente aceptados por un público ingenuo: el que se considera superior si lee a esos autores o esos libros, pero que detesta en abstracto la lectura. Hoy no se publican las grandes obras de los grandes genios –alguno hubo– por aburridas o por largas o por incomprensibles. Todo es cuestión de marketing: alguien acierta con el gusto de un público mediocre, y el rebaño prosigue por el mismo camino. Hasta que llega otro con otra novedad más atractiva. Todo es hoy moda, algo que se lleva o no, que se introduce en grupos amparados por otros grupos: de prensa, de crítica, de televisión, o de lo que, en general, se llama lo mediático. Supongo que hay creadores aún (esa palabra que me atraía tanto por pura soberbia mía), que no se han agotado; pero el sistema cultural de hoy no se siente llamado a incentivarlos.

Y yo, sin enterarme. Qué desastre eres, hija. Mira que escribir una novela distinta a las anteriores. Lo único que faltaba en un mundo superpoblado de hambrientos, de analfabetos, de piojos, de gentecilla ruin, de enanos y de sedicentes famosos que salen en la televisión puteando o contando lo que han puteado. Un mundo que es un vertedero en el que nadie se toma en serio más que a sí mismo y a esa televisión, que vuelca su cochambre en los dormitorios y en los cuartos de estar... Un librito, ¿qué te parece? Un libro que hay que pagar caro y abrirlo y leer quieto de una puñetera vez, para meterse donde a nadie le importa y donde se habla de cosas poco divertidas, como de las que yo estoy escribiendo ahora mismo... Es muy probable que yo haya sido una persona honrada –creo que lo sigo siendo– con lealtad a la literatura, que me sacó de una vida gris y me proporcionó otra. Puede que no fuese para mí un destino, ni siquiera una vocación, sino un trabajo honesto, meticuloso y, aunque no muy apasionante, sí suficiente para sentirme cumplida ejerciéndolo. Esto es lo que más me abruma, ¿qué le vamos a hacer? A cambio de escribir algunas novelas, no he logrado vivir ni la milésima parte de ninguna.

A hacer gárgaras los libros. A tomar por el culo. La gente lo que quiere es follar, pero no con locura, un poco nada más; o masturbarse viendo cómo follan los otros, los que cobran dinero por hacerlo... Un libro, casi nada... Todo el mundo es Venecia, o sea, un escenario donde, para que te suceda algo, tienes que estar en la puta calle y mirar y mirar atentamente... Y, claro, la gente no está por la labor. Y Venecia tampoco, digámoslo de paso. De paso, como vive aquí todo el que llega... (Hay días, sin embargo, en que el sol se deja caer sobre ella, cerca de la Salute, sobre su damero espeso, concentrado y sin salida, y lo aplasta todo con su hermosura, maldita sea su estampa.) Con la esperanza de los días así, permanezco atada por esta herrumbrosa cadena. Como permanecí atada por la otra cuando creía que escribir iba a servirme de algo.

Ahora me queda todo el tiempo libre. Pero ya no sé para qué. Me digo que para vivir, pero no me lo creo. Lo cierto es que la literatura siempre fue para mí como un traje demasiado ajustado, como un traje que no hubiese sido mío, lo mismo que el de mi tía Eusebia, que santa gloria haya, salvadas las distancias. Un traje que me impidió moverme con libertad, pero al que estaba enganchada... Cuando concluía la promoción de un libro –aún más durante ella–, pensaba con intensidad en el siguiente. Ahora sé con seguridad que eso para mí ha terminado. Para siempre. Ya no represento una actitud a la que ni siquiera se podía llamar filosofía de la vida, no. Resulta que era sólo otra competición, en la que sólo el vencedor era respetado y pagado. Ahora la inteligencia se somete al poder; la voluntad se sobrevalora por encima de la inteligencia y de los sentidos. Pero con voluntad sólo no se escribe, y esto no lleva trazas de cambiar... Los puritanos, el calvinismo, una cierta forma de jansenismo y el Opus Dei ven en el éxito la preferencia y la elección de Dios. Por una causa muy simple: el dinero se ha divinizado. Basta acordarse del Becerro de Oro, que adoraron a los pies del Sinaí los judíos, y contra el que rompió Moisés las Tablas de la Ley. Hoy no se adora ya el Becerro de Oro, lo que se adora es el oro del Becerro, lo que es mucho peor.

¿Me quedé para descansar los músculos, pasear, distraerme, buscar intensos, o nuevos por lo menos, placeres? Soy tonta, pero no hasta ese extremo. No puedo imponerme otra forma de vida también equivocada. Prefiero elegir el aburrimiento como una forma de energía, como una fuerza motriz. Porque se me ha ocurrido últimamente que lo contrario del aburrimiento no son las diversiones ni la molicie (me chifla esa palabra), sino la excitación. Una excitación de cualquier tipo: un perseguido, por ejemplo, no se aburre. Aburrirse es contrastar las circunstancias de hoy con otras que parecieron más gratas y que nos asaltan a través del recuerdo o la imaginación. Y además, siempre que las facultades de quien se aburre no estén plenamente ocupadas. Creo que las mías sí lo están, pero por desgracia en mi propio aburrimiento. Ni siquiera me ocupo más de unos minutos en pensar lo aburridas que son todas las vidas, salvo ciertos *momentos estelares*, y eso que mis *momentos estelares* fueron más aburridos que el propio aburrimiento. Schopenhauer –qué obsesión tengo con él–, siempre tan optimista, dice que la vida oscila como un péndulo, de derecha a izquierda, desde el dolor al tedio. ¿Estoy yo ahora en plena izquierda? En mi época anterior se renunciaba a los lujos llamativos; se prefería la vida sencilla, los alimentos naturales; se era minimalista, se tendía hacia el cero. Yo ahora estoy bajo cero: más que seguir tragando, empiezo a vomitar. Todo el mundo tiene en su vida algo inconfesable. Menos yo: en mi caso, mi vida entera lo es.

Hoy me encuentro aquí, olvidada, lo mismo que, en su camerino deslucido, una actriz secundaria: lo último que pensé que llegaría a ser. Como una actriz madura que, ya por mucho que se esfuerce, no conseguirá escapar de esa calificación de secundaria, en que se siente humillada e incómoda. ¿Por qué me veo hoy como esa tía que no hará ya jamás primeros papeles, ni recitará monólogos maravillosos, ni será aplaudida ni adorada por el público? No tengo ni el menor motivo: ¿por qué va a depender mi calidad esencial de una gentuza a la que, en el fondo y en la forma, he despreciado siempre?

–Bueno, bonita, sé sincera esta vez: ¿Por qué razón entonces, con el rabillo del ojo, mirabas sus reacciones, o te alegraba que alguien te repitiese que había visto en el metro a una muchacha leyendo un libro tuyo? ¿Por qué buscabas sus opiniones y sus críticas, como quien no quiere la cosa, en los suplementos culturales?

Qué dolor de cabeza me estáis dando... Por eso mismo, no escribiré ni una sola letra más.

–Y esto que haces, ¿qué es, so hipócrita? ¿Mensajitos en una botella?

De eso nada, monada... ¿Mensajitos a la mar? Qué cutrería y qué locura. Aquí hasta el mar, no sólo los canales, ha cesado de conducir a puerta alguna. Todo está preso y apretado... Qué manía la de hoy: «Dejar testimonio». Como si todos fuésemos notarios de secano que han de levantar acta de una época tan pazguata y tan laica... No, no será así: lo juro. Estas libretitas de papel higiénico –lo son en serio: higiénicas– me las llevaré yo por delante.

No son ni un libro, ni una novela, ni un ejercicio de imaginación. Son lo que me da la gana hacer a estas alturas. Pienso vagamente y lo escribo. No sé lo que sucederá luego, pero sí que destruiré estas asquerosas libretas, escritas cada día con una letra más pequeña e infame. En cualquier caso, no las escribo para nadie: puedo jurarlo por mi padre, que es a quien más he querido. Ni para ser leída ni editada. Lo hago como escarmiento. Quizá para saber un día muy próximo lo que fue hoy para mí. Pero tampoco es un diario, por supuesto, qué horror. Nunca me gustaron ni me apetecieron los diarios, todos más falsos que Judas, más tramposos y más innecesarios. Se trata de un espejo que me ayuda a pensar; que ahora hace aguas y lo deforma todo, pero que más tarde me reflejará como ahora soy o estoy. Si es que me decido a seguirlo azogando. Cosa que todavía ignoro...

–Quizá mi equivocación...

–Y dale que te pego, Deyanira, qué contumacia en el error; yo creo que te complaces.

–... consistió en ignorar que no estamos en tiempo de novelas. Ya lo he dicho: la gente no está por la labor de sentarse callada a leer...

–Claro que lo has dicho, y varias veces.

–Pues bueno, que le den morcilla a la gente. Por eso no trabajo para ella. Quise expresarme con palabras. Ser yo palabras. ¿Contarme a los demás? Como si los demás me importasen más que un rábano... Ahora ya se acabó. Eso ya se acabó. Yo sigo siendo yo. Y soy inexpresable hasta para mí misma. Sobre todo, por mí misma. Y los demás no valen la pena de mi esfuerzo. Ni siquiera se toman la pena de hacer ellos el suyo por entenderme a través de las palabras... Una mierda muy grande para todos.

Esto lo escribo para mí solita. Los lectores, si es que alguno queda, han dejado de interesarme. Y los escritores yo creo que nunca me han interesado. Ni corporativa ni individualmente. Son un colectivo, como se dice ahora, que me produce náuseas y además me la suda. Cuando hablan de su obra hablan con una O mayúscula, los pobres. Qué suerte haber llegado a la conclusión, en vida, de que jamás fui escritora. Y mucho menos una gran escritora: eso es algo que de ninguna manera ha existido nunca. Que se lo pregunten a Canetti. Ni Safo, a pesar de lo que recuerdo: «Viniste y te quería. Hallaste mi corazón / ardiente de deseo... / Ella a menudo en Sardis / tendrá su pensamiento puesto aquí... / Cuando estuvo con nosotras, te rindió culto / como a una diosa revelada, / y le agradaba tu canto entre todos los otros. / Ahora, en cambio, se distingue entre las damas / de Sardis como, al ponerse el sol, / la luna de rosados dedos vence / a todas las estrellas; y su luz / se extiende sobre el mar / salado y los campos florecientes... / Pero se acuerda de mí, dulce, con nostalgia /

y, no lo dudo, mi destino pesa / sobre su tierno corazón». Ahora que acabo de escribirlo, me parece, en el fondo, una bobada. Homosexual, pero bobada.

Yo acaso escribía como quien ve el mundo desde arriba y curiosea y fisga y lo comprende mayestáticamente, a la manera de un deus ex machina, o imagina comprenderlo. Era falso. No sabía nada de nadie. Ni de mí. Hay que echar pie a tierra y mezclarse y herirse con los bordes ajenos y saber que no sabes más que nadie de nada y que todo lo de los otros te traspase y te empape y te duela... Y además, después de todo eso, no escribir. ¿Quién es nadie para contar la vida, para inventar la vida? A ella es preciso abandonarse, y dejarse llevar donde nos lleve y mirar donde nos señale. Por eso quiero dejar otra vez, de una vez para siempre, muy claro, que no escribo con el deseo de comunicar lo que siento, o cómo vivo, o lo que quizá echo de menos. No, no, no, de ninguna manera. Escribo porque me sale del coño y sin necesidad ninguna. Soy libre de hacerlo o de no hacerlo. La prueba es que, por hoy, no lo haré más. Que le den por detrás a esta libreta pordiosera.

De pronto se me ocurre que si una no sufre, a su tiempo, por algo que le ha sucedido dentro de sí misma, y en lo que nada tienen que ver los otros, esa pena no usada, o escondida, se acumula sobre otras penas reservadas también, hasta que la abruma su peso terrible y no sabe por qué.

Lo que ahora me hunde, ¿es consecuencia de *Los comensales*? ¿No pasó nada antes? ¿No te habías, durante mucho tiempo, tapado los ojos con tus propias manos? Lo de Gabriel ¿te rompió sólo tu idea del amor o te rompió tus ideas de la vida? O quizá sea que tú no sirves para el dolor: no sabes mirarlo de frente, no te atreves, te encoges y vuelves la cara hacia otro lado para no hablarte claro, para no enterarte de su nombre verdadero... Eres una cobarde. Hablas y escribes de esto o de lo otro; pero no de lo que tendrías que hablar y que escribir… Para ti el dolor es una puñalada trapera: o te mata o te dura un minuto… Pues jódete, porque el que tú y yo sabemos, tu auténtico fracaso, tu auténtico dolor, lo subes y lo bajas a espaldas tuyas, como Sísifo su piedra. Hasta el mismísimo puto día en que te aplaste…

No te engañes a ti misma: no confundas más tu fracaso literario con otro fracaso más grande: el fracaso total de tu vida sinsorga.

Qué novedad: hoy estoy sola, ¿no te jode? No es que sepa que no me necesita nadie. Que no me haya llamado ni requerido, desde hace tiempo, nadie, ni siquiera las chicas. Que no eche yo tampoco de menos a nadie, ni siquiera a las chicas... Es que estoy sola. Quiero insistir: no es cuestión de que me *sienta sola.* Sencillamente es que lo estoy...

Y, de un modo imprevisto, la soledad me inunda y se me anega el corazón. Con el recuerdo de aquellos días en el pueblo de la Sierra de Mijas. Unos días borrosos, en los que el tiempo no pasaba. Se había detenido todo, menos la espera de algo que aún ignorábamos y que ninguno nos atrevíamos a presentir. ¿Qué esperábamos? No queríamos saberlo, por eso no esperábamos... Mi padre no llegó a cenar aquella noche. No había explicaciones ni sospechas ni dudas. No había nada más que su ausencia, y ésa era la única certidumbre... Pasó el tiempo. Venían las visitas de otras familias, de otros guardias. La búsqueda, los interrogatorios, las sospechas, la extensión cada vez más amplia de la búsqueda... No puedo recordar el tiempo que pasó. Sólo, repentina y absurda, la noticia: el cadáver de mi padre había sido encontrado. Bastante lejos del camino, en el Puerto de Pescadores, que subía desde Fuengirola. Tenía dos disparos: uno en la cabeza y otro en el pecho. Lo habían llevado a Málaga para hacerle la autopsia. No sé por qué, porque estaba muy clara la razón de su muerte. Allí se fue mi madre. Mi hermano y yo nos quedamos, lo mismo que yo ahora, solos en una casa que se transformó en algo ajeno de repente, en algo que había perdido su razón de ser, lo mismo que nosotros el derecho a habitarla.

El cuartel se convirtió en un bullicio silencioso, en un escándalo que para nosotros nada significaba y que no oíamos. Ruidos incomprensibles, vaivenes, periodistas, autoridades y vecinos del pueblo, las familias de los otros guardias, de algún amigo… Nadie decía lo que necesitábamos saber. Porque yo no era capaz de aceptar lo que se me decía. Me encerré en mi cuarto. No a llorar, no. Ni a pensar. Para no ver a nadie. Para aprenderme bien mi miedo y mi desgracia. Detrás de una espesa cortina oscura, mi padre muerto. Pero yo no lo veía. No podía acercarme a besarlo, a despedirme, a confirmar mi pérdida. Ni siquiera lograba imaginármelo, porque no lograba imaginarme la muerte en general. Ni tampoco la vida sin mi padre… Nada de aquello era previsible. No había razones. No había explicación… Los viejos desaparecen de una manera natural. Pero esa muerte, ¿qué era? No una tragedia que hubiese ido acercándose. ¿De dónde vino entonces? ¿Cómo había elegido a mi padre: fuerte, valiente, joven todavía, decidido, y mi padre?

Por eso yo pedía a gritos irme también a Málaga: no para despedirme, no me despediría jamás de él, sino para verlo muerto: era lo único que podría convencerme. No dejar de verlo para siempre, sino saber la razón o la sinrazón de esa tragedia de no verlo ya nunca… No me lo permitieron. Y aun hoy sigo sin creerme del todo que mi padre había muerto entonces. A pesar de lo que me dijo, mojándome de lágrimas, oprimiéndome contra ella hasta hacerme daño, mi madre cuando volvió. Destrozada, tiritando, envejecida, más de negro que nunca… No, no podía creérmelo. A mi hermano y a mí nos dejaron sentados, esperando no sabíamos qué. Venían los compañeros de colegio y sus familias a consolarnos, a animarnos, a traernos comidas… Alipio no se separaba de nosotros. «Se investiga, se está investigando», nos decía. «Sabemos quién lo ha hecho», nos decían. A mí no me importaba. Yo había dejado, sin el menor aviso, de ver a mi padre, de esperar su llegada quitándose el gorro de diario y sonriendo, inclinándose para besarme y preguntarme alguna nadería... Tiempo después, leí en Graham Greene, una frase que me hizo llorar: «Acaso toda la vida sea como aquélla: tedio y, al final, una ráfaga heroica».

Pasaron no sé cuántos días, no sé cuántas semanas. Vino un nuevo guardia. Ascendieron a Alipio. Nosotros tuvimos que dejar la casa cuartel. Nos habían asignado una pensión de viudedad o de orfandad –qué sabe nadie lo que es eso– o algo por el estilo. Mi madre, no sé de dónde sacó las fuerzas o la ayuda, buscó una casa en Málaga: no quería quedarse en aquel pueblo ni un día más de lo imprescindible. A falta de mi padre, contra lo que todos temíamos, ella creció: tomaba decisiones. Estaba siempre a punto de quebrarse, pero no se quebraba. Yo miraba la puerta a las horas habituales de la llegada de él, con la confianza de que regresaría... No quería irme de allí. No tenía las pruebas de su muerte. Para mí era todo una broma macabra. O una pesadilla. Aguardaba la vuelta a la normalidad... No la hubo. Yo creo que, desde entonces, no ha existido para mí normalidad ninguna. Aquélla, la única, la verdadera, fue suplida por otra sólo aparente, sólo artificial. En ella no se hablaba de mi padre. Mi madre, cuando iba a recordar, se mordía los labios. Quería sufrir sola. Yo no sufría: yo echaba de menos.

Nos pusieron en un colegio especial a mi hermano y a mí. El curso estaba a punto de acabar. Me parece que ni siquiera nos examinaron: quizá porque estábamos recién huérfanos. Qué pena. Una hermana de mi madre vino a buscarnos y nos llevó a su pueblo, que ya conocíamos. Pero yo había perdido la memoria de él. No recordaba nada. Tenía la cabeza vuelta hacia atrás. La vida se había transformado para mí en un depósito de cadáveres. Escribía mi tristeza. Más que dolor, era un reproche de abandono que yo le hacía a alguien. A alguien que no estaba a mi lado, precisamente por no estarlo. Fue entonces cuando empecé a escribir. Como por un encargo secreto de mi padre… Si es que aquello que hacía era posible que lo llamara alguien escribir. Ni entonces ni después.

A aquel pueblo extremeño nos llegó, entre vaguedades, la noticia: el asesino de mi padre había sido Alipio. Lo descubrieron por las balas que había usado, por las circunstancias del lugar y del tiempo. Por lo visto, mi padre sospechaba que, desde la costa, subía un tráfico de drogas. Iba a ponerlo en conocimiento de los superiores. Algo le movió a concretar ciertas vacilaciones. Miró a su alrededor más próximo. Hizo algún comentario no discreto. Pidió alguna colaboración a quien no debía… Alipio le sugirió una inspección previa, un acecho en el posible camino de los traficantes: el entonces abandonado y solitario Puerto de Pescadores, por donde éstos subían desde el mar su mercancía al pueblo… Y fue allí donde le dio dos tiros a mi padre. Era Alipio el que cobraba un sobresueldo transportando la droga con que en el pueblo se trapicheaba. El temor a la denuncia de mi padre, o quizá una pista que mi padre en secreto le dijo, fue lo que acabó sentenciándolo a muerte.

A una muerte que fue el desencadenamiento de cuanto pasó en mi vida. Lo que me transformó en lo que yo, ni en sueños, había imaginado.

–Unos niños sin padre –repetía mi madre a quien quisiera oírla– dejan ya de ser niños.

Mi hermano y yo nos perdimos. De una forma distinta, pero nos perdimos. Mi hermano, tan esbelto y tan guapo, fue pronto pasto de extranjeras voraces, o por lo menos eso daba a entender. Yo, quizá de otro modo, también; después de trabajar de camarera en un pequeño bar.

Recuerdo que, cuando le enseñé a mi madre el primer

cuento mío, publicado en una revistilla provinciana, ya con el seudónimo de Deyanira Alarcón, tuve primero que jurarle que lo había escrito yo, que me había cambiado mi nombre por otro porque me parecía más sonoro –«¿Sonoro?», dijo ella–, y también por no avergonzar a la familia –«¿Qué familia?», dijo ella–. Como si fuésemos los únicos Moreno Morales.

–Quizá esto no sea una vergüenza, hija mía. Hay vergüenzas mayores. Lo que pasa es que yo... Si es un cuento como tú dices, cuéntamelo y no hagas que lo lea. Tú sabes que leo muy despacio. –Y después de un suspiro y una pausa, agregó–: Además, qué entiendo yo de todas estas cosas...

Era el lamento de una mujer que lo había perdido todo sin darse cuenta. Sin saber cómo, ni dónde, ni por qué. Que se siente como si un vendaval se la hubiera llevado a un sitio insólito y desconocido. Y que, de pronto, se duele de que su hija, lo único que en apariencia le quedaba, quiera vivir su vida de una manera que le parece irreal, inesperada y engañosa. Es decir, lo que yo había escrito en aquel cuento era su historia y la mía también. La protagonista, una muchacha igual que yo: vulgar y entristecida. Y cuya perspicacia, no muy grande, tan sólo le servía para subrayar la pobreza del ambiente que la rodeaba y la ahogaba a la vez. Y también para multiplicar su desesperanza. Una muchacha que no era feliz ni atisbaba poder serlo nunca. Una muchacha herida por un destino de infelicidad que intentaba amansar con la queja de contarlo. Era, en definitiva, su historia y la mía...

Mi madre, siempre con el ceño fruncido como si no me oyera bien, siempre mirándome como si me alejara, fue apagándose, fue desapareciendo. Hasta que se extinguió, con la cabeza perdida, en una clínica geriátrica, pocos días después de que yo publicara mi fracaso: el que me liberó de todos los demás que le hubieran seguido, el que me trajo aquí. Si es que no me estoy engañando todavía.

Acabo de ver por la ventana, moviéndose sobre, o bajo, un cielo impertérrito azul, un halcón. O eso me ha parecido. No sé si aquí hay halcones. Solitario, sin ningún porqué, trazaba círculos. Sé a quién me recordaba. Se cernía cada vez más bajo, hasta que una brisa que yo no percibía, lo envolvió o lo sedujo y levantó el ala derecha. Fue entonces cuando pareció perder el equilibrio. Por un instante; luego se afirmó sobre el aire, es decir, sobre nada, como para demostrar su poder, y dibujó círculos nuevos en el vacío caliente de la tarde. Cuando iba a desaparecer, se acercó de repente y se posó en las ramas más altas de un plátano de la plaza. Se sacudió las plumas irritado. Se irguió luego. Cabeceó. Procuró afirmarse. Y levantó el vuelo otra vez sin demasiadas ganas. No quiero pensar a quién me ha recordado.

No me las puedo perdonar. No me puedo perdonar estas libretitas. Porque me he equivocado. A ellas sólo les he contado pensamientos, reflexiones, coñazos, no la vida. Vivir es actuar, moverse, no permanecer reflexionando y razonando sobre la vida o sobre lo que hacen los otros. Si me asomo a esta ventanucha, o miro a través de ella, veo cruzarse gente desconocida (por mí, no entre sí, porque algunos se dan las buenas tardes) y alguien al que conozco, de vez en cuando, como el dependiente de una *trattoria* próxima. Una paloma se posa en el alféizar, y bate, un segundo después de mirarme, sus alas. Una pareja de novios, o quizá no, qué importa, se detiene un momento y se besa... Ésa es la vida, no lo que yo hago aquí dentro, o mejor, lo que hacía... A veces me pregunto si mi vida no será precisamente contar la de los otros. Ya empezamos... ¿Por qué, entonces, me siento insatisfecha? ¿Por qué he decidido que no vivo? ¿Porque el éxito me haya abandonado como el dios abandonó a Antonio? Me acuerdo de la frase: «No digas que fue un sueño...». Porque en serio y por última vez: ¿cuál es el sentido de la vida? Ninguno, ninguno, ninguno, tía cargante. Y, aunque tuviese alguno, no lo dominaríamos... Fuera de aquí, lo veo por la ventana, todo sigue, todo avanza, todo concuerda o se opone. Si me hubiera muerto antes de abrir este dichoso cuaderno, hace cinco minutos, el mundo no se habría alterado... No, no, la vida no es nuestra; ¿somos nosotros suyos, o tampoco?

Lo que quería decir es muy distinto. Aquí, en esta habitación, anoche, o ayer tarde, se produjo un cambio. Llamaron a la puerta, y era Bianca. El pequeño salón se iluminó. Vestía de claro, y me pareció que tenía los ojos más verdes que nunca. Le sonreían. Toda ella sonreía. Se me acercó despacio, después de abrir más aún su sonrisa, que se le derramaba por el escote, por el suave canal entre sus pechos, por sus hombros, sus brazos y sus manos. Sus manos... Las levantó, tomó mi cara entre ellas y me besó. Pero no en las mejillas. Me besó en los labios. Descansó los suyos sobre los míos un momento; luego los oprimió. Abatió los párpados maquillados de un verde muy claro. Yo empecé a no percibir muy claramente lo que sucedía. O lo que iba a suceder quizá. Noté una humedad sobre los labios, los abrí involuntariamente –¿involuntariamente?– y la lengua de Bianca entró en mi boca. Yo no sabía qué hacer. Me inundaba una duda o quizá un desfallecimiento. Como si ella lo hubiese percibido, me rodeó la cintura con sus brazos desnudos. Atrajo así mi cuerpo contra el suyo. Me sentí dominada. No encuentro otra palabra: dominada. Ni podía quejarme ni quería. Era un momento de abandono. Me abandoné por tanto. La lengua de Bianca rozaba la mía con una suavidad y una seguridad al mismo tiempo. Cuando caí en la cuenta, y no del todo, mi lengua había comenzado a moverse, a dialogar con la de Bianca. «Para eso están las lenguas»: fue un relámpago. Quizá el último atisbo de razonamiento que me quedaba. Luego ya no fui yo...

Me estaba desmayando, pero no... Sentí vibrar mi cuerpo: estaba vivo, porque me dolía. Me ardían los pechos y me pesaba o me quemaba el bajo vientre. Mi boca buscaba, igual que la de un bebé busca el pezón a tientas... Estás enferma. Vas a morirte... Pero no. ¿Qué es esto entonces? La pureza y el fulgor del Edén antes de la manzana, cuando todo lo que se hacía era inocente...

Recuperé un poco el sentido, abrí los ojos. Estaba tendida en la cama, y Bianca, desnuda, me desnudaba tan despacio que yo no percibía el tacto de las telas, sólo el de sus dedos. Hoy sé con total seguridad que alguien que se niegue a transformarse, a moldear otro cuerpo y permitir que el suyo se moldee por unas manos amables, alguien que se niegue a experimentar lo que ignora es que está muerto... Yo temblaba. Noté la sangre apresurarse desde el corazón hasta las manos, que ya acariciaban el cuerpo de Bianca, hasta los pies que se cruzaban con los de ella. Hoy sé, con lucidez plena, que lo más importante y característico de nosotros es lo que uno puede descubrir. Y para descubrir hay que estar vivo. Como para resucitar hay que estar muerto.

Ni por asomo se me ocurrió pensar si era lesbiana. Si lo era yo, quiero decir. Ni por asomo se me ocurrió pensar en Virginia Woolf ni en Vita Sackville-West, ni en lo que hicieron ni en cómo se acostaban. Ni por un momento se me ocurrió pensar en lo que estaba haciendo. En realidad, ni por un momento se me ocurrió pensar. No me planteaba ninguna pregunta. Y menos, las respuestas. Los ojos están hechos para mirar y ver; no importa el color de su iris ni siquiera el encendido verde de los ojos de Bianca. Ojalá tuviera hoy tan claro todo como eso. Ayer el mundo era una granada que se abría porque estaba en sazón, y mostraba sus granos rojos, apetecibles, besables, comestibles. Sé que estaba gozando y que alguien, presente e invisible a la vez, dirigía con precisión el gozo. Como nunca hasta ayer. Todo era nuevo, y yo estaba a la vez perdida y encontrada. Buscada y buscadora sin saber bien el qué. Todo era sinuoso y lineal al mismo tiempo, directo y demorado... Como un intenso, escalofriante, hondo y sonriente juego del orí, mezclado con un aparentemente fácil, aparentemente instintivo juego de prendas consabidas y ya otorgadas de antemano.

Cada gesto, cada mirada, cada caricia estaban repletos de entusiasmo. Nunca jamás había sentido, ni presentido, una correspondencia de gestos tan adivinados e intuidos, tan certeros, que se producían donde se les esperaba. Era una comunión en el placer, un agradecimiento, una unanimidad, una coincidencia en entregar a ciegas lo que iba a ser recibido, una generosidad nunca imaginada. El verdadero don de lenguas del Paracleto: primero una, la tuya, luego el bilingüismo, después el poliglotismo, por fin, la universalidad. El esperanto es un invento desafortunado. Mi acompañante multiplicaba su lengua hasta que yo no supe ni cuál era. Ni tampoco dónde empezaba la mía. Perdí el conocimiento con la confianza en las manos donde lo perdía. No era mi deseo recuperarlo, sino que fuese administrado por quien, en aquel momento, era más yo que yo. No era felicidad: sobre ella tengo que volver algún día. Era la plenitud. Era sentir mi ser entero y verdadero. Eran todos los deleites, las concupiscencias, las fruiciones, las voluptuosidades que había soñado de niña, de adolescente y de mujer, pero reales y multiplicadas, blanqueadas, bautizadas no por el amor, no, sino por la espontaneidad del deseo verdadero, del que más quiere y más recibe, inagotable en abrirse y en darse.

Desapareció la sensación de vida, no la de bienestar. Cerré los ojos. Me olvidé de mí. Oí decir, lejos, a Bianca, que Nadia estaba con un amigo suyo, pinchadiscos me pareció entender, al que querían presentarme. Que me besaba en nombre de los dos. Y lo hizo. Yo me adormecí como si hubiese bebido en exceso un licor. Un licor que estaba deseando despertar y volver a beber.

Al resucitar de esa muerte tan dulce, recordaba versos que había leído esa misma mañana. Unos, de Kavafis, decían: «No me até. Me abandoné del todo y fui. / Había placeres ya reales, / o que me rondaban por el alma, / fui a través de la noche iluminada». Y otros: «Para cuerpos cobardes no está hecho / el placer de esta fiebre».

Bianca no estaba ya. Tomé el libro de Kavafis, se abrió por un poema: «A algunos les llega el día / en que deben el gran SÍ o el gran NO / pronunciar. Al punto se evidencia quién tenía /

listo el SÍ, y al pronunciarlo da otro paso / en sus convicciones y en su estima. / Quien dijo NO, no se arrepiente. De nuevo NO, / si fuera preguntado, diría. Y, sin embargo, por tierra lo derriba / aquel NO –el justo NO– para el resto de la vida…».

Pasé unas páginas y leí el «fragmento de una carta / del joven Ímeno (de familia patricia) muy celebrado en Siracusa por su libertinaje / en los disolutos días de Miguel III». Decía así: «… y debe amarse aún más / la voluptuosidad que morbosa y corruptamente se obtiene, / hallando por extraños caminos el cuerpo que siente como ella desea, / que en su morbosidad y corrupción procura / una intensidad amorosa antes desconocida…».

Hace siglos alguien había sentido lo que yo.

Me metí despacio en la cama. Levanté algo la almohada y abrí el libro de nuevo: «No hallarás nuevas tierras; no hallarás otros mares. / Tras ti irá la ciudad. Y por las mismas / calles vagarás. Y en los mismos barrios envejecerás / y te saldrán canas en estas mismas casas. / Siempre volverás a esta ciudad. ¿A qué otra ir? / No lo esperes. Ya no hay barcos ni rutas para ti. / Al arruinar tu vida aquí en este rincón mínimo, / para toda la tierra ya te has destruido».

Supe que estaba bien. Supe que era lo cierto. Supe que no tenía razón Wilde al decir que el drama de la vejez no está en ser viejo, sino en haber sido joven. No era cierto. Los viejos más dolientes son los que no acaban de creer que lo son, y compadecen a los otros viejos. Estaba a punto de hundirme en el sueño. Dejé el libro a un lado sobre la colcha. Y me di cuenta, como si me cegara una luz, de que la vida como el mar de Verlaine, siempre recomienza. Y de que, con canas o sin ellas, había llegado al sitio donde se me esperaba. Suspiré con sosiego. Nunca sería una vieja tragicómica. En esta ciudad nunca lo sería. Ya estaba en otras manos… Me dormí. La mañana rozaba ya la tarde cuando me desperté.

«Buenos días –me dije–. Buenos días, zorrupia. Eres una pobre zorrupia descarriada.» Y me desperté.

Empecé estos papeles, me parece, escribiendo que ni un solo momento de mi vida había sido completamente feliz. Debo recapacitar sobre esa frase. Debo hacer un examen de conciencia. Y decirme primero qué es lo que yo entiendo por felicidad.

¿No es la primera obligación de un ser vivo esa rosa sin causa, instantánea y frágil, que es la felicidad? Pero ¿qué es y cuáles son sus límites, instante tras instante distanciados? ¿Procede de cumplir las misiones a las que nos creemos obligados? ¿Y obligados por quién? ¿Procede de la liberación de cuanto nos perturba: fatiga, envidia, tristeza, hastío, mala conciencia, temor a la opinión ajena? ¿Procede de la invasión del amor y sus turbias oleadas? Quizá no. Quizá la fuente de la felicidad, si la tiene, no venga de fuera sino que esté en nuestro interior. Quizá consista para el ser humano, como pensó el modesto y lúcido relojero de La Haya, en preservar su propio ser, el propio de verdad, y no en ser otro; en aceptarse con docilidad y reflexión tal como se es... Pero ¿cómo se es? ¿Cómo lograr el terminante e indudable conocimiento de uno mismo? ¿Cómo cerciorarse de cuáles son nuestras carencias y nuestras cualidades y desenvolverse con ellas nada más, sin culpar a los otros: padres, antagonistas desleales, amantes irresolutos, o al destino, o a la sociedad entera, al mundo entero, de la desdicha y de la invalidez? ¿O es que la felicidad consiste sólo en un momento de inconsciencia? ¿O, por el contrario, es la fusión de nuestro destino con el mundo; la armonía con el resto del mundo (con su desarmonía la mayor parte de las veces); una diluida y contagiosa confusión, es decir, fusión con; un breve estado de consentimiento, es decir, de sentimiento con...?

Desde luego la lucidez o el impaciente esfuerzo por comprender no creo que nos hagan felices. Pese a que quizá sean el dolor y la lucidez lo que nos mueva a vivir con más intensidad (por lo menos a mí), la felicidad parece más bien un trance de inconsciencia, de anhelada inconsciencia. Porque tiene más de enajenación –en ella una está vendida– y de alteración –en ella una se convierte en otra– que de serenidad. Linda con el sentimiento más que con el raciocinio y con la voluntad. Como si fuese una participación de nuestro ser entero –y más aún de su parte física– en la ebriedad del mundo. Una extraña ceguera, un olvido de sí, una vibrante imprecisión que, por un lado, tacha los pronombres, y, por otro, los afina hasta compenetrarlos.

A veces, ya lo he escrito, he creído que la felicidad coincidía con un fervoroso placer físico, pero eso es demasiado impersonal; en él, una cumple su rito de criatura, pero no lo trasciende. En contra del refrán, tan cazurro y avaro como suelen, la felicidad estará más bien en uno de los cien pájaros que vuelan y no en el que tenemos y retenemos en la mano. Un día, de pronto, alguno de los cien se nos posará en la frente o en el hombro y olfatearemos el gozo de la vida; pero cualquier gesto lo asusta y escapa al aire de todos, como el halcón del otro día, que es lo suyo. Porque acaso ahí resida la felicidad: en una racha de aire, en un sobrecogimiento que nos corta un momento la respiración. Cuando volvemos a respirar, ya somos los de antes, humanos y vencidos. Razonadores de nuevo como yo, que estoy cada día más encabronada.

Pero tengo que estarlo. Porque no me cabe duda de que no procede la felicidad de lo que se posee ni de lo que nos falta: es justamente su presencia o su ausencia lo que tiñe de propio o de ajeno al resto. ¿Quién la identificará con la satisfacción de los deseos? ¿Es que nos reducimos a ellos? ¿La fortuna o el amontonamiento de exterioridades cuajará en una plenitud? La felicidad, por mucho que se posea del mundo, es otra cosa además. Como una niña que se cansa de andar y hay que tomarla en brazos; como un cachorrillo que nos retrasa hincando sus patitas en el suelo, pendiente de algo que nosotros no vemos... Y nos quejamos, sin caer en la cuenta de que la niña y el perrillo son los protagonistas: por ellos fue por los que salimos a pasear, y el paseo, sin ellos, ya no importa... La felicidad no es propiedad nuestra, como no lo son el sol, el aire ni la vida. Pero sí es personal y no gregaria: lo mismo, en eso, que el amor. ¿Y, siendo así, coincidirá con él? Son paisajes distintos. Se asemejan o se besan a veces como se rozan otras emociones, pero muy pocas pueden hacernos más infelices que el amor. (En el fondo, Gabriel no es sólo –o fue– un amor roto sino una vida rota. Yo he pretendido engañarme, comprender, quitarle importancia, pero sin conseguirlo.) Lo que sucede es que, cuando el amor desaparece, mientras se aleja, mientras nos alejamos, en el espejo retrovisor adivinamos un reflejo confuso. El vacío que deja nos mueve a la añoranza, a engañarnos creyendo que tuvimos no sólo más de lo que ahora tenemos, sino más incluso de lo que teníamos cuando el amor estaba. Porque el corazón, ocupado en amar, no analiza: vive a ciegas su pasión, su henchido gozo y su desdicha exagerada; vive su intensidad. Mientras que ahora, después, desocupado, cuenta y recuenta su agridulce tesoro, canta lo que ha perdido, lo desorbita todo. Siempre es más verde la yerba del vecino y la yerba de ayer. La felicidad de quien acompañamos, o de quien fuimos acompañados, siempre nos entristece... Pero ¿quién podrá compartir más que el amante con nosotros la felicidad? Ay, ay, ay...

Cada diciembre nos deseamos unos a otros feliz y próspero año nuevo, qué ilusos. Todos tenemos un momento de oro en que se nos concede la felicidad, nos demos cuenta o no. Luego, unos nos quedamos con el momento y otros con el oro. La felicidad se va desmenuzando en cosas, en naderías, en baratijas: un ascenso, un viaje, el veraneo, un piso... Pero el momento de oro ya no vuelve. Por eso desearnos prosperidad está más al alcance de nuestra débil fuerza: la felicidad es una visita poco ruidosa, que llega, solapada, sin apenas sentarse, sin instalarse nunca. Es la sombra de una nube sobre la tierra. Es el reflejo de una cara en el agua. Por eso, cuando uno está sufriendo, imagina que del otro lado de la negra puerta la felicidad existe; cuando uno ya no sufre, sabe, y eso es peor, que detrás de la puerta nadie aguarda. Porque la felicidad verdadera está en el fondo. Damos demasiada importancia a nuestra *mitad superior*, al cumplimiento de nuestros proyectos y al producto de nuestros aciertos, sean cuales sean. Y la felicidad es lo mismo que un hallazgo, un don que habíamos desesperado de obtener y acabamos por olvidar. El ser humano, sabio y cauteloso, vive hacia el porvenir, proyectando y proyectándose; pero la felicidad no es ni cautelosa ni sabia ni planeada, sino una sensación presente e irrazonable. Si hay algo que se aparta de un programa de vida, algo no duradero ni previsible, algo sorpresivo y excluyente del resto, es la felicidad. La gente que es feliz no tiene historia. Y yo, cabeza dura, me empeño en encontrar la mía.

La felicidad (coño, cuánto me cuesta distinguirla), si existe, quizá no sea más que pasar inadvertido. Ella no indaga, no se cuestiona nada: se contenta con ser y hacernos ser. Ella *está* simplemente. No le importa la nobleza de nuestro quehacer, ni la altura de nuestros pensamientos, ni la limpieza de nuestras voliciones, ni el placer que pueda proporcionar el deber cumplido... El auténtico sentido de la vida, o el único, es precisamente la felicidad: pero ¿hay algo que pueda ser el camino hacia sí mismo? Ella es la meta válida, la verdadera meta. No nos conduce a más felicidad; nos suele conducir al pesar de su pérdida. Lo decía el viejo cancionero: «que lo que no es poseído / no deja el corazón triste, / pues el dolor no consiste / sino en llorar lo perdido». Tanto, que la mayoría de las religiones, o todas, nos prometen la socaliña de una eterna felicidad ante su habitual inexistencia en este mundo.

Es efímera aquí, sí; es una especie de trastorno mental transitorio. Se ha de ser tonto para ser feliz. Sólo alguien verdaderamente tonto lo es. Cuando una se entontece o se desconoce, empieza a ser dichosa. Y estamos tontos o locos cuando nos enamoramos; por tanto es entonces cuando somos más susceptibles de que la felicidad haga su quebradizo nido en nosotros. Porque ella no depende ni de la memoria, ni de la previsión, ni de la inteligencia; quizá depende más del desconcierto y de la capacidad de olvido. Como el mayor dolor, nos da su puñalada, su jubilosa puñalada, y luego retrocede. Hasta que un pretexto inesperado nos la devuelve ilesa, tersa, rutilante también e inmarchitable, nuestra. Por eso los seres felices no leen periódicos ni están al tanto de las vidas ajenas; les basta con la suya, que se reduce a un sacrificio de todo en aras de lo que se les antoja más valioso que el todo que sacrifican. Se trata, por tanto, de un arriesgado juego. Porque no hay felicidad perfecta, pero tampoco perfecta infelicidad: no deja de ser un lamentable consuelo. De acuerdo, queremos ser felices. Pero tenemos tanto miedo a serlo, que preferimos con frecuencia contentarnos con lo que somos y con lo que poseemos: una guapa pareja o una buena comida o una excelente posición, que además no nos satisface nunca lo suficiente.

Sigo pensando. Por tanto, sigo por el camino opuesto al que conduce a la felicidad. Soy una pobre mujer redicha pero imbécil.

No un éxtasis gratuito, no una embriaguez que luego dé resaca, no un revuelo que impida el arraigo y la disciplina, no una blandenguería que haga dormitar a la tensión fructífera, no una lucidez que separe del caos ni un caos que aísle de la lucidez, no una tolerancia de debilidad y el desamparo y la impotencia enferma... Sobre la mentira no tratan de construir la felicidad más que los ilusos y los necios. Por supuesto, sin éxito. Lo mismito que yo, una soplapollas. Porque, para acercarse a ella, es imprescindible romper las ataduras del miedo, al contrario de lo que por norma hacemos: aferrarnos a lo poco que tenemos con uñas y con dientes. La atadura de impresionar en favor nuestro al prójimo, la atadura de ganar dinero, o la atadura de mantener un estatus, o la del éxito en el trabajo y en la sociedad de nuestro alrededor... Y mientras nos preocupamos de que no se nos escapen nuestras ataduras, se nos escapa la vida, que es sólo lo que tenemos y sólo donde la felicidad puede alojarse.

Es inconmensurable... La medida que menos le sirve a la felicidad es el tiempo: siempre la cantamos en el recuerdo. Lo mismo que la salud cumple su destino siendo olvidada, la felicidad toma cuerpo cuando se la añora ante el hueco que dejó a nuestro lado. Como el amor también en eso. Cuando ella reina no la sentimos tanto. Llamamos dichosos a ciertos instantes cuando ya han transcurrido: nos enriquece el tiempo malgastado. La felicidad vacila con frecuencia entre la nostalgia y la melancolía. Por eso nos entristece tanto volver a los lugares en que fuimos felices. Se alzó en ellos el árbol de la vida con sus miles de pájaros inquietos; se nos invitó allí a esa fiesta que siempre concluye de forma inesperada... Pero soñando despierto no se puede ser feliz. Soñar sólo te hace perder días de vida: mala o buena, de vida. En ella, la felicidad es parecida a un trabajo sin un contrato fijo. Porque está en las cosas que no se planean: consiste siempre en una sorpresa; si no, sería sólo un proyecto que se ha cumplido. Hay que abrir bien los ojos, no cerrarlos. Hay que estar bien despierto. Y así y todo, así y todo... Cuánta tristeza cabe en la felicidad.

Por eso, si viene, bienvenida, gracias. Y, si no, que la zurzan. Ya arreglaremos cuentas con quien sea al final.

Tenía no la sensación sino la evidencia de que era una mujer aprisionada al otro lado de un espejo. Me encontraba a solas ante una superficie opaca, en un ambiente humoso e irrespirable. Yo era la imagen de otra mujer, en otra vida que no conocía, más libre sin duda por poco que lo fuera, y más dueña de sí. Dependía de ella sin saber qué hacer ni qué actitud tomar. Quizá cuanto yo hacía era un recuerdo de lo que hacía la otra ante la otra cara, la buena, del cristal. Yo era tan sólo su reflejo, que acaso ella observaba con curiosidad o con desprecio. E ignoraba cuándo se interrumpiría tal situación, cuándo sobrevendría la verdadera realidad. Porque desconocía todo cuanto se ostentaba delante del espejo. Quizá sólo el dolor me despertara o me abriera los ojos. Desde este lado, el mío, creemos que amamos o que somos amados, que matamos o perdemos la vida: sólo gesticulamos para cumplir lo que se nos impone desde el lado verdadero del cristal. Recordaba el final de Medea: «Zeus es el dispensador de destinos innumerables. Los dioses, contra nuestra esperanza, cumplen muchos designios; pero no permiten aquellos que deseamos. Un dios siempre decide acontecimientos imprevistos». O algo por el estilo.

Fue reflexionando así, o mejor, invadida y asaltada y sobrecogida por esas impresiones, cuando decidí embarcarme en el crucero. Supuse que en un barco no se necesita voluntad, no es preciso elegir. Hay un horario, un reglamento, unas actividades, unas visitas previamente establecidas. Te dan resueltos desde el itinerario hasta tus compañeros de mesa; desde tu camarote hasta el periódico de a bordo; desde el menú a la música… Acaso yo, en mi interior, era a lo que aspiraba. Me sentía deprimida y exhausta. Era incapaz de elegir algo, por pequeño que fuera: ni la ropa que había de ponerme cada mañana. La del crucero, creía yo, iba a ser mi última elección.

Entré en una agencia de viajes muy próxima a mi casa. Elegí un crucero a las islas griegas. Creo que se trataba de las del Dodecaneso, pero no estoy segura: lo único que me interesaba es que saliera ya. Me sorprendió, aunque debería haberlo previsto, que tuviese que tomar antes un avión. Vendría, por aire, a Venecia, y aquí me embarcaría. No pregunté ni la duración total del viaje. Regresé a casa. No sé cómo, llené arbitrariamente una maleta. Mi impresión hizo que resultase demasiado abultada. Elegí con cuidado, eso sí, unos cuantos libros predilectos: leerlos en cubierta, entre el cielo y el agua, me tentaba. Me tentaban la soledad, el silencio… De pronto, consideré que quizá hubiera sido mejor elegir un monasterio. No; habría resultado en exceso pelmazo: con un crucero ya bastaba, los muros de las iglesias son peores. Me incomodó, de repente, comprobar que lo llamaran *crucero de placer.* Pero supuse que era una forma de atraer clientela. No era placer exactamente lo que yo perseguía. A mi marido, Gabriel, lo telefoneé a la editorial para despedirme y atenuar su sorpresa. No me consideraba obligada a nada más.

El vuelo fue soportable porque ni me interesaba ni pensaba en él. El traslado del aeropuerto Marco Polo al puerto resultó más fastidioso, porque había gente que me reconocía. Tuvieron la gentileza de llevarme en un coche hasta la ancha puerta del barco. Me vinieron a las mientes los versos de Dante. Cultivaría el italiano: *«Guarda com'entri, e de qui tu ti fide; / non te'inganni l'ampiezza dell'entrare».* Muy mal, muy mal: «Mira cómo entras y de quién te fías: / no te engañe la anchura de la entrada». Pero las dimensiones del barco, tan excesivas, me animaron a pensar que más fácil sería desaparecer en él. La decoración no me produjo admiración ni sobresalto. Era tan previsible como excesiva y pretenciosa: lo que puede esperarse de una ciudad cara, ficticia, improvisada y, en último término, sumergible. Quizá era esto último a lo que yo aspiraba. Mi camarote lo encontré, ante todo, pequeño. En el baño me tropecé con un espejo, en cambio, demasiado grande para mi estado de ánimo. No andaba yo para vistas generales. Un camarero cubano, guapo y homosexual a simple vista, y una camarera española y frecuente, se pusieron a mi disposición. La chica deshizo mi maleta y me colgó la ropa: toda la que cabía en el armario por llamarlo así. Yo me senté en la estricta terraza. Sobre Venecia, lejos, atardecía. Sentí un leve pinchazo en el recuerdo. Allí había pasado, hacía ya años, mi ficticia luna de miel con Gabriel Roelas. Ni entonces ni ahora, el tema significaba mucho para mí. Sólo el hecho de haber estado los dos unos días a solas, sin ninguna necesidad, en una ciudad oficialmente cómplice y bellísima. Se trataba de dar gato por liebre y nada más. No estoy convencida de que diésemos ese cambiazo de un modo imperceptible.

Por la baranda de la terraza corría una araña muy pequeña. A las salamanquesas y a las arañas siempre las he considerado aliadas del hogar y portadoras de suerte. Por eso me extrañó ver una en un buque casi infinito, pese a mi camarote. Me dio cierto ánimo. No empezaba mal el viaje, a pesar de tratarse de un viaje de fracaso. Profesional, no matrimonial: esto debe quedar perfectamente claro desde el primer momento, porque desde el primer momento mi matrimonio no es que fracasara: había sido un fracaso. La arañita correteaba por la barandilla de metal. Y pensé que quizá lo mejor de aquel crucero era no correr el riesgo de encontrarse con la estúpida tozudez de las hormigas, a las que nunca soporté: por su vuelta al trabajo después de una catástrofe, por su metódica y fiera previsión acaparadora, por su indiferencia, por todo lo que yo ignoraba de ellas y prefería seguir ignorando... Pensé, de repente, si las odiaba por ser contrarias a lo que yo era. O, al revés, porque yo tenía reacciones de hormiga. De todas maneras, me eché a reír cuando recordé el chiste en el que a la cigarra la contratan para dar un concierto en París, en el *Olimpia*, y va hasta el hormiguero para comunicarlo y ofrecerse, y la hormiga, comprensible por fin, le hace un solo encargo: «Que le den por el culo a La Fontaine». Para escapar del todo, como de costumbre, recurrí al remoto pasado... Una tarde, en un paseo de bajada hacia el río Fahala, próximo a la casa cuartel, me detuve ante un hormiguero. Iba sola. Tendría seis años. Alrededor de un orificio, la tierra aparecía desmenuzada, o mejor, pulverizada, como un monte alrededor de un cráter. En torno a mí no había ni un alma. Con una rama de naranjo saqué por aquel agujero lo que pude: las tripas de la tierra que ellas habían desamueblado para instalar sus egoísmos, sus estúpidos robos, su orden riguroso más estúpido aún, briznas secas, bálagos, manojitos de paja, insectos muertos, hermanas suyas muertas, porquerías, porquerías... Alargué el pie y lo destruí todo: lo que había dentro de la catacumba, su entorno, lo que proyectaban introducir en ella, sus construcciones incomprensibles... Me oriné, agachada, sobre aquella ruina. Contemplé sus huidas, su desparramamiento, sus carreras sin tino, su pavor si es que eran capaces de sentir algo... Y me encontré aliviada. Soñé aquella noche con la destrucción total del hormiguero. A la mañana siguiente –era domingo–, bajé otra vez a él. Todo volvía a estar exactamente igual que la tarde anterior. Me estremeció pensar que alguien podría hacer lo mismo con nosotros...

De momento, al distraerme, ya en el presente, había perdido de vista a la arañita. Desde el principio me pareció que no iba a conseguir que me trajera suerte.

En pocas ocasiones salía de mi camarote. Cuando lo hacía, para ir al comedor, me encontraba, en mi mesa de cuatro, con una admiradora cuya opinión me importaba un carajo, porque era rubia teñida y lerda, y sus halagos me escocían más que gustarme, ya que no entendía nada de lo que yo había escrito; con su marido, una especie de ballena acatarrada con tres o cuatro ideas inamovibles, que viajaba para compensar a su mujer de los probables cuernos con alguna secretaria concienzuda; y con un otoñal casi invernal, autosuficiente y convencido de su atractivo irresistible. Supongo que él creía, como yo, en el mito de los ligues en los cruceros. Puedo certificar que conmigo no le fue muy bien, aunque, de una manera profesional y obligado por la cortesía, lo intentara. Es fácil deducir que mis comidas fueran lo más breves posible, y yo, lo más antipática posible también.

El capitán era un hombre correcto y agradable. Quizá en exceso, quizá profesional. A veces me invitaba a su mesa, mejor acompañada que la mía. Pero cuando se empestillaba en enseñarme sus dominios, me aburría de un modo irremediable. Yo no entiendo ni una palabra de mapas de isobaras, de vientos, de cibernéticas ni de cerebros electrónicos. Y tampoco estoy en edad ni en situación de empezar a interesarme. El puente de mando me traía completamente al pairo, por emplear un término marinero: siempre he sentido devoción por los diccionarios, y el marítimo posee una terminología tan atractiva y misteriosa... Pero prefiero leerlo tranquila y apartada a que me den clases prácticas de él. Personalmente detesto los robots, quizá por lo que más son admirados: su infalibilidad y su carencia obligada de intuiciones. Recuerdo una mañana, especialmente aciaga, en que el capitán me bajó, con un sigilo enorme y protestas de privilegio, a la sala de máquinas. No sin antes invitarme, por el camino, en una gran despensa donde me ofreció una colección de ibéricos –ésas fueron sus palabras– y caras copas de champán que agradecí. Pero las dimensiones de aquella sala en lo profundo, aquellos motores, aquellos gruesos tubos que se entrecruzaban amenazadores, aquellas tripas de cuyo buen funcionamiento dependíamos, estuvieron a punto de provocarme un vómito de lo comido y lo bebido unos pisos más arriba. El estruendo de las máquinas en marcha, la visión de los cuadros de mando, la hidráulica, los amperios, los kilovatios, la desmesurada caja de la escalera que dejaba ver, a través de cinco o seis pisos, un techo enrejado, me produjeron un mareo (nunca mejor dicho) que me privó del conocimiento. Me desmayé. Unos corteses maquinistas me atendieron mientras yo me preguntaba cuándo verían el aire libre, el sol y el mar, que es lo único por lo que la gente que no persigue ligar hace un crucero. Yo, desde luego, no.

–¿Está usted mejor, señora Deyanira? –preguntaba un maquinista ya mayor, con una tierna amabilidad, y unos grandes arcos seniles que le agrisaban los ojos, cuando por fin abrí los míos. Hice un esfuerzo por él:

–Sí, y tan agradecida que quiero corresponderle con una de las pocas cosas que sé: los metales que colorean las piedras. Son el zinc, el níquel, el arsénico, el cromo y, claro está, el hierro... Gracias de todo corazón. Ahora quisiera subir, si me fuese posible, a la cubierta.

Arribamos al puerto de Atenas. Yo la había visitado varias veces. El crucero amarró durante la mañana más transparente de la primavera. Yo permanecí en El Pireo, lleno de gente joven, divertida y ociosa, que bebía y vociferaba bajo los árboles cuidados. Decidí no subir a la capital y meditar un poco sobre el comportamiento de la República Serenísima de Venecia en 1687. Cuando, en una guerra indescifrable, le puso sitio a Atenas. Los turcos estaban dentro de ella, bien abastecidos, con zanjas, barricadas y un espléndido arsenal. Tan espléndido, que los oficiales del sultán se plantearon en qué lugar almacenar sus municiones y sus sobradas armas. Alguien, sin duda muy agudo, sugirió el Partenón. Ignoro si con la ilusa idea de que Venecia no dispararía contra él. Qué ingenuamente equivocado estaba el turco aquel. Sin ningún remordimiento, la Serenísima, que hoy llora y gime e implora que el mundo entero se implique en la conservación de su Venecia, abrió fuego contra la historia de la armonía y la hermosura: hizo estallar el Partenón, aquella inigualable santabárbara, por emplear otro término marinero. Quien dio la orden fue un tal general Morosini, supongo que ascendiente de otro que ya creo haber citado por su horrorosa estatua. No sé si lo dudó u ordenó disparar, sin inquietud ninguna, contra más de veinticinco siglos de belleza. Más bien creo lo segundo: Venecia, en su historia, nunca se ha andado con remilgos.

Por cierto, en El Pireo me sucedió algo que no vale la pena contar, pero lo cuento. Alguien, a quien había visto en el crucero, paseaba no lejos de mí. Era delgado, esbelto, joven aún. La inverosímil luz, las ropas tan ligeras, la armonía clásica de sus facciones, la elegante naturalidad de sus gestos, me lo hizo parecer. Lo veía tan atractivo, o más bien lo presentía, que me escalofrié. Un grupo de muchachos griegos se le acercaron. Le hablaban gesticulando, y debieron de decir algo gracioso, porque mi deseado soltó de pronto una carcajada tan grande que me dejó ver, no sólo su lengua y sus dientes, sino hasta sus amígdalas, mientras se golpeaba con tosquedad los muslos... El tío perdió, de pronto, todo su encanto, su hechizo, su magia, su fascinación. Volví la cara y me confesé a mí misma que no estaba ya para risitas ni para seductores de pacotilla: otro término marinero. Qué adecuada me he vuelto.

Luego comprobé que en Rodas las cabras siguen impertérritas, mucho más que los caballeros. Y en Santorino, que los homosexuales, estén o no en Mikonos, en Torremolinos, en Madrid o en Shanghai, puestos a exagerar, exageran de la misma manera. Sin imponerles el menor respeto aquel volcán, capaz de volver a las andadas el día menos pensado, que configura con sus fauces un circo acuático para reñir las más puras naumaquias. Era un día gris y casi frío. Las tiendas, a pesar de todo, habían sacado sus existencias a la calle. Un español, que había leído mi segundo libro, *Un largo día siguiente*, se me acercó con su novio y me lo presentó como si él o yo fuéramos un monumento. En seguida cayó en la cuenta de que el novio, francés, no se encontraba para literatas y se alejó, no sin volverse un segundo y decirme adiós con la mano. Yo tampoco estaba para literatas ni para ningún francesito *collet monté.* Cogí el funicular y me encerré en mi camarote.

Por descontado no pedí, a lo largo del tedioso viaje, ningún trato de favor. Bueno, tan sólo uno. Se organizaba, por lo visto, un ensayo general de salvamento. Nada improvisado, por supuesto. Lo anunciaron dos o tres días antes. Repartieron unos enormes chalecos salvavidas y su impedimenta, acompañados de un largo índice de instrucciones, desesperantes y complicadísimas. Con aquella bestialidad roja, yo parecía un cetáceo con escarlatina. Me negué a colaborar: preferí ahogarme dignamente llegado el caso. Me asomé por curiosidad a una cubierta que no me correspondía, y me ratifiqué en mi sabia decisión: todo el pasaje que cabía allí, aunque tratara de tomarlo a broma, estaba avergonzado, ansioso de que aquel maldito ensayo, que no servía rotundamente para otra cosa que sentirse ridículo, terminase de una maldita vez. Por mucho amor que se tenga a la vida, nadie puede perder la dignidad hasta ese punto. Ni aun para evitar ni prevenir la muerte.

(Acabo de fijarme en mi mano derecha mientras escribo. Tengo las uñas estriadas y el dorso salpicado de manchas más oscuras: bueno, no muy oscuras… Hasta ahora no me había dado cuenta. Son signos de vejez: los emisarios que manda antes de llegar. Prefiero tratar de engañarme y pensar que son consecuencia del sol y del crucero de los huevos de oro. Ante la inmovilidad y la reiteración de todo, incluso del día y de la noche, se tiene la sensación de envejecer precisamente porque parece que el tiempo se detiene. Sí, yo creo que estos síntomas de las manos me los produjo ese viaje interminable que ha durado quince días, o así.)

Una noche, muy tarde, mientras leía, oí ruidos insólitos. Y los oí porque alguien ordenaba que no se produjeran. Los oí porque no debían ser oídos: cosas de mi destino... Alguien había caído al agua. Desde la terraza, después de levantarme, atisbé ciertos movimientos acelerados y anormales. ¿Y si se estaba produciendo un efecto real y benéfico del ridículo ensayo? Luego, al desistir de su búsqueda una lancha, deduje que se trataba de una falsa alarma. El barco recobró la velocidad que había aminorado. Me despeinaba el viento. Rielaba la luna creciente y se hundía en el agua, verdeando hacia arriba, su luz. Me estremecí de frío. Volví a la cama. Reabrí el libro que leía, otra vez la *Divina Comedia*, y al pasar la página, observé una manchita mucho menor que la de mis manos, mínima y rojiza. Casi temblando, me levanté para coger mi lupa del neceser. Eran los restos aplastados no de la arañita como me temí, sino de un mosquito. Recordé cuándo, con la uña, lo había matado. O quizá cerrando de golpe el libro, no puedo precisarlo. Lo que supe de cierto es que entonces no era tan infeliz y que me sentía viva: no como para tirar cohetes; si no, sería una contradicción. Fue otra noche, más temprano, en Segovia. *«In quella parte del giovinetto anno / che'l sole i crin sotto l'Aquario tempra / e gia le notti al mezzo di sen vanno.»* «En la parte del año jovencito / en que la crin del sol acuario templa / y van las noches a repartirse en el cielo...»

Antes de volver a dormir pensé que, en la vida, con la gente que gira en nuestro entorno sucede como en los cruceros: después de una semana crees que la conoces a la perfección. Sólo cuando dejas de verla, de tropezártela en un ascensor o en la barra de un bar o en un pasillo o en el patio de butacas del teatro, te das cuenta de que no sabes nada de ella: apenas has retenido sus facciones y la confundes si cambia de bañador o de peinado. Incluso luego, si te la vuelves a encontrar un día, la vida no lo quiera, o no la reconoces o no recuerdas de qué la has conocido. Todo consiste en ese falso y efímero sentimiento que, en este tipo de viajes –uno de los cuales es la misma vida– llamamos amistad o simpatía. Ahora mismo, por mucho que me sometieran a tortura, no podría identificar a ninguno de mis compañeros de crucero. Sólo al hombre mayor de la sala de máquinas: no he olvidado sus grandes ojos tristes, cuyos iris bordeaba aquel arco senil que los volvía más suaves.

(Después llegué a saber que el ruido aquel que me había asustado una noche lo produjo alguien que, involuntariamente o no, cayó por la borda al mar. Me enteré en un diario posterior al desembarco. En el crucero a nadie se nos dijo una sola palabra.)

Supongo que a todos los viajeros que me conocieran les produje la misma impresión: una mujer áspera, estricta y hasta puritana en su exterior, con un interior bastante libre, incluso escandaloso, que se reserva. Me suele suceder. Y es lo contrario de lo que pienso de mí misma: que puedo resultar atrevida, incluso libertina por fuera, mientras que, por dentro, soy casi una gazmoña. O lo era. Ahora ya no tengo opinión sobre mí. Sospecho, sin embargo, que mantengo alguna semejanza con Yukio Mishima, en cuanto al contraste entre el escritor y la persona. Tiene razón Marguerite Yourcenar cuando dice, sobre él, que aquel hombre tan violentamente vivo había puesto una distancia entre él y la vida. Él mismo repetía que la mayor parte de los escritores son personas normales que se conducen como perturbados, y él, por el contrario, que se comportaba como alguien normal, estaba muy enfermo del alma... Yo me siento, con frecuencia, de acuerdo con él. Sobre todo cuando se preguntaba si no llegaría el momento en que se iba a ver enfrentado a una dolorosa decisión: realizar, fuera de la literatura, su visión fatalista de ella... Y es que yo comparto esa visión: nunca tanto como hoy se ha reprobado estar sin ilusiones, y nunca el peligro de ilusionarse con esa falta de ilusiones ha sido tan grande. En una época en que los casos de neuróticos aumentan tanto, parece que la energía de los locos supera a la de los escritores. La novela moderna no ha llegado ni una sola vez a producir al mismo tiempo ese doble efecto. Qué poco interesantes están resultando nuestros escritos de burgueses civilizados. ¿Me puede a mí misma sorprender que yo misma la abandone? ¿Acaso le sorprende a ella que la abandonen sus lectores?

Sin duda resulto reincidente, pero no me queda otro remedio. Cuando escribo aquí lo hago sin cuidado ninguno y con mucha prisa. Porque no se trata de un lujo sino de una necesidad que no me sé explicar debidamente. Un oficio modesto y molesto. Más que una vocación, un destino. Aunque yo intente convencerme de lo contrario. Alguien que escribiera pudiendo dedicarse a otras cosas no estaría en sus cabales. ¿Por qué iba nadie a sentirse orgulloso de ser escritor o considerarse bien cumplido? Uno escribe, después de mirar alrededor, para contar lo que ha visto, no lo que le gustaría ver ni lo que le conviene; sin embargo, ser siempre testigo cansa. Porque vivir, lo que se llama de verdad vivir, es meterse en la vida hasta los dientes, no contarla. Aunque se escriba no en lugar de vivir sino para tratar de vivir más, o para revivir. Todo escritor tiene que saber diferenciar entre el sentimiento profundo de satisfacción, que coincide con el de cualquier obrero que cumple bien su tarea, y los sentimientos accesorios que pueden provocar, no necesariamente, los elogios, la aprobación o los aplausos. Yo padecí ese momento y esa contradicción. Tanto que, fatigada y aturdida después de un éxito ya ajeno a mí, decidí irme al campo de mi infancia. Porque sabía, aún no por experiencia, ya muy próxima, que el secreto gusano del fracaso roe el mismo fruto que el éxito consagra: uno y otro no son incompatibles ni dependen, con frecuencia, de nuestra sinceridad o de nuestra habilidad. Y yo era, o así me parecía, mi mejor juez. Porque opinaba, como hoy, que si los críticos de cualquier arte tuvieran serio sentido crítico, cambiarían de profesión. El único capaz de internarse y ahondar en una creación es el propio creador, siempre que sea auténtico. Y eso quizá nadie lo sabe. Pero aún menos, el crítico. Tenía razón el zigzagueante Voltaire: los críticos son como los mosquitos que ponen sus huevos en el culo de los caballos; esos cochinos huevos no les impiden seguir corriendo...

Sí, de veras compadezco a esos escritores ingeniosos o graciosos o humoristas o aventureros o amorosos que tienen que serlo a todas horas, siempre, más que escritores, qué tragedia de vida. Como que algunos acaban suicidándose, como el pobre Salgari. De puro tedio, pobres. Pero a los que más detesto, en serio, es a los críticos. Qué sabihondos y qué vengativos. Alguno puede ser inteligente, incluso experto, pero nada más. Puede que sea capaz de describir bien, con minuciosidad, una cosa; pero jamás será suya, qué penita tan grande. Y eso es todo lo que saben. Incluso algo peor: de autocrítica no tienen ni la más leve idea.

Y, desde el otro lado, es preciso reconocer que hoy hay muy pocos escritores osados, a cuerpo limpio, «fieramente humanos». Ni siquiera los jóvenes... No sé por qué recuerdo esta pamema. Un día, en el entierro de un colega, coincidí en el coche de otro amigo con un joven que empezaba con un cierto renombre. Me sonrió de un modo encantador. Yo sentí lo erotizante de la muerte en esa sonrisa y en ese cementerio. Lo invité a apearse conmigo al llegar, ya de vuelta, a mi casa. Él, no sé si era homosexual o no, se excusó. ¿Habría confundido yo un gesto de admiración o simpatía con otro de complicidad? ¿Fue una especie de *timor reverencialis* lo que lo retrajo? No lo sé, no lo sé... Pero yo había tenido un subidón sexual a causa de la muerte y la sonrisa: con qué poquito me conformo. Me masturbé pensando en aquel muchachito, más bien soso, e imaginé que colaboraba conmigo en el asunto. Aunque la verdad es que los escritores son pésimos amantes... ¿Cómo vamos a pedirles que sean osados escribiendo?

Me fui al campo que me conoció antes de aprender a leer, con la intención de abrir bien los oídos y los ojos y de cerrar la boca y el rotulador. Durante el crucero que me trajo hasta aquí yo me decía que, para un escritor, no es prudente comentar demasiado lo que ve con quienes lo acompañan, porque así se gasta en calderilla el tesoro del descubrimiento. Recordaba una historia que Gabriel me contó al principio de nuestra relación. Se trataba en ella de un autobús lleno de turistas probablemente norteamericanos: estadounidenses y acaso canadienses. Atravesaban maravillosos panoramas uno tras otro; la naturaleza se los ofrecía como un don. No obstante, los turistas (que sólo ven lo que otro ha visto antes y como lo ha visto otro, que es quien se lo señala en una guía) habían corrido las cortinas de las ventanillas. Unos, para evitar el sol; otros, para dormitar un poco y estar más despejados en la ciudad siguiente; otros, para que el exterior no disturbase la interesante conversación sobre negocios que con los vecinos mantenían. Nadie se embebecía del todo en el paisaje...

Fue justamente, para recuperarlo, por lo que yo decidí regresar hacia mi pasado.

Cuando llegué a Alhaurín el Grande era de noche ya. Me senté, en medio del día muerto pero aún iluminado. Es más fácil el viaje que la llegada –me dije–. Mientras te mueves, la ilusión de llegar te sostiene; en la meta has de enfrentarte con la realidad, y no siempre se acierta con la forma. Qué intrincado, lo sé por experiencia, el camino de retorno a la verdad, que no es nuestra del todo, sino que existe fuera por sí misma... Pero poco después, entre una espesa fragancia a dama de noche y a jazmín, que adornaba las sombras del novilunio, rectifiqué: ni intrincado ni simple es el camino, por la mera razón de que no existe. No se va a la verdad; aunque se trate de nuestra propia infancia. En cuanto dejamos de movernos tan deprisa ya estamos dentro de ella, ya hemos vuelto… Permanecí inmóvil en brazos de la noche como una niña chica, y respiré con fuerza igual que quien suspira. Y me sentí reconfortada.

Esa noche dormí de un tirón hasta iniciarse la mañana. Y entonces vi el cielo intacto aún, azul con alguna pincelada de breve rosa. Con los gallos no demasiado lejanos, el día empezaba imperceptible casi y sin mucho entusiasmo. El sol no había aún aparecido sobre el valle en donde está la casa. El aire inmóvil, las largas y misericordiosas ramas de las tipuanas sombreaban aún el calor atenuado del verano. El día iba a ser de prueba. Pero ahora una brisa, niña y fresca, aguardaba las órdenes. Todo estaba dispuesto. Para que rompieran a ladrar los perros faltaban unos minutos sólo. Y entonces el día, después de respirar hondo, iniciaría su canto. Mi rutilante mundo de la niñez se me ofreció y lo recuperé: los pulidos cielos, la luz dura y hialina del verano, los árboles ensimismados, la porción de júbilo de las flores, los pájaros trazando sus vuelos infantiles en la pizarra transparente azul y oro… Y me olvidé, como quien pasa un borrador por el encerado de una escuela de infancia, de todo cuanto me había cansado y de lo que huía…

Pero, al atardecer, me interrogué, como tantas veces lo hice después durante el crucero equivocado: «¿Cuándo llegará el auténtico descanso? ¿Quizá sólo es la muerte?». «No, no es necesario morir –sentí una voz que me lo advertía–. Llegará cuando veas.» «A eso he venido.» «Pues mira: ¿qué es lo que ves?» Anochecía. El sol, con su resplandor de zumo de rosas y naranjas, teñía el resplandor del universo. Igual que una tarde después lo tiñó en el mar Egeo. «Veo lo que esta tarde vi: las flores ya entrecerradas, el adiós de los árboles a la luz que decae y resbala, las estrellas tan tersas y el filo de la luna.» Dentro de mí algo me interrumpió: «¿Seguro que lo ves en la realidad? ¿No serán palabras tuyas sólo, pensamientos o imaginación tuyos, árboles y estrellas de papel?». Me entristecí como tantas otras veces. Quizá el escritor padece siempre esa deformación profesional. Quizá la muchacha Asun que yo había sido reprochaba a Deyanira por contentarse con tan poco.

Aquella segunda noche, intranquila, soñé que habitaba un mundo en el País de las Maravillas: inverosímil, incomprensible, cabeza abajo y lleno de temibles e inútiles carreras. Pero una voz, que lo ordenaba todo, me insinuaba: «Si aspiras a vivir de verdad, deja que mueran las palabras y las comparaciones. En ti ellas sustituyen al color, al sabor, a los aromas... Te mueres de hambre porque sólo ves naturalezas muertas muy bien pintadas, pero nadie te ofrece de comer. Un menú no es de veras un banquete. Saber la fórmula del agua no va a saciar tu sed; deshojar la rosa y comprobar la inserción de los pétalos y del polen no te explicará sus innumerables párpados y su sencilla majestad perfumada. Adéntrate en la vida como si te adentraras en el amor. Esfuérzate con suavidad en comprender: el espeso zumbido de las abejas en la cúpula del árbol, el rumor del aire que se desgarra entre las ramas... El peligro de las palabras es muy grande. En apariencia, ellas son tu única fortuna, pero no es cierto. No te dejes hipnotizar ni embaucar por ellas, planea por encima, que no se interpongan entre la vida y tú, que no te deslumbren ni te cieguen ante la realidad. Porque las cosas no están ahí para que las traduzcas tú: no precisan que nadie lo haga, no necesitan traductores. La música no es la partitura. Las olas no son nada sin el mar...».

Había amanecido. Después del variado y admonitorio sueño, me dolía la cabeza. No era capaz de pensar. Me encontré sola, y lo estaba. Me asomé desde la azotea. El mundo acababa también de despertarse. Y era uno solo y siempre renovado y real y total. Y se mostraba en todo su fulgor. Lo sentí mío y yo me sentí suya. Sin necesidad de pensarlo ni expresarlo. Entonces fue cuando caí en la cuenta de que todo empezaba a estar bien. Y comprendí que el viaje me había otorgado aquello que buscaba... No siempre los sueños se evaporan cuando la luz del día sobreviene igual que se descorre una cortina.

El crucero, por el contrario, me extravió de mí. Hice mal en buscarme en medio de tal algarabía. Para sentirse sola de verdad, o sea, en el peor sentido, hay que estar rodeada de una muchedumbre. No me quiero acordar de la cena de gala la última noche en aquel barco... ¿Cómo darle, entre tantos escombros, su sentido a la vida?

Sin embargo, yo escribí en algún sitio que, con los escombros de una vida, puede construirse otra mejor. Era optimista entonces...

Ahora, no. Ahora sé que la meta más alta de cualquier creador es alcanzar la perfección del silencio... Entonces, ¿por qué no me callo, joder? Casi lo voy haciendo. Porque escribir es una forma, la más humilde y torpe, de hablar... ¡Pues deja de escribir de una vez! No puedo; de momento no he llegado a la perfección. Ni llegaré probablemente nunca... Quizá, al final, llegue ella a mí. Y entonces tiraré al agua estos necios e inservibles papeles.

¿Yo he sido joven alguna vez? No lo sé; quizá sólo impaciente. Los de ahora me dirían que no. Yo tuve que estudiarlos para mi tercera novela, y me asombraron. Porque dan por descontado que todo se les debe.

Mi madre, mi hermano y yo vivíamos en Málaga, en un pisillo que se caía a pedazos. No estaba lejos de la vieja Posada de la Victoria ni de la que llamaban Tribuna de los Pobres. Ese nombre la distinguía de la oficial, forrada de terciopelos, donde, en la calle Larios, veían los más ricos las procesiones de Semana Santa. La de los pobres era unas escaleras que subían, desde el nivel de la calle hasta la ribera del río: poca cosa, donde nos apretábamos para caber más. Aquél era un tiempo oscuro, que recuerdo a la vez con pena y una cierta añoranza, porque sabía lo que estaba obligada a hacer en cada hora del día. Por la tarde y la noche hasta cerrar, trabajaba en un bar próximo a la vivienda, donde atendía la barra y, cuando tenía un minuto libre, echaba una ojeada a los libros de estudio. Por las mañanas iba al instituto o, después, a la universidad. Dormía poco, porque de noche leía lo que habían escrito los importantes, repasaba los trabajos que los profesores nos marcaban, o escribía un poco a mi aire, como me saliera. Y me salía según lo que estuviese leyendo, claro está.

Mi vida no era un jardín de rosas, salvo por las espinas.

Luego he conocido a unos muchachos muy distintos de nosotros. Son los de ahora también. Sueñan con la juventud como un edén gratuito del que ellos no formaran parte; cuando despierten de ese sueño, ya no serán jóvenes. Mientras, simulan serlo; van vestidos de jóvenes y actúan como la sociedad de consumo los empuja a actuar: es decir, los chantajea y a la vez los anima a rebelarse contra ella. Para que su dinero irresponsable se lo gasten en trapos que ella, con sutil habilidad, les impone: a diferencia de lo que les sugieren los mayores, contra lo que los mercaderes los rebelan. Ya de niños jugaban a ser niños, imitando los modelos antinaturales que la televisión les proponía. Y ahora siguen igual. Crean, con un optimismo injustificado y una estúpida abnegación, un tipo de civilización que ellos no disfrutarán nunca, porque, aunque la consiguieran, al conseguirla ya serían mayores. Y además ese paraíso tampoco lo querrán quienes vengan después. Una labor estéril, entre el egoísmo y la generosidad, donde invertir la rebeldía que toda juventud ha de tener. Pero que los conduce a ser cuarentones pueriles, disfrazados de jóvenes y viviendo todavía a costa de sus padres. Son soñadores, sí, pero su sueño es una pesadilla. Son viejos antes de tiempo, pero descalifican y detestan a los mayores porque viven de ellos y porque no les brindan su *exigible oportunidad.* Y se quejan continuamente de que no les concedan lo que piden, ¡a ellos, que son el futuro! Mientras que los demás, que son el pasado, están para servirles y para hacerse perdonar. En nuestros países se obliga prácticamente a los jóvenes a hacer daño o a no hacer nada. Se les ofrece una mortificante mezcla de comodidad y de impotencia. Eso los castra. Y la impotencia los convence de que lo mejor es estarse mano sobre mano. Tal abandono duele; la comodidad los consuela, hasta cierto punto, de ese dolor: entrecierra sus ojos y los hunde. Porque el generoso rebelde se encontrará siempre más realizado que el conformista cínico. Aunque en el exterior no lo perciba. Yo observé lo que digo en mi hermano. Antes de que se fuera.

Hay muy pocos responsables que se preparen y aprendan con la humildad precisa. Por eso dan ganas de envenenarlos con su propio veneno: «¿Tú ya tienes veinticinco años? ¿Treinta? Hay quien tiene dieciocho, o sea, siete o doce anchos mares de diferencia... La suya sí que es la verdadera juventud». Y es que todos necesitan emborracharse con ese ambiguo elixir: el joven verdadero nunca se siente joven, sólo sabrá qué es serlo cuando ya no lo sea. De ahí que éstos, los falsos, los que *hacen* de jóvenes, carezcan de espontaneidad, que es la característica definitiva de su edad.

Creo que adoraría a los muchachos y a las muchachas si se sintiesen en serio desgraciados, si consultasen, si dudaran... Pero en escasísimos casos sucede así. La enorme mayoría de ellos están seguros. Y escupen. Allá ellos. Es difícil que yo haya contestado alguna de sus cartas... Porque no me escribieron.

La pureza, no en el sentido eclesial, es una condición de la juventud. No la nostalgia anticipada de la pureza, sino la pureza viva: ese empezar continuo, esa ansia de perfeccionamiento, esa insatisfacción perenne, ese equivocarse y corregirse, ese anhelo de volar... No; la mayoría no. No triunfan, pero imitan a ciegas a quienes ven, a ciegas, triunfar, de un modo falso: cantando, danzando, parloteando a lo loco en la televisión o pasando modelos o escandalizando, *que para eso son jóvenes*... Y, como no triunfan ni por ésas, se justifican: «Antes de triunfar en una sociedad como la que habéis hecho vosotros, preferiría morirme. Es tan fácil... Pero yo es que desprecio a quienes dan el triunfo». En consecuencia, el que logra su puesto y el que triunfa deben ser abatidos; el que tenga resuelto su problema con un trabajo serio debe ser desdeñado y escupido. ¿Juventud, divino tesoro? Esos jóvenes piensan que la victoria les es debida, que llegará y llamará a su puerta una mañana. Como un reembolso sin previa aportación. Sólo así lo aceptarían.

«¿Y qué hacíais los de antes?», pregunta alguno sin esperar respuesta. Estudiábamos, pasábamos fatigas, preparábamos oposiciones, estábamos aterrados. Pero con alegría, con desesperación y sin dinero y apretando los dientes. Con ilusión también. Así recuerdo yo aquellos años en una España atroz. Yo he sido rara para casi todo casi toda mi vida. Quizá he tenido que luchar tanto para afirmarme y decir *yo* que, cuando pude hacerlo, había perdido muchas ganas de afirmar cualquier cosa. Y llegó un momento en que lo que me redimía, lo que me reconfirmaba y me entusiasmaba era precisamente el éxito. Él me compensaba, sólo él, del trabajo anterior... Perdí mi rumbo

Yo también estaba equivocada. Lo estuve acaso siempre. Me acuerdo de un sueño que tuve de pequeña, y que se repetía aunque no con frecuencia. Yo avanzaba, minúscula, por un pasillo iluminado, en un teatro parecía o en un salón muy grande, rodeada de gente que se levantaba a mi paso y aplaudía. Yo iba inclinando a un lado y a otro la cabeza en señal de agradecimiento. Condescendiente y solemne a la vez. O eso creía. Entonces ignoraba que un niño es sólo la esperanza: no profetiza nada. Ni los sueños tampoco... La vida, para un niño, y quizá para todos, es una página en blanco, una posibilidad, un día vacío que se va haciendo a la medida de sus pasos. Se avanza, si se avanza, montando a dos caballos: uno que ya abandonas; otro, que aún no se deja dominar... Qué lío.

Entonces me gustaba sorprender. No era difícil en una casa como la mía y en un pueblo como aquél. Por ejemplo, cuando alguien me preguntaba la gilipollez de a quién quería más, si a papá o a mamá, yo contestaba con mucha seriedad: «Los lunes, miércoles y viernes, a papá; los martes, jueves y sábados, a mamá». «¿Y los domingos?» «El domingo es mi día libre.» De adolescente enriquecía aquella respuesta: «Los meses con erre, a mamá y al marisco; los sin erre, a papá y al buen tiempo». O «Los meses de treinta días, a uno; los de treinta y uno, al otro». «¿Y febrero?» «Febrero los dedico a ampliar la lista de los curiosos que preguntan a quién quiero más, si a papá o a mamá.» Y lo contestaba sin levantar la voz, con una disposición encantadora lejos de la menor impertinencia.

Y me acuerdo también, cuando dije por fin que quería ser escritora, del asustado asombro que desperté. Como si hubiera dicho que quería ser reina, o gobernadora de los Países Bajos o puta. Me dirigí a un profesional, conocido de todos, que admiraba. Tuve una respuesta convencional y desalentadora. Pero proseguí, con los puños cerrados, mis arbitrarias lecturas, mis escritos con letra muy pequeña para ahorrar. Lo hacía de noche; alrededor de la bombilla pálida revoloteaban los mosquitos, se golpeaban con ella, se quemaban, caían sobre las páginas... Me adormilaba a veces, y era sorprendida por mi madre que me echaba en cara el gasto de electricidad. «Total, ¿para qué?» Y salía, apagando la luz.

Yo, a mi modo torpe, pensaba otras veces que el gusto del trabajo está al alcance de cualquiera que consiga desarrollar cierta habilidad, la que él crea o intuya tener, sin exigir la ovación del universo. Ahí acertaba. Como un gusano de seda que trabaja dentro de su capullo. Porque esa compensación última procede no del respeto ni de la admiración de los demás, sino del ejercicio de una especie de vocación naciente. Lo mismo que el placer que obtiene un bailarín de su propia danza, aunque dance sin público... Claro, que otra cosa muy distinta es que también se sientan felices en su vida privada: quizá el despliegue de cualquier aptitud provenga de una carencia que duele en otra parte. No; quizá, no. Estoy segura. Ése era mi caso: el caso de la aislada en un desierto cuyos límites no están al alcance de sus ojos.

Fue entonces cuando apareció Gabriel Roelas. Me llevaba doce años. Era alto, guapo, refinado. Su delicada artificialidad, incluso su amaneramiento, me parecieron una forma de elegante distinción, tan opuesta al ambiente en que yo me desenvolvía. Su ciudad era Madrid, pero aparecía con frecuencia por Málaga. Su familia era de la *alta burguesía,* eso que se dice hasta cuando es mentira; cuando es mentira, más. Me chocó que apareciera en un bar modesto como en el que yo trabajaba. A él le chocó que, al otro lado de la barra, yo leyera sin parar. Se interesó, y yo le expliqué que estudiaba. «También escribo en mis ratos libres», agregué con una vanidad tontaina. «Me gustaría leer lo que haces.» Yo me encogí de hombros. «Volveré por aquí.»

La vez siguiente que lo vi fue en una conferencia que dio en la universidad. Su título era «Creación y comunicación». Me gustó mucho lo que dijo, cómo lo dijo y él. Al final me acerqué a darle mi enhorabuena.

–Soy la chica del bar. Estudio aquí y he pedido permiso para venir a oírlo. –Pretendía probarle la verdad de lo que le había dicho.

–¿Cómo te llamas? No me lo dijiste.

–Deyanira –respondí después de un balbuceo–. Deyanira Alarcón.

–¿Eres hija de Altea y de Eneo, o hija de Dionisos? Siempre he querido resolver esa duda.

–Soy, sobre todo, la mujer de Heracles –contesté echándome a reír. Él se rió también.

–No me solucionas la cuestión, pero en fin... Ya todo se andará.

Me enteré allí mismo de que Gabriel ocupaba un alto puesto en una editorial muy cotizada, Proteo. En la práctica, la dirigía él. Porque el dueño era famoso por su escasísima afición a los libros y su grandísima afición al dinero y a todo lo mediático. Y me dijeron también que por un misterio congénito: no entender ni una palabra de lo que se le decía.

Gabriel no tardó en aparecer por el bar con un muchacho de mi edad, de una educación diferente a la de él. Me produjo la sensación de que jugaba a ser amigo de lo popular y amigo mío. Era una hora mala para distraerse. No pude hablarle apenas. Regresaba a Madrid; tenía mucho interés en leer algo mío; me dio su dirección…

–Mándame algo. Cuanto más, mejor. Me gustaría ayudarte. Me has caído muy bien, y no sólo porque eres muy bonita… Gracias por haber ido a oírme el otro día. Adiós, mujer de Heracles… Ah, no te olvides de poner el remite. Y no trates de escaparte. Confío en ti.

Lo dijo con una sonrisa preciosa y levantando el índice y las cejas como en una advertencia de amistad.

Me costó mucho decidir lo que le mandaría. ¿Algo concreto y con unidad, o varias muestras de las cosas que hacía? Me pareció más representativo lo segundo: unos poemas en prosa, un cuento no muy largo, otro mucho más breve… Me dio tanta vergüenza que estuve a punto de romper el sobre. Pero mis condiciones no eran para desaprovechar ninguna ocasión, por muy improbable que fuera. La carta que acompañó al envío no podía ser más pretenciosa:

«Distinguido amigo: mi matrimonio con Heracles se efectuó cuando el héroe estaba ya de vuelta de casi todo. Había concluido sus doce trabajos, la expedición a Troya y las campañas del Peloponeso. Pero continuaba con demasiada fuerza. Tanta, que de un golpe mató al copero Eunomo, muy querido de Eneo, que quizá fue mi padre: usted decidirá. Fue perdonado, pero se sancionó a sí mismo expulsándose de Calidón, una ciudad hermosa. Nos dirigimos, él y yo, a Traquis. Al llegar al río Eveno, tropezamos con el centauro Neso, que atravesaba a la otra orilla a los viajeros por algo de dinero. Mientras me llevaba a mí encima, trató de violarme. Fue una bestialidad: al fin y al cabo era un centauro. Yo grité. Mi esposo se hizo cargo. Disparó su arco e hirió a Neso. Antes de morir, me hizo un regalo: me aconsejó que empapase en su sangre una túnica de Heracles; si un día me era infiel, con esa sangre que tenía la tela recuperaría yo su amor… Me engañaron, como siempre a mí, los dos: el centauro y el héroe. Gracias por el trabajo de leer mis bobadas. Respecto a ellas, le ruego que no me engañe usted. Un afectuoso saludo. Deyanira.»

Su respuesta llegó cuando apenas la esperaba ya. Era aún más corta de lo que imaginaba:

«Siento envidia del héroe. Volveré pronto. No me llames de usted. Gabriel Roelas.»

Poco después, un domingo, avanzada la primavera, fui con unos compañeros a la playa. Elegimos la de Torremolinos, aunque no fuera ya lo que había sido... No hubo en los sesenta una ciudad española que se le pareciese, y pocas en el mundo, en cuanto a discotecas, libertades y turistas deseosos de frivolidad y de otros entretenimientos: cada local era una pura fiesta, cada noche era una noche de sábado de gloria. A veces daba miedo andurrear por una calle cualquiera aun a pleno día. No a causa de lo que pudiera suceder o pudieran hacerte, no; miedo porque la gente con la que te cruzabas iba contagiando su misterio o absorta en él: un misterio insondable que, al parecer, nunca lograrías descubrir ni interpretar ni soportar siquiera... Y reían y jugueteaban y se empujaban unos a otros. Y tú estabas sola frente a ellos que ni te veían, o junto a ellos, o detrás de ellos, invisibles también detrás de su secreto. Era cuestión de drogas, no un milagro...

Aquel domingo paseábamos en bañador, despacio y entre risas. Ni lejos ni muy cerca, había un animado grupo masculino: unos muchachos rodeaban a un hombre, más atractivo que ellos para mí. Él hablaba y los otros reían a carcajadas. Se derramaba un sol tajante desde arriba, que no dejaba sitio a la menor sombra... Me detuve. O me detuvo la sorpresa. Volví a andar porque me reclamaron mis amigos e hice un esfuerzo... Aquel hombre de pequeño calzón rojo, de cuerpo atlético y elástico, guapo y escueto, era Gabriel. Me costó reconocerlo: la ropa formal y la luz artificial lo transformaban. Allí, al sol y desnudo, me pareció el más hermoso ser que había visto en mi vida. Él no reparó en mí.

Aquella noche acaricié mi cuerpo como me habría gustado

que él lo hiciera... Todos, generalizo para no escribir *yo*, en alguna oportunidad, estamos absolutamente convencidos de habernos enamorado. Hasta media hora después de dejar de estarlo, en ciertos casos. Pero enamorados para siempre: *Sub specie aeternitatis*, como diría la Iglesia, que es tan espectacular. Somos víctimas perfectas del portento y del éxtasis. Y lo peor es que nunca aprendemos que, en el amor, todos somos como entrenadores de un equipo de fútbol: si no hay buenos resultados, te echan sin previo aviso, incluso aunque los haya si es que esperan mejorarlos con otra. O con otro. Yo siempre me he considerado la mejor candidata para conseguir un amor maravilloso; pero salgo a la calle y sólo encuentro mierda para enamorarme, mierda a la que a menudo yo embellezco. Pero hay gente a la que la belleza se le da inútilmente, en lo que a mí respecta por lo menos. O quizá la aprovecha para sembrar un poco más de dolor en el mundo. Esa gente debería morirse y dejar de hacer daño. Los hijos de puta seres bellos... Nunca probé el amor que siempre he deseado. No estaré preparada. Lo que sí estoy es harta... Hasta ahora, por lo menos. Ahora debo callar... ¿O tienes la insolencia de seguir esperando? Ja, ja, ja.

Me interrumpí aquí y salí a respirar. Acabo de volver de la calle. He vuelto porque me preguntaba a cada paso qué camino seguir, por cuál extraviarme (que es lo que siempre me sucede), adónde llegar tan deprisa como voy siempre, qué conocer por vez primera, qué ver de Venecia una vez más... Soy tan libresca como desgraciada. Desdémona y Otelo –me iba diciendo– pudieron haber vivido en cualquier parte aquí, en cualquier casa. Pero lo que importa, de verdad, es cómo murieron y cuál fue su destino. Leí en Chéjov que la residencia de ella es una ingenua y melancólica casita de aire virginal, fina como un encaje, y tan liviana que parece sencillo levantarla con una sola mano... Siempre creí que Chéjov no gozaba de tan mala salud ni de tan buenas tragaderas. Para mí Venecia es una ciudad para ser repartida, pintada, reflejada, reproducida. Como una mujer a la que favorecen los espejos y los espectadores… La gente que anda como si danzara en los bocetos de Guardi; las cúpulas con cielos arreciados y enredados en nubes de Tiépolo; los ponientes y el otoño en Tintoretto, que a veces recurre a un turquesa no menos melancólico que yo; el lujo del verano, cuya luz interior traspasa todo y brilla en Veronés; la incomparable majestad, haya motivo o no, de Tiziano sobre todas las cosas, pero no sostenida por ellas sino cubriéndolas sin humillarlas; las luces nacaradas en los rostros de Giambellino; la espesa sangre cálida en los cuerpos del Giorgione… Está bien, para ya. No seas repipi. Me sucede siempre lo mismo, caiga en la cuenta o no. Para hablar sola doy demasiadas explicaciones.

Pero en este caso, me conduce la inercia. Es una ciudad nada ilusoria hecha para ilusionar. Hay que llegar a verla y largarse en seguida. Ninguna persona que no sea veneciana debe quedarse a vivir en Venecia; y los venecianos, si es que pueden, tampoco. Se trata de un juego pasajero que permanece siempre después de habernos ido nosotros para siempre. Cuánta desfachatez…

En el fondo, sólo los ingenuos y los limpios de corazón, esos que pueden ver a Dios, son los que perciben la ociosa, enfermiza y contagiosa tristeza de Venecia. Porque ella, hasta el moño de sí misma, no la enseña. A veces a mí me parece un inmenso cementerio flotante, sosteniendo los seculares muertos sobre el agua. Y a veces se convierte para mí –ya lo ha hecho– en la ciudad de la vida: despierta mis adormiladas fuerzas, me contagia… Y lo pintado se vuelve real, y los colores vibran y avanzan a empellones. Hay que formar parte de ella si quieres conseguirla. Como los sevillanos, que forman todos parte de su ballet flamenco o casi. Pero eso sólo sucede cuando una se enamora. Y yo no soy ya profesional de semejante esfuerzo. Puedo andar por las calles sin miedo ni esperanza. Veo a la gente como es: sin historias, sin los artificios que antes les añadía a todos, sin figuraciones ni halos ni sombras; tampoco soy pintora. Y la gente no es ya ni fea ni bonita. Ni extraordinaria ni insignificante. Todo ha vuelto a sus cauces normales, es decir, harapientos y sórdidos, de los que nunca debí sacar a nadie, *a nadie*. Sé muy bien lo que digo. Ahora, si fuese pintora, dios no lo quiera, sería Hopper, con sus aves nocturnas, sus personajes solitarios y fríos, sus golondrinas buscadoras de nido, sus fantasmas reencarnados sin gracia ni destino, quizá añorando el consuelo de unos ojos cerrados.

Por todas estas cosas, como es lógico, me he hartado de dar vueltas y me he vuelto. Se me olvidó comer, y tengo hambre. Bueno, bastante hambre. Y estoy contenta de no haber comido y de poder comer, tampoco mucho, cuando me dé y lo que me dé la real gana. A Venecia, ahora, que la folle un pez que tenga la boca fresca...

A ratos me pregunto si estoy escribiendo con entera libertad o no. Y a ratos me contesto que estoy escribiendo un mamotreto tétrico –qué lindo trabalenguas– en estas puercas libretas de menos de dos euros, y entonces me dan ganas de hacerlas trizas. Como siga pensándolo, lo haré. Porque lo último que querría es escribir un jodido libro. O simplemente algo que me sedujese... Porque qué satisfacción no corregir, no reflexionar, mandar a paseo lo previsto y hasta lo previsible, escribir lo que me salga del níspero como me salga del níspero, y dejarlo aquí escrito para siempre...

–¿Eres idiota? ¿Para siempre? Pero qué pretensiones tan insulsas... Y tan desaforadas.

Para unos cuantos días. Ahora, eso sí, sin una sola tachadura. En este instante me tienta, por ejemplo, describir un paisaje que vi en mi primer viaje, en mi único viaje, a Suiza. Pero sería demasiado extenso...

–Basta de tonterías, gullinera. ¿O es que estás tratando de evitar decir lo que debe ser dicho?

Eso, no. Pero sí me doy cuenta de que la angustia ha ido dejando su sitio a una especie de enfermiza desgana, de indiferencia convaleciente. El moribundo se levanta de cuando en cuando, pasea, mira fuera, observa los paisajes y los cambios de luz, nota las diferencias... Ha salido de sí. Imagina que, en otros sitios, continúan existiendo la confianza y la hermosura. La penumbra interior, que no proporcionaba un interés por nada, se ha aclarado. Ahora se posa en algo, en un tema o en alguna persona, para reflexionar distraídamente, sin mucho empeño... Las libretitas, por muy mal que las ponga, cumplen su oficio. Y yo el mío. Para fijarme, para reposar, para no estar del todo ausente, para hacer algo. Y, más que nada, para mirar afuera.

Gabriel fue a verme a los dos días. Esperó pacientemente a que el bar cerrara. Nos fuimos a tomar algo a otro sitio más fino. Él me llevaba del brazo.

–Escribes bien. Mucho mejor de lo que yo esperaba. –Fui a bajarme de la acera. Tiró fuerte de mí–. Déjate conducir... Yo te llevaré hasta donde tienes que estar.

Mi corazón latía de un modo que no sé cómo los que pasaban no se detenían al oírlo. Salimos frente a una puerta lateral de la catedral, *la Manquita*, entre naranjos.

–Voy a quedarme aquí más tiempo del que creía. Arregla tus cosas como puedas lo antes posible. Las que no puedas arreglar, déjamelas a mí. Cuando regrese, te vendrás tú conmigo. Yo hablaré con tu familia si la tienes. Hablaré con tus catedráticos para trasladar a Madrid la matrícula. Y hablaré contigo, para pedirte que te cases conmigo. –Siguió hablando un poco más en ese tono. Yo pensaba: «Esto es hacer las cosas exactamente al revés de lo que manda dios». Así salieron después como salieron–. ¿Tienes confianza en mí? –Incliné, afirmando, la cabeza–. ¿Me quieres un poquito? –Volví a hacer ese gesto. Él me apretó la cintura. Se hospedaba en el mejor hotel de Málaga...

¿Para qué decir más?

La verdad es que yo no había pensado nunca en casarme. Pertenecer a un hombre lo consideraba humillante. Constituía para mí una verdadera derrota, según lo que había visto a mi alrededor hasta entonces. Sucediera lo que sucediera en el matrimonio, de lo que no tenía una idea lo bastante clara. Yo quería ser admirada por lo mismo que admiraba a los hombres: por su libertad, su independencia y, sobre todo, su conocimiento del mundo y las consecuencias de todo eso. Pero la fuerza persuasiva del amor es enorme, aunque no sea correspondido: qué equivocada estaba entonces con tal planteamiento. Sin embargo, me consideré halagada y completa dentro del papel de celofán y el lazo, delicadamente bien atado, con el que Gabriel me envolvía. Sólo más tarde, demasiado tarde, comprendí que era fingido. Y a la vez entendí cómo me había supervalorado yo y qué poquito se necesitaba para deslumbrarme y dejarme ciega. Cuando recuperé la vista, ¿qué remedio quedaba?

Por una parte, yo era inflexible respecto a los demás y exigente conmigo. Por otra, paradójicamente, era de lágrima fácil, aunque procuraba ocultarlo. No me hacía llorar lo que tenía delante de los ojos, sino lo lejano, lo imaginado, lo que en realidad no me atañía: un cachorrillo abandonado al que necesitaba acariciar y llevarlo conmigo, la desgracia de alguna amiga, la escena trágica de una película que sabía ficticia o, al contrario, la escena cariñosa y dulzona de una familia que se amaba... Todo eso me obligaba a llorar con desconsuelo. Y, en esta inferioridad de condiciones, aspiraba vagamente a la felicidad, sin tener ni puta idea de lo que era como ya he demostrado. Y con la certidumbre de que jamás la alcanzaría.

Desde tiempo atrás había intuido, también entre veladuras, que lo que más deseaba era escribir sobre mi infelicidad continua: otra contradicción. Y una más: había circunstancias poco frecuentes y poco duraderas en que yo misma, a tontas y a locas, me consideraba feliz: una tarde hermosa y abierta de comienzos de primavera, un éxito en el colegio de huérfanos donde estudié, el repentino olvido de la estrechez y la oscuridad de mi familia, la sonrisa aprobatoria de alguien de clase superior (a quien acaso detestaba), la simple invitación a merendar de alguna compañera de la universidad que perteneciese a una buena familia... Durante muchos años, o así me parecía, mi vida había sido imaginaria, esnob, duplicada, soñada y añorada: falsa en definitiva. La realidad –yo lo sabía– era muy diferente; pero, cuanto más diferente, más me veía obligada a entregarme del todo a mi errónea realidad interior. De ahí que no pueda culpar a Gabriel totalmente de lo que sucedió.

La boda fue una ceremonia breve y casi secreta. La escasa parte de la cabeza de mi madre que aún regía se satisfizo. Mi hermano no estaba entonces en Málaga: aparecía y desaparecía, dependiente de quien lo acompañara. Gabriel era huérfano y lo escoltaban unos pocos amigos llegados de Madrid. Luego hicimos aquel pequeño viaje aquí a Venecia, y regresamos a la capital. Yo ignoraba antes, y seguí ignorando, qué habría de suceder en estas circunstancias. Me encontraba agasajada y aturdida. Todo lo consentí. Hasta el encuentro con una tía abuela de Gabriel, creo que su única familia, en Valladolid. Nos recibió con cortesía, más, con amabilidad. Y yo tuve la convicción de que la boca de aquella mujer era mucho más vieja que su sonrisa. Esa paradoja, sin saber por qué, me estremeció. Se trataba –me dije– de algo atrozmente irremediable. Como todo en mi vida. Y también lo acepté.

Como acepté la lejanía física de Gabriel, su desentendimiento de todo lo que no fuera interesarse por lo que yo escribía. Consideraba que acaso debería ser así; que en el matrimonio las efusiones físicas debían ir precedidas de largas privaciones... Al fin y al cabo, él ejercía fuera su profesión editorial y, junto a mí, su oficio de Pigmalión. ¿Cómo iba a imaginar entonces que un Pigmalión puede convertirse en el doctor Frankenstein? ¿Cómo explicarme la dualidad de míster Hyde y el doctor Jekyll? Es difícil llegar a convencerse de que una misma es una pobre anormal sin remedio... Hoy, para consolarme, me veo como Dido. Ella huyó de su hermano Pigmalión harta de sus tiranías. ¿Y qué fue para mí Gabriel sino un tirano que me formaba a su manera, y un hermano, no un marido, en cuanto a compañía? Dido huyó para fundar un reino en África. Y total, ¿qué más da un reino que una pensión mediocre aunque tranquila? ¿Qué más me da a mí Cartago que Venecia? En cualquier caso, los límites de Cartago los marcaron las tiras de un pellejo de buey; los de Venecia, el agua: la misma agua que tiene que engullir estos papeles.

Escribí, con cierta rapidez, mi primera novela. Gabriel acostumbraba leerla por encima de mi hombro mientras su mano lo oprimía. Nunca supe con claridad si eso me ayudaba o me irritaba. La titulé *La luna nueva* con su aplauso. Yo la encontraba sosa y sin alas, porque en realidad trataba de mi vida. Se desenvolvía a tropezones, como un relato parcial e inmotivado. Pero era eso lo que a mi marido le parecía literariamente original. Para mí era justo lo contrario, porque lo había vivido todos los años, día a día, y, por si fuera poco, con los ojos puestos en lo que habría deseado vivir y cómo. En definitiva, una intensidad interior, un anhelo, una tensión, un esplendor de oro y el reconocimiento general, envueltos –o liados– en un papel de estraza con manchas de una grasa barata.

–Esta novela, en la que tú no crees, te permitirá vivir lo que soñabas –me repetía Gabriel.

No fue así, no fue así. Tuvo éxito. Me dio algo de dinero. Bastante. De ahí no pasó… ¿Y qué esperaba yo?

Me quedé, con horror, embarazada. No estaba preparada ni en la imaginación: hasta eso no llegaba la mía. Fue un suplicio. No comprendía por qué lo más natural me resultaba tan espeluznante.

Supongo que precisamente por demasiado natural. La paternidad ratifica al hombre como individuo humano; la maternidad hace a la mujer naturaleza, especie, una hembra animal identificada con el resto de las hembras. Ella no se ha desarrollado tanto como el macho; es más débil que él, más dependiente; sobre todo en ese periodo de gestación, de lactancia, de cría... Cuánta vulnerabilidad, cuánto desvalimiento. Qué duración tan larga la invalidez del recién nacido: mucho mayor que en cualquier especie. Protegerlo, mantenerlo, amamantarlo –qué disparate–, fortalecerlo, educarlo casi toda la vida, para que sea superior al resto de los cachorros de las otras jaurías y las otras manadas... La madre que lo parió.

Por una parte, Gabriel me miraba de otro modo, más orgulloso de sí mismo que nunca, más exquisito en su trato, más alentador. Por otro lado, no se acercaba a mí más de lo imprescindible, o sea, nada, por no perjudicar al «nasciturus», como él lo designaba.

¿Qué conclusión sacaba yo de todo eso? Que por su pene de frecuencia escasa, su trabajo y su dinero, la mujer le debía al hombre sumisión, obediencia y respeto. Y también hijos, por si fuera poco. Vaya una colaboración tan desequilibrada. Así que una noche decidí abortar. Se lo dije, sin alboroto, a Gabriel. No me olvidaré nunca de la cara que puso. Los ojos se le llenaron de lágrimas. Miró hacia la mesa. Me apretó una mano...

No aborté. Pero me quedó una duda: cómo habría reaccionado Gabriel si le hubiese propuesto que él solito diese a luz al «nasciturus».

En vista de que «éramos pocos y parió la abuela», me leí todo lo que logré encontrar sobre embarazos y lactancias. Me empapé de los mejores consejos. Me desentendí de todo lo demás: del mundo y de sus vanidades. Comencé una especie de vacaciones pagadas por la empresa. Y, como la tonta del bote que soy, me eché a soñar: cuando tenía alguna molestia, cuando me despertaba de noche (a mí soñar dormida no me gusta), cuando intentaba leer algo que no tuviera que ver con lo que me traía entre manos y se me iba el santo al cielo... Todo se me volvía mirarme la barriga como si fuera el cofre del tesoro. Y me la acariciaba con una ternura que nunca había podido imaginar... Jamás creí que una náusea, un estúpido antojo, una aversión a las alcachofas que siempre me habían chiflado, me hicieran disfrutar tanto. No tomaba café, no, no bebía alcohol, ni fumaba. Gabriel me decía que no fuese tan puritana, que me diera algún capricho... Qué cara de cemento: un caprichito. No quería pensar que por el caprichito suyo de no parecer homosexual estaba yo en aquellas condiciones... Ahora, encantada; pero al principio, cuando se me ocurría consolarme pensando que era bisexual, echaba las patas por alto y me decía: «No, señora cabrona, es bisexual de una manera demasiado intermitente para ser verdadera. Lo de una vez al año no hace daño se inventó para otras cosas...».

Pero yo, a lo mío. A que mi «nasciturus», porque era sólo mío, fuese normal aunque yo no lo hubiera sido nunca. Completamente normal: con sus veinte deditos y sus uñitas y sus pestañas grandes... Y que no fuese raro, como somos casi todos. Ni celíaco: menuda me entró a mí con la celiaquía. Y que tuviese grande su colita. Y que me mirase, aunque al principio no me viese, como si yo fuera lo más grande del mundo. Ya casi lo era, porque me puse enorme: mi niño iba a ser un hombrón. Ni por un momento se me ocurrió pensar que fuese niña. ¿Una niña mi niño? ¡Vamos, anda!

Había días que se me hacían eternos. Y meses que, pensados, no me dejaban ni un recuerdo. O sea, estaba trastornada. Felizmente yo soy así. ¿Lo he escrito ya? Soy una mujer reflexiva: cuando tengo una idea, me echo a temblar. Y, si la idea es buena, me odio. Pero mi «nasciturus» era más que una idea: era mi mundo entero. Alguna mañana me obsesionaba algo: que el parto fuera mal, que Gabriel metiese las narices en lo que no era suyo, que mi niño tuviera algún defecto... Eso no: mi niño iba a ser dios. Y nació como dicen que dios, al final de un diciembre. Yo era y sigo siendo fuerte. El parto fue normal: una barbaridad que te cagas, sin cesáreas ni leches... Y, después de llorar como es debido, se echó a reír mi hijo. Y el cielo se reía... Suelen decir los tontos médicos que las primeras sonrisas de un recién nacido ocurren mientras duermen y son «meras descargas cerebrales sin contenido emocional». Cómo se ve que no han tenido hijos. Sólo ser madre de un cachorro humano no puede compararse con ninguna otra cosa en este mundo. Cuando, pasados unos días, mi niño sonreía después de darle el pecho, y me miraba saciado y contento, se inauguraba la creación entera. Cuando a partir de la tercera semana, me conocía y me miraba y cogía con su manita un dedo mío, yo era dueña del sol y de la luna. Él era yo de otra manera; más bonita, más lograda, más segura. Mi mejor obra yo ya sabía cuál era. Y mi niño también. Todo nuestro alrededor se iluminaba cuando él abría los ojos y me buscaba con ellos, fruncida la boquita en la sonrisa más adorable que pueda una persona imaginarse... ¿Y la risa? Yo había leído que consiste en la contracción simultánea de quince músculos de la cara acompañada de respiraciones espasmódicas y de sonidos entrecortados irreprimibles... Qué fría irracionalidad... La risa de mi niño era el amanecer. Un amanecer que se estrenaba cada vez para mí.

Se llamó Hilo, como el hijo mayor de Deyanira y Heracles: lo normal en un caso como el mío. Durante tres meses mamó, durmió, se despertó para quererme, para buscarme, para estar más seguro...

Una noche de principios de abril me lo encontré muerto en la cuna. Una muerte súbita, una apnea... Me desmayé de dolor, sin gritar. Porque era absolutamente mío: lo único mío. Mi corazón era capaz de sentir el amor más que una madre cualquiera. Supongo que eso les pasa a todas, y es verdad. Porque, como cuando la muerte de mi padre, supe que una parte de mí definitivamente se había muerto con él. De Asun Morales no quedaba nada. Y comencé a mirar a Gabriel con otros ojos. Unos ojos que, todavía me pregunto por qué, empezaron entonces a ver todo más claro. Y, cuando escribo *todo*, quiero decir *absolutamente todo*.

Para eso no se necesitaba ser demasiado aguda. Yo no tenía amigas íntimas. Salíamos poco juntos, y donde Gabriel quería llevarme. Yo vivía entre los libros y mi hijo. Al desaparecer el niño, tuve algún tiempo libre, y miré alrededor... Fue una larga convalecencia sin curación posible, entre el desentendimiento y la apatía. La certeza de que no volvería nunca a ser yo misma. De que yo, la verdadera, había muerto también. No lo puedo explicar ni aun hoy, después de quince años, de un modo comprensible.

Abrí los ojos y vino el total desengaño. Suele haber un momento en el camino en el que, al parecer, todo es posible y el camino te lleva. No se trata de una elección tuya, sino de que tú eres elegida. La vida era un juego, y tú has ganado. Es la edad de la inocencia, que no depende de los años: cierta inocencia en un flotante Edén... Después llega el Ángel, con la espada de fuego y la expulsión del sueño a patadas. Y es inútil negarse a cumplir años, a envejecer, a ser una infeliz timada... Quizá siempre sea así. Por eso Peter Pan y sus mariconadas me han dado siempre asco. Aun antes de que todo sucediera.

Gabriel era homosexual: se acabaron las cataplasmas. Yo había oído hablar de los homosexuales en la literatura y en toda clase de artes. A los auténticos los conocía más o menos, sobre todo a los clásicos. Pero había otros que se consideraban, sin ningún motivo más, artistas de nacimiento. Tan sólo por el hecho de ser distintos, les parecía ser maravillosos. Como si *la Movida* no se hubiese acabado por fortuna. Entonces los escaparatistas pasaron a ser altos pintores jaleados por otros como ellos: los del buen gusto, los que combinaban bien las blusas con las faldas. Qué repugnancia. Qué pobretería... Gabriel no era de ésos. Pero se juntaba con ésos en lugares que yo no conocía. Sólo pensarlo me revolvía las tripas.

Recuerdo, por entonces, una escena algo teatral en la presentación de un libro. Yo me había sentado, como solía, en una de las últimas filas con un par de amigos. Vi cómo alguien de la casa presentaba, con no disimulado entusiasmo, a Gabriel, como editor, a un desconocido recién llegado a Madrid. Luego se separaron y permanecieron, uno casi enfrente del otro, apoyados en la pared, con los brazos cruzados en una postura idéntica. El salón estaba a rebosar. El chico recién llegado era muy guapo… Observé, desentendida de lo que pasaba en el estrado, que los dos se miraban con profundidad y frecuencia. Desde los rincones opuestos que en el ring ocupaban, los puños eran los ojos; los guantes, las miradas. Muchas veces, y ésa era una, me habría gustado ser corta de vista como Ana Karenina… Pasaron unos minutos. Ambos a la vez se despegaron de las paredes y se dirigieron a la entrada. Dejé de verlos. Pero supe dónde iban. Los imaginé entrando en los aseos uno tras otro, me habría jugado la vida… Y no para esnifar ni chupar, ni sorber, ni meterse coca sino cola… Quizá fue entonces cuando dentro de mí comenzó a aparecer *la belle Dame sans merci.*

Un anónimo detallado y veraz, quizá una venganza, me abrió de golpe la puerta del secreto cuarto de Barba Azul, que ya no era secreto para nadie. Y lo asombroso es que no me asombró ni me deshizo, como si algo en mí, en lo más hondo, estuviese hecho ya a ese maltrato desde antes, desde siempre. Recuerdo que, sentada, con las manos cruzadas sobre la falda, de las que se había caído al suelo la carta sin firma, mi imaginación se echó a volar.

Heracles, antes que Deyanira, tuvo varias mujeres. Algunas de ellas terminaron a manos del héroe, invadido con frecuencia por ataques de locura furiosa que le provocaban los dioses enemigos y que alguna vez le ayudaron a cumplir sus doce legendarios trabajos. Después de completarlos, libre de la servidumbre de Euristeo, no regresó a Tebas. Mégara, su esposa, en vista de eso, se casó con Yolao, y él se dirigió a Ecalia, donde Éurito el rey había prometido su hija a quien en una prueba de arco lo venciese a él y a sus hijos. Venció Heracles; pero temiendo Éurito, por los antecedentes, las consecuencias de la locura del héroe en su hija, se negó a entregársela. Heracles se fue jurando venganza y se llevó consigo las yeguas del rey... Y siguió con sus fuerzas desencadenadas, ataque tras ataque de locura. Hasta que decidió consultar a los dioses. Pidió a Heleo, rey de Piros, que lo purificara, pero él se negó. Deifobo, rey de Amieles, trató de ayudarlo, pero en vano. En Delfos ya, la Pitia no le dio respuesta alguna, y el héroe, encolerizado, se apoderó del trípode de los oráculos para establecer en otro lugar su propio templo. Apolo descendió a luchar contra él, y Zeus tuvo, con su rayo, que separar a los rivales. Heracles recibió un mensaje del dios: debía venderse él mismo como esclavo por tres años, entregando su precio a los parientes de Ífito, el príncipe de Ecalia, único que había creído en él y negado el robo de las yeguas y le había buscado y encontrado para librarle de la acusación. A ese príncipe bondadoso, Heracles se lo llevó a su palacio de Tirinto y allí lo asesinó arrojándolo desde la muralla...

Yo meditaba sin quererlo en los vaivenes de los grandes, en el desamor de los grandes, en la locura de cualquier clase de los grandes...

El héroe fue vendido por Hermes a Onfalia, reina de Lidia. Y pasaba los días vestido de mujer, constelado de pulseras y collares, hilando y cardando la lana para complacer, con su aspecto y quehaceres femeninos, a su mujer, que se había adueñado de la piel del león de Nerea que Heracles vestía, así como de su arco y de sus flechas... Pero debió acometer hazañas nuevas, que liberaran de asedios y amenazas al reino de Lidia. Y así, entre eso y la hartura de Onfalia, Heracles recibió la libertad y fue devuelto a su patria convertido en varón verdadero, por dentro y por fuera, curado ya de su locura... Aunque siguió su propia estela de fuerza, de destrucción y muertes... Hasta que dio con Deyanira, y Deyanira con Neso y con su sangre. Cuando los dos llegaron a Traquis, después de sus guerras en Tesalia, Heracles dejó a Deyanira y fue contra Ecalia, cuyo rey le había negado años atrás injustamente a su hija. Se llamaba Yola. Derrotó, con un ejército de locrios, malios y arcadios, a Éurito, tomó la ciudad, se apoderó de Yola y se la llevó como concubina. Agradecido por su nueva victoria y su nueva compañía, quiso erigirle a su padre Zeus un altar en el cabo Ceneo. Envió un heraldo a Traquis para que le trajera una túnica apropiada a la ceremonia de consagración. Todo estaba previsto por los dioses. Deyanira vio llegar al mensajero con la nueva compañera de su marido e impregnó la túnica solicitada con el supuesto filtro de amor que le diera el centauro. Pero la sangre de éste se había mezclado con el veneno de la Hidra de Lerna, inoculado por el flechazo de Heracles. Tan pronto como vistió la túnica, sintió que su piel se abrasaba y vio cómo se arrancaba pedazos de su carne en los intentos de librarse de ella. Entre sufrimientos, sobrehumanos como él, regresó a Traquis. Deyanira, al caer en la cuenta del engaño de Neso, se ahorcó. No hay bien que no termine mal. Y quizá viceversa. Heracles subió al monte Ena, acompañado de Hilo, su hijo de Deyanira, y le ordenó construir una gran hoguera. Ningún criado quiso encender el fuego. Aceptó Filoctetes, y en pago recibió el arco y las flechas invencibles... El fuego destruyó el cuerpo mortal del héroe, mientras una nube ocultaba la pira y un gran trueno hizo oír la voz de Zeus... El héroe había, por fin, entrado en la inmortalidad. En el Olimpo fue adoptado por Hera, la gran diosa, y se casó con Hebe, para vivir ya eternamente entre los inmortales...

Después de esos inútiles recuerdos, me levanté despacio. Encendí una vela. Quemé el detallado texto del anónimo. Pero no olvidé ni una sola palabra de lo que me advertía, que yo había presentido negándomelo a la vez. En apariencia todo siguió lo mismo entre Gabriel y yo. Nuestras relaciones se redujeron estrictamente a lo profesional. Él me aconsejaba y me editaba; yo, en principio, era la que salía ganando. Y concedí, con los ojos cerrados, ambientes inequívocos subversivos y total libertad. Para evitar el expreso conocimiento de lo que no estaba dispuesta a conocer.

En contra de la homosexualidad no tengo nada. Tampoco antes del otro día con Bianca. Sé que no es una enfermedad, ni un vicio, ni un pecado. Para mí es una forma de ser y de sentir, quizá no el sexo sólo. Que la sociedad la acepte y la respete o no, depende de la sociedad y de su desarrollo, o quizá de su conveniencia. Y también de la Iglesia, que calla sólo cuando le afecta. Es como el onanismo, por ejemplo. Nadie con dos dedos de frente, incluidos los moralistas y teólogos, puede tener en cuenta la adversa opinión pública sobre una peculiaridad sicológica o física. Da igual que sea la homosexualidad, o los ojos celestes. Y menos aún, una peculiaridad continua y recurrente en la historia del hombre (en el amplio sentido, incluyo a la mujer), natural y educativa para algunos pueblos, y compatible con un temperamento común y sano en la mayoría de los casos. Y, si no lo es en todos, se debe precisamente a las presiones ajenas a él que sobre él se ejercen. ¿Quién es nadie para diferenciar, y hasta contraponer, un *amor natural* a un *vicio vulgar y repugnante*? ¿Lo que fue saludable para Grecia se ha transformado en una patología? Los siquiatras han metido en esto, por lo general, la cuchara y la pata hasta el pescuezo. ¿Cómo diagnosticar de enfermedad la emoción que dominó a los mejores hombres y más nobles de Grecia o del Renacimiento, de quienes somos sucesores indignos? Quien abrió la lucha en la literatura fue Walt Whitman, una especie de mesías que habla a sus camaradas de *Cálamos*, y también un ingenuo creyente en la salvación por la poesía.

Tengo conmigo, porque los llevo siempre para recordarme cuál debe ser mi comportamiento, versos de él:

«Ya sin rubor (pues en este lugar retirado puedo expresarme como no me atrevería en otra parte), / bajo el peso de una vida recatada y que, no obstante, encierra todo lo demás, / resuelto a no cantar hoy día otros cantos que los de la adhesión viril, / los proyectos a lo largo de esta vida sustancial, / dejo como herencia los tipos de amor atlético, / en esta tarde de este delicioso septiembre de mi año cuadragésimo primero, / empiezo, para todos aquellos que son jóvenes, o lo han sido, / a revelar el secreto de mis noches y de mis días, / a celebrar la necesidad de los camaradas...

»¿Quién es aquel que quiere ser mi discípulo amado?
»¿Quién quiere inscribirse como candidato a mi afecto?

»Tendrías que abandonar toda la teoría pasada de tu vida y toda la conformidad con las vidas que te rodean, / ensayaremos furtivamente en algún bosque, / o detrás de un peñasco, al aire libre / (pues en la habitación techada de una casa yo no me muestro, ni en compañía, / y en las bibliotecas permanezco mudo como un bausán, o como si aún no hubiese nacido, o como un muerto), / pero quizá a ti te sobre una alta colina, habiéndome asegurado antes de que ninguna persona iba a sorprendernos, / o acaso a ti en el mar, o en la playa del mar, o en una isla tranquila, / te permitiré posar tus labios en los míos, / con el largo beso del camarada o con el beso del nuevo esposo, / porque yo soy el nuevo esposo y soy el camarada. / O, si tú quieres, me insinuaré bajo tu traje, / y sentiré los latidos de tu corazón o descansaré sobre tu cadera. / Llévame contigo cuando partas, por tierra o por mar; / porque me basta tocarte, / porque así, tocándote, podría dormirme dulcemente y ser llevado por toda la eternidad.»

Y me encanta cuando Whitman, tan hermoso, tan viejo, tan puro y tan ingenuo, hace su proclamación para la democracia, una especie de *american dream:*

«Vamos, haré este continente indisoluble, / haré la raza más espléndida sobre la que el sol haya brillado jamás, / haré países divinos y magnéticos, / con el amor de los camaradas, / con el amor de toda la vida de los camaradas. / Plantaré la unión, tan apretada como los árboles, a lo largo de los ríos de / América, a lo largo de las riberas de los grandes lagos y en todas las praderas, / haré ciudades inseparables que se echarán los brazos mutuamente alrededor del cuello, / gracias al amor de los camaradas, / gracias al amor viril de los camaradas. / Para ti brotan de mí estos cantos, oh, Democracia, para servirte, *ma femme.* / Y para ti, para ti modulo estos cantos.»

Gabriel, más apocado y cobarde que Whitman, estuvo bajo una silenciosa sospecha –a cuya ligereza y silencio no era yo ajena– mucho tiempo. Hasta que, coincidiendo con la publicación de *Los comensales*, un espacio desvergonzado de televisión lo descubrió con una acusación a la que acompañaban unas grabaciones en distintos lugares con distintos muchachos. Esa salida a empujones del armario fue ignorada por él. Siempre afirmó que no tenía por qué hacer pública una intimidad personal, que ni lo definía, ni lo unía o lo separaba del resto. Él no era, ante todo ni sobre todo, homosexual. Si lo fuese, lo sería por debajo de todo lo demás, es decir, por lo que sí era conocido y público. No tenía por qué sentirse, en todo caso, no ya inferior sino ni siquiera distinto... Eran otros tiempos ya muy diferentes. Las ideas se habían apresurado a cambiar con admirable velocidad.

–¿Por qué se casó entonces con Deyanira Alarcón?

–Para no tener que hablar con usted de ese tema. Para que me dejaran en paz. Para evitar las sucias complicidades y los sucios chantajes...

Lo que no dijo nunca es que se había casado conmigo por amor. Eso es en lo único que me sentía estafada. Fue la ficción mantenida, no que él fuera homosexual, lo que me dolió. Probablemente, sin ser engañada, también me habría casado con él. Yo era la menos perjudicada en el acuerdo. Y además ya he dicho que la costumbre de la autosexualidad se había instalado, amplia y cómodamente, entre mis piernas: excelentes trabajos manuales de artesanía pura.

Todo esto no quiere decir que no haya tenido amantes esporádicos. De cualquier sexo, no nos engañemos. Incluso del tercero, por eso puedo hablar tan mal de él. Pero ésa es otra historia: quizá de chicha y nabo… Por el momento, la homosexualidad, masculina o femenina, perseguida o aceptada, resignada o activista, ha llenado de gloria la literatura. Y, más todavía, ha hecho por la unión y el entendimiento de las clases sociales, bastante más que las Constituciones de todos los países. Los soldados, los marineros, los obreros que se han acostado con intelectuales, en el peor de los casos han levantado puentes que ninguna estúpida persecución, religiosa o política, ha podido ni construir ni destruir. Los ambientes reservados, los parques, los bares y tabernas, los urinarios públicos, los cabarets (lo mismo que, en la Inglaterra victoriana, los jóvenes empleados de correos) han apretado lazos menos efímeros de lo que les conviene creer a los escrupulosos que se la menean de verdad con papel de fumar. Por descontado, siempre habrá mamones que afirmen que es esa supresión de las barreras sociales, más que la homosexualidad en sí, lo que amenaza el orden público. Yo, con mi camarera Bianca, por ejemplo. ¡Antiguallas, pardillos, burras viejas! Si esos subnormales supieran por dónde nos pasamos nosotros el orden público… Ha sido ese contacto con las clases obreras, a través del sexo y sus anchos suburbios, y el consecuente conocimiento de una forma de vida lo que ha fortalecido los vínculos de muchos intelectuales con la izquierda. El sexo no sirve sólo para follar, mamarrachos pudibundos, que no os habéis corrido como dios manda nunca… Ni yo tampoco, es cierto.

Claro que aún hay recalcitrantes que ven no un avance sino

un terrible retroceso en la normalización de la homosexualidad. A ellos les deseo, no como una venganza ni una maldición, sino como una experiencia enriquecedora, que tengan una hija o un hijo homosexuales. Y que aprendan que no hay un solo modo de vivir ese hecho. Lo peor de todo es lo que, con sus persecuciones, tales empecinados han conseguido... Ahora les toca sacrificarse a ellos. Y aprender que lo que ellos llaman respetabilidad o decoro no consiste en abolir una forma de sexualidad ni en exigir secreto o discreción: consiste en hacer respetable lo que cada corazón siente. Porque cada persona tiene una actitud propia al descubrir y al ejercer su derecho al sexo, entre mayores de edad, cualquiera sea la dirección en la que él la empuje. No respetar esta normalidad es precisamente la manera de suscitar todas las *anormalidades*, esas que tanto escandalizan a los burguesitos, tan dignos siempre de ser epatados y tan propensos a ello. Que les den por el saco a todos de una vez.

Desaparecidas en cuanto a los derechos humanos, en teoría al menos, las diferencias de hombres y mujeres son cada vez más tenues: en posición social o legal, en actitudes e incluso los científicos modernos aseguran que hasta en el físico. Es un asunto que me pirra. Un estudio recién iniciado, del que tengo noticias verbales, que versa sobre el cuerpo femenino, asegura que nosotras tenemos próstata y que eyaculamos. Me alegra, porque el traído y llevado punto G se sitúa muy próximo a la próstata. De ahí lo placentero de ser homosexual pasivo o mujer que recibe por la puerta de atrás. Las consuetudinarias, que no se hagan ilusiones: su búsqueda, o la de su compañero, de ese punto no será fructífera. Esto lo ha revelado una técnica ecográfica de vanguardia, la ultrasonografía perineal de alta definición y un examen a fondo de la uretra femenina con un endoscopio. Y también las muestras de las eyaculaciones masturbatorias comparadas con la orina obtenida antes de la actividad sexual... Toma del frasco.

Tales cosas pueden parecer una solemne porquería. En especial a las señoritingas mojigatas que no tengan interés en pasarlo mejor.

Aunque quizá yo sea una de ellas, mira qué sino tengo. Una noche, en el guateque de presentación de un libro (el libro era malo y el guateque también), noté que deseaba aproximarse a mí un hombre. No era particularmente ni guapo ni feo: era un hombre, y ya está. Llegué a acostarme con él y fue un fracaso. Quizá porque yo pienso demasiado, aunque cada vez menos. No soy una beldad, lo sé, aunque alguien lo haya dicho: un cursi. Pero ¿por qué la mujer tiene que esforzarse en ser condescendiente y agradable con su pareja masculina? ¿Para cobrar? Yo nunca he cobrado: en dinero, quiero decir. No entiendo esa perra de la comunión, tan efímera, que se exige a los gestos –también sólo a los gestos– del amor. Una cosa es el sentimiento y otra la mecánica. Yo me veo desde el techo, en frío, acostada con un señor más o menos conocido, y regurgito, por no decir que me voy de vareta. ¿Será por ser escritora o por mirar demasiado? Espero que fuese por eso, porque ya he dejado de serlo y de mirar. Y he comprendido que siempre fui una mujer más o menos corriente, como el resto, de tipo medio en todo, a la que la vida hizo concebir ciertas ilusiones. Sólo ilusiones. Y sin saber muy bien de qué ni para qué. Es, precisamente ahora que veo esto más claro, cuando menos ganas tengo de averiguarlo.

Y el resultado es que mi corazón carece de referencias. Sé que me contradigo de cuando en cuando. Pero ¿qué puede importar en estos papeles clandestinos? Tengo un corazón que no ha sido, ni piensa ser ya, de nadie. Ni es duro, ni siquiera endurecido de antemano. Yo más bien creo que es suave y agradable, comprensivo y abierto. Pero que no se mueve por nada en concreto; que estuvo siempre asomado a su ventana para acechar cuanto pasaba por delante. Y contarlo después: mal, de acuerdo, ¿qué le vamos a hacer? Ya no es hora de pedir el libro de reclamaciones, ni creo que exista tal libro en parte alguna. De lo único de que es hora es de callarse y apechugar con las consecuencias. En realidad, supongo que muchos habrán pensado de mí que era una puta reprimida. Una señorita de provincias con una evidente vocación de puta, que, ante cualquier abandono, se tapa con la sábana del burdel hasta la barbilla. Y eso es hacer trampa y dislocar la lógica. Una puta tiene que serlo por la piel y por el coño y por el alcohol y los deseos. No se es puta de verdad como recurso –no es buen recurso–: es una profesión a la que hay que entregarse, como a un sacerdocio, en cuerpo y alma, con una absoluta integridad. Y odiar a las aficionadas que desarrollan una competencia desleal, a las bien casadas que se acuestan con sus maridos porque las mantienen o les regalan deportivos o abrigos de chinchilla, y a las malcasadas que quieren probar de vez en cuando a qué sabe la polla de un hombre cualquiera... Hoy, ahora, pienso que, como escritora de refilón, yo he sido esa puta tramposa que hace pajas sin afición, esa puta delicada que escribía unas tontas experiencias inútiles por falsas, blandas y como de puntillas. Toda experiencia lánguida, sea de lo que sea, hay que tirarla al cubo de la zorra basura. No al de la orgánica; al de los vidrios rotos.

Antes de concluir por hoy, debo dejar clarísima una cosa: lo que más detesto de este apestoso mundo es la melancolía. Soy propensa a ella. Mucho más que a la mala educación.

Hasta qué punto necesitaba estar sola, vagar por una ciudad rarísima donde ni conozco a nadie ni nadie me conoce. (Para ser precisa, ahora conozco a dos o tres personas que son maravillosas, pero ajenas a mi interior: que conste que lo digo a favor de ellas.) Qué necesidad tengo yo de hablarme y responderme a mí misma con el relativo respeto que creo merecer. Qué necesidad tenía de dejar de divertir a mis escasos lectores; de dejar de estar pendiente de sus infundados veredictos; de cagarme en la opinión de los críticos, que carecen de la menor noción de lo que sea crear, y en su mediocridad fraudulenta y autolaureada de negarme a crear, porque ahora resulta que lo más importante, lo único importante era vivir, y pienso que no puedo –ahí está el punto trascendente– vivir sin crear, sin padecer esa efusión de sangre viva que ha de ser la creación. Pero he sido curada, como la hemorroísa del Evangelio... Cuánto me gustaba de niña ese milagro y el nombre de esa enfermedad.

–¿Quién me ha tocado? –preguntó Jesús.

–Señor, tienes alrededor una multitud, ¿y lo preguntas? –dijo Simón Pedro.

–Es que de mí ha salido gracia.

Y una pobre mujer, intimidada y temblequeante, que era hemorroísa (yo de niña creía que se trataba de una profesión, como sacerdotisa, o algo más importante), es decir, que padecía flujo de sangre, se acercó acusándose.

–Vete, tu fe te ha curado.

O sea, que el señor Jesús le había curado las almorranas a una infeliz a la que tenían hecha polvo.

Mi efusión de sangre era de otro tipo menos ordinario; pero también me la han curado. Ahora me he impuesto yo, porque lo decidió mi pan de higo, la exigencia de reflexionar sobre mi vergüenza y mi desesperación. Quizá exagero, como suelo, con esas palabrotas. Pero lo cierto es que siento la exigencia de estar sola con los ojos cerrados, aunque de vez en cuando los abra para no descalabrarme en esta ciudad tan extravagante y mal organizada. Sé que todo ser humano está, en su fondo y siempre, solo. Yo, en efecto, lo he estado y sigo estándolo. Pero ahora lo que necesito es *sentirme sola.* No tengo manos para escribir ni para acariciar. No tengo ojos para ver, ni oídos para oír, ni labios para hablar. Sólo tengo puños para tapar los siete pozos que se abren en mi cabeza como en la de la Storni, que se suicidó de una forma tan distinguida: no en vano era argentina.

Quizá por eso vine, sin querer, empujada, a Venecia. Porque, si yo fuese mendiga, la última ciudad en la que viviría es ésta, tan pomposa, tan empingorotada. Aquí vienen, ahora por lo menos, personas poco ardientes, las que llegan para sacarse fotos delante del pasado. Aquí no existe la solidaridad, por eso sigo aquí; sólo existe el negocio. Los mendigos aquí, si es que no han muerto todos, no son dueños de nada, menos aún que las palomas: ni del aire, ni del tornasol inasequible de los colores, ni siquiera del frío o de la lluvia que los empapa. Y mucho menos, de la belleza que crearon los poderosos para inmortalizarla, a Venecia me refiero, casi de pronto, en otro tiempo pasado ya definitivamente hasta para sus hijos, no digamos para sus tataranietos... Ahora aquí sólo hay gentes que se retratan y se van. Y yo no estoy aquí para retratarme. Ni siquiera para encontrar quien me retrate; nunca fui fotogénica: tengo a mano las pruebas. He venido, sin quererlo además, lo juro, para encontrarme yo. Qué buena puntería al elegir: con lo sencillita que es Venecia...

El otro día asistí, casi de casualidad, a un concierto en una iglesia. Era Vivaldi, el fraile pelirrojo, el que sonaba. Y, yo creo que de gusto, comenzaron a sonarme las tripas. Bajé los ojos: no me interesaba saber la opinión de los que estaban cerca. Y de repente dejé de pensar. Entró la música en mí, y yo también entré. Ella me sustituyó todo. Me convertí en música... Creo que tuve un orgasmo. O la ilusión de uno. Todo es ilusión, en realidad. Y todo ayuda a que todo sea ilusión. El amor, por ejemplo, ayuda a soñar; pero yo no estoy dispuesta a soñar más... ¿Y el tiempo? Es una ilusión convencional en cuya medida nos hemos puesto bastante de acuerdo: una hora menos en Canarias; pero es una ilusión muy larga. Cuando pasa más de lo conveniente, lo borra todo: no hay ya ni justicias ni injusticias, ni hay dichas ni dolores, ni bueno ni malo, ni amor ni desamor... Sólo queda una extensión vacía. No hay mutaciones, no hay nada que esperar... Eso es lo que ahora siento, lo que ahora sé con toda garantía que no viene de mí sino de fuera, de lo inhumano, de lo sobrehumano como la música... Y me noto aliviada: ya no tengo que soportar el peso que yo misma me había echado encima. Pero he dicho aliviada, no curada. ¿Cuánto durará mi tratamiento para curarme de la literatura? ¿Haré mal caligrafiando esta cochambre de cuadernos? ¿Podré volver a Madrid? ¿Cuándo? La luz de Madrid no es como ésta. Aquélla es neutral, no interviene, es de una plata inmóvil que refleja los tonos exactos de las cosas: no engaña a nadie; no inventa espejismos; muestra el mundo como es, sin adornarlo ni desacreditarlo. Por eso Murillo, aunque sevillano lo mismo que Velázquez, fue a Madrid pero por poco tiempo: lo desconcertó su luz, y se volvió a Sevilla.

–La luz de aquí –decía– es dorada, cálida, humana, toma partido en todo, se mete en las cuencas de los ojos, debajo de los pómulos, suaviza las miradas, embellece las telas, glorifica los cacharros de cerámica, hace levitar a las figuras de los santos... Con la luz de Madrid yo no podía pintar: no me ayudaba; ella no colabora. Está allí quieta, como si nada fuera con ella... No sé de qué manera Diego Velázquez puede pintar allí.

Murillo había expuesto con exactitud todas las razones por las que Velázquez se fue a Madrid a pintar, y se quedó. Pero yo no soy pintora. No tengo ninguna prisa por volver.

Sé que estoy esquivando contar lo que mi vida ha sido: se tire por donde se tire, un glorioso fracaso. Yo comencé escribiendo novelas casi pastoriles, dulces, amables y amadas en estricto sentido, comunes por decirlo de alguna manera. Escritas, por tanto, para quienes las leen. Eran libros ya con destinatario fijo... Y un mal día sentí una urgencia: la necesidad de contar lo que veía, lo que había visto, lo que imaginaba que iba a ver. Porque yo vivía como una burguesita y me desenvolvía entre jardincitos y chalés adosados y encantadoras urbanizaciones y familias oficialmente decentes y sedadas. No conocía seres violentos ni necesitados ni hambrientos ni parados: me los figuraba, pero con tonos leves, con matices acordes. Si llamaban a mi puerta, no era yo quien abría. Mi Pigmalión Roelas me indicaba caminos que no eran viacrucis, que no hablaban de penas hondas y verdaderas y negras y mortales. Era de penas finas de lo que hablaban...

Todo fue muy deprisa. Miré de verdad, no dentro de mí como acostumbro sino fuera. Y vi el mundo, el horror del mundo, el egoísmo infinito de los poderosos, el ciego crimen de los plutócratas, el de los políticos que dan una mínima pincelada para que en el resto del cuadro nada cambie... Sentí un escalofrío que aún me dura. Los intelectuales, los artistas, los profesionales de cualquier clase que conocía yo, estaban a lo suyo, trabajaban con la indiferente generosidad que da el bienestar, el trato con la belleza y con la inteligencia. No eran malvados, no eran criminales, no eran responsables más que por omisión. Igual que lo era yo... Desgarrarse de ese mundo lleva a la violencia, a la absoluta rebeldía, a la incontenible hemorragia de toda la sangre derramada... Y entonces sí fui la hemorroísa.

Yo no tenía a nadie a quien rendirle cuentas. ¿No lo tenía? Sí, sí lo tenía: lo había tenido. Por eso, libre y rebelde y puta, me fui a mi pueblo, Alhaurín el Grande, en la falda norte de la Sierra de Mijas más o menos. Ya he escrito aquí sobre mi regreso. Allí escribí, bajo el runrún de las abejas y la burla de los mirlos, de un tirón, muy largo pero único, *Los comensales.*

Gabriel, cuando leyó la novela, se opuso a publicarla. Por mi bien. Quiso que yo la suavizase, que la amariconara, que le diese algún colorido... Me negué. ¿Es que no había nadie a quien señalar con el dedo, tuviese o no tuviese buena voluntad? ¿No había políticos, grandes industriales, dictadores, constructores, banqueros, generales, periodistas, canallas? ¿A nadie tenía que echarse en cara lo más mínimo? ¿Nadie era culpable del abismo que yo había intuido desde lejos, sin mirarlo, sin olerlo conscientemente siquiera, y que me había convertido de pronto en una persona distinta, o quizá en la que ya había sido? ¿Nadie se encontraba responsable, en su medida, del desorden, de la maldad, de las desigualdades infinitas, de la diabólica perversión del mundo? ¿Toda la gente era igual que fui yo sin enterarme? Sí, y lo seguiría siendo. Tal convencimiento me paralizó, y luego me empujó a decir lo que me había olvidado de decir: la trágica verdad. Ya no hubo para mí, como si hubiese entrado en trance, sola en el pueblo donde nací, ni patria ni ideales; veía nada más un escenario, frío y bien dispuesto, para que los comensales prepararan sus carnicerías con el pretexto de imponer y conservar y aumentar en lo posible su orden, su dinero, sus próximos abusos y festines... Nadie acusaba a nadie. O quizá sí, unos cuantos locos y arrinconados, santos mártires cuyas voces quedaban abrumadas y desatendidas ante miles y miles de revistas, económicas o de lujo o de sexo o de modas ridículas; ante miles de periódicos, de discursos, de leyes, de sesiones y parlamentos que preparaban sus beneficios y olvidaban, entre subterfugios y descaros y crímenes, a quienes no iban a sentarse a comer en mesa alguna; ante inventos que podrían enriquecer a todos y eran utilizados en su desprestigio, como la televisión y toda la ambigua y anestesiante retahíla.

–¿No te das cuenta de que tu libro es una superficialidad más, que ni siquiera va a ser comprado ni leído? ¿No te das cuenta de que nada de lo que acusas va a desaparecer, y nada a lo que aspiras va a cumplirse? ¿De dónde viene ahora este desmadre? Es como si nunca te hubiera conocido...

–No me extraña. Ni quisiera me conocía yo misma.

–Por eso ignoras que los ideales no están ahí para que los logremos, sino tan sólo para que los miremos. Quizá para que nos iluminen...

–Una vez que se han visto, hay que hablar de ellos.

–Eres como una niña.

–Sí, una niña que sabe mucho para su edad. Que sabe lo que hasta ahora no veía: que no puede suprimir la muerte; que no puede mejorar la vida. Ésa es la razón por la que tengo que contarla a quien la quiera oír. Qué impotente me siento... Pero, contra este mundo de mierda que hemos hecho, todo vale por pequeño que sea. Su destrucción, lo primero. Las ONG sólo sirven para tranquilizar las conciencias de unos pocos. Y hasta a veces ellas son utilizadas en favor de quienes las inventan. Cuando los terrores de la Guerra Fría, uno de los bloques, o los dos, ¿no hubieran destruido cuanto había? Pues nada se ha arreglado y nadie aprendió nada: que se deshaga todo en el aire, que ya es hora. Por mí... Ya no me es posible escribir de otra cosa que de quienes anteponen su dinero a las vidas ajenas; sus comodidades, a la supervivencia de los más pobres; sus dividendos, a los hijos de los africanos, de los sudamericanos hambrientos; las religiones melindrosas, a las injusticias; sus estúpidos dioses, a quienes están al alcance de su mano; su deseo de poder, a todo... Ya me lo he preguntado de vez en cuando: escribir un libro asqueroso contra un mundo asqueroso ¿es todo lo que se puede hacer? ¿Vale acaso la pena? Sí, la vale. Es demasiado poco, pero es lo que está en mi mano. Si en mi mano tuviera una fisión atómica que destruyera el mal, la emplearía. Estoy segura de que la emplearía... Pero no tengo otra arma que ésta.

Así hablamos Gabriel y yo: él, de literatura; yo, de otra cosa. Ya era nuestra costumbre. Me lo repitió él, precisamente él, y yo ya lo sabía:

–Eres una burguesa a la que no ha ido bien en su vida privada. Por eso quieres mirar hacia otro lado. Ahora te declaras enemiga de las explotaciones y de las tiranías, pero tienes dinero en un banco y acciones en algunas empresas...

–Quédate tú con todo. No creo que se necesite tanto para seguir hablando cuando se ha comenzado. Ya no podría refugiarme, sin remordimiento, en la guarida que me amparó hasta ahora. No me puedo seguir engañando con los ojos abiertos. Me he traicionado sin saberlo. –Lo miré fijamente–. Y, sin saberlo, me han traicionado.

–Te veo tan trascendente como una Estatua de la Libertad, que para nada sirve. Te falta un poco de humorismo, Deyanira. Hasta a tu nombre le falta sentido del humor, de la medida y de la realidad.

–¿Hasta ahora no te habías dado cuenta? A ti también te falta alguna cosa... –Bajó los ojos.

–Puedes hacer lo que quieras. Publicar lo que quieras... Pero tendrás que atenerte a las consecuencias.

Y eso fue lo que sucedió. Al libro se lo ignoró completamente. Era la salida de tono de una escritora de segunda fila. No hubo expositores para él en las librerías; ninguna crítica en ninguna revista conocida; la editorial lo presentó, como de tapadillo, en una reunión de amigos que miraban para otro lado sin saber de qué hablar... «Pero ¿qué se ha creído esta buena señora?»

He escrito la palabra fracaso; pero tengo que aclarar que no fue ni mío ni del libro: fue de una sociedad, vendida y comprada, que se hacía y se seguiría haciendo, como siempre, la sorda y la ciega y la muda para todo lo que puede atentar (en mi caso, muy poco) contra sus instalaciones invencibles. Renuncié a ella y aquí estoy por casualidad, como una condenada, en la ciudad más parecida a ella, más lujosa, más invencible, menos compartida, al mismo tiempo decadente y perenne. En la ciudad más parecida a mí: erguida pero derrotada; llena de santos, de iglesias, de devociones, de palacios y antiguallas olvidada de la *Muerte en Venecia* de Mann, que fue por cierto un tío pelmazo, que no se atrevió a decir, ni al final, que le gustaba cierto camarero; donde los turistas viven momentos inolvidables, que olvidan a la vuelta de la esquina, cuando dejan de contemplar las lunas de miel ajenas, tan imaginarias como las suyas, tan pasajeras e inventadas como la fruición de los demás, que les parece a veces contagiosa y es pegajosa sólo. Vomitaría ahora mismo si pudiera. Vomitaría todo lo que he comido en cuarenta años.

No quiero ocultarme que mi desesperanza en el género humano fue muy grande. Tanto que traté de suicidarme –sí, ¿qué le vamos a hacer?–, aunque no mucho por lo visto. El infeliz Gabriel, que no había comprendido nada, se metió conmigo en el cuarto de baño donde me había encerrado, cuya puerta me negué a abrirle y él abrió de una sola patada.

–No seas niña, Deyanira. Compréndelo. Yo te comprendo a ti. Te sientes frustrada por el revés que yo te anticipé. Te sientes como un nadador galardonado que ve cómo otro, de otra nacionalidad, avanza por la piscina olímpica, invencible, soberbio, inalterable, ganador permanente de todos... –Se esforzaba en vendarme una muñeca. Se había negado, a ruegos míos y por mi bien, a llamar a urgencias–. Te queda el consuelo enorme de que tu libro es un libro de culto, no un bestseller.

–Sabes que estás mintiendo.

–Contra esta inmundicia de mundo que hemos hecho, todo vale: la destrucción también, quizá la destrucción sobre todo; pero no se destruye con una novela. *El Quijote* hizo reír de las novelas de caballería (no ha sido ése tu método), pero se siguieron leyendo hasta que se tomaron de verdad a broma por pasadas de moda. Las ONG –aunque no todas ni siempre, ¿eh?– sólo sirven para tranquilizar las conciencias de unos cuantos, bueno, incluso para llenar los bolsillos de otros... Bien; pero seamos sensatos, Deyanira, por mucho que nos cueste. ¿Serviría de algo que yo reconociera, por ejemplo, o que yo publicara mi manera de sentir el sexo o el amor? Cuando la Guerra Fría, los dos bloques estuvieron a punto de destruir el mundo, tienes razón. Pero sólo razón... Esperemos que se deshaga en el aire; todavía queda la posibilidad. Pero también queda tu vida: no la destruyas tú. ¿Por qué? Porque ya no es posible escribir de otra cosa que de quienes anteponen su dinero y su tranquilidad a las vidas ajenas, me dirás tú; su comodidad, a la supervivencia de los pobres, de los no comensales, de los no invitados; sus dividendos, a los hijos de los negros de África; su religión de pantomima, a toda la injusticia que está ahí y que chorrea sangre; y su deseo de poder, a todo...

Me eché a llorar, desalentada y débil. Me eché a llorar, inútil, porque él era el que tenía razón. Luego, balbucí:

–He escrito una historia repelente y sin fuerza contra un mundo repelente que tiene la fuerza entera.

–¿Eso era todo? No, no vale la pena, Deyanira. Es demasiado poco. Un libro, ¿qué es? Casi nada. A todo el mundo le ha pasado algo así. A todo el mundo le ha naufragado una esperanza. Escribe otro cuanto antes. Esto, lo nuestro –yo lo miré a los ojos, él los bajó otra vez–, me refiero a la literatura, no es una carrera frente al público sino con el público: precisamente es con él con el que tenemos que contar... Tú ahora crees que no vale la pena seguir viva; pero después de echarle la culpa a todo el mundo.

Estaba vacía, desconcertada. Dudaba si Gabriel no había entendido ni una sola palabra de mi desvalimiento, o era yo la que confundía mi soberbia con la generosidad, mi desesperación con la maldad congénita del ser humano... Y todo esto, sentada en un retrete, con las manos extendidas, y con un hombre, que era mi marido, sentado en la bañera, tratando de hacerme razonar sobre algo que no era el tema del que yo hubiese hablado, y vendándome los dos cortes, poco profundos, que me había dado por una causa diferente a él, al libro, a las vendas y, desde luego, al retrete.

Me dio un mareo. Me apoyé en la cisterna y cerré los ojos. No sé si lo que voy a escribir ahora lo pensé yo o se lo oí decir a Gabriel. Creo que lo decía él, pero en voz baja, cerca de mi oído.

–Tú progresabas en tu trabajo y ahora crees que todo se ha venido a tierra. Trabajabas y gozabas a la vez, que es lo que debe suceder, e imponías respeto en aquellos que te interesaban, es decir, tenías poder sobre el pensamiento y la emoción de otros. ¿Y era eso lo único que te ataba a la vida? Una obra, ninguna obra, ¿comprendes?, está hecha para darle felicidad a quien la emprende y la concluye, sino para hacerlo quizá menos infeliz. Porque la fuerza del autor es su sensibilidad, que es lo que lo convierte en un buen transmisor. Pero demasiada sensibilidad es ya un desvalimiento... Por eso los científicos son más dichosos que los artistas y también más sencillos; aunque lo poético y lo científico partan de una misma salida: una interrogación, una oscuridad. Sin embargo, nosotros dependemos de demasiados enanos filisteos. Si les haces caso, te vuelves una cínica. Y nadie es feliz siéndolo: el respeto a uno mismo es la primera premisa de la felicidad. Yo aspiré a ser mi propio jefe, pero uno no puede ser del todo su propio crítico ni sus propios lectores. Hablo de lo exteriorizado ya, porque el autor, de antemano, ha de criticar su obra antes de darla a los demás... ¿Te acuerdas de una tarde en que leímos juntos una frase de Plinio el Joven? «Difícil empresa es presentar con novedad cosas antiguas, dar autoridad a las modernas, interés a las pasadas, claridad a las oscuras, amenidad a las fastidiosas y fe a las equívocas.» ¿Lo recuerdas? Nos reímos con una risa nerviosa, porque comprendimos los esfuerzos, tantas veces inútiles e insuficientes, que necesitamos hacer por los lectores... Pero los seres inesperados y los desconcertantes son los que tienen siempre los triunfos en la mano. Tú eres una de ellos, Deyanira.

Volví en mí. Me recuerdo replicándole vagamente:

–Nada pasará en este mundo, ni en el otro si lo hay, que no creo, porque yo deje de escribir. Incluso, a pesar de las cartas de mis lectores de otros libros, nada habría pasado si yo no hubiese escrito ninguno. O si no hubiese ni siquiera nacido... Por eso soy yo la que tengo que decidir, no los lectores, lo que deseo hacer... Vivimos poco tiempo, y en un rincón de la tierra muy pequeño. Hay quien siente por eso más curiosidad, y hay quien por eso decide desentenderse de todo, o echarse a dormir o a morir y mandar la vida a tomar viento fresco.

–Ya estás mejor, lo noto. –Sonreía–. Pero tienes que retorcer todo tu interés y dirigirlo hacia fuera. Nuestros éxitos o nuestras faltas de éxito no importan tanto. Se puede sobrevivir incluso a las grandes penas, a las verdaderas penas. –¿En qué pensaba?– El tiempo las va borrando e igualándolo todo... ¿Qué le importamos de verdad al mundo?

No me interesé por lo que él sintiera, por lo que parecía temblarle en los labios. Pensé un segundo en Hilo... Ahora sería... Reaccioné:

–Pero a mí él sí me importa. Yo me importo.

–Piensa en algo que te trascienda, en algo superior...

–¿Qué hay superior a lo que tú pones sobre ti misma?

–Tienes una crisis. Descansa, abúrrete, olvida... Probablemente dentro de ti hay otras causas que no ves, alguna que se solapa y que se esconde. Quizá un problema emocional del que quieres huir por medio del trabajo... Quizá yo mismo.

Lo admiré, porque se ponía a tiro.

–No me compadezcas, Gabriel. No me ayudes. No me vengas ahora con paños calientes... No hay tal problema... Ya, por lo menos, no: tú lo sabes. El problema es la frustración en el trabajo. Porque el trabajo era mi forma de sobrevivir al sufrimiento.

–¿Y la frustración de tu vida? –Lo miré con toda la intensidad que pude, en vez de preguntarle por la de la suya. Él continuó sin inmutarse–. Enfréntate a tu miedo, Deyanira. O a tu vacío. Con los ojos abiertos. No trates de ocultártelo. No pienses en otros problemas más lejanos a ti. Da la batalla, pero racionalmente. Con calma y concentración... Acabarás de perder el interés por ese miedo y dejarás de pensar en él. La valentía siempre estuvo de tu parte. Ármala con la indiferencia ante la opinión ajena: es lo que más hiere al público y hará por castigarla porque no la considera respetable. El *respetable* siempre es él, o eso se cree. Enfrentarse de veras a él es lo que más daño le hace.

–El fracaso me está mirando de hito en hito. Creo que es mejor no hacer nada que hacer daño.

–Pues aplícate el cuento: no hagas nada. Ahora mismo todo lo sucedido, todo tu apasionamiento lo estás volcando hacia tu interior y haces que gire en torno a ti. Has sido siempre igual: una egocéntrica. –Sonreía con cierta ternura–. Y, por tanto, una infeliz... El temor al futuro, o a admitir la realidad, o la equivocación, por ejemplo, o la envidia, a la que tú no eres susceptible, o el sentimiento de culpa y la autocompasión y la autoadmiración... –Lo interrumpí.

–Lo sé, son el peligro. Pero no sé si el amor, lo que tú y yo podemos llamar así sin ponernos de acuerdo, tiene que ser egoísta, o puede serlo al menos. Lo que no tiene por qué ser es abnegado... Desear que el amado sea feliz, sí; pero no a costa de dejar de serlo yo. O no siempre... Creo que ha llegado mi momento.

–¿Tu momento de elegir, o de ser feliz?

–El de ser feliz no se elige.

–El de morir tampoco –dijo tomando en sus manos mis muñecas vendadas.

–Hablamos, yo por lo menos, del momento de elegir.

–¿Te acuerdas de lo que escribió Flaubert a George Sand?

–George Sand era justo lo contrario de Madame Bovary. Entre otras cosas, porque era un travestido. La vida de Emma Bovary era tan fría como un granero con ventanas al norte. Cuántas veces me habré preguntado yo, como la Bovary: «Dios mío, ¿para qué me he casado?».

–Ahora sí que eres mi Deyanira. ¿Recuerdas ya la frase? *«L'homme c'est rien, l'oeuvre c'est tout.»*

–Lo de hombre se lo decía para halagar a Aurora Dupin, que vestía de macho de la época... menos cuando se lo prestaba a Chopin.

–Ahora ya estás recuperada totalmente. –Hizo su gesto habitual de tocarse las cejas y se echó a reír–. Has recuperado tu lenguaje soez. Y en él te apoyas. Es tu momento: ¡Elige!

–Nunca se nos da a escoger, para morir, entre un carcaj y una guadaña. Ni siquiera entre unos u otros carcajes y unas u otras guadañas. –Hice una pequeña pausa mientras trataba de incorporarme–. Un Pigmalión tiene que tener éxito, ¿verdad? Si no, no se justifica ante sí mismo. Si fracasa, no es Pigmalión, es Frankenstein, y eso tú no te lo puedes permitir. –Gabriel se echó a reír de nuevo, pero esta vez sin ganas–. Cuando nos casamos, tú me llevabas doce años; ahora yo te llevo a ti cien.

A pesar del piropo, esta vez Gabriel no se rió. Nos habíamos puesto en pie. Me sostenía por la cintura. Nos miramos fijamente. Fue la última vez que lo hicimos. Al día siguiente yo salía camino del crucero. Había elegido ya.

Es como un axioma: una mujer siente envidia, por algo, de todas las demás; un hombre, sólo de sus colegas. Yo he sentido bien cerca la respiración jadeante del rechazo de las mujeres, y son las que más leen. Me he sentido víctima –y no creo exagerar, y aunque exagere lo he sentido– de todas las injusticias y agravios. Yo soy mi propia medida y el blanco de los otros. Desde que era niña hasta ahora, alguien podrá decirme que lo imagino. Y si yo lo imagino, ¿no soy yo misma quien lo sufre? Sé lo que me diría en este momento Gabriel: «Empezaste a pensar que nadie te quería. Y, al final, a fuerza de tenacidad, lo conseguiste.» Y también sé lo que le respondería yo: «Sí, y tú fuiste el primero... También me envidiarían estar ahora en Venecia. Y ves ya cómo estoy: a la pura fuerza. Preferiría quizá estar en Sicilia... Y me aburro. ¿No me dijiste tú que me aburriera?... Sin duda me encontraría mejor escribiendo, que a lo mejor es lo mío, y lo hago mejor que las demás». Gabriel concluiría: «En efecto», y soltaría una estupenda carcajada.

No estoy nada convencida de hacer bien escribiendo así. De hacerme bien, quiero decir. ¿Será que soy retórica en el peor sentido? ¿A qué viene todo esto de la envidia? Es lo normal: la envidia siempre acompaña al éxito. ¿Hay que ser Napoleón para no percibirlo? No, Napoleón envidió a César, y César a Alejandro, que envidió a Aquiles como Aquiles a Heracles... Menudo era el complejo de Aquiles, el de los pies ligeros. Su insatisfacción consigo mismo lo obligaba a obtener siempre la victoria; si no, se echaba a llorar. Siempre en la cuerda floja: ni hombre del todo ni dios del todo; ni moreno ni rubio; enamorado de Patroclo y acostándose con Briseida; el de los pies ligeros y el mejor corredor, pero adelantado por la tortuga...

¿Es que no somos nadie? No, no acoger pensamientos inútiles. Si uno se abraza a la plenitud con todas sus fuerzas, se transforma en envidiable. Hay que evitar las comparaciones, las que son de verdad odiosas. O mejor, arrumbarlas. No pensar en la buena suerte ajena. Disfrutar con el trabajo hecho o el inventado. Ningún pavo real envidia la cola abierta de otro, porque cree que la suya es la mejor. La modestia forzada es peligrosa, más aún que la soberbia sin justificación. No es malo tener buena opinión de sí misma. Lo malo es la envidia disfrazada de moralidad: acaba por cortarle la cabeza a los que sobresalen. Ése fue el consejo que el superior de su convento, sin palabras, le dio a Ramiro el Monje, y lo mandó a reinar: con una hoz, mientras paseaban meditando, cortó las espigas que sobresalían de las demás en el trigal... Y la cosa acabó en la Campana de Huesca: una gran degollina de nobles...

¿Y no te quedará a ti un rescoldo de envidia, Deyanira Alarcón? Una envidia que, con pinta de profesional, sea sexual más bien. ¿Te imaginas con un hombre completo, hecho y derecho, que te atravesara con su espada, con hijos inteligentes, parecidos a ti, yendo hacia delante y hacia arriba? En todos los campos del alma si es que existe, o lo que sea, influye la felicidad de los instintos, y también la felicidad instintiva, que son cosas distintas. Antes la gente envidiaba a sus vecinos próximos porque no conocía a nadie más. Ahora se conoce a todas las mujeres, valgan o no la pena, y todas son odiadas y por eso nace la telemarranada, donde todas se igualan, o eso creen, porque se les otorga el poder aparente de juzgar... Qué sinuosa te has puesto, Deyanira.

Los odios entre razas, clases, profesiones, etc., no provienen de las propagandas (también podría propagarse la amistad universal), sino de la propensión del corazón y de la mente humanos. Todos estamos insatisfechos, creemos que nos toca siempre la peor parte, nos vemos mal retribuidos y otros acaparan, según nuestro entender, los mejores y los mayores bienes. Todo podría ser perfeccionado: ésa es una afirmación muy cierta. ¿Por qué, entonces, no desarrollamos, lo mismo que nuestro cerebro, nuestra sensibilidad y nuestra largueza de ánimo? Eso es lo que yo proponía en *Los comensales,* carajo. Quien tenía razón en todo ese enredo de la guerra de Troya y de lo que siguió era un simple muchacho, Telémaco, que le dice la verdad más rotunda a su madre Penélope, nada menos que en *La Odisea:* «El mayor éxito ante un auditorio siempre le corresponde no al mejor, sino al más nuevo de los cantos». Qué buena lección para ser aprovechada. No fue mi caso. En cuanto al éxito por lo menos.

Pero algo en mí sí ha cambiado… «Aprovecha el nuevo canto de Venecia, Deyanira, mentecata», me digo. Y hazlo tuyo, aunque no se lo cantes a nadie más. ¿O es que ya no eres tú? Mira, proyéctate, investiga, deslúmbrate si sabes, mójate en su agua sucia. No te hagas la introvertida ni la desinteresada, no te pongas más moños. Dentro de lo que cabe, que no es mucho, Gabriel tiene razón. Por poco que te fascine Venecia, siempre será más esplendorosa que la que veas tú dentro de ti… Hija, coño, enriquécete. Sal de ti, asómate. No seas antigua ni mesurada ni gazmoña. No seas canadiense, no seas de Oklahoma. Ese desinterés que te esfuerzas en sentir es de mema. ¿Qué quieres, olvidar? Pues bebe, leche, bebe. Agárrate una turca y salvarás por lo menos el día de hoy, y acaso el de mañana, porque la resaca no te dejará pensar… Y si no quieres emborracharte, porque ni a eso has aprendido, busca a las dos camareritas cariñosas. Observa a tu alrededor: algo habrá que te llame la atención. Salvo que quieras, lista, hacer deportes de alto riesgo o aprender chino o pugilatos de natación. Acuérdate de la vieja, caquéctica en apariencia, que ganaba todos los largos en la piscina del crucero. «¿Ha sido usted profesional? ¿Ha sido olímpica?» –le preguntaban–. Y ella contestaba siempre, sin sonreír siquiera: «No. He sido, en Venecia, puta a domicilio». Pues selo tú también. Pero apasionadamente, tonta del culo, apasionadamente. Igual que si te da por ser lesbiana en ejercicio...

No has arreglado el mundo, ¿eh? Tampoco él lo esperaba ni te esperaba a ti... Aquí puedes ser *natural:* qué pocas veces en la vida has tenido ocasión. No te digo que te pongas a cantar y a bailar verdiales en una calle estrecha, porque te detendrían; ni a llorar a lágrima viva sentada en un bordillo, porque, con suerte, formarías un charco, o quizá un corro. Incluso a lo mejor –piénsatelo bien– todo eso podrías hacerlo en esta ciudad mejor que en cualquier otra... Cultiva lo que ya has olvidado y era tu motor diésel: el entusiasmo, el endiosamiento. Agárrate a un clavo ardiendo si es que no quieres escribir. Agárrate a cualquier motivo. A los atardeceres, pongo por caso: aquí los hay preciosos... O quítate la vida ahora mismo, tía pesada, si es eso lo que quieres y si tienes cojones para hacerlo sin nadie cerca que lo impida... Ya está bien de matracas. No sigas más sin ver ni oír ni hablar como una mona china, con la cabeza metida bajo el ala o el brazo, o dentro de un agujero igual que un avestruz, que cree que no la ven porque la que no ve es ella. Ya pasaron los tiempos en que el desinterés era elogiable y la indiferencia por la vida una elegancia fría. El enardecimiento –y eso es lo tuyo, no te engañes– es incompatible con las buenas maneras, que tú nunca tuviste además, y con la falta de curiosidad y de pasión. Ha habido muchos y muchas idiotas antes de ahora: no engroses tú la lista. No cultives la mezquindad, sino la longanimidad (vaya, qué palabrota, parece un embutido). No tomes nota, o lo finjas, para más libritos... Si escribes en estos cuadernillos de todo a cien, no es más que para conocerte y levantar cabeza. Entrégate a la vida y, si sale con barba, San Antón, y si no, la Purísima Concepción. (Ah, y ten cuidado con las frases hechas. Hubo muchos deficientes mentales que te reprobaban el usarlas. Como si no formasen parte de la lengua y no fuesen una concisa ilustración de lo que se habla. Más que en otro, en un idioma como el tuyo, que siempre, bien usado, dice bastante más de lo que quieres. Quienes no las emplean es porque las ignoran, porque ignoran los vericuetos del habla en que se mueven y no entienden el bosque bravío del lenguaje, que huele bien y araña al mismo tiempo.) ¡Qué rebién me ha quedado!

Así me gustas, como Asun. Entrégate y se te entregarán todos. Quiero decir los que a ti te interesan. Al principio, con precaución; luego, a lo loco. Deja esa impresión angustiosa de andar sobre estos ríos, que aquí llaman canales, encima de una tabla que aquí la llaman puente. Ten de nuevo confianza en ti; si no, no la tendrás en nadie. La seguridad propia siempre te la producirá el afecto recibido más que el dado. ¿No tuviste las pruebas? ¿O es que echas de menos aún el aplauso de quien no conocías ni te conocía a ti, la difusa fidelidad de los lectores, las palmaditas en la mano y los besitos del editor gordinflas, las cartas que apenas entreveías? Nada te devolverá, o te inaugurará, una seguridad mayor que el cariño gratuito de unos cuantos. Merécetelo ya, o inmólate, petarda, y que te den absolutamente por el culo. ¿Es que no están levantando aquí de nuevo La Fenice? ¡Menuda leccioncita!

Hoy he recibido una carta de Gabriel. Lo conozco y soy capaz de recitar, sin leerla, lo que dice. No la voy a leer. Ni a tirarla siquiera: aquí se queda. Agradezco que se haya tomado el trabajo de encontrar mi dirección, aunque me sorprende que la haya conseguido, porque nunca ha usado ni ordenador ni móvil. ¿O soy yo la que nunca los ha usado? A partir de la agencia de viajes, de la compañía aérea, de algún chivato, consular o no...

Venecia es una mujer chismosa y presumida. Ya la conozco un poco. Cuanto antes tengo que hacer constar aquí cómo ha sido mi primera excursión. Ha influido tanto en mí que ahora, con esta carta delante, todavía siento su influencia... Tengo que serme sincera. La toco, la acaricio, imagino el hermoso cuerpo bien cuajado de Gabriel, sus manos largas y sabias del principio, sus muslos fuertes, el delicado vello de su pubis, su vientre liso, su extremada falta de caderas... Me excita recordar las pocas veces que he hecho el amor con él, y cómo –no lo sé, no lo sé– querría hacerlo ahora. Dicen que es bueno salir de los lugares acostumbrados y follar en los insólitos. Éste lo es. Esta media luz lo es. Y Gabriel es también otro desde aquí, y lo deseo más porque no fue del todo mío, ni yo del todo suya nunca... Estoy mojada de imaginar que ha escrito esta carta, seguro que razonable y buena consejera, pensando sólo en mí. En este momento, quizá por el eco aún de anoche, que es lo contrario a él, lo estoy deseando lo mismo que una perra... Y actúo como una perra, y lo muerdo y lo araño y me lo tiro. Y es como una venganza devoradora, porque él deshizo gran parte de mi vida por no usarla. Y lo uso a él, a su cuerpo perfecto, y me estremece, y siento, siento, siento... Hasta que me da una repentina arcada de mí misma también, y de él. Un asco horrible. Como el que da una boñiga envuelta en chocolate un Día de Inocentes... Basta, basta, no beneficia a nadie pensar que lo sucedido pudo ser de otra forma. El lobo se comió a Caperucita. Y a su abuela. No hay bondadoso cazador que valga. Fin.

Cuando puedo volver a pensar lo hago en él, pero de otra manera. Al niño que es amado, como sé que él lo fue y como pudo serlo el mío, lo protege una coraza; la desamada se sabe vulnerable y teme. Se vuelve tímida. Se encuentra sólo en sus menudas posesiones, que en mi caso fueron los libros. No es capaz de explorar el mundo ni aprehenderlo: lo descubre a través de lo que otros escribieron, y no siempre hace bien las digestiones. Tiene una especie de agorafobia. Desea que fuera todo esté tan ordenado como en su pequeña biblioteca... Gabriel me acompañó, y yo viví en un mundo enmascarado al que nunca me atreví a arrancarle el disfraz. Hasta que todo se rompió, y los añicos me salpicaron durante mucho tiempo. Él era mi refugio, mi casa, mi temperatura y mi actividad. El que abría mi puerta, me traía y me llevaba, era mi representante de todo cuanto valía la pena fuera... Yo creía que eso era amor. No lo fue. Ni hogar, ni protección contra la dura mentira ni contra la más dura verdad. Una mujer hasta con el corazón roto reparte sus pedazos. Gabriel no repartió el placer: se lo daba a sí mismo. Y yo también, pero por separado.

Si alguien pudiera decir, volviendo la mirada de atrás hacia delante, «nunca, nunca más», bien seguro de ser sincero al decirlo, hallaría en ese «nunca más» un descanso nada despreciable. Yo podría contestar la carta de Gabriel, cosa que no haré, escribiendo: «Te he querido puerilmente, con una pasión honda y a la vez esmerada, acerca de la cual no puedo hablarte ni en este instante ni en esta ciudad, a la que viajamos de recién casados, ni en esta compañía. Cuanto más sensitiva es una persona, cuanto más huidiza –y yo lo era– y casta –no, no lo era–, es más necesaria una ligera máscara de risas y de piques donosos. Tu máscara no fue ésa, pero yo lo ignoraba. E ignoraba también que todos pueden ser heridos tan fácilmente como nosotros mismos. Quizá yo fuera la que primero debía hablar. No lo intenté.

»Hoy, a pesar de todo –un todo mío, que tú desconoces como desconocí yo el tuyo–, la idea de la muerte me resulta amable. Sin embargo, te juro que es bueno no estar muerta.

»El amor, si sirve para algo, es para hacer penetrar la personalidad del amante en la mente del amado. Quizá tú no amaste así nunca, y no puedes saberlo. Cuando se ama, se traga uno el orgulloso y se rinde. Salvo que tenga la evidencia de que tal gesto no va a servir de nada. Fue exactamente eso lo que nos sucedió a los dos. Para serte más sincera, yo sólo tuve el temor de la evidencia».

Al no ser bastante hombre para mí, que soy un poco machirula, aunque su amor era más viril que el mío, fomentó acaso sin querer y sin que yo lo percibiera, mis temores de niña desamada. Para hacerse a mis ojos más valioso y más imprescindible protegiéndome. Ahora lo veo mejor: fue su modo de poseerme. Apagaba la luz y me decía: «No temas, estoy yo aquí». De ese afecto que se encamina a la procreación, aunque se pueda procrear sin tal afecto, no supe casi nada. Tanto, que dudaba con más frecuencia si yo era incapaz de inspirarlo que él de sentirlo por una mujer. Su niñez fue abrigada por una madre viuda, por unas niñeras, por unos profesores... Pero yo sé decir de mí que sí he amado a Gabriel de todas las maneras. Lo que sucede es que una costa bella puede contemplarla extasiado quien la ve protegido en un barco, como yo en mi crucero; el náufrago que corre peligro de ahogarse, la mira y la codicia de otro modo. Es lo que diferencia el placer y la necesidad, el gozo y el riesgo. Acaso yo amé por los servicios prestados, no por las cualidades intrínsecas de Gabriel: tengo una mente fría y puedo discernir. O eso me parece. Con absoluta seguridad ya no sé nada... Quizá amé por egoísmo y miedo –el miedo es mal amigo y peor consejero–, no por admiración ni por deseo, a pesar de que Gabriel es deseable y acabo de demostrármelo manualmente a mí misma. No quiero decirme con esto, ni siquiera por escrito, que aspire a inaugurar un bienestar nuevo con él; simplemente que huyo del malestar que él me ha infligido. Ahora sólo puede elegir entre lo que no tengo.

En nuestra pareja no hubo un afecto sexual correspondido. O quizá alguna vez, entre alucinaciones. Cada uno obtuvo su beneficio, pero no hubo ni un proyecto común, ni una entrega total en la que cada cual se olvida de sí mismo y se sumerge en el otro. Un yo demasiado fuerte –y los dos lo tenemos– es una cárcel rigurosa de la que no se sale. Gabriel no tenía la llave mágica que necesitaba para entrar en mi celda, ni la aparente ternura que le permitiese suplicarlo. Además, aunque él me hubiese dado amor, no habría bastado: para sentirme yo completa, habría necesitado darlo a mi vez. Pero el amor se queda siempre a mitad de camino. Qué pocas son las Caperucitas –aquí se llaman *Cappucceti*– que llegan hasta la casa de su abuela. Y las reflexiones se suelen hacer siempre cuando ya es tarde... Qué pronto es siempre demasiado tarde: cautelas, desconfianzas, temores a no ser correspondida como se desea, a que mienta el amado, a que lo cambie el tiempo, a sufrir, a sufrir... Y, cuando nos damos cuenta, ha llegado ya el lobo.

Las relaciones sexuales nos falsean: cada uno se mantiene defendido en sí mismo. Hay una básica hostilidad, un temor a exponerse, a volcarse en exceso; hay precauciones, tácticas a veces inconscientes; hay, más que nada, reticencias. No se funden las partes en una personalidad común y nueva. La suspicacia en el amor, la aprensión a pasarse de la raya, el secreto apartado por si acaso... Todo se opone a la dicha compartida, al dolor compartido, que es lo que vale más. Lo mejor que pudo pasarnos a Gabriel y a mí –y es un mejor terrible– es que no diéramos fruto. Del mismo modo que la higuera maldita del Evangelio: Jesús la maldijo injustamente, «porque aún no era el tiempo de los higos» cuando él fue a tomar uno. Y la esterilizó.

Quiero ser imparcial. Necesito ser más imparcial que nunca si es que alguna vez lo he sido. No puedo escribir lo que tengo que escribir aquí ahora como una novelista que narra las cosas según le conviene a la tensión del relato o a sus propios prejuicios... Tengo la sensación de haber vivido un episodio insólito. Pero no sólo insólito en mi vida, en la que debe de haber tantos... Esta manera de comenzar a hacerlo me sorprende a mí misma. Y es porque estoy desconcertada, y ni siquiera sé si será bueno o malo. No sólo eso, ni siquiera sé si tendré que elegir, ni qué elegir si necesito hacerlo... No sé nada. Tampoco si merece la pena reflexionar sobre algo que es probable que no tenga día siguiente. Debería no escribirlo, pero me es imposible dormir, a pesar de que la madrugada ya ha llegado... La que no sé del todo si he llegado o no soy yo. ¿Estoy aquí o me he quedado fuera? ¿Qué ha surgido desde esta tarde? ¿Quién ha volcado el mundo, bueno, mi estrecho mundo, vanidoso y sabihondo?

Quiero ser imparcial. Pero lo primero que debo decir es que no sé lo que es, ni qué quiero decir con ese *quiero,* ni si podré, ni si vale la pena, ni qué pena, ni si hago bien estando sola aquí, en este cuarto, que es menos mío que nunca. O si hubiese hecho mejor quedándome, no donde estaba pero sí con quien estaba. Y esa duda tampoco es lo peor. Lo peor es que alguien ha llegado y le ha pegado una patada en el bullarengue a mi vida. Sin darse cuenta, sin importarle un pito. Con la misma indiferencia que ha dicho, al despedirse, *buona notte,* inaugurando así la peor noche de mi vida.

¿La peor? Si soy sincera, no me consiento afirmarlo. Lo que me aliviaría, creo que a lo mejor podría ser una llantina, pero lo suficientemente larga. No obstante, tampoco estoy convencida de eso: no tengo la menor gana de llorar. Me vendría bien dormir, y pensar que siempre mañana es otro día. Pero es mentira, porque mañana es ya hoy, y yo además soy incapaz de dejar caer la oscuridad y el sueño como un telón, sobre lo que ha pasado... Y, por si fuera poco, ¿qué ha pasado? No lo sé, no lo sé... Es a lo que quiero llegar, no sé por dónde. Tengo la misma impresión que tuve, siendo niña, en aquella pineda de Segovia, pero esta vez nadie me encontrará. Sólo yo, que estoy perdida, puedo hacerlo. Porque lo que no me permitiría es cerrar los ojos otra vez. No me puedo engañar. Lo malo es si me engaño con la búsqueda de darle una razón a lo que no la tiene. Si no sirven para eso estos putos papeles, los tiraré mañana, bueno, dentro de un rato, al Gran Canal. Lo juro. O mejor, al de la Giudecca.

Ayer por la tarde llegaron Bianca y Nadia. No habían avisado. Venían, o me lo pareció, más alegres que otras veces. Dicharacheras, cómplices, pero con un tipo de complicidad entre ellas que me incluía a mí. Las encontré más amigables, más simpáticas, igual de pródigas: convincentes. Me daban la impresión de unas secuestradoras muy benévolas. Traían un termo con café por si yo no tenía. Y se pusieron más o menos cómodas, dejándome en el centro.

–¿Por ser la mayor? –pregunté para meter la pata una vez más.

–Qué obsesión con la edad –dijo Nadia con una carcajada, ella que ríe menos.

–No –aseguró Bianca–: por ser la más tonta.

Entonces fui yo quien reí. La miré por ver si recordaba lo

que yo estaba recordando... No percibí ni en sus ojos ni en su actitud el menor recuerdo. («Estas chicas...», pensé.)

–Venimos, en realidad, a raptarte. Estamos hasta las narices de que no reacciones... De que no te diviertas, de que no te distraigas... En la ciudad ya quedan menos turistas. Nosotras tenemos noche libre. Hace buen tiempo, y hemos quedado luego con Aldo.

–¿Dónde? –me alarmé, creyendo que las conocía.

–En una discoteca.

–Pero ¿vosotras creéis que tengo cuerpo yo de discotecas? ¿De bailar, moviendo el culo caído definitivamente, salsa y rock? Estáis como dos cabras.

–Primero, no tienes que bailar si no quieres. Segundo, vamos antes de que empiece Aldo, con sus discos, a levantar el ruidazo. Tercero, te animarás un poco a la hora de cenar solas nosotras. Cuarto, no tienes caído el culo.

–Y, si tenemos que emborracharte, lo haremos sin el menor remordimiento. Ya está bien de tristezas y de abdicaciones soberanas. –Me pareció la palabra abdicación muy oportuna, lo reconozco, pero no lo dije.

–No te has tomado el trabajo de conocer ni a la ciudad ni a nadie. Por lo pronto, ni a nosotras. Nos gustaría que nos dijeras qué es lo que piensas: qué somos, cómo somos. Porque queremos ser amigas tuyas... Qué es lo que tú piensas que pensamos nosotras de ti, que puede ser gracioso...

–O sea, queremos conocernos. Divertirnos contigo.

–¿No de mí?

–¿Ves, Nadia? La desconfiada.

–Peor, la desconfiada de sí misma, que por lo tanto no confía en nadie.

Bianca soltó una risa:

–Bueno, la verdad es que nosotras muy de fiar no somos.

Intervine yo, sonriendo esta vez:

–Sí lo sois, a pesar de que hoy parezcáis tener un colocón... a manera en que, aquel primer día, me comprendió, más bien me adivinó, porque yo no hablaba, me ayudó Nadia… Fue para mí, es para mí, igual que el cabo de una cuerda que se le lanza a quien cayó en un pozo. Inolvidable. Y definitivo. Quiero decir que Nadia se quedó bien definida para mí: humana, brava, dadivosa…

–Eso no tiene mérito. Entrabas allí tan extraviada, tan agotada, tan insegura como un perrillo que no sabe su nombre ni quiere aparentar otra cosa siquiera… Me emocionaste. Te vi tan atractiva… Precisamente porque me vi yo, tan tontucia, igual de necesitada que tú…

Bianca la interrumpió, siempre más simplificadora e inmediata; yo tenía buenas pruebas:

–Ya sé que te gustó. Me lo dijiste. A mí, también. Pero yo no lo dije, lo demostré. A pesar de todo, no hemos conseguido ayudarla… –Se dirigió a mí–. Nos has hecho fracasar, y eso no te lo perdonamos… Mira, Deyanira, nosotras somos unas desfamiliadas. Somos las nietas de aquellas generaciones de los hippies que se fueron a Goa o a Katmandú o a Ibiza, con sus comunas a cuestas… Debió ser tan ideal mientras fue posible… Las dos llevamos en la sangre el fervor de la vida.

–De una vida ligera, no vayas a pensar… Porque tú siempre estás pensando y poniéndote en lo peor.

Bianca concluyó la idea:

–Eso es lo que queremos que hagas con nosotras: ponerte en lo peor.

Me eché a reír de nuevo.

–No, no te rías. Lo que acaba de decir Bianca es la pura verdad. ¿Qué hacemos en Venecia? Vivir… No estamos siempre juntas, ni siempre aquí: viajamos. Nos movemos, bien o mal, en todos los sentidos. Estamos más abiertas a cuanto llegue que esta misma ciudad, tan aislada y sin puertas. Todo lo que signifique experiencias nuevas, diversión, desvergüenza también, placer, sí, hija mía, placer… Qué miedo le tenéis en España a esa palabra… Todo eso es lo que nos atrae. Y somos como dos pararrayos: no tenemos que salir en su busca, todos nos caen encima.

–¿Y yo soy un placer? –No paraba de reírme y no sé si las creía o me tomaban a montones el pelo.

–Eres mejor: eres una *posibilidad* tan grande para todo…

–Me lo has quitado de la boca –agregó Bianca–. Una *posibilidad* de hacer el bien y disfrutar como una loca haciéndolo, de investigarte más de lo que nunca te hayan investigado, de meterte en berenjenales que no son tuyos pero que tú conoces o te los imaginas…

–Porque tú, que piensas tanto, no te conoces bien. Tienes tal cantidad de medios, de cualidades, de aptitudes… Con lo lista que eres, no te fijas en ti. No dejas que la vida te devore, que es lo nuestro, porque eres una inapetente de la vida… Reconozco que tu aspecto de abandono, de desinterés, de haber tirado la toalla, te hace muy atractiva en un sentido. Pero hay otros también: el atarte la toalla a la cabeza como una Doris Day, pero mucho más lista y haciéndose la ingenua, o el de fajarte la toalla a la cintura para enseñar un muslo o lo que salga… Hoy, las toallas son muy dóciles y de fácil manejo. Estás por descubrir, Deyanira.

–Es que no tengo toallas a propósito…

–Te juro que no somos corruptoras, a pesar de lo que diga Bianca. Pero si tú supieras lo agradable que es enseñar algo a una tía tan sabia. Desde la risa al meneíto; desde que un culo bien puesto no se cae nunca, hasta saber usarlo; desde que no todo es tomar anotaciones para escribir después, hasta que se te olvide el abecedario entero… No te digo más: todavía nos estamos preguntando por qué estás en Venecia.

–Tú, que tanto sabes del número de sexos… El amor, si es que existe, no se dice: se hace. Atrévete…

–Es como si me dijeras: «Que no te salgan canas». No mando en eso: va de dentro a fuera.

–Pues abandónate, mujer. Déjate llevar. Y, cuando te salgan canas, te las tiñes.

–Pero –dije yo– ¿qué tiene que ver Aldo con todo esto, que probablemente es cierto, si ni siquiera sé si es cierto Aldo?

–¿Tú te das cuenta? –preguntó Nadia a Bianca–. Siempre sale por donde menos se la espera.

–Porque es práctica, esquiva, ahorradora de sentimientos, nada inclinada a la improvisación, investigadora de los caminos por los que luego va pasito a paso...

–En fin, lo que quieres decir es que no es una loca como tú –la cortó Nadia.

–Yo pensaba más bien en ti. –Rieron las dos–. Lo que quiero decir es que estoy deseando que Deyanira se pase a nuestro bando, que aproveche la vida...

–*Carpe diem* –murmuré.

–Que se olvide de los latines y las sabidurías. O que se entere de que hay otras distintas de las suyas: pie a tierra, de la piel y los ojos y la carne... Qué profesional eres, hija mía, Deyanira. Qué pena.

–Y nosotras también –dijo Nadia, mordiéndose luego la lengua–. Pero cambiamos de profesión para no aburrirnos. En las cafeterías ligamos sin parar. Y tenemos trabajillos ocasionales que nos dan de vivir. Otras veces vivimos de nuestras gracias y nuestra amabilidad. Pero sólo con quien nos gusta. No aceptamos ni un euro de gente insoportable... No vivimos mirando al día de ayer, como haces tú, ni al día de mañana, que ni siquiera sabemos si vendrá.

–Nos bebemos la vida a largos sorbos.

–O a sorbitos, para mejor saborearla.

–Estamos enamoradas de ella, pero no la agarramos como las burguesonas, que siempre están en un ay porque temen que se les vaya...

–Y se les va: puedes jurarlo –dije riendo.

–Sí, pero sin disfrutarla... Porque tampoco es nuestra, ¿verdad? No es de nadie. Somos nosotros de ella.

–*Carpe diem* –repetí.

–¡Sí! –me gritó al oído Bianca–. Ese día es el de hoy. *Carpe diem,* Deyanira. Y no lo digas tanto, cobarde, hazlo.

–Pero ¿vosotras estáis enamoradas?

Qué ingenua fui.

–¿Entre nosotras dices? –Se rieron las dos–. Bueno, algunas veces, sí. Ejercemos por libre con quien nos da la gana, en el sentido más personal e intransferible.

–Llevamos en la herencia, llevamos en la sangre la independencia y el gusto de los abuelos hippies. Y la gana de saltarnos las leyes de los otros. Y nuestra propia ley de las comunas, la de compartir todo...

–Lo que sucede es que nosotras somos muy acostadizas –completó Bianca–. Muy del amor y el sexo y esas cosas... Con quien nos agrade, por supuesto. Sin mañana. Sin una obligación ni un contrato ni una paga. Somos dos ninfas libres, sin amiguitos oficiales: bastante competencia nos hacemos nosotras.

–Y luego cada una va a su propia guerra y por su propia cuenta... La guerra del amor, ¿eh? Y nos intercambiamos enemigos, cautivos de esa guerra, y no nos gusta comprometernos... Por lo menos no demasiado...

–En la amistad somos más fieles, Deyanira –concedió Bianca–. Acostarnos con alguien que es previamente amigo, nos encanta.

–Eso lo sé, canalla. –Se rió–. Entonces, para vosotras, ¿el amor es un juego?

–Sí, un juego en que siempre se gana. Porque si no, se deja de jugar... ¿Acaso para ti es una batalla o una obligación o una condena?

–Un fracaso, sería mejor decir.

–Pero ¿qué esperas de él?

El asombro le abría la boca a Nadia.

–Yo creo que nada –susurré.

–Entonces no te embarques. No pienses en él, no te ates las manos con sus maromas... Lo que tienes que pedirle no es más que lo que él te pide a ti: alegría, deleites, caricias, lametazos... ¿No has oído lo que se dice: *hacer el amor*? Del que tú hablas, no existe ni la quimera de hacerlo nunca. Es una cosa interminable y dura y pinchosa a la larga. Un pulso a ver quién resiste más. Ah, no... Hacer el amor es como agarrarse y empezar a bailar.

–Pero ¿quién pone la música? –pregunté.

–Va por dentro, cariño. Y además, para eso está Aldo... –Bianca venía de vuelta–. El sexo es mucho más humano que el amor.

–El amor es un sobreañadido –habló Nadia–. Como la firma en un cuadro... La repanocha, ¿no se dice así? Es un invento de insatisfechos... Para justificar los gestos impredecibles y maravillosos: porque, a los sucios, les parecen sucios.

–Yo –dije– definí una vez el amor como una amistad íntima con momentos eróticos.

Miré a Bianca.

–Eso sería perfecto. Enhorabuena. Pero hay momentos eróticos en que se te olvida hasta tu nombre; cuanto más el de tu compañero. Para recuerdecitos está una... Hay que saber dónde están las fronteras: cuando tratan de obligarte a hacer lo que tú te vuelves loca por hacer... Traicionarse o engañarse a una misma es algo que no se perdona. Que tú no te perdonas. Y que, además, fracasa.

–Pero ¿por qué queréis que conozca yo a Aldo?

Otra vez sus risas, otra vez sus gestos, otra vez sus miradas. Habló Bianca.

–Porque él tiene remedios para muchas cosas –dijo la palabra *remedios* con cierto tono admirativo–. Para los dolores, para los malos recuerdos, para las horas bajas, para la soledad a solas, para la soledad en compañía...

–Para organizar fiestecitas en que todo se comparte...

–¿Aldo es farmacéutico? –Soltaron una carcajada las dos.

–En cierta forma, sí... Es, sobre todo, alguien que debes conocer. Porque es distinto. Porque nosotras lo queremos...

–Porque es fiel y arriesgado y valiente. Porque es un hombre. Porque es un ejemplar de hoy…

–De hoy y de siempre. Hoy hay menos que nunca –completó Bianca.

–Está bien, está bien. Qué manera de divinizarlo. –«Divinizarlo porque es un hombre», pensé. *«Altius, citius, fortius.»* Y me estremecí.

–Y porque está deseando conocerte… En todos los sentidos. Hasta en el bíblico –concluyó Nadia.

–Pues vamos a cenar. Desde donde cenemos lo llamamos.

Eso hicimos.

No me acuerdo de lo que comimos. Nunca me acuerdo: no es lo mío. La conversación echó un velo demasiado atractivo sobre el menú. Las chicas aportaban ideas tan nuevas para mí que me atraían en todo caso, las compartiera o no. Provenían de aquellos míticos seres que tanto me hubiera enriquecido conocer: los rebelados por instinto contra una sociedad dineraria y deshumanizada. La misma, frente a la que yo, aunque por otras razones, me había rebelado también. Probablemente las dos sublevaciones eran inútiles. Pero la suya fue más vital, más individual y más gozosa; por egoísta, quizá más ejemplar. Y además mi vida personal tampoco había sido ajena a ellos… El matrimonio –me decían– era una institución que le venía de perlas a la sociedad; pero, con demasiada frecuencia, partía por el eje al individuo; éste le proporcionaba hijos y se los suministraba más o menos criados y educados, a costa de muchas satisfacciones que cada uno habría podido conseguir, solo o acompañado, para sí mismo.

–Los matrimonios o las parejas muy duraderas son un riesgo. Tú lo sabrás mejor que nosotras.

–¿Un riesgo? Peor, un chantaje. –Bianca era drástica. Yo, interiormente, me sonreí con un desencantado escepticismo: en mi caso había sido mucho más–. Separan las peleas, las preocupaciones, los engaños y los desengaños, los gritos y los reproches. Y la necesidad de copular, tan inmediata y fisiológica, se dificulta tanto…

–Yo he oído decir –comentó Nadia llevándose a los labios la servilleta– que, a veces, si no se tienen demasiadas aspiraciones, funciona más o menos bien; incluso el acoplamiento llega a ser bueno.

–Pero la costumbre, en los actos de amor, no sirve más que para adocenarlos –dije yo–. Aunque parezca una comodidad tenerlo todo tan a mano.

Nadia sonreía al oírme. Y yo pensaba cuánto me había equivocado en la idea de considerar frívolas y superficiales a las dos amigas. No sé cuál de las dos agregó:

–La comodidad, la convivencia y el sentido de la propiedad en las cosas del sexo es un peligro grave.

–Eso fue lo bueno del movimiento –oí decir a Bianca–, lo que nosotras llevamos en los genes. Su rebelión, su solidaridad frente a normas gastadas e impuras y tan asfixiantes… Ellos huían de todo eso por medios que los instalados, que siempre buscan garantías, consideraban una inmoralidad.

Era cierto: yo lo pensaba y ellos lo enaltecían… Se largaron de las familias domesticadas, de las ciudades y de sus reglamentos. Se instalaron, sin echar raíces, en comunas… No mantenían una actitud política ni organizada. Era la búsqueda de una forma de vivir libre, algo paradisíaco; el intento de una existencia más desprovista, llena de improvisaciones, sin propiedades ni personas en exclusiva… Con algo que ahora nos parece ingenuidad, y lo era, rebeldía, y lo era. Nunca procuraron ser un movimiento homogéneo que pretendiera convencer a nadie. Y menos aún sublevarse contra leyes que ya no respetaban, ni para sustituirlas por lo que ellos buscaban, que no eran leyes nuevas además; por el contrario, era más bien la falta primitiva de leyes.

–Yo recuerdo haberle oído decir a mi madre –hablaba Nadia– que iban donde brillaba una luz que les pareció alta y más limpia; iban a idealizar la pobreza frente a los que habían idealizado el dinero... A mí me recuerdan al primer Francisco de Asís...

Lo sé y lo envidio. Fue la búsqueda de algo primario, no contaminado; una fraternidad que compartía todo; el tanteo de nuevos caminos, o muy viejos y ya olvidados; la persecución de un sueño destruido... Nadia continuaba:

–Había de todo: yo lo he tratado de entender, y es comprensible que lo hubiera. Unos tramaron incluso planes políticos para derrocar los puercos gobiernos; fue casi al final. Otros eran de carácter más individual, más poético: lo oriental, lo sexual, lo común más humilde, las drogas vinculadoras... Y algunos buscaban, sobre todo, la evasión a través de esas drogas.

No sé por qué intervine.

–Quizá la mayoría fue una mezcla de las tres tendencias, entre la sublevación y la desorientación... Una protesta y un reclamo sin la esperanza de cambiar el mundo... Un momento joven que se extinguió con la juventud, como se extingue un sueño, pero que deja un recuerdo encendido en quienes lo vivieron.

–Un recuerdo imborrable. Quizá nosotras dos formamos parte de él –dijo Bianca abandonando de pronto los cubiertos sobre la mesa–. Hay sueños que perduran a lo largo del día. Incluso de la vida...

–O quizá es que sólo los muy jóvenes pueden formar parte, comulgándolo en serio, de un ideal así.

–A mí me hubiera seducido más que nada en el mundo –comenté yo en voz baja–. Los verdes campos del Edén, una edad de oro, algo irrealizable por lo que merecía la pena dar la vida... Yo habría pertenecido al primer grupo del que habla Nadia: el de los radicales.

–Ahora sólo quedamos unas cuantas trastornadas egoístas, que vivimos a salto de mata. Y también muchos otros que se conforman con colgarse arambeles, amuletos, cadenas y pulseras y conducir bebidos o teñirse los pelos de colores...

Les parece que así forman parte de todo aquello, que quizá no existió como ahora lo explicamos... –Nadia suspiró sin perder la sonrisa: una sonrisa leve, como la de quien evoca a un pariente tierno y excéntrico, fallecido hace tiempo y del que sólo queda su gracia en la memoria–. Pero no nos importa. Luchar para suprimir las guerras y la muerte ya sabemos que no da resultado. Queda cada cual con su vida. Si a esto le llaman egoísmo; si a querer vivir lo más sabrosa y hondamente posible cada uno su vida se llama así, egoísmo... ¿Con qué nos han querido comprar? Carreteras, músicas consentidas, modas controladas, opiniones impuestas, policías la mayor parte de las veces transgresoras, falsas tranquilidades... Mentiras, otro tipo de droga que nos da somnolencia en vez de enardecernos... ¿Para qué? ¿Para qué?

–Para aburrirse a muerte, y morirse, por fin, de aburrimiento –dije yo. Y Bianca concluyó:

–Que nos dejen por lo menos vivir a nuestro aire, follar a nuestro aire.

Pasó un ángel. Yo interrumpí su vuelo pegándole un tirón fuerte de las alas:

–A mí me ha sucedido lo más triste: tener que resignarme a ser autosexual. –Las dos soltaron una gran carcajada. ¿Es que no me creían? Cuando dejaron de reírse, dijo Bianca:

–Mi primera experiencia autosexual, como tú dices, la tuve antes de ir al colegio. Me ayudó un osito de peluche que se empeñaba en restregarse entre mis piernas. Ése fue mi primer novio silencioso. El único silencioso. –Reímos. Ella continuó–. Pero ¿y qué? La masturbación es un sustituto recreativo y cargado de afecto. El sexo grita a veces y habrá que contestarle. Y contentarlo... Ésa me parece una manera cómoda y transitiva. Hay quienes consideran que no se trata de un sexo de verdad... Pero yo te pregunto –se dirigía a mí–, ¿no crees que en tu autosexualidad (me encanta que lo llames así) hasta el orgasmo puede convertirse en una forma grata de compartir el cuerpo y el placer y el más hondo secreto con otro cuerpo humano? Aunque sea el de una misma, él no es lo mismo siempre…

–Si, como mínimo, es humano, supongo que sí. De todas formas, no me atrevo a afirmar que sea yo una buena colaboradora. –Había bajado los ojos. Los levanté para mirar a Bianca, que frunció la boca y la alargó hacia mí.

–Cuestión de entrenamiento… –Nadia me miraba a mí al decirlo y levantó las cejas.

–De entrenamiento para quien la disfrute… –Bianca me señalaba–. Ella se ofrece abierta como un campo. Llena de correrías y de aventuras como un campo…

La discoteca, a semejanza de bastantes lugares públicos en Venecia, tenía pinta de haber sido una iglesia o un convento o algo por el estilo. Su aspecto era claustral. Y la música, no demasiado estrepitosa de momento. Aún era pronto, me dijeron. No estaba del todo llena todavía. Yo la curioseaba, cuando vi que alguien se levantaba de otra mesa. Era un hombre alto y fuerte. Y se acercó deprisa. A mí me pareció muy alto y muy fuerte y muy rápido. No lo dudé: era Aldo. Hizo una inclinación ante mí, y sólo el ademán de besarme la mano. No sonreía. Tuvo que pasar un rato para que yo me diese cuenta de su atractivo y a la vez de que personificaba a un tipo distinto del que yo imaginé: su forma casi tierna de pedir las bebidas al camarero, algún anillo, un tatuaje adivinado en su antebrazo derecho, que apoyaba en el respaldo de la silla, su mirada observándome… Por fin, me sonrió. La sonrisa cambió su rostro, de súbito, en forma radical… Pero dejó de sonreír. No recuerdo nada del análisis que hice sobre él a partir de ese instante, ni si hice algún análisis, ni si me respondí a la pregunta de por qué me atraía. Ni si me hice tal pregunta… Quizá era un poco blando. O lo aparentaba. O quizá sólo deseaba ser amable.

Se sacó de un bolsillo y puso encima de la mesa un periódico español.

–Aquí dice que usted es escritora.

–Un poco atrasado ese diario. Ya no lo soy.

–Mejor, la gente tiene bastante con sus cosas, como para leer las que a otros les ocurren... ¿No prefiere vivirlas?

¿Se refería a mí? Contesté por si acaso:

–Supongo que hay gente para todo. Y no siempre se escribe para ganar dinero o ser leído.

Me miró fijamente. ¿Era superficial o no lo era? ¿Hablaba en serio o no? Volvió los ojos hacia las dos chicas, a las que había besado. Les sonrió franca y abiertamente. Pero no adivinaba cuándo era más sincero.

–Es usted distinta a la que aquí sale fotografiada.

–¿Salgo mal en las fotos? –No sé si fue un pretexto para coquetear. Creo que no.

–Sí, muy mal. –No sonrió al decirlo, como un médico que hace un grave diagnóstico.

–Quizá es por eso por lo que odio a los fotógrafos. Son insaciables. Y ahora, más. Antes, cuando decían: «Esta foto es la última», sabías por lo menos que iban a cambiar de carrete... Con las cámaras de ahora pueden llegar al infinito.

¿Era el gallo del corral o qué era? No alardeaba, no deseaba parecerlo al menos. Las chicas lo miraban con los ojos alegres, pero amistosos más que enamorados. Le rozaban las manos, le golpeaban los hombros... Yo no entendía nada. Aldo tenía ese aire de los hombres a quienes no preocupan mucho las mujeres. Les hizo unas preguntas a las chicas. A mí me molestó: ¿por qué? Después se volvió a mí:

–¿Está usted escribiendo o preparando una novela veneciana?

–No. Venecia no lo necesita. Y yo, tampoco. No volveré a escribir. –Seguía sin sonreír. Me miraba con atención–. He perdido el rumbo, creo. Las ideas se me han desperdigado. –¿A qué venían esas confidencias? ¿O no eran confidencias?

Yo hablaba con ligereza, igual que él. Lo mismo que un collar de cuentas que se rompe. Me eché a reír de una manera falsa–. Estoy acabada, ¿sabe?

–¿Está usted segura? Yo creo que, por primera vez, está viviendo lo suficiente como para escribir toda la vida. Ya lo verá.

Su voz era inconfundible, espesa, «estética», me dije.

–Lo único que tengo claro, y más aún después de lo que usted ha dicho, es que me tengo que morir.

–Sí, pero mientras tanto...

¿De qué color tenía los ojos? ¿O los tenía de todos los colores?

Nadia intervino:

–¿Por qué os llamáis de usted? Estáis hablando de cosas importantes y os tratáis como extraños.

Aquello era lo contrario de un flechazo, que requiere distancia. Era más bien un empujón. Yo noté el dudoso trastorno de una mujer que se interesa por un hombre más joven. Sólo le llevaría, pensé, siete años; pero yo lo sentía mucho más joven... Empecé a intranquilizarme. ¿Quizá había bebido demasiado? El corazón me recordó la necesidad de aprovechar el tiempo... ¿Qué era aquello? No, dependencia, no. Pero habría preferido que se hubiera detenido todo allí. Ante aquellas tres personas que me parecieron, de pronto, tan indescifrables; de las que comprendí que sólo había atisbado apenas un perfil por alguna rendija... ¿Sentí miedo? Quizá, pero no a algo que pudiera suceder o pudieran hacerme: miedo, porque me rodeaba y me invadía un misterio, un misterio clarísimo además; pero también insondable, que nunca lograría descubrir ni interpretar ni soportar siquiera... A solas, por lo menos. Y estaba sola frente a ellos. O junto a ellos. O detrás de ellos... No era una de ellos.

–Tutéame, por favor.

No sé si lo rogué o lo ordené.

Y no quería moverme de allí, ni abandonarlos nunca: ni una hora, ni media, ni un minuto. Era como una desesperación que estaba convencida de que me avejentaba. Traté de sonreír. Aldo había dicho algo que no oí. Lo repitió al notar mi expresión:

–Soy el pinchadiscos de esta discoteca.

–¿Nada más?

–Por ahora...

Me miró con más intensidad. Pero ¿de qué color eran sus ojos? No, no me acababa de gustar, como si me hiciera trampas. Era hermoso, pero a la vez superficial. ¿Sí? Entonces ¿por qué me preocupaba? ¿Qué tenía que adivinar en él? Estaba todo claro. Era el típico hombre que gusta a las mujeres: halagador pero no demasiado, mimado y un poco mimoso, de gestos agradables, de ojos pertinaces (no sé por qué escribo este adjetivo), de ojos saqueadores... ¿O era una impresión mía? En cualquier caso, esos ojos, más que para ver, eran para ser vistos. Quise molestarlo:

–¿Has leído algún libro entero alguna vez? –Él cerró la sonrisa.

–Uno de Goethe, creo. No sé si lo acabé. *Las afinidades electivas.*

–Yo lo cito en mi último libro. La cita es algo así: que se quiten de mi vista los corazones secos, los ojos secos. Maldigo a los dichosos a quienes los desdichados sólo sirven de espectáculo. En la más cruel situación de angustia, el desdichado se tiene que comportar noblemente para conseguir su aprobación. Y, para que lo aplaudan en el momento de sucumbir, ha de perecer dignamente a sus ojos como si fuese un gladiador. –Él me miraba sin parpadear, sin ninguna expresión. No le hacía falta: me observaba–. ¿Y qué te pareció ese libro de Goethe?

Entre otras confusiones, había tenido una corazonada: «Este hombre es gay». Probablemente por mi deformación profesional y mi formación vital. Mirándome con insolencia dijo:

–¿Quieres saber la verdad? Aparte de lo que tú has citado,

me pareció una mariconada. –Las chicas se echaron a reír, es decir, no habían formado rancho aparte, aunque hacía tiempo que me lo pareciera, quizá porque lo había formado yo–. Es la obra de un pelmazo. Un exceso de palabras y de adjetivos cursis. Es de un romanticismo dulzón y trasnochado. Sus asesinos son imbéciles y bondadosos a la vez: qué lío. Están enamorados desde lejos, hasta el momento en que se acercan, con amores de sí pero no, o de no pero sí... Todos son personajes que entran y salen cuando le conviene al autor. Tienen deseos de ser maravillosos para los demás, pero se les pasan en un momento. Encantadoras mujeres hijas de la gran puta, como Luciana. Decisiones imposibles o casi imposibles de tomar que se toman sólo con oír una frase de una conversación... ¿Ése es el genio? ¿Ésa es la genialidad olímpica del genio?

–Me has dejado de piedra.

–No he terminado aún. –Su cabeza estaba muy cerca de la mía–. ¿Y Ottilie, esa querida niña, esa celestial niña, cuya edad nunca aumenta, que por quedarse toqueteando a su amante deja ahogarse a un bebé, y luego, entre sueños y desmayos, ve cuál es su destino? –Las chicas se reían, y quizá yo también–. La niña celestial que no cumple años es un zorrón espiritual de aquí te espero. Y encima habla de las potencias maléficas que nos acosan... Con cuánta delicadeza se expresa, tan adorada, tan amable y tan meliflua. Cómo se suicida por hambre, y cómo luego es santificada por el pueblo...

Lancé un suspiro. Me relajé. Creí que ya había chaparreado lo suficiente. ¿Qué podía añadir yo? Lo añadió él:

–Todo son teorías, todo reflexiones facilonas. Alguien, creo que Charlotte, se queda embarazada una noche en la que *sólo habla* con alguien que, por casualidad, es su marido. Al amor y a los sentimientos, que aseguran eternos y salidos de lo hondo de su ser, lo llaman, de pronto, bruscas pasiones sobre las que tienen que sobreponer el otro amor y las otras pasiones conyugales.

–Verdaderamente a los escritores no es sólo que no puedas leerlos sino verlos siquiera… Creo que debo irme. Por solidaridad.

–No, no creo que tú seas así. No creo que tu vida esté repleta de emociones ajenas, ni que cuentes emociones ajenas. Ni que las imagines o las inventes o las aceches para contarlas luego… No, tú no eres así.

–Por si acaso, no te daría a leer ninguno de mis libros.

–Ya no leo, y tú tampoco escribes. Pero si quieres escribir por salirte de toda esta cochambre, harás bien.

Me vino de repente a la memoria la frase de mi madre: casi coincidía con la de Aldo. Me estremecí. No imaginaba cómo sería esa cabeza, ahora tan cerca de mí, no dominada por ninguna literatura. Los pensamientos, en ella, debían de ser imágenes. Era, a pesar de su apariencia y de su oficio, como un joven y primitivo pastor… ¿Sus ojos eran grises? Azulados más bien. Me cegaban. Nunca supuse que pudiera tener algo así tan cerca… Me temblaban los labios al pensar que eran como la flor de la achicoria. Me obligué a decir algo:

–Vaya, a lo mejor podremos encontrarnos en la música.

Aldo miró el reloj.

–Lo veremos muy pronto.

–¿Aquí?

–¿Por qué no? ¿O sólo son músicos Buxtehude, Pachelbel, Bach, Telemann, Haendel y Haydn, por alemanes sobre todo? Yo, oyendo a Bach, me hincho como si me hubiese tragado doce tomos de teología: quizá porque es grandioso. –¿Hablaba en broma? No me atrevía a preguntárselo–. Trato de que acortemos distancias entre tú y yo. Trato de presentarme… De los clásicos, Chopin y Schubert son los que más me gustan. Por lo menos me caben dentro del corazón. Quizá no doy para más. –«Schubert, otro homosexual», pensé, «qué plaga»–. Sé que Mozart es superior, y creo que dios, si existe y no es sordo, lo oye cuando se arrepiente de haber creado el mundo. Beethoven es para arrodillarse; a pesar de que escuchando su música, tu amigo Goethe dijera: *Köstlich*, «delicioso», ¿qué te parece? Y Gluck, que es distinto de los otros, quiero decir más distinto que otros... Pero no me gusta que la música me abrume; me gusta que quepa dentro de mí y me abrace; me gusta que no sea etérea, sino tan terrena como yo –hablaba muy deprisa–. Cuando empezó, el barroco se llamaba Venecia: Corelli, Vivaldi, Albinoni, Benedetto, Marcello... ¿O no?

–Estoy un poco mareada por este torbellino.

–¿Es que te sientes insultada? –preguntó con sincera preocupación. O eso creí.

–No, sencillamente confusa. Quizá sea que los grandes empresarios tienen toda la razón: los llamados intelectuales somos inútiles e incluso peligrosos... No estoy en el mejor momento para pensar. Perdona.

–¿Bailarás entonces ahora, cuando yo pinche mi primer disco? No tendrás que pensar.

–Se lo había dicho a las chicas: no quiero ser una vieja drogada, porque tú me has drogado con tus opiniones, que mueva su desvencijado cuerpo al compás de una música tan terrenal.

Él miró el reloj de nuevo. Las chicas se compinchaban, sonreían, me apretaban las manos.

–Es la hora. Tengo que hacer mi pequeño trabajo de oficina. –Se levantó. Se acercó a mí. Se inclinó para hablarme casi al oído–. Yo no soy así... –Su voz era, de pronto, humana, cálida y convincente–. No soy como he querido parecerte... No lo soy de ninguna manera. Mientras me oía, me daban ganas de vomitar... Tú eres una heroína. Tenía que llamar tu atención... Creo que no lo he conseguido.

–Sí, sí, absolutamente.

–Puede, pero una atención desagradable.

–Eso que acabas de decir es lo más indiscutible de la noche.

–¿Porque es verdad?

–Sí, casi. No lo sé... Lo que dices me produce la impresión de que es todo verdad y a la vez todo está equivocado. Quizá es porque pareces tener muchas más cosas fuera que dentro. Al revés no es posible...

–En un primer encuentro, eso era inevitable...

–¿Tan inseguro estás de ti?

–Contigo, sí. Tú no tenías que darte a conocer; yo, sí.

–Lo mío está bien claro, quieres decir, ¿no? Soy una burguesa miserable a quien no le ha ido bien en su vida privada.

Se hizo una pausa. Él me miraba, ya de pie.

–Sin embargo, no quiero haberte producido una impresión, aunque sea una sola, equivocada... Yo no soy gay. –Me estremecí. ¿Qué sabía de mí ese hombre? ¿Qué adivinaba?–. No lo soy... ¿Lo debo lamentar?

–¿Qué quieres? ¿Que lo lamente yo?

–No, todo lo contrario, Deyanira.

Era tan transparente su voz que mi nombre me sonó nuevo y limpio en su boca. (Qué parida acabo de escribir.) Estuve a punto de decirle el nombre de mi partida de bautismo: ¿por qué?

–Te he observado todo el tiempo que estuve en aquella mesa... Eres tan bella... *Buona notte.*

No le había preguntado cómo era posible que hablara tan bien el español. En realidad, sólo me di cuenta cuando le oí hablar en italiano.

–*Buona notte.*

No tengo ni la menor idea del tiempo que pasó. Escuchaba la música que Aldo provocaba, con la que Aldo me provocaba, como si me la estuviera dedicando. Como si continuase nuestra conversación... Y bebía. No me acuerdo si me decidí a bailar con alguna de las chicas. Sé que bebía quizá para justificar lo que temía (¿lo temía?) que sucediera luego. Pero ¿luego de qué? Todo era ruido y furia. No, furia, no, o no del todo lo que se llama así. Dionisos sí que andaba por medio. Sentía una excitación creciente. Me oía reír. O acaso sólo oía risas, voces, gritos felices que me rodeaban... Ignoro si pasó el tiempo despacio o muy deprisa: no lo quería saber. Yo no era ya yo: ¿quién era? Se hizo, al parecer, un silencio grande y repentino. O eso creí notar, quizá porque me había hecho al sonido ensordecedor de la música y de los bailarines. Las chicas, alegres, me tomaron de un brazo cada una. En la puerta nos esperaba Aldo. Entramos los cuatro a un lugar silencioso, quizá en el mismo edificio de la discoteca o en otro muy próximo a él. No supe quién abrió la puerta. En el ascensor (o en la escalera, porque luego yo no usé ningún ascensor) sentí unas manos que me acariciaban el cuerpo dulcemente, que me oprimían e impulsaban... Sí, era una escalera. Entramos en una habitación desguarnecida, casi sin muebles, no sé, con poca luz y con un grueso colchón en el suelo. Quizá un par de sillones, una mesa...

Ignoro si yo lo razonaba o me vino de pronto a la cabeza: había considerado siempre a mis personajes de ficción como seres humanos. Lo cual no era mucho decir, porque yo opinaba que los hombres y las mujeres se hallaban ahí, ante mí, para que los mirara, los observase, me sirviera de ellos y los retratara en mis libros... Tampoco eso era demasiado decir, si se tiene en cuenta que yo me consideraba a mí misma alguien que estaba ahí sólo para escribir esos libros... Pero no fue así como lo pensé entonces. No puedo recordarlo. Sé que no razonaba... Miraba nada más.

La idea me vino a la cabeza y me la llenó al ver cómo las chicas, con prisa, no sé si con mucha, se desnudaban una a otra y cada una a sí misma, mirándose, mirándose, ajenas a todo lo demás, o quizá no del todo ajenas... Aldo estaba, eso sí lo sé, a mi lado, con la camisa abierta y las manos en los bolsillos del pantalón, sonriente. O esa impresión me dio: lejano y sonriente... Volvió la cara hacia mí y yo cerré los ojos. Sé que pensé: «Soy tímida». Y agregué en el pensamiento o en voz baja: «Pero lo he superado». Me contradije en mi interior: «O quizá no, no lo sé. ¿Qué escritor es tímido ante su papel? Salvo que no sepa cuál es su papel... ¿No escribe entonces para superar su timidez? ¿No es precisamente escribir su venganza, o su revancha al menos? En otro caso, emplearía seudónimo (bueno, por distintas razones que las mías), o no publicaría, o sería un autor póstumo, o dejaría las pistas necesarias para que, después, alguien encontrara sus obras (siempre que tuviese la suerte de que se perdieran o se atribuyeran a otros)». Pero quizá eso lo reflexiono ahora y no entonces. Acaso entonces lo que reflexioné era sólo: «Al primer tapón, zurrapa...». Lo que sí sucedió es que Aldo se había aproximado a mí. Sin mirarlo, mi cuerpo acusó su proximidad más de lo que puedo expresar, más de lo que ninguno de mis personajes hubiera imaginado nunca... ¿Fue por eso por lo que di un paso atrás para alejarme de él?

No quise tener ojos ni oídos sino para lo que sucedía en el colchón del suelo. Encima de él todo era un solo cuerpo; se confundían los miembros de las chicas, se sacudían sus melenas, sus cinturas, sus piernas... Y creo que, por primera vez, pensé: «Qué importantes las lenguas». Todo lo investigaban, todo lo lamían, todo lo saboreaban... Se introducían por cualquier parte, por entre los labios de todas partes. Más que los dedos, más que los ojos, más que todo. Me absorbía la escena, tan lejana y tan inmediata a la vez. «La lengua –pensé–, para un escritor es tan fundamental.» Sacudí la cabeza: «No esa lengua...». Supe, aunque no lo vi, que Aldo me miraba. Giré los ojos. Los bajé. Crecía algo detrás de su bragueta. En apariencia, impávido, aguardaba. ¿Qué aguardaba? Y allí, debajo de nuestros ojos, ¿quién gemía, quién gozaba? Toda exclusividad en el sexo, toda intimidad había desaparecido, todo era ya de todos. ¿Qué importaba quién se quejara allí? Todos a la vez... No, no lo creo; no, no lo sé... Ni Aldo ni yo. Entre las chicas había aparecido un falso pene grueso. Reían, lo lamían, lo chupaban riendo, lo movían, se lo introducían por uno y otro lado. Lo retiraban. Se encontraban, riendo, castradas una u otra. Y se resarcían de nuevo con la lengua... Aldo, ensimismado o lejano o no sé, contemplaba la lucha...

De pronto, se desabrochó el cinturón y dejó caer sus pantalones.

Yo siempre había encontrado ridículo y tambaleante ese gesto de los hombres que se desnudan: zapatos, calcetines, una pernera del pantalón, la otra, torpes y antiestéticos... No fue así. Aldo salió de aquel trance en un segundo. No sé cuándo se había descalzado... Desnudo igual que un dios, con el pene ocultándole el ombligo. «Para mí –dije, espero que no en alto– amanece, deslumbradora, la verdad.» Me enorgullecí y a la vez temblé. ¿Es que todo se había preparado para mí? ¿Todo aquello, lo previo, eran juegos tan sólo que esperaban el santo advenimiento? Noté sobre mis pechos las manos de Aldo. Cerré los ojos y di otro paso atrás... Se oscureció todo. De algún modo perdí el conocimiento. O puede que deseara perderlo. Podría jurar que algo entraba en mí. Todo, dedos, lenguas, el cuerpo entero, vigoroso y rotundo de Aldo. Yo tenía apretados los párpados. Y grité, o creí gritar. Creo que me escuché decir: «¿Qué es esto?».

No era de ningún modo lo que yo había vivido. Vi a Aldo mezclado con las chicas sobre el colchón. Me pareció mentira. Parpadeé. Volví a mirar. Allí estaban los tres. Me sonreían los tres, o los veía sonreírme yo, entrelazados y vibrantes... En un segundo, sin tomar ninguna decisión consciente, salí de aquella habitación. No sé cómo, igual que si todo estuviese trazado de antemano, bajé las escaleras, abrí por dentro la puerta de la casa, me alejé por el sitio exacto sin saber cuál era, me acerqué a mi casa por el trecho más corto... Sin mirar. No era necesario... Comprendí que Venecia es como esos videntes, esos sanadores, esos practicantes de la medicina paralela. Comprendí que la vida no consiste en el normal funcionamiento de los órganos, sino en algo distinto y superior que nos mantiene y nos empuja... De mí había caído, como los pantalones de Aldo, la escena que no sé si viví del todo o imaginé del todo o las dos cosas a la vez. Ahora podría razonar más o menos, imaginar, verificar, reconocer los hechos. O lo que yo había percibido de los hechos.

¿Había sido cobarde?

–No lo sé. Necesito escribir.

En el centro de mi cuarto, casi fríos los dos, mi cuarto y yo, reconocí sin duda alguna el prestigio del corazón. ¿Por qué? Lo que había visto era sexo tan sólo. Pero ¿qué quiere decir eso: sexo tan sólo? Me sobrevino una claridad mental desconocida. Allí, en pie, abrumada aún por el deseo, estremecida la piel, las piernas temblorosas, me lancé sin darme cuenta a razonar... El desconcierto vino luego. Necesito decir lo que entonces pensé: sin necesidad de reflexión, como quien mira las estampas de un libro que no lee. Húmeda y triste y excitada a la vez que satisfecha. Ignorante de lo que me sucedía y, como para compensar, acostumbrada a los gajes de mi oficio, que hasta el descubrimiento de la luz cenital, todo, lo usa en beneficio propio, me escondí de mí misma. Lo necesitaba y lo confieso. Como ahora necesito prepararme escribiendo sandeces ajenas al fervor.

Desde la noche más oscura de los tiempos, desde las horas del ser humano atónito, que veía el mundo entero cuajado de enemigos, el latido y los pulsos, que yo sentía y oía, fueron las señas más ciertas de la vida. Siempre, y aquella noche más para mí, el corazón ha sido realidad y símbolo. Tuve que sentarme en la cama. Luego dejé caer la cabeza sobre los almohadones. Y pensé que a los enemigos se les arrancaba el corazón; a los amigos se les ofrecía. Aristóteles –si es que él fue algo más que un símbolo también: un símbolo de la acumulación filosófica, como Homero de la acumulación poética– erigió al corazón en el centro del hombre, y al hombre en el centro del universo: qué candorosa vanagloria. Leí una vez que Galileo contó en sus *Diálogos* un hecho que comprueba, tanto tiempo después, la fuerza de Aristóteles. O quizá la del corazón. Tras la disección, bastante concurrida, de un cadáver aquí, en Venecia, se dirigió el anatomista a un caballero colega y adversario: «¿Estáis viendo cómo los nervios proceden del cerebro y no del corazón?». «Sí, lo veo; pero ¿qué voy a hacerle? Aristóteles defendió lo contrario.» Qué larga, que larguísima historia... Cómo ha conseguido ese órgano tan frágil representar lo mejor y lo peor del hombre. Corazón de león, corazón de hiena... Corazón duro, o blando, o noble corazón. Mal corazón o bueno. Me impresionó leyendo en Shakespeare esta frase: «El corazón, maese Page, el corazón; eso es lo único que importa». Hasta la Celestina, tan cargada de pecados, grita: «Dios es el testigo de mi corazón...». «Ya me lo decía el corazón, y él no es traidor» (qué risa), dice aquel al que el futuro le confirma un presentimiento. Con el corazón atravesado por puñales están las Dolorosas; con él en la mano, los sinceros; con uno que no les cabe en el pecho, los magnánimos; echándolo por la boca los agitados y los sobresaltados. Y yo... Pero cuántas veces nos dejamos engañar por el corazón, que sí traiciona. Y traiciona, *«si dolcemente, / che la dolcezza ancor dentro mi suona»*, se quejó Dante... Qué irrompible cadena: lo abarca todo, todo lo somete. Cómo le hemos echado encima la carga de los sentimientos por si él no tenía bastante con la suya... Si nos escuece la garganta de pronto y nos sube a los ojos una niebla de agua, quizá como a mí ahora, decimos que nos duele el corazón. Si alguien, que estuvo a nuestro lado con la promesa de quedarse siempre –qué lenguaraz y petulante el ser humano–, si ese alguien se nos va, decimos que nos duele el corazón. Si me miro las palmas de las manos en este instante para ver si me ha nacido verdín en ellas a fuerza de no ser acariciadas o de no acariciar, me digo que me duele el corazón. Y si no me atrevo a avanzar hacia el futuro, porque no hay nada ni nadie que desde allí me llame o eso es lo que creía, me digo que me duele el corazón... Los hombres y las mujeres, en el fondo, lo que hemos hecho, al querer simplificarlo, es complicarlo todo. Sólo cuando la vida, como una argolla, se nos cierra en torno es cuando hacemos caso al corazón. No le damos las gracias por las risas de otros meses de mayo, por el pasado gozo de ver el mundo nuestro y compartido, por el júbilo de haber adivinado que una noche de agosto se inauguraba, junto al mar, algo muy semejante a la felicidad. Qué descuidados somos. Qué desagradecidos... Pero ¿quién lucha contra un símbolo? ¿Quién que no sea un médico osa reducir la majestad del corazón al modesto natural de un trabajador a destajo, que de pronto se cansa, trastabilla, se detiene y nos mata? ¿Cómo sustituir su viejo papel de emocionada caja de sorpresas por el siniestro papel de un asesino? ¿Cómo llegar a convencernos de que el corazón ya no nos servirá más que para morir? ¿No me acababa a mí de suceder?

Yo ya sabía cuánto miedo le tenemos al dolor. Tanto ante el físico como ante el moral, todo se nos vuelve a alzar una torre de analgésicos. Huimos de él como de la peste: la peor peste es él. Nos rebelamos heridos, hemorrágicos, torpes frente a ese extraño visitante. Nunca reflexionamos qué bien estuvimos sin él hasta que él aparece. La salud y el bienestar, los físicos y los otros, consisten para nosotros sólo en eso, en no sentirlos, en no agradecerlos, en no tomar conciencia de que los poseemos. Apreciamos las cosas sólo cuando empezamos a perderlas, cuando empezamos ya a echarlas de menos. Y no usamos para nada la experiencia pasada, porque todo el tiempo es presente: siempre es presente... Escribo estas pamplinas para no recordar, para que se vaya este susto del cuerpo... El pasado y el futuro únicamente hoy, ahora, nos interesan. Y hasta el amor perdido que lloramos, que estamos hoy llorando, es el mismo de ayer. Las mismas nuestras lágrimas y el mismo el modo de verterlas. Un personaje mío se decía a sí mismo: «En el dolor de hoy estuve ya otras veces: de memoria me sé sus filos fríos, sus enemigos ojos y sus sombrías manos. Pero ¿de qué me sirve?». No, a nosotros no nos sirve la experiencia. El dolor y el amor son siempre nuevos. Siempre es presente para nosotros, nos demos cuenta o no.

Necesito, necesito, necesito escribir de algo que no sea lo único...

No aprendemos, aunque lo sepamos, que del dolor salimos llenos de impulso. Asumido, digerido, transformado en materia positiva y vital, nos depura y nos hace crecer. Por supuesto crecer para ser objetos de otro dolor: idéntico, pero otro... ¿Por qué no lo aprendo hoy, ahora por ejemplo?... Si no nos apropiamos del dolor en todo su tamaño, qué bien lo sé yo, se enquista y se convierte en un tumor maligno que acaba con nosotros. Ahí está el equilibrio de su lección: nadie ha de detenerse más de lo imprescindible en el tiempo que le duele, pero yo me empecino en no salir de él... Estos miserables papeles son la prueba. No sé por qué, no sé por qué. Me lo pregunto y no sé contestarme...

Huimos del dolor y no disfrutamos del bienestar físico que nos parece sólo lo normal. Y sin embargo, ¿por qué yo he ignorado el terremoto del placer? El trastorno natural y coloreado del placer. ¿Por qué nos parece, por qué me pareció a mí durante tanto tiempo una transgresión y una indecencia? No, yo no he tenido suerte. Pero hay gente más desgraciada. Hay gente convencida de que hemos nacido para sufrir, de que el mundo entero es un valle de lágrimas. Hoy muy en especial, siento por ellas conmiseración y una invencible antipatía. Lo acabo de confirmar: son los peores enemigos de su dios, sea el que sea. Opinar que para introducirse en el Paraíso hay que pagar una entrada de llanto, opinar que la flamígera espada del arcángel guardián sólo puede abatirse con la aflicción (y mejor si es inútil y además provocada) lo considero la más grave blasfemia. A Teresa de Jesús, por fortuna, los santos encapotados le producían mucha prevención: ella era bien risueña, levitara o no. Y es natural: si el que defiende el mérito del martirio mirase con atención en torno a él, no lo defendería ni un minuto más. La vida es, y lo siento dentro de mí hoy, por encima y por debajo de todo, alegría... Hay millones y millones de cosas buenas que nos ocurren y que podemos gozar y que son gratuitas: la elegante y grácil dinámica de los animales, su colorido, el aroma infinito y tenue de las flores, las luces de esta ciudad que ni un solo segundo se repiten, el modo natural con que las reciben los pétalos y los volcanes, las irisadas alas de los insectos y los increíbles océanos... El cuerpo inolvidable de Aldo... ¿Por qué no me convenzo hoy ya de que no es un dislate pensar que el Edén verdadero se halla en donde nosotros nos hallamos? ¿Por qué es preciso que yo me lo pregunte por escrito? No lo sé, pero así es...

El dolor es un hecho; la alegría de la vida, otro. Y ambos son compatibles: compatibles y opuestos. La alegría ha de lamer, hasta abatirlos, los cimientos del dolor, de lamer, de lamer, de hacerlo desaparecer de este valle melodioso y refulgente. El espíritu de sacrificio es un invento de los administradores del misterio religioso. El sacrificio, cuando sea imprescindible, debe aceptarse, pero con alegría... Hoy me provoca arcadas el fanatismo del dolor. He pasado por él y sé lo que me digo. Que nazcamos para sufrir es una gravísima falacia, la diga quien la diga. Es una aberración y el mayor pecado que se comete contra la vida. Su uso es el don supremo y el destino supremo. Supremo y único. Quien agregue un gramo de dolor inútil al que ya hay en la tierra será quien más atente contra cualquier dios, si alguno la sostiene. Detesto las religiones y las sectas que añaden más dolor al que los hombres han conseguido (aunque sea no sólo por egoísmo y por torpeza no hablemos de maldad) sembrar a su alrededor. Ellas son las responsables de la angustia y de la sensación de culpabilidad que nos destrozan. Que se atengan a sus funestas consecuencias. ¿No lo he aprendido así en Bianca y en Nadia? La risa y el placer son la más clara higiene. Leonardo, quizá el más alto ápice de la creatividad, dijo que, si fuese posible, se debería hacer reír hasta a los muertos. Ahora sé que a los dolientes siniestros y aburridos no los quiero a mi lado. Alguien que ríe no será nunca demasiado peligroso. Me sorprendió leer en el Corán que quien hace reír a sus compañeros merece el paraíso. Como me sorprendió leer en Lutero: «Mi risa es mi espada, y mi alegría, mi escudo». A los fanatismos que nos acosan y ensombrecen hay que responder de la misma manera. Ojalá yo lo haga: con el arma juiciosa de nuestras carcajadas y, como he comprobado, con el alegre sexo, con el sexo diáfano y dadivoso, con el sexo gozosa y ciegamente recibido.

Yo soy la viva prueba de lo que acabo de escribir. ¡Por fin! ¿Qué he conseguido yo en mis cuarenta años? Sólo cansarme, sólo estar cansada. Sólo mirar la vida por el ojo de una falsa cerradura...

¿Habré cambiado tanto de la noche a la mañana? Qué gran lección de vida me han tirado a la cara. Ojalá no sea aún tarde. Pienso en Aldo, y siento celos de Nadia y Bianca. Pienso en ellas y siento celos de él. Pero si pienso de verdad en mí, estoy convencida de que es envidia de los tres lo que siento. De los sexos abiertos de ellas, del sexo erguido de él, de su obelisco. Es eso lo que anhelo ahora mismo. Es eso lo que puede salvar a cualquiera... Sería un vil pretexto achacarlo ahora a que anoche tenía unas copas de más.

Han pasado apenas unos cuantos días, y ha dado el mundo una vuelta de campana para mí. Venecia, la primera. Le debo un desagravio. Cuando llegué y algún tiempo después, sólo al suicidio me invitaba: es una ciudad llena de oportunidades para él. Me refiero, más aún que a los canales, a las callejas silenciosas, a las plazuelas aisladas donde nadie te ve ni te roza ni te compadece. La miraba como si me la bebiera, igual que un enfermo grave sólo cuenta la vida que pierde. Una vida que resbalaba por las fachadas, sobre los leones y las estatuas frías; que nadaba en las aguas oscuras y parpadeaba en los mosaicos. Me movía a lo tonto en una ciudad a la que la gente viene a gozar en compañía, a admirar, a divertirse, a pasar sus vacaciones o sus lunas de miel. (Qué obsesión tengo con las lunas de miel.) Y yo estaba vacía y sola, sola, sola (qué obsesión también la de la soledad, caramba), rodeada de escorias y desastres, de recuerdos amargos: lo único que quedaba de mi vida. Sin deseos, sino todo lo contrario, de asomarme a otras vidas, de investigar en ellas, de participar, de plantearme ni una novela ni un cuento ni dos frases seguidas... Cuánto he tenido que esforzarme para escribir aquí... Me repetía: «Nunca habrás encontrado una ciudad tan visitada por el amor, acaso ni París, y tan desentendida del amor: del amor y de todo lo que no sea dinero: lo mismo que París. Una ciudad acabada en sí misma, ensimismada y hermosa sobre sus pedestales, como la escultura de una divinidad lejana, ajena a mí por completo: una diosa endiosada, sólo preocupada en serio por su propio futuro». Un futuro del que yo carecía.

Y ahora se ha convertido en la ciudad de mi renacimiento. Ha sacudido mis adormecidas fuerzas vitales. Se ha vuelto real en ella lo pintado; vibran los colores y me empujan; me obliga a formar parte también de su ballet. Miro extasiada el Gran Canal, su S mayúscula, lenta y cambiante y viva, desde el cardenillo de la cúpula de San Simeone Piccolo a la plata de la cúpula de la Salute... Y las venas, latiendo, confluyentes en su arteria, o al contrario, los canales donde se distribuye la sangre principal... Y la gente que aparece de pronto desde las esquinas, y se afana un momento y vuelve a desaparecer. Y los tres puentes que la salvan y me salvan: el de los Descalzos, el último, fino como un milagro; el de la Academia, reciente y viejo a la vez, y el Rialto, igual que un monte sobrehabitado y resonante.

Acato emocionada la monarquía de la luz, y sé por qué: la luz que baja y la que sube desde el agua, reflejado por el escardillo del sol o de la luna. Y su tenaz empeño en demostrar que quienes la pintaron dijeron la verdad: una nube que vela el tenue sol; el sol radiante que atraviesa otra nube; el cielo ileso con un jirón de nube traslúcido y amigo, lo mismo que una nota más de un delicado y duplicado lujo... Y la ciudad entera cambiando según las horas, marcándolas lo mismo que un reloj, ya pacífica o aún beligerante, entre las sombras de turquesa o malaquita... Por eso Venecia nunca puede transformarse en costumbre. Pero yo estaba ciega.

El agua que la sostiene, parezca lo que parezca, no se estanca jamás, no se está quieta, va y viene y no es nunca la misma. Porque quienes la imaginaron y la construyeron tenían su oído atento a las mareas, a las corrientes, al flujo y al reflujo... Para construirla, no existían modelos: hubo que improvisarla dependiendo de las fases de la luna, de los vaivenes de las mareas y las luces cambiantes. Para que pasara del mediodía a la sombra, de la callada penumbra a los gritos de la luz y el color, casi sin transiciones. Para que cambiaran tanto las fachadas, las tapias, los reflejos que pareciese siempre que se pasa ante ellos por primera vez. En ninguna ciudad se pierde una tanto como en ésta: es como un juego de la oca. El Canaletto, dígase lo que se quiera, no inventa apenas: pinta siempre lo mismo, sólo que a horas distintas. Y es que hay demasiadas Venecias: la levantaron para que nadie pudiera limitarse a una sola; para que pensase que, inmerso en su laberinto, conocía ya muchas.

Por eso he descubierto que lo mejor es abandonarse a ella. No dirigirse nunca a un lugar concreto, sino ir yendo y dejarse llevar; permitir que Venecia, como una sabia maga, te sorprenda. Porque ella juega siempre a ser la inesperada: por doquier abre sus Campos a los pies de una iglesia; juega a la imprevisible: ibas bien y de pronto te has perdido; juega a la inverosímil: te enseña una nueva imagen cada instante, una arboleda inédita sobre un muro de almagre, un pozo que pasó inadvertido, un arco que se abre a un callejón que desconoces o acaso no reconoces ahora... Venecia, llena de maquillaje como una vieja abigarrada, parece de repente recién nacida, intacta, y te muestra al natural el modelo de lo que viste ya en lienzos y en dibujos...

He aprendido, en tan poco tiempo desde que abrí los ojos, a adorar los pequeños canales que llevan hasta el Grande y luego a la Giudecca, que se ha instalado como un salvavidas en mi corazón... Son caminos luminosos entre altas paredes oscuras, que miran, bajo el ancho y grueso cielo abierto, las líneas borrosas de las casas de las Giudecca y el huidizo blanco del Redentore. Voy allí como si me abandonara. Voy, sin querer, en cada ocasión que me abandono. Y ahora lo hago con frecuencia... Me detengo ante el agua caprichosa, viva desde abajo, tornasolada con sombras violetas, según los días, las horas y la temperatura... Y se me van los ojos a los barcos atracados; y los oídos, a los chirridos de los aparejos; y el alma, al vaivén de la gente que antes abominaba. (Porque ya tengo alma.) Mientras las bandadas de gaviotas, unánimes, suben, bajan, se ciernen... Hoy mismo estuve allí. El sol apoyaba ya su cabeza sobre el atardecer, ascendía la noche o se dejaba caer desde la piedra de Istria de los Jesuatti, que siempre, haya o no luna, deja emanar, desde su corazón, un resplandor lunar... Allí me quedaría para siempre cerca de aquel que amo...

Tres días después de aquella escena lúbrica y salvadora, que me obligó, porque dejé de respirar y de pensar, a dejar de mirarla y a abandonarla, tres días en que no hice otra cosa que recordarla, que imaginarla y que sentirla... Tres días después, al atardecer, me avisaron de que tenía una visita.

–Que pase –dije.

Pero encajé la puerta para oír cómo la golpeaban y adivinar la mano que lo hacía. El corazón se me atravesó en la garganta cuando susurré: «Adelante».

Entró, y no había nada que hablar entre los dos: estaba todo dicho. Porque el amor engaña siempre. Engaña, sobre todo, cuando dice la verdad. Quizá nace tan sólo con el fin de engañar... El sexo, en cambio, es elemental, sencillo y evidente: él no sabe mentir... Salvo cuando las mujeres, por dinero y también quizá por amor, fingimos los orgasmos... Eso lo pienso ahora cuando escribo; entonces no pensé.

–No sé qué hacer –murmuré.

–Sí lo sabes: nada –o quizá lo oí sólo, y él no habló.

La luz entraba, con dificultad, a través del visillo. Afuera, anochecía. Aldo se pasó la mano derecha por el pelo antes de sonreír. Después acarició mi pelo y se alejó. Yo me senté ante la mesa en la que ahora escribo. Hice girar la silla, como si intuyera lo que sucedería... Aldo, en un segundo, desnudo por completo, con un sexo que me miraba a mí porque yo lo miraba, se tendió sobre la cama. La mano que me había tocado acariciaba ahora, muy despacio, aquel sexo que no podía crecer más. Y me miraba. Yo oí un gran trueno, mejor, una tormenta con relámpagos y truenos y luces estridentes; me sentí manejada, lo mismo que una marioneta, por una fuerza irreprimible... Pero no me movía. Agarraba los brazos del sillón. Me inclinaba hacia atrás y hacia adelante, apretaba mis muslos uno con otro... Abrí mucho los ojos contra mi voluntad; no respiraba apenas pero oía ensordecedora mi respiración: cerré los ojos para mirar en mi interior, más clara que antes de cerrarlos, la polla de Aldo. La oí llamarme. Eché la cabeza hacia atrás, y grité... Antes de entrar en la completa oscuridad de los sentidos, comprendí que abandonarme a la enajenación sería la única manera de acertar... Me deslizaba, me deslizaba... Luego vi el mar sereno y a la vez encrespado y tranquilo otra vez y vi la luna y muchas otras cosas hermosas cuyo nombre ignoraba y pensé con alegría que mi vida había sido un desierto con oasis fingidos y me perdí en una vegetación rezumante de jugos resbaladizos y sabrosos y había luces que calentaban y turgencias frutales y carnosas y un tronco duro y tierno no imaginado nunca que mi lengua acariciaba y devoraba mi boca sin que cesase el hambre y sentí el calor y unos sudores compartidos y mi cuerpo era otro y de otro y mi corazón latía más fuerte de lo soportable salvo que otro corazón lo acompañaba y supe que algo era parte imprescindible de mi cuerpo y que moriría si aquello dejaba de suceder y de entrar y salir y todo era yo misma yo misma era un enigma que se iba a resolver en la alegría desconocida del mundo y todo era una confusión y una cabeza palpable y un sobrecogimiento que deseaba más que a nada en el universo y me espantaba a la vez y me hundía en lo oscuro y me extraviaba en un dédalo desconocido e intuido a la vez o recuperado y todo lo pensaba y rechazaba pensarlo al mismo tiempo y me escuchaba y no quería escucharme y sentía mordiscos en el cuello y en la nuca y llegar la muerte y la transmutación y el abandono a todo y me consoló una muerte no imaginada y una fruición hambrienta y una minuciosa indagación en mi cuerpo y en otro cuerpo distinto al mío y una caricia insoportable y una posesión honda por algo que era mío y ajeno al mismo tiempo y unos ruidos próximos y lejanos y la parte de un cuerpo que se levantaba y a mí me levantaba y me complementaba y me totalizaba y una lengua o la mía que chupaba mis dedos u otros dedos y algo en mi boca apetecible y duro y suave y una ola extraña y completamente mía que me desposeía de mí y aprendí de repente qué hacer y cómo gozar y ser gozada y me supe indefensa y potente e invadida por un placer sonoro y silencioso y por un éxtasis compartido que me enseñó que yo no era mi dueña y que me abandonara pasiva activamente a ojos ciegas sin escuchar ya el mar en el que naufragaba recibiendo de arriba una caliente lluvia... ser sólo un animal, un animal ciego y torpe y hábil que obedecía e improvisaba ritmos vaivenes mareas desbocadas y me ahogué en ese mar y nada de lo imaginado me servía y me ahogaba en aquel mar que no era sólo yo y me olvidé y me quedé olvidada sin saber más sin que nada de lo aprendido me ayudase a abandonarme más... oí gritar o acaso me oí gritar... una rendición y una victoria y un olvido y un gozo interminable que mojaba mi cuerpo y me mataba y me mataba y yo no me acababa de morir...

No sé cuánto tiempo transcurrió en ese limbo luminoso.

Aldo, que musitaba palabras incomprensibles pero cariñosas, me besó con dulzura en los labios. Fue lo que me volvió en mí y murmuré a su oído una tontuna. Cité nada menos que a Shakespeare: no, no tengo remedio. Una frase del soneto 138:

–Al amor no le gusta que se cuenten los años.

–Ni a mí –dijo Aldo perezoso besándome de nuevo.

Yo insistí en citar a alguien, no sé por qué. Quizá porque me encontraba anulada y perdida. Esta vez cité a Yeats:

–La danza y el danzarín son una sola cosa.

–Sí, si se danza tan bien como lo has hecho tú.

Suspiré de complacencia y de agradecimiento. Sus ojos

me deslumbraban: nunca supuse que hubiera nada igual en el mundo.

Entre la incredulidad y la ternura, le musité al oído:

–Podría ser tu madre.

–Sí, pero no quisiste… Ahora es ya tarde –bisbiseaba–. Salvo que lo seas de verdad…

–¿Me quieres como a una madre?

–Salta a la vista… Y como a una hija a la que proteger.

–Incestuoso. Y pederasta.

–Contigo, todo. Todo…

Antes de irse, Aldo me dijo:

–Es mejor, de momento, que pasees tú sola por Venecia. Ten la seguridad de que me llevarás siempre contigo.

Yo, entre la niebla, comencé a recordar lo que ignoraba… Cuando tenía en mi boca el sexo de Aldo creo que pensé: «Ahora ya somos tres: eslabón, yesca y pedernal». Fue un segundo tan sólo. No recuerdo haber adjudicado los papeles. Supongo que la yesca era yo… ¿O sería el tercero el amor? No, no: aquello no era amor. Era mucho más grande: necesidad absoluta, tiro de gracia, asunción a los cielos… Ahora me sonrío, porque fue en ese instante cuando me atraganté: no estaba acostumbrada a tales opulencias.

Veo caer fuera la noche. Es como un velo de bondad no siempre comprendida.

Bajo nubes espesas y cerradas Venecia es un interior: un interior sin vida, como pintado a tientas por un ciego. Sólo quedan esquinas que se cruzan desatinadas, ramajes sin verdor que sobresalen de paredes sombrías, ventanas detrás de las que nadie vive. Queda lo que yo fui... Cuando la baña el sol, Venecia se despereza, se reviste de brillantes colores, imita a la que los más grandes han pintado, se esponja, se compone, se exhibe con los brazos en alto para que sus pechos se yergan y atiranten... Igual que yo. Igual que cuando yo escuché, por vez primera, la voz de la ciudad, el antiguo canto seductor de sirena cuando trataba de seducir a Ulises... Yo había seducido y poseído a Aldo sin darme cuenta. Y me preguntaba de dónde procedía aquella música que no cesaba nunca: ¿cómo iba a imaginar que la llevaba yo dentro de mi cabeza, entre mis sienes? Como ese rumor ilocalizable de chicharras que se escucha al atardecer en el campo durante el verano; igual que un eco que aún queda del día; igual que una prolongación de los cantos que lo llenan todo por la mañana y a la hora de la siesta... La siesta compartida.

Yo había llegado al deseo de Aldo con una inconcebible inocencia. Ahora me encuentro como recién nacida. Su hallazgo, su conocimiento, su cuerpo sobre y bajo y junto al mío ha sido tan extraordinario e inesperado que ha de ser el destino quien lo previó y lo dispuso así. Sólo pudo ser él. Y nos ha conducido el uno al otro. No queda otra posibilidad que aceptarlo. Aceptarlo con regocijo y gratitud. Por lo menos a mí.

Es tanta su virilidad que parece un niño, porque no necesita alardear de sus proporciones ni de su fortaleza. Las espaldas son rectas y anchas. Y sus hombros, redondos sobre los recios brazos musculados. La cintura es esbelta, cóncavo su estómago, y la dulce insinuación que hace el doble dibujo de su carne hacia las ingles... Ah, y más abajo de la ternura de sus muslos, el esplendor ondulante de sus muslos... No es exhibicionismo lo que hace cuando se desnuda. Ni piensa si es hermoso o no, si me complace o no... Lo sabe: que me complace y que es hermoso. Lo ha olvidado. Lo da ya por sabido. Tiene la naturalidad del que ha sido así siempre. Se enseña como un don que él ya no aprecia. Sonríe apenas si observa que estoy mirando con estupor su sexo. Como miré un día el de mi padre: la misma envidia, la misma sorpresa renovada; pero éste es mío... Aldo tiene el peso y la fuerza que no necesitan demostrarse. No el poder habitual del que sabe que va a ser obedecido porque paga, ni la vanagloria machista de quien acostumbra tratar con mujeres fáciles... La fuerza y el peso que no requieren manifestaciones; los de quien se tiene, sobre todo pero nada más, a sí mismo... Qué equivocada estuve cuando lo vi por vez primera. Sólo quizá porque hizo lo que no suele: querer parecer más fuerte para conquistarme.

No me voy a tolerar acostumbrarme a tanta hermosa serenidad, a que alguien desnudo pueda ser a la vez tan elegante. Hay que nacer así. Pero ¿de qué familia es en la que no haya dioses? ¿Cómo alguien creado tan perfecto, con una complacida minuciosidad, no va a ser silencioso? Sólo habló la primera noche, para distraerme y que no me cegara su belleza...

¿Cómo voy a impedirme sospechar que se trata de un animal de presa, rapaz y bien creado para la voracidad y la victoria?

Al día siguiente a aquella primera desnudez, me encontré con Aldo en la puerta de un hotel. Lo miré como si no fuese real, con el temor de que él hubiese olvidado todo, o todo fuera sólo un sueño mío. ¿Me reconocería? La creación entera se suspendió durante un segundo inacabable: el tiempo nada tiene que ver con estas cosas… Hasta que Aldo me sonrió. Me sonrió quizá pensando qué iba a hacer conmigo, esta pesada carga, en adelante. En el vestíbulo del hotel, él se adelantó hacia la recepción. Yo lo miraba por detrás, lo saboreaba, lo inspeccionaba, lo devoraba… Cuando volvió la cara, me adivinó tan llena de deseo que me lanzó una risa de cejas alzadas y de sorpresa…

Fui más suya que nunca. ¿O es que siempre se piensa que es así?

Al tomar, de vuelta, una góndola, me apreté contra él, pedí la muerte para compartirla y acabar de una vez. Miré el oscuro canal por encima de su hombro. Él golpeó suavemente con la mía su cabeza. Nos miramos. Nos ahogamos uno en el otro. Bajé la mano y acaricié, con los ojos cerrados, el bulto de su sexo. Aldo rozó con la mía su nariz y cubrió con su mano la mía. Luego me la apresó entre sus muslos, y yo sentí crecer mi objeto de deseo. Y mi deseo.

¿Por qué, entonces, de vez en cuando, lo adivino lejos de mí?

¿Ya empezamos de nuevo, Deyanira, masoquista insaciable, ya empezamos?

Cada noche, las chicas, Nadia y Bianca, me acompañan a la discoteca donde Aldo trabaja. Yo, en un silencio que les sorprende a ellas, reflexiono sobre la fragilidad de los sentimientos. No sobre el amor ya, sino sobre el deseo… Y sobre la vida verdadera de Aldo, que desconozco y no me atrevo a indagar. Y sobre la razón misteriosa por la que él cree de momento amarme y desearme, y sobre cuánto tiempo le durará el engaño, su engaño.

Bianca me mira pesarosa y se le pone cara de juez. No conozco a ningún juez que no sea rencoroso. Todos los que disfrutan de un poder incuestionable lo son porque no pueden apearse de su pedestal, mientras el resto sí. Y ganan, apeándose, más que aquéllos.

–Como empieces a encontrarte temerosa y ridícula por haberte enamorado, estarás perdida además de ridícula. No seas tiquismiquis, Deyanira.

Esa dureza suya me liberó y reí:

–Nunca me han gustado los hombres mandones. Ni siquiera cuando son mujeres.

¿Es que soy tonta o qué? ¿Seguiré siendo tonta? ¿Es que mi vida no ha dado un cambio radical, o quizá me he precipitado al creerlo yo así? ¿Por qué entonces me tienen que hacer daño? El desamor y también el amor… Otra vez el amor. Qué pertinacia. Esto es tan sólo sexo, convéncete. ¿Será que el sexo también siembra dolor? O quizá no es su carencia lo que duele, lo que a mí me dolía, sino su inseguridad de ahora: quiero decir mi inseguridad… ¿Me habré enamorado de Aldo? Qué torpeza y cuánta insensatez, porque ¿qué sé de él? O mejor, qué falta de costumbre… ¿Produce el sexo, como una droga, mono? No, no es eso, no van por ahí los tiros: yo hago el amor –de nuevo esa palabra, de nuevo ese error: el amor no se hace– continuamente con Aldo. ¿Entonces? No sé qué hacer. No sé cómo acertar para que esta congoja no me ahogue. No sé qué decir en este cuadernucho, que nunca debí haber empezado a escribir. Él, como todo, se ha vuelto mi enemigo. El mundo contra Deyanira, ¿no es eso, megalómana tarada?

Hoy siento, hoy he sentido, he sabido que Aldo se me escapa de las manos. Me ha golpeado, me ha salpicado a lo largo de la tarde con unos segundos de una frialdad que lo contagió todo: el aire, la ciudad, el atardecer. Yo tiritaba de frío. ¿Y hacia dónde él miraba?

Al parecer, sin embargo, me equivoqué. Ha vuelto a sonreír en seguida. La luz de su boca plegada me ha inundado y ha inundado Venecia: la ha sumergido de una marejada de felicidad... Porque Venecia para mí ya es Aldo. Y Aldo es Venecia. Todo a mi alrededor, en la ciudad y en él, carece de otro fin que no sea el de ser visto y recibir la luz y reflejarla... Los palacios del Gran Canal, la mayor parte medievales, fuertes y delicados como Aldo: ventanas ojivales coronadas por tréboles o cuadrifolios, logias adornadas con flores y más flores; la fantasía gótica con su encaje de mármol, nunca tétrico, nunca grotesco, alado; y el Renacimiento, con sus plantas superpuestas entre columnas delicadas y anteriores a él... El pórfido y la serpentina, incrustando sus vetas sobre las suntuosas puertas que se abren sobre tres escalones. Fachadas rosas o de colores múltiples, según la hora, e íntimos. Arabescos que semejan los dibujos que abandonan las olas sobre la arena fina. Cualquier arquitectura de cualquier estilo, cuando llega a Venecia, es veneciana ya. Igual que todo lo que rodea a Aldo es ya Aldo para mí... Miro a mi izquierda para recordárselo. Aldo no está. Pero yo se lo digo: «Soy Aldo. No quiero dejar de serlo nunca. Ni muriendo».

Desde la basílica, medio gótica medio bizantina, de cúpulas macizas y de finas agujas, hasta la Loggetta de Sansovino... Todo lo que hay aquí, en Aldo y en Venecia, me atrae y me conmueve. Soy lo mismo que el mar: afilado y domado y empequeñecido entra aquí para ondear entre los Fundamentos como en un laberinto, como un niño que juega con otros al orí para extenderse y correr luego hasta el horizonte, serpentear entre las casas y los palacios, relamer las iglesias... Aquí, como en mi vida ahora, no hay austeridad ninguna. El oficio de cada arquitectura, lo mismo que la de Aldo, es ocupar mi emoción y alegrarla exhibiéndose. Venecia es un ser extravertido, rico y jovial. Lo repetiré: como Aldo para mí. Pero ¿hay algún secreto que sólo a ese ser exteriorizado le importe más que otro y nos lo esconda? No, no lo quiero pensar… Todo es vegetación de veras o de piedra, vegetación mitológica de animales festivos, saltarines, de matices paganos, de cuerpos gráciles y ofrecidos, y a veces de Adanes y de Evas, toda la piel al aire… Sí, pero para todos. No sólo para mí… Este gozo sensual que me estremece, esta riqueza puesta a disposición de la hermosura… Majestuosos y reidores los dos, Venecia y Aldo: reyes que exigen su derecho a la felicidad para hacer felices a todos los que los contemplen… A todos, sí, no a mí sola: ya empieza el redolor; lo que no se ve, lo indecible, lo tenebroso, lo arriesgado es cosa suya sólo… El deber de las rosas no es sólo la belleza y el aroma, sino también la espina. Y el marchitarse pronto… «Tan cerca, tan unida / está al morir tu vida, / que dudo si en sus lágrimas la aurora / mustia, tu nacimiento o muerte llora…» Rioja. ¿Y Calderón? «Al florecer las rosas madrugaron / y para envejecerse florecieron: / cuna y sepulcro en un botón hallaron.» Pobres rosas, émulas de la llama.

La otra mañana me detuve ante la *Apoteosis de Venecia*, de Veronés. Fastuosa y entregada. Sólo exige ser completamente feliz para hacer felices a quienes la contemplan. Me acordé, riéndome yo sola, de una Nochevieja en la Puerta del Sol de Madrid. Me había encontrado, después de dar las doce, con la secretaria de un amigo.

–Ay, Deyanira –me dijo–. Estoy absolutamente horrorizada. Han dado las doce y no se me ha ocurrido expresar ningún deseo para el año nuevo. Se me quedó la mente en blanco: en blanco del todo… Sólo se me ocurrió, mira qué tontería, pedir que fuese en él la mujer más feliz del mundo entero.

–¿Y te parece poco, desgraciada? ¿Qué más querías pedirle, avariciosa? ¿Qué idea tienes tú de la felicidad?

Ante estos cuadros, la vista siente un placer físico. ¿Se contagia la dicha? ¿Se contagia también la plenitud? Por el contrario, la literatura no llega a ningún sitio. Sólo emociona a los que entienden su lenguaje, y no me refiero sólo al vocabulario... Qué desgraciados somos los que sólo sabemos escribir, si es que sabemos. Aldo aparece, como la primera noche, y queda todo dicho. Así le sucede a la pintura verdadera. En el mar que se ve, por ejemplo, desde los Jardines Públicos, están todos los matices pálidos, mezclados, turbios, elegantes, temblorosos, delicadísimos con que pintaron Veronés o Tiziano. Y los cielos, engalanados con nubes de madreperla y nácar...

El cielo, el mar, la noche y Aldo. No pido más, no quiero más, como la tonta aquella.

Hace dos noches lo tuve todo junto sobre mí. El agua parda, susurrante, invisible, imaginada apenas como un sombrío y trémulo desierto; a veces, el rizo de una pequeña ola, o la luz mecida por otra que ignora de dónde viene y adónde se dirige. Aldo y yo nos besamos. Su lengua martirizó un poquito la mía. Y se cumplió el milagro... Pareció luego, al separarnos, que yo lo había inventado... No, no. Una claridad imprecisa, ésa sí como soñada, surgió de lo profundo. Yo supe que iba a morir sin remedio entonces. En lo alto, una luna menguante, como una raja de melón horizontal y amarilla, cadavérica casi; no, no cadavérica... Me estremecí. Hasta que alguien estremeció, con una barca, aquella agua y se iluminó la noche de no sé qué fuegos. Y por fin me salvé de aquel naufragio. A mi pesar, a mi pesar. Sobre una agua, centelleante y como encabritada, llena de sobrecogimiento entre la góndola que danza y el mármol que resuena...

De regreso, muy tarde ya, los palacios del Canal, silenciosos, más esbeltos que nunca, descoloridos y turbados, mudos bajo la tenue luna. Una escultura parecía haber conservado algo de la vida que el sol le dio antes de desaparecer; noté cómo se estremecía, cómo me contagiaba su vida póstuma ya. Y me apreté contra el pecho de Aldo. Su mano grande acarició mi nuca. Miré un palacio que hace esquina: la mitad que da al agua, con el cabrilleo y el reverbero, temblaba: se movían sus piedras, sus telas, sus figuras; la otra mitad, en sombras, permanecía infinitamente quieta como la muerte... ¿Qué hacer, qué hacer? ¿Había que elegir? Cerré los ojos y escondí mi cara en el cuerpo de Aldo. Allí está lo que salva. Ojalá pudiese desaparecer dentro de él. De ahora en adelante no quiero seguir siendo más yo misma.

Las heridas físicas cicatrizan. Se nota que allí había como una boca, como unos labios entreabiertos que sangraban; pero se han cerrado; queda una marca sólo. Las heridas en el alma o en el corazón no cicatrizan nunca. Se hacen pequeñas como un alfilerazo, o se agrandan como una sima, pero siempre estarán allí. El sufrimiento, cuando comienza, no termina. Es como si dejásemos de ver con un ojo: podemos acostumbrarnos a ello, olvidarnos y hacer una vida normal; pero jamás recuperaremos la visión de ese ojo, y acabaremos siempre, antes o después, por recordarlo... Quizá escribir algo, una colaboración en un periódico, no sé, me aliviaría, mejor, quizá me distrajera... Pero no. Quiero estar pendiente de este dolor de hoy, de estas tres cuchilladas de hoy, de este abandono de Aldo, que él niega y que quizá yo, con mis sospechas de que existe, he provocado... Para mí ya es igual que si se me hubiera impuesto. He sufrido. Estoy viva, pero he sufrido. He escuchado el tictac del maldito reloj...

¿Ya empezamos? ¿Ya vamos a empezar? Asunción o Deyanira o como coño te llames, qué hija de la gran puta eres... ¿Es que piensas seguirlo siendo ahora? ¿No te das cuenta de que, si tuvieras razón, sería razón lo único que tendrías?

Me niego a ver lo oscuro de Venecia. De Venecia y de Aldo. Si una y otro no tuvieran misterios, ¿los querrías? Las callejuelas tortuosas desde las que sólo se adivina una raya de cielo sobre cien mil mercerías, cien mil escaparates, putas tristes y gente seria que parece que se dirige a su trabajo o vuelve a él, agotada y sombría, si es que en esta ciudad hay alguien que trabaje en algo que se pueda contar… Me niego a ver las criaturas de esa tenaz pesadilla: dragones, grifos, basiliscos, leones alados o sin alas, esfinges con pechos de mujer harta y cansada, minotauros, centauros como el de la primera Deyanira, cancerberos, princesas abolidas, la triste evolución del ser humano… Me estremece la puesta de sol lejos de Aldo. Oscurece en las calles antes que en las orillas. Y el espejo del agua está lleno de lanchas y motoras, góndolas, vaporetos, barcas y barcos de todos los estilos… Y una luminidad que parece de invierno siempre, porque se ha ido quedando prendida por ahí… Como esa luz enjaulada en Giorgione o Bellini, aunque pinten exteriores. No la de Tiépolo, no la de Tintoretto, que anda por todas partes. Y alumbra y clama y ríe y emana por doquier… Como la que desprenden los ojos claros de Aldo, que cambian de color según las luces, igual que la ciudad.

Sé que todo lo que escribo aquí está fuera de sitio. Lo sé. Es mi justo castigo. He apostado todo: mis sentimientos, mi tiempo entero, mi pasión, mi impulso, que era tan grande por la literatura y que ya no lo es. Lo he apostado todo a una carta equivocada. La literatura se inventó para jugar. Tanto por parte de quien la escribe como por parte del que la lee. Para escribir ningún hombre se pone corbata ni una mujer collares de brillantes o diademas. Y las editoriales, por mucho que presuman de sublimes empresas, o de multinacionales todopoderosas, son tristes jugueterías; y por mucho que los escritores crean que son espías internacionales, o ingenieros navales o aeronáuticos o de caminos y puertos, son inventores de juegos simples y, como mucho, jugadores de ellos… Y, si no es así, además son malísimos. Ya digo, he apostado a una carta equivocada. Hasta encontrarme cara a cara con la vida, que está por encima de cualquier otra cosa. La vibración del mundo, la dicha o la desdicha, el amor o el desamor, qué importa, son lo que nos construye, aunque más tarde nos destruya. «Pero la vida se acaba», me he dicho con frecuencia estos días. Pues bien, de ahí lo urgente que es todo. La vida se acaba, con uno o dos tubos en la nariz o en la boca o en algún otro sitio, en un quirófano o en una acera, preguntándonos, en caso de que nos quede tiempo, si eso era todo... Es a pesar de eso, o por eso mismo, por lo que hay que vivirla, bebérsela, estrecharla, masticarla, comérsela, tragársela. Aunque sea ella la que de veras nos digiere.

Sólo he utilizado la inteligencia para escribir, para transmitirme, para salir de mí, en lugar de haber procurado asumir y gozar de la hermosura de la carne. ¿Creí acaso que ella era incompatible con la sabiduría? Ni una cosa ni otra he conseguido nunca por entero: ésos son tus poderes, tía melona. De ahí que me enamore hoy la arrebatadora y sagaz inmediatividad de Aldo. Su transparencia de hermoso que no procura serlo. Así consigo una doble posesión de él. Como si yo fuese él también que, sin darse cuenta, se autosatisface a sí mismo y goza de sí mismo mientras me hace gozar... Por eso hoy repito, como Lope de Vega (ay, cabrona, ay qué libresca eres, venga citas): «Quiero cambiar de estilo y de maneras». Y lo conseguiré.

Anoche mismo tuve un sueño. No era un sueño: lo vi. En él estaba sentada a mi mesa de Madrid, ante unos folios en blanco y ante un ordenador que nunca usé. Había varios rotuladores de la marca que prefiero. Yo apoyaba los brazos sobre la madera oscura... Pero tenía las dos manos cortadas. Todo era sangre allí. Al despertar, aún veía manchas de sangre en el embozo de la sábana. Y las había. A veces Aldo y yo nos mordemos con demasiada saña.

Hoy quedé con Aldo en la plazuela próxima a mi casa. Con frecuencia prefiere no subir. No quiere llamar la atención. Es partidario de que, fuera de la discoteca, se sepa lo menos posible de él y de mí. Eso me alarma, pero ¿qué voy a hacer? Vi, sobre una tapia, asomar las ramas de una adelfa especialmente roja, un mechón de hierba menuda entre unas piedras, el verdín corroído de un zócalo... Oí una campanada. Cruzó a mis pies un gato. Unas manos inconfundibles me cubrieron los ojos. Aldo me besó debajo de la oreja derecha. Yo permanecí con los ojos cerrados.

–Te amo, te amo, te amo. –Lo dije en voz muy baja.

–Y yo a ti. Pero tú lo haces demasiado ostensible. Es peligroso. No lo repitas tanto. Ahora tú sabes que el amor no se dice, se hace.

–¿Se hace? No, se goza, se respira, se es.

Su amor, cuando estamos a solas, es violento, rápido, o a mí me lo parece, y contundente como un trallazo. Es explosivo. Me arrastra hasta donde yo no había estado nunca. Como si se vengara en mí de no poder dejarme. Como si se negara a follar conmigo sin poder evitarlo. Como si bebiese de un sorbo el café de un capuchino dejando para el final la crema dulce... Luego me deja en el lugar que sea. Manca, coja, sorda, muda, anhelante, satisfecha y cansada, igual que Mesalina, *«hausta sed non saciata»*, borracha de él y deseosa de seguir bebiendo.

Lo hicimos esta vez en un piso que tiene en la Giudecca, casi desnudo, igual que él está siempre conmigo, y como sin habitar, igual que yo me encuentro cuando no estoy con él.

–¿Para qué quiero muebles aquí? Quizá algún día tenga que salir por pies. Éste es mi campo de batalla.

–¿Y yo soy tu enemiga? –Se acarició la ceja con un gesto habitual.

–No lo sé. Mi riesgo sí que eres. Me estoy jugando entero. –Entero, desnudo y lento, abofeteándome sin querer con su belleza, se alejó de la cama, buscó entre sus ropas y trajo una pistola–. Guárdame esto. Por si lo necesitas.

Tomé el arma. Y con ella en la mano supe, de tal manera, con tanta claridad que me amaba, que me abalancé sobre su pene. Era como si me hubiese puesto en el dedo un anillo de compromiso; yo se lo devolvía con mi boca. Aldo estaba armado en todos los sentidos. En mí se hizo una luz que luego habría de iluminarme más. Su forma de implicarme en lo que fuese me hacía definitivamente suya. A eso era a lo que él llamaba *hacer el amor como es debido.* Lo deseé como creía que no era posible desear a nadie. Amante y cómplice.

–Trafico en nombre de otros. Todo lo hago para otros. Mejor es que no sepas nada más.

Esnifamos unas rayas de coca en un silencio espeso. Él se había puesto sólo una camiseta de tirantes. Yo me cubría apenas con una colcha azul. Nos besamos despacio, muy despacio. Las lenguas se buscaban, se encontraban, se entrelazaban, se confundían. Todo volvió a comenzar.

De nuevo comprobé que Aldo es el único hombre que me ha poseído de verdad. El que entra en mí hasta que lanzo un alarido que ni siquiera reconozco como mío. El que pisa fuerte dentro de mí con todo el derecho, que ni siquiera me ha pedido porque era suyo antes. Todo eso lo sé bien: no necesito confirmarlo. Los que lo precedieron han sido gente de paso o de garrafa, gente que llamaba antes de entrar, gente que no era dueña de nada y lo intuía. Por las mismas razones que yo misma.

Aldo, hoy por hoy, no tiene ninguna idea sobre nada que sea trascendente. O si la tiene, no lo manifiesta. Es lo opuesto a lo que yo siempre creí que constituía mi personalidad y mi trabajo. Bromea. No me habla nunca en serio, dialogar con él es como darle hilo a una cometa. Me hace llorar o me hace reír, pero sin intención de conseguir ni una cosa ni otra. Tanto que a veces pienso que se burla de mí. Es bromista, mentiroso: italiano. Y sólo se apasiona por las cosas pequeñas: el fútbol, el dinero, los discos, hacerme a mí el amor, el gimnasio, las dietas… O por lo menos eso me da a entender. Las cosas grandes no le interesan. Se pone a mirar lejos cuando yo intento entablar una conversación en regla. Y, luego, con su voz esférica que me envuelve y me aturde, me convida a una copa, a una raya o a otra clase de polvos.

Un día me dijo, mientras daba pases con un capote que le había cambiado por algo a un torero en España, que, de más joven –él insistió en decir sólo de joven–, se interesó por la justicia, quizá hasta que perteneció al movimiento *Operación Manos Limpias.* Que entonces le preocupaba la igualdad, la solidaridad, el dolor ajeno… Ahora –añadió– todo eso se ha convertido en barro para él, ya no le dice nada, no lo entiende. Pero no me aclaró por qué. El ser humano no le interesa ya sencillamente porque no tiene arreglo. Él no puede solo frente a todos los otros.

–¿No lo crees tú?

Bajaba los ojos, abría el compás de las piernas dando pases profundos… Lo que ahora quiere es vivir lo mejor posible, lo más intensamente posible, aprovecharse de estar vivo… Me envolvía en el capote y me abrazaba.

–Me lo dijiste la primera noche: lo único que tenemos asegurado hoy es la muerte.

–Di mañana, mejor.

–Mañana es hoy. Mientras estamos vivos, siempre es hoy.

Me retiró el capote y me miró, casi de lejos, con la duda y la curiosidad con que, por primera vez, mira un torero al toro que ha de matar, o que lo va a matar.

Una tarde, después de estar callados mucho tiempo, tomando alguna droga que él me daba –él mismo es la mejor– y bebiendo; después de mirarme a los ojos de vez en cuando, sin hablar, en un silencio riguroso, sin movernos apenas, él dio un puñetazo sobre la mesa que hizo saltar los vasos. Se incorporó y me dijo:

–Tú es que me haces hablar más de lo que debiera, joder. Mucho más de lo que nos conviene a ninguno de los dos... Joder, joder, yo no soy un buen tipo: eso está claro. Eso ya tú lo sabes porque eres lista, tía... En ese campo, no me hago ilusiones. Pero en cambio sé cuándo hay que llegar hasta el final. En todo: en un negocio o en una relación... Porque no me dejo llevar tanto por las palabras como tú. Decimos una palabra, y ya está dicho todo: generalizamos, tachamos y definimos a cualquiera con esas pocas letras... Ése es *judío*, decimos y nos basta, como si todos los judíos fuesen idénticos... O ése es *comunista*, o es *latino*, o es *negro*. Y se acabó. Como quien pone un sello al final de un papel que lo resume todo. Ése es *mafioso*, por ejemplo... O quizá baste con decir es *italiano*. ¿Te haces cargo de lo que quiero darte a entender?

–Sí.

–Como si la palabra fuese el hombre, la persona, la cosa que ella nombra. Un italiano, para la gente, es siempre un miembro de la mafia. De España hablo: un italiano hace bajar el precio de la casa en la que él tiene un piso. Por si acaso. O ni siquiera: ya todos tienen la seguridad; es ya cosa juzgada... Tú sabes de esto más que yo. De su peligro, de su injusticia. Cada uno es como es: con su nombre, sus apellidos, con su conducta y sus proyectos. ¿Es así o no?

–Sí.

–Esa palabra –bajó la voz– es la que más me gusta. Tan corta, y representa lo que hace crecer más el amor, lo que más lo confirma... ¿Estás de acuerdo?

–Sí.

–Pero te hablo de mí, quiero hacerlo porque sé que tú quieres.

–No sé aún tu apellido.

–Ni acaso yo. –Se encogió de hombros y siguió hablando. Hacía pausas sin mirarme o me miraba de refilón de cuando en cuando, como para comprobar que lo escuchaba más que para observar mis reacciones–. Yo no soy de los que entran en un sitio y lo primero que buscan es dónde está la salida, la salida por donde no se entra... En ese sentido, puedes confiar en mí. –Otra pausa un poquito más larga. Yo no hablé–. Los buenos tipos no hacen cosas que no puedan hacer. No sé si por cobardía, o por valor, o porque miden bien sus posibilidades... Son unos aburridos. Yo, no. Yo entro y me quedo con el sitio entero. Abro los brazos así –y los abrió: qué espacio enorme abarcaba, parecía el Cristo del Corcovado–, los abro y tomo posesión. Que le den por donde le quepa a la salida. Antes hay que acabar con lo que se ha empezado. ¿Me comprendes?

–Sí.

–A costa de cualquier cosa. A costa de cualquiera. De uno mismo también. Hay que ir a por todas. Y si un imbécil, o un listillo, se interpone entre mi mano y lo que busco –aún permanecía con los brazos abiertos, como si se hubiese olvidado de ellos–, ése ya está perdido. A ése me lo cargo. Pero ya. Primero, porque así está pactado: hay arreglos y hasta contratos que no se escriben ni se dicen. Y segundo, porque me toca los cojones que un buenecito hipócrita, que defiende una ley más falsa que la mía, me pare a mí los pies... O él o yo: así están las cosas planteadas, ¿no? Pues que sea él quien se joda... Ése es todo el asunto. ¿Me has entendido?

–Sí.

–No soy un buen tipo, no lo soy. Por eso prefiero terminar de mala manera a que me tomen las huellas y las fotografías y tocar el piano mientras me quitan las llaves y la corbata y los cordones de los zapatos y el jodido cortaúñas, y que me desparasiten antes de tiempo, y que me den un puto uniforme con una peste a sudor de cien años... Aunque alguien me saque de esa pocilga en cuatro días. No me da la gana. Por ahí yo no paso. No sirvo para esperar, que es lo único que puede hacerse en ese infierno. Estoy acostumbrado a levantar la mano y coger la manzana. –Levantó la mirada, desafiante, retadora, y la puso en mis ojos. Sentí su enorme peso–. Yo me llevo por delante a quien sea con tal de no ir allí... Me niego a salir de las duchas con el culo roto. Me niego a no poder dormir nunca boca abajo... No soy un buen tipo, y lo sé. Pero necesito vivir lo que me quede al aire libre... O sea, necesito dos cosas sólo: aire libre y vivir. Y hay sueldos miserables y trabajos asquerosos y gentuza de mierda con los que no se puede respirar ni vivir. Como esa chapucilla de pinchadiscos... Contra todo eso estoy... ¿Entiendes ahora? ¿Tú me entiendes?

–Sí.

–¿Seguro que me entiendes? Dilo.

–Sí.

–Aquí está el mar al lado. Por todas partes está el mar. Y aquí y en él, el pez grande se come al chico. Hay que serlo, o hay que convertirse en grande si es que naciste chico. Yo, desde el principio, supe eso. Desde la escuela. O antes. Antes... –lo repitió como si se fuera–. Variaron las intenciones, pero, más que nada, los tamaños. Yo era demasiado pequeño. Tuve que crecer y engordar muy deprisa. Para lo que fuese, bueno o malo. Pero ser un buen tipo no conduce más que a que te devoren. Yo miraba hacia arriba, hacia los cielos, mientras me ponían zancadillas... Tuve que mirar pronto hacia abajo. ¿Entiendes ahora?

–Sí.

–Yo no soy ni seré nunca un perdedor. Lo que emprendo lo acabo. Siempre que no me anden mordisqueando los huevos. Entonces, cambio de dirección y voy hacia lo mío. Te apeas de la ilusión y te subes al yate. Y allí, una vez que empiezas, no te está permitido ni parar ni bajarte en marcha ni arrojarte a la mar… Es un trayecto sin paradas, con el rumbo fijado de antemano. Te lleva el yate. Como los de Puerto Banús, ¿te acuerdas? El autobús o el Rolls-Royce te lleva, ¿me sigues, chica?

–Sí.

Me quemó su mirada. Me taladraron sus ojos, tan claros que le hacían parecer casi un niño, o casi un ciego.

–Entonces, vamos a echar ahora mismo el mejor polvo de nuestra vida.

Y lo echamos. En la oscuridad de la carne festejada se encendió, durante un segundo, algo como un eslogan: *«Lasciate ogni speranza, voi ch'entrate»*. «Apaga y goza, imbécil», me grité. «Déjate de amenazas.» Y fue eso lo que hice. Y me inundó de gozo y de simiente. Y morí. Cuando abrí otra vez los ojos, el mundo estaba quieto. Había resucitado. Dios, mi dios, aún estaba al alcance de mi mano.

Los científicos, sentados en sus asépticos laboratorios, han comprendido que las personas con desórdenes alimenticios no se quedan saciadas por mucho que coman. Recuerdo haber leído, cuando leía de todo, que los pacientes con lesiones en los lóbulos frontal y temporal de sus cerebros, áreas que abarcan el circuito relacionado con el hambre y la hartura, suelen tener problemas: pueden comer indiscriminadamente, o no dejar de comer cuando están hartos. Exactamente eso es lo que me sucede a mí con Aldo: no lo devoro para sobrevivir, sino aunque esa devoración continua me asesinara. Los perros de Pavlov, y mucho más Pavlov, eran unos dóciles abstinentes a mi lado, unos contentadizos. La única arma eficaz de la nueva Deyanira tenía que ser el olvido de su pasado, de todas sus renuncias, sus condiciones, sus pasos hacia el hundimiento personal y profesional... Sé que empezar a vivir a mi edad consiste en un desorden inexplicable, quizá imposible. Pero yo ya no trato de explicármelo: se trata simplemente de una necesidad irrevocable... ¿A costa de mí misma? Sí, si fuera preciso. No cabe ya elección, porque ya he elegido. Necesitaba perder la libertad con Aldo. Sin él, ya no la quiero. O Aldo o nada.

Porque, sin él, me había convertido en un viejo vertedero de recuerdos, apoyado en la esquina de una calle del extrarradio por la que ya no circulaba casi nadie. Ahora, en cambio, comprendo que el desgraciado Proust, esnob, sólo hablaba de gentes comineras, educadas y ficticias, que se calificaban unas a otras de elegantes o faltas de elegancia… El amor y la carne están al margen de eso, al margen de los invernaderos y las floristerías, de cualquier idioma que no sea el suyo sin vocabulario, de cualquier reverencia que no sea la del 69 o de una felación o un cunnilingus. En el interior de quien tiene la suerte de albergarlos, no hay lugar para dudas y menos aún para verdades, chicas o grandes, que no sean la suya única. Lo sé muy bien: lo he comprobado suficientes veces. Antes, con tiento, yo tenía que elegir a quien más o menos me gustase, tenía que proponer el asunto con discreción o a fuerza de signos silenciosos, tenía que adivinar su decisión más que su respuesta, porque en general no la había. Y luego estar pendiente, o peor, estar dependiente… No, no estoy por la labor. Habría preferido que ellos me pretendieran, pero el amor no es una contradanza, y yo no podía consentir que fuesen ellos quienes me eligiesen: unos hombrecillos con fecha de caducidad… En resumen, un caos. Y todo para compartir cama con unos pobres seres que confunden sus quejiditos con la pasión y la eyaculación precoz con el gustazo. Vaya una puñetera mierda. (Yo creo que esto lo he escrito en algún cuaderno ya. Pero ¿qué me importan a mí ahora las reiteraciones? ¿No se repiten también los gestos del amor y son siempre distintos?)

Ahora estoy viva. No feliz, no tensa, no eufórica, no desdichada, no desfondada, no emergente siquiera. Estoy *viva*, lo que quiere decir todo eso y muchas más cosas. Y no dependo de nada ni de nadie, excepto de Aldo, para sentirme viva. O dependo, como unas notas al margen que enriquecen el texto, de quienes venden *pizza* y *cappuccini*, y del aire que sonríe o que muge, y de la claridad y de las sombras… Pero de nadie más. Dentro de mí, aunque pasara hambre o me quedase ciega, estaría viva con Aldo o a la espera de Aldo. Por primera vez en mi ya no corta vida, ahora reiniciada, ¿qué más puedo pedir?

He llegado a mirarme en Venecia igual que en un espejo. Venecia es una puta. La clase a la que pertenece –en ese oficio hay mucha variedad– depende del dinero que lleves en el bolso. Ella se arregla para todos los niveles: se hace frecuentes *liftings*, se inyecta silicona o botox, se rellena con maquillaje las arrugas de expresión: da siempre el pego. Pero lo mejor de sí misma, que no es el corazón porque no tiene, se lo ofrece sólo a los privilegiados. Es una ciudad que, como todas las hembras, se obliga a vivir de ser bonita y de seguirlo siendo después de tantos siglos. Yo me miro en su espejo, que coincide que en mi caso son los ojos de Aldo. Y los ojos de Aldo, tan claros y mudables, me embellecen. Voy, quizá sin justificación, quizá me lo imagino y no quiero saberlo, a través de la noche iluminada. Para cuerpos cobardes no está hecho el placer de este ardor... Otra vez Kavafis, el alejandrino. Qué pesadita soy, pero no puedo remediarlo. Rejuvenezco.

Sin embargo, tengo malos momentos. Son esos en que no acabo de creer que soy vieja, y me compadezco de los otros viejos que encuentro por la calle: cuando caigo en la cuenta, tengo que apoyarme contra una puerta o un pilar o una iglesia. Y es que nos precavemos minuciosamente contra el peligro conocido, pero de pronto otro distinto recae sobre nosotros y nos aniquila... ¿Cuál será esa catástrofe que acecha? (Quizá debería haber escrito catástasis, que es el momento culminante del drama. O de la tragedia.)

Por eso tomo precauciones. Por eso miro Venecia casi en invierno. Desciende el agua a veces y deja al descubierto un fondo de algas. A veces asciende hasta cubrir la orilla y la plaza de San Marcos: *l'acqua alta*. Es el movimiento de una sangre que corre por arterias y venas palpitantes: la sístole y la diástole de una vida cualquiera. Y el agua, casi de pronto, se ve azul como un cielo de verano, mientras el cielo de arriba, incomprensiblemente, es triste y gris. ¿En cuál de los dos cielos estoy yo? La niebla, como una estremecedora respuesta que no quiere decirse, se espesa también casi de súbito y sube y oculta hasta la última planta de los palacios, y el suelo de la plaza, que desciende porque asciende la bruma, y el vuelo de los pájaros...

Estas jornadas, estos meses cercanos al invierno dan otro aire a personas, a fachadas, a calles: los agazapa y adormece. Sólo las muchachitas que viven de su trabajo conservan las mismas caras vivaces, los carniceros desentendidos y los transportistas. Los demás han desaparecido o se ocultan en sus habitaciones: intentan preservar quizá el color y el calor del verano. Hasta las piedras de los puentes se ensimisman, como si descansasen para estar más bonitas a los ojos de quienes han de regresar con el buen tiempo. Los días en que no estoy para bromas, prefiero esta Venecia y su esperanza. La de Venecia es una larga historia, como la de cualquiera, llena de altibajos. Hasta con la posible mala suerte meteorológica, quienes la aman la prefieren en primavera. Quienes se buscan a sí mismos en ella, la desean en verano, aunque, en ocasiones el *ferragosto* sea cruel. En el otoño, largas y espesas lluvias la distraen y la limpian: canales atorados con yerbas pantanosas, la invasión de las aguas altas, que crecen mientras en ellas se hunde la ciudad... En invierno hay hielo en el suelo y cuchillos de fríos asaltan las ruinas y los callejones... Pero en cualquier caso, no hay que despreciar una habitación impersonal y sin vistosas vistas, como la que yo tengo. En habitaciones así viven la mayoría de los venecianos. Con el sesgado don de una cinta de cielo. Pero todos llevan su ciudad en la cabeza y en el corazón: no en vano ellos la hacen y la hicieron. Todos. «Hicimos una promesa a causa de una peste en el siglo XIII, y edificamos La Salute...» Y en esta habitación cerrada se refugia, aguardando a Aldo, la holgazanería que me provoca el siroco adriático. Para descansar, para pensar, para escribir como mucho estas pocas palabras innecesarias para todos los otros. Oyendo caer el agua. Recreando a mi antojo el exterior. Recreando a mi antojo los penetrantes gestos de la carne: una música, un perfume, una palabra, una totalidad de color o de voz, un orgasmo interminable… O dando un salto para pensar que todo, fuera de este cuarto, está lleno de santidades, de milagros falsos, de devociones, de reliquias robadas, de piedad distraída, de cielos de otro mundo y de belleza. Pero nada sino la última es verdad; el resto es un pretexto sólo para llegar a ella.

Ayer, en lugar de Aldo, y para acompañarme y excusarlo, vino a verme Nadia. Alegre y reflexiva al mismo tiempo, igual que siempre. Rió cuando le pregunté por Bianca.

–Está viajando con un alemán. Como si fuese una amable cicerone. No creo que tarde en volver…

–¿Y no la echas de menos?

–Estas pequeñas ausencias son frecuentes: desaparecemos una de las dos por unos días… Y eso nos fuerza a añorarnos con ternura.

–Pero la infidelidad…

–No existe, Deyanira. –Envidié su seguridad–. Entre las dos no puede haberla. –Reía–. Tú te tomas todas estas cosas demasiado en serio… En definitiva, es como si un jugador se levantara de la mesa y dejase, en su lugar, jugando a otro: quizá tú te entendías mejor con el ausente, pero sigues el juego con el recién llegado… Qué española eres, qué apasionada y qué exigente. Cuánto desdeñas las travesuras del amor, las pequeñas artes, las habilidades que se van transformando en costumbres… Las dos sabemos, y lo comentamos con admiración unas veces y otras con alarma, que eres la personificación del amor trágico y el amor ideal. Pero no se puede ser sublime a todas horas… –Creo que eso, más o menos, lo dijo Baudelaire, pensé–. Tienes que aprender a tratar con los otros que no son idénticos a ti, con los demás seres humanos, tan vulgares pero también tan dignos de consideración. Y además, tan insustituibles en el fondo como Romeo y Julieta, uno para otro.

–¿Crees, de veras, que me comporto de una manera que pueda amilanar a Aldo? Eso sí me preocuparía.

–Aldo es imposible de amilanar, Deyanira. Pero también es imposible de abarcar por entero. No debes darle la impresión de que tu vida depende absolutamente de él, de que estás en sus manos, de que te dedicas sólo a esperar su llegada...

–¿Quieres, me lo estás pidiendo, que deje de actuar como amante?

–Si actúas como amante, quizá es que no lo eres.

Se había acercado a la ventana. Levantó el visillo y miró el cielo nublado. Sentí tanta intranquilidad que me puse a hacer té. Sentí un miedo muy grande. Me temblaban las manos. Le hablé despacio sin saber por qué. Pedía perdón quizá.

–En el terreno del amor todos somos actores. Al nacer, traemos ya un papel repartido: el que nos corresponda representar. El amor es una comedia...

–Una comedia, sí; no una tragedia. –Ahora me miraba con atención aguardando mi respuesta.

–Es una comedia donde, de repente, sin saber exactamente ni cómo ni por qué, puede morir hasta el apuntador...

–Tú siempre tienes salida para todo... Cuando alguna vez no se te ocurre qué decir, ¿qué haces?

–Seguir hablando, naturalmente... Mira, en cualquier pieza de teatro, sea tragedia o comedia, hay un protagonista y un antagonista. En ella, hacemos de amantes o de amados; no enfrentados sin remedio, o no necesariamente enfrentados... Tampoco quiero decir con eso que uno esté salido todo el día, pegando saltos como las monas, y otro, imperturbable, boca arriba, aguardando...

–Eso espero, porque si no...

Preferí interrumpirla:

–El amado es también un poco amante, y el amante, por fortuna, también correspondido. Si no, no habría pareja: habría caminos paralelos que no se encontrarían. Pero la actitud esencial la tiene cada uno señalada... Y no siempre corresponde a lo que damos a entender, a la forma en que se nos ve desde fuera.

–Pero nos conocemos tan mal... No sólo unos a otros, también cada uno a sí mismo... Y, por otra parte, uno cambia de actitud, supongo. Según al actor que compone el reparto, según el texto, según el director de la comedia... O de la tragedia, tratándose de ti, que eres desmesurada. –Soltó una risa grande pero no desmesurada.

–Bueno, el papel de amante o el de amado nada tienen que ver con el género masculino ni femenino. Ni con la postura física que se adopte. Me refiero a algo interior y más trascendental, en ocasiones mucho menos visible o notable de lo que imaginamos... Algo interior invariable, pienso yo, hasta la muerte.

–Qué afición más siniestra la tuya. Siempre hablas de la muerte, siempre adoptas posiciones extremas. ¿No es todo más sencillo? Dos personas se miran, se gustan, se atraen... Lo que venga después depende de casi todo lo que hay alrededor casi más que de ellos... Por ejemplo, ¿tú qué crees que soy yo de esos papeles de que hablas?

–Al principio me pareciste amante. Después de conocer mejor a Bianca, lo dudé.

–Quizá es que yo no sea ni una cosa ni otra, o las dos cosas según el día y la hora. O que soy generosa de mí sencillamente. O bueno, que bailo al son que me tocan... Nunca me he preguntado, hasta el extremo del que tú hablas, a qué bando pertenezco. No creo que haya dos bandos. Sólo hay uno: lo forman quienes se aman.

–Pero uno de ellos esencialmente ama y otro, esencialmente, se deja amar.

–No, no lo creo yo así. Si no hay correspondencia verdadera, reciprocidad verdadera aunque la entrega dure media hora, aquello es otra cosa... Y conste que creo que casi siempre aquello es otra cosa. –Hubo una pausa en que yo reflexionaba. Nadia era menos superficial de lo que había creído. Su opinión me interesaba, a pesar de sus *casis.* Y ella. Pensé que yo era una egoísta: me interesaba, más que cualquier otra, su opinión sobre mí.

–¿Y yo? ¿Qué piensas que soy yo? –Nadia se llevó las manos a la cara como para ocultar la risa.

–¿Te importa de verdad lo que yo piense? Tú lo has decidido ya en miles de ocasiones. Estás absolutamente convencida. No tienes ni la menor duda, ni el menor resquicio de duda... Tú eres *la amante* –lo pronunció como escrito con letras mayúsculas–. La modelo de amantes, ¿no es así?

–A pesar de vuestras pequeñas y tiernas y lindas frivolidades, tan atractivas para todos, incluida yo, sí creo que soy amante. No lo he dudado nunca. Una amante exigente, que no ha encontrado hasta ahora su fortuna.

–¿Te refieres a tu pareja?

–A mi pareja verdadera, sí.

–¿Hasta ahora, en que Aldo es el amado? ¿De verdad tú lo piensas así?

Yo sonreí, pero noté que había una tensión debajo de mi sonrisa. Me acerqué a ella para preguntarle, o para servirle el té, no me acuerdo. Nadia se había sentado. Yo la miraba desde arriba, casi la acechaba desde arriba.

–¿De verdad quieres hacer trizas mis convicciones? Con ellas he vivido, Nadia; sobre ellas me he mantenido, en ellas me he apoyado. Sin suerte, lo sé. A tientas, lo sé. Sin el menor éxito, lo sé...

–Hasta ahora. ¿Eso crees?... –Cambió, después de una vacilación, el tono–. Perdón, Deyanira, no he sacado yo esta conversación. Quizá fuese mejor que la dejásemos y saliéramos a dar una vuelta por ahí. En San Stefano hay hoy fiesta...

–No quiero fiestas. Sólo quiero saber lo que tú sabes.

–¿De Aldo? No sé mucho.

–De Aldo y de todo. Tengo confianza en ti. Desde que llegué a Venecia tú fuiste para mí una buena samaritana.

Después de una breve pausa, en la que me miró, bajó después los ojos y me volvió a mirar, Nadia dijo, con la taza en la mano:

–¿Qué es el amante? ¿Qué es el amado? Bianca está con su alemán estudiando pintura, o cualquier otra cosa, por acá y por allá... ¿Tú crees que se plantean entre ellos nada de estas preguntas? Se acarician, triscan, el hombre toma notas en sus libretas, prepara su tesis doctoral o lo que sea. Bianca se entrega a él porque él le gusta: es rubio, alto, con los ojos dorados y una sonrisa grata. Bianca bien sabes tú cómo es. –Insistió–. Tú lo sabes: viciosilla, juguetona, provocadora, fácil...

–En toda relación amorosa seria, y yo no digo que la del alemán y Bianca lo sea, hay en último término un devoto y un dios, un amo y un esclavo... Hay quien rompe a hablar y hay quien responde o no. El amante es el que tiene mejor prensa...

Me interrumpió:

–¿Por qué? Sin el otro, él no existiría. Nadie es amante a solas... Salvo los masturbadores...

Quiso gastar una broma; no le salió.

–Pero el amante es también el que más sufre, el que más pierde... En el tapete verde, el amante se juega entero contra unos cuantos euros. Ganar unos euros a costa de la vida no es ganar.

–¡A costa de la vida! Eso es mucho decir. ¡El que más sufre! Eso es mucho decir.

–El amante es el agente, el provocador, el generoso que se da a sí mismo.

–Bueno, quizá el provocador sea el amado: nadie es seductor si no ha sido antes seducido... Quizá el más generoso es el amado, que, según tú, ni siquiera es quien elige, y se da sin embargo... ¿Y si el amante fuese también el egoísta? El que, cuando se abre esa apuesta de que hablas, de la que yo disiento, sólo aspirase a los euros que el otro arriesga y, una vez ganados, quiere más y más y más... Piensa en ti, Deyanira. Sabes que te tengo cariño. Sabes que no quiero que sufras, a lo que eres propensa; que no quiero que inventes una tragedia para representarla, porque eres una inigualable *tragediante*, y por eso me gustas más aún... Piénsalo: ¿Y si, en un momento dado, el amante se bastase a sí mismo? ¿Y si el diálogo se transformara en un espléndido monólogo en el que tú te lucirías entre bravos? El amado para ti es como el pretexto del amor, su motivo, su factor desencadenante. Ya está en marcha el proceso y el sentimiento; ya no es imprescindible el que lo puso en marcha. Bastan sus huellas, ¿no?: el dolor, el recuerdo, el temblor del recuerdo; él ya fue usado... –Cambió su tono: se hizo más realista–. Aldo no ha venido hoy: ¿era rotundamente imprescindible que viniera? Ya estás tú aquí...

Me quedé absorta reflexionando sobre las razones de Nadia. En silencio, recordé a las grandes amantes: a Medea, a Mariana Alcoforado, la monja portuguesa, a Gaspara Stampa, que se queja de no poder sufrir lo suficiente *(«La mia vita é una mar; l'acqua è'l mio pianto»)*, a Teresa de Jesús, que vivía sin vivir en sí, a Eloísa llevando las riendas de Abelardo... No necesitaron ni quisieron pruebas, les sobró con su amor, con su amor propio de amantes. Y siempre actuaron solas... En realidad son grandes egoístas, que se reservan sus transverberaciones y sus llagas, sus gozos y sus cataclismos, sus cartas sin respuesta, como máximas pruebas de estar vivas... Llegan los amantes y revisten al amado con prendas que ellos traen: mantos, bordados, lujos, oros, velos, como a una dolorosa andaluza. Cuando aquello se acabó, recogen su riqueza y van en busca de otra imagen que enjoyar y dorar y adorar. El amante se repone a sí mismo –yo lo sé, yo lo sé– porque saca la fuerza de sí mismo. El amado, que la recibe de otro, la pierde cuando ese otro se va; pierde su identidad, se deteriora su fe en el mundo y en las promesas suntuosas que se quedan en nada. El amado es irremisible, es el reflejo de una luz. El amado depende... ¿No es eso lo que yo me había resistido toda mi vida a ser?

Como si me hubiese leído el pensamiento, Nadia preguntó:

–Según tú, ¿quién es el dios y quién es el idólatra? ¿Quién el verdugo y quién la víctima?

La miré fijamente. Quise hablar, pero noté que se me negaban los labios. De pronto, una tarde imprevista, una tarde cualquiera en que una amiga sustituía a un amado, en la que podríamos no haber hablado de nada, o de Bianca tan sólo, o de una exposición en algún sitio, o de un concierto de Pergolesi... En una tarde estúpida, descubría yo cómo se bamboleaba todo el frágil edificio donde yo había vivido, donde me había ocultado, donde había jugado al escondite conmigo misma... Pero no podía decirlo. No podía reconocer mi equivocación. No podía rendirme con armas y bagajes de pronto... Nadia esperaba mi respuesta.

Y yo, la amante indiscutible, me iba poniendo de parte del amado, del seductor seducido, del que incita al contrario con su sola presencia. Se desequilibraban, en mi balanza sin fiel y sin fundamento, los pesos de uno y otro. Me analizaba, sin quererlo, yo: ¿Por qué, entonces, mi continua postura absorbente, mi insaciable exigencia de plenitud y entrega, mi desprecio por la blandenguería que había sido el objeto de toda mi existencia, mi rechazo a que se me palpase sin acreditar primero una postura? Ese entrar mío a caballo en casa ajena, para luego salir con las orejas gachas y desmontada ya...

El sol se había ocultado. Estábamos a oscuras. Pero ninguna de las dos daba la luz ni tomaba una pasta. Y yo lo prefería. Porque, según mis tontas tesis de colegiala que divide a su antojo el mundo en dos partes y que se queda con la que cree mejor, yo era una simple amada y siempre lo había sido. Una amada tonta del culo por añadidura, con una desatinada capacidad de amor. Cuando alguien llenaba, tacita a tacita, sorbo a sorbo, mi gran piscina llena sólo de sed, algo dentro de mí se rebelaba: «Más agua, más agua y más deprisa. De esta manera nunca terminaremos». Y adoptaba posiciones de amante ante los amantes de mala calidad...

Sentí que me venía literalmente abajo. Me refugié en Nadia. Me abracé a ella. No dijo nada. Me recibió con amor: introdujo sus dedos entre mi pelo, me besó la mejilla, me habló muy bajito al oído:

–No importa lo que seas, Deyanira, amante o amada... Importa que lo que seas, cuando lo seas, lo seas a toda costa, con fruición y con desprendimiento. Si no es así, ¿qué más da un papel u otro? Un papel mal interpretado será una bagatela siempre, por muy bien que esté escrito. Tú lo sabes mejor que yo, mucho mejor... La vida en eso es igual que el teatro.

Me besó en la boca con ternura, y yo entreabrí la mía. Me limpió con sus labios las lágrimas. No había yo llorado en tanto tiempo... (No, eso no es cierto: no hay que exagerar.) Me llevó con suavidad hacia la cama. Apretó sus pechos contra los míos. Yo, sin quererlo, ajena, noté que se me endurecían. Me dejé conducir. Me dejé dominar. Me abandoné... Y me sentí acompañada y agradecida, irresponsable lo mismo que una niña que acepta su equivocación y su derrota. Y pagué a cambio un efusivo y complaciente precio.

Me vino, sin buscarlo, a la cabeza, vagamente, un verso de John Donne: «*Call us what you will, we are made such by love*». («Llamadnos como queráis: por el amor estamos así hechos.»)

Luego salimos a cenar las dos, del brazo y muy despacio.

–Maldita sea la literatura –murmuré yo–. Qué distinta la vida, y cómo la trastorna.

–No tires piedras contra tu tejado... ¿No lo decís así en España?

–Sí, pero yo no tengo ya tejado... Ni piedras que tirar.

–No seas pesada, Deyanira. Presumir de que te has bebido la vida por completo y luego presumir de que les has contado a tus lectores la vida por completo y no has sacado nada de ello, no. Eso, Deyanira, no. Te juro que a eso no tienes derecho.

–Pero es que la naturaleza humana es una sima, Nadia: sin luz, sin horizontes, sin posibilidad de comprensión...

–El hecho de que tú hayas estado equivocada mucho tiempo, probablemente porque te convenía, no te autoriza a meter al mundo entero dentro de tu maleta... –Se echó a reír–. ¿Tienes hambre?

–No sé. Lo que tú digas. Yo creo que sí. –Qué sumisa, qué dócil me veía.

–Pues eso, de momento, es suficiente. –Le apreté el brazo contra mí y me eché a reír.

Hace unos días que no escribo. No me pregunté por qué: no quise, pero tuve la sensación de que no debía hacerlo. Estaba avergonzada de mí misma, de haberme inventado yo a mí como se inventa un personaje conveniente para salvar un bache en una novela... Pero, después de pensarlo mejor, me he dado cuenta de que la vida estaba allí, entera y verdadera, a pesar de mí misma que la obstaculizaba. Y también de que, coño, yo formo parte de la vida, que hasta ahora no había visto sino a través de unas jodidas gafas oscuras o muy mal graduadas... La había imaginado lejana y ajena mientras ella, insistente, me rodeaba. Soy una pobre desquiciada que ha ido siempre en busca de lo inesperado, como otros locos fueron en busca de la fuente de la eterna juventud o de El Dorado... Pero sin poner siquiera toda la carne en el asador. Como si lo inesperado tuviera que encontrarme a mí, sentada y expectante. Sin darme cuenta de que lo inesperado no se busca, ni se espera tampoco, porque entonces deja de serlo y pierde la razón de su esencia. Su razón es la sorpresa del descubrimiento. Y como soy un desecho de tienta, me lamento ahora, justamente ahora, cuando me he encontrado con mucho más de lo que nunca esperé. Más aún, con lo que ya había dejado, cansada, hasta de soñar: el amor, o el sexo, que no sé si son distintos, pero sí sé que juntos son una cosa: la vida, la compañía, el ímpetu para retener lo encontrado... Y encima me siento risible como una ardilla coja, y a la vez satisfecha.

Me he echado a la calle. Me he vuelto compradora compulsiva. Necesitaba ropa, accesorios, algo que me alegrara y alegrara a los otros. Venecia entera es una exposición en que todo está en venta. ¿Por qué no percibía que perdí mi equipaje, en el más estricto de los sentidos y también en todos los demás? Para este caso estoy en la mejor de las ciudades. Aquí todo está para ser visto: sombras, luces, diseños, pinturas, máscaras de un carnaval ya próximo. Para el ojo, que compartimos con los peces, o sea, el órgano más primario... Qué engreídos somos... He salido con el fin de mirar. ¿A qué si no? ¿Cómo participar aquí si no? Esta ciudad, igual que yo, rechaza los amores diluidos: la comprendo y la imito. Cada uno ve en ella una Venecia diferente. Cuando dos vean la misma, será que han acertado; otra cosa no haría sino probar la distancia entre los dos...

Ningún egoísta resiste el empujón de esta belleza. No hay *prima donna* (lo que yo me creía) que resista la competencia de este don, minucioso y tan cándida y hábilmente ofrecido en esta bandeja de cristal. Ahora comprendo aquello que Aldo me dijo después de amarnos la primera vez: «Anda tú sola por Venecia, y yo estaré contigo». Por eso ahora sé que, a pesar de todo cuanto se opine, Canaletto pintaba la verdad... Carpaccio pinta una Venecia verde aún y apretada, casi secreta; Tiziano y los suyos ya se escapan al dulzor de los zumos, al fasto retumbante. Sin embargo, Canaletto y Guardi miran desde fuera: ven lo que hay y también a veces lo que no está pero debiera... Los posteriores se asustan de mirar la ciudad: pintan hombres y mujeres inmensos, recargados de joyas, de piedras preciosas engastadas, de carne y de brocados... Y Tintoretto, ya, gigantes retorcidos, entre la sabiduría y la condescendencia hacia nosotros, tan pobres y tan chicos...

Quisiera comprar todo lo que veo en esta ciudad, que es lo contrario de una isla solitaria del Pacífico: lo artificial, lo humano, lo antinatural que llega a natural a fuerza de ser visto y aceptado… Al contrario que Petra de los nabateos, pero también paralela a ella, y cada una en opuesta dirección: en ambas el hombre ha embellecido a la naturaleza a fuerza de besarla, y ambas están abrazadas a la tierra y son la tierra, a la que representan como nada en el mundo. Es el triunfo del hombre en los dos casos. Por eso quizá ésta se venga abajo un día y permanezca sólo para visita de añorantes, como Pompeya o Herculano o Petra. Que no lo quiera dios, si existe, en beneficio suyo: de dios, digo.

Hay noches en que tardo en dormirme, a pesar del somnífero. (Desde que se me acabaron las recetas, me los proporcionan las chicas o Aldo. Aldo, de dos o tres maneras.) Le temo a ese tiempo vacío. En el mejor de los casos recuerdo mi primera niñez, cuando era una niña chica igual que todas, que quería dormir, que quería *mimir*, irme o que me llevasen a la camita, o quedarme cuajada, con la cabeza apoyada en los brazos encima de la mesa, delante de todos, hundiéndome así de repente, lo mismo que una piedra, como aquellas del epostracismo, en un agua muy tibia… Pero ahora, ¿por dónde se va a ese lugar en que todo se olvida, en que todo se aplaza, en que sólo los sueños perversos pueden perturbarnos, pero muy levemente porque yo sé, a pesar de seguir dormida, que son sueños… Y cambio de postura y los ahuyento… ¡Dormir! Cuánto hay que hacer para eso. Entonces, de chica, cuando nada había comenzado aún sino la vida, me repetía mi padre: «Tienes que cerrar bien los ojitos para llamar al sueño. Así, pero no con demasiada fuerza ni dándote demasiada cuenta… Tienes que no hacer ruido ni cambiar de postura, para que el sueño que viene a ti no se despierte».

Mi padre era un ser bueno. Era un hombre decente. Creía en Dios, en España, en la familia, en el deber y en la ley. Así le fue.

Me quedo pensando en él y por fin me adormezco. Pero no en todo caso. A veces me distraigo recordando algún paisaje muy abierto, para alejarme de esta casa de vecinos que es Venecia por dentro. Porque, cuando en invierno se envuelve en niebla, no es una ciudad sino una casa grande y vaciada, con sus patios tan borrosos que dejan de existir, llena de pasillos, de salones, de estancias y también de almacenes y trasteros, adonde nadie va (hay barrios que dejan de visitarse), o de cocinas y comedores donde se acude sólo por hambre o por obligación... Y pienso en su recibidor, que se llama San Marco, por donde se cruza casi a diario para curiosear el aspecto de las visitas... Y ya me extravío en consecuencias y sitios no queridos... Los venecianos tienen la intuición de esa casa como puedo yo tener la intuición del idioma. Y no se pierden nunca, los cabrones... Es cierto que yo me pierdo cada día menos también, pero aún me queda mucha casa por recorrer, la tira de habitaciones por andar... Aunque sé que no es mía. La hospitalidad interesada de los propietarios suele recordármelo –recordárselo a todos los extraños– con una frecuencia contundente.

Y entonces me resarzo pensando en los interminables horizontes de Cartagena de Indias, donde tuve la equivocada sensación de ser feliz, por eso no volveré nunca a ella: al lugar en que se creyó en la felicidad no hay que volver jamás... O en Cuba, donde estuvimos Gabriel y yo al principio, cuando casi todavía estaba todo por comenzar: la aparente dicha, la segura desdicha (hablo de nosotros, no de Cuba)... Y ya el sueño se me desmorona; me incorporo, mullo la almohada, me encojo o me estiro porque quizá es un pie –sólo un pie– lo que se me ha dormido... Y me recrimino por cualquier cosa que haya sucedido a lo largo del día, o ayer, o antes de ayer. «A una mujer de acción –me digo– le molesta con mucha intensidad, casi le duele, la inacción. Esta postura –sentadaza, quiéralo o no, acompañada o sola–, de Venecia, por mucho que yo me obligue a ponderarla, no me atrae. Nunca me atrajo. Porque, aunque esté Aldo junto a mí, Venecia sigue quieta. Es imposible que su contemplación, por mucho que sea o pueda ser interminable, a mí me dure demasiado... Y me pongo a pensar en el mundo literario de España y siento un asco que no puedo describir y me desvelo y me dan ganas de vomitar y de ponerlo patas arriba y mearme en él luego... Podría hacerlo en unos artículos de periódico o en un par de guiones de televisión. Sé que tendrían éxito: el decir las verdades del barquero, esas que ya sabe todo el mundo, pero exageradas si es posible y con malos modales, es lo único que lo tiene... Pero he dicho que no, y es que no. Porque lo que echo de menos no es España ni la literatura ni todo ese tiovivo idiota del reconocimiento y el aplauso (discretos, desde luego). Me echo de menos a mí, a mí en actividad. Más que mirando y anotando (mentalmente, más que en esta boñiga de cuadernos), viviendo, siendo yo. Es en eso en lo que consiste el verdadero exilio...

Pero, en este exilio, yo estoy acompañada por Aldo... Entonces, ¿en qué quedamos, hija de la gran chingada?

Y ya me he hecho un gurruño en el insomnio... Todas las rosas del jardín deben de haberse marchitado ya. Nadie adivina lo que es de veras el fracaso salvo quien ha experimentado el que sabe que es su último fracaso. Porque la desesperanza es el país de la niebla perpetua: el acta notarial de que ya no hay futuro, de que sólo existe un presente grisáceo e inmóvil. Mejor sería morir. Porque es la belleza que reina en nuestro interior la que nos deja divisar y gozar la de fuera. Yo no tengo ninguna dentro de mí. Estoy mejor aquí, donde nadie sabe mi nombre, ni el falso ni el verdadero, donde nadie me fotografía con los móviles, ni me pide un autógrafo, ni me admira o me detesta.

Y cuando tanta morralla está a punto de dormirme, siento un puñetazo en el corazón: es Aldo, que reclama su sitio. Deyanira, coño, recoño: ¿es que no forma parte verdadera de ti y de tu vida? ¿Es que me siento ajena, independiente, desligada de él? ¿O es quizá, peor aún, que no lo siento ligado a mí, habitándome a mí? ¿Y por qué, por qué, por qué? No lo sé, huelo algo, algo percibo, algo intuyo. Si él estuviera ahora, sabría cómo hacerme dormir... Hay sueños en que lo veo alejarse de mí sin volver la cara, y entonces me despierto alocada gritando su nombre... «Mi sangre y mi vía, / mi lunita clara... / Con lo mucho que yo la quería, / se va sin volver la cara.»

Quizá lo que sucede es que todo lo que yo soy es ya pasado. Desconfío de que Aldo pueda contar conmigo en su futuro. Ahí está, apretado como un dogal, el auténtico nudo de la cuestión. Y en ese instante lamento haber tirado mi teléfono móvil bajo el Puente de los Suspiros cuando decidí quedarme aquí... O no lo lamento. No, no, porque no me atrevería a llamar a Aldo de madrugada para preguntarle si me ama, y hasta dónde y hasta cuándo me amaría. Porque comprendo que soy una mujer de acción, de relativa acción, que ha manejado personajes más o menos a su antojo, pero que al único personaje que no querría apartar nunca de su vida no se atreverá nunca a preguntarle la última verdad. Hay momentos, algunas noches hay momentos, estoy en uno de ellos, en que nada es real salvo el dolor, y nada es cierto más que el mal.

Y ya despierta más que al mediodía, me pongo a considerar cómo la vida no es una novela; hasta qué punto carece de argumento, de ilación, de posibilidad, de coherencia... Ocurre todo sin aviso previo. Todo es inesperable: lo que deseo nunca llega, o llega ya a deshora. Recibes a veces un inmenso regalo que te deja con las patas colgando, y ni siquiera se te ocurre qué hacer con él ni cómo disfrutarlo... No hay un patrón de vida, ni un proyecto, ni una unidad comprensible dentro de cada vida. Hay tanta gente alrededor, o tan poca de pronto, o una persona sólo, imperativa y verdadera. En un libro que se escribe con cierta lógica, hay una última armonía, aunque sólo sea perceptible al final; pero en una vida aislada, cuántas vidas... Andas por un camino, ¿y cómo conseguirás saber su meta verdadera, su ruta, su extensión, hacia dónde al final va a llevarte? Ahora me viene Góngora a la cabeza, hay que joderse, lo único que faltaba para echar de menos: «El sueño, autor de representaciones, / en su teatro, sobre el viento armado, / sombras suele vestir de bulto bello». Y Aldo, su voz, sus manos, su vigor, su fortaleza, su bulto bello, su presencia inabarcable llenan la habitación... Tengo que masturbarme.

No. La noche ha terminado para mí. Por eso me he visto obligada a levantarme de la cama y ponerme a escribir esta página que nadie entendería si leyera, y que, no sólo por eso, jamás nadie leerá.

–Yo me acuerdo de lo que sentí cuando maté por primera vez a alguien... Pero ya no he vuelto a sentirlo. –Aldo había hablado con una sencillez tal que quizá yo no había entendido bien; quizá me había dicho que extravió una tarde un reloj o un alfiler de corbata, que él no lleva... Luego recordé la pistola que estaba bajo el colchón de mi cama, es decir, debajo de mí, la insomne, porque acabábamos de hacer el amor de una forma reposaba y larguísima–. Cuando hablo de matar, hablo de un cuerpo a cuerpo. Con cuchillo o navaja, o a pedradas. Un tiro no impresiona... Lo sentí mientras limpiaba la sangre de la hoja en su traje de tela clara.

Estuve a punto de citar en alta voz, pero me contuve, un verso de la *Ilíada:* «¿Cuál fue el primero y cuál el último que mataste, Patroclo, cuando los dioses te llamaron a la muerte?». Me concentré en las palabras de Aldo; sin embargo, no pude evitar un pensamiento para el incontenible llanto de los caballos de Aquiles llorando por el novio de su amo. Luego dije, como si nada:

–¿Y qué fue? ¿Qué sentiste? Porque quizá se asemeje a lo que sentí yo al matar a mi primer personaje inventado. Yo soy muy aficionada a terminar un libro con la muerte: es más definitivo. Estoy convencida de que Aldo no me oía. Ni yo. Yo hablaba simplemente por rellenar un hueco, por no dejar colgada sola en el aire aquella frase que podría llevarme a saber lo que yo quería, lo que necesitaba. Aunque pudiera aterrarme.

–Matar no importa. –Creo que él pensaba en alto, pero su voz llenaba el cuarto como la luz, como la oscuridad, como el humo–. Al muerto no le importa. No echará más de menos la vida, no se sentirá más amenazado, perseguido, acechado. Y eso está bien… A sus hijos, quizá; a su mujer o a sus padres quizá sí les afectará esa muerte… Fue en ellos en quienes pensé. Fue eso lo que sentí. Pero era necesario hacer lo que hice…

–¿Qué es, al fin y al cabo, un muerto? Un lugar vacío, durante poco tiempo, en un mundo ocupado en exceso.

Yo quería fingir indiferencia, quería dar un tono de naturalidad al disparate. Habría preferido tener sobre la falda una costura, unas agujas de hacer punto, pero habría resultado inverosímil: no sé hacer nada de eso… Aldo me miró con sus ojos casi malvas como si no me hubiese escuchado. Acaso ni siquiera me veía. Luego parpadeó y me volvió la espalda. Yo temblé. Quizá me había equivocado. Quizá debí dar más importancia a una confidencia, en lugar de quitársela haciéndome la experimentada ya de vuelta de todo. Sentí como una patada en el estómago. Me oí respirar hondo. Lo que yo siento por Aldo no se parece en nada a lo que creí hasta ahora que era el amor. Desde los quince años, en que me enamoré de aquel compañero por el que creí morir, siempre fui novelera y fantasmagórica. E inoportuna, como ahora por ejemplo. Pero ¿qué podía hacer para remediar mi falta de tacto? Me levanté, por hacer algo de ruido, y que Aldo volviese la cabeza… «Qué chochona soy», me dije, «ahora que quizá iba…»

–En esta ciudad los policías no matan mafiosos ni los mafiosos matan policías. –Primero habló sin girar el cuello.

Luego, lo giró para mirarme. Tardó bastante en girar el cuerpo entero. Pensé de nuevo que no me había escuchado, y me alegré–. Eso se queda para los aficionados. O para los delincuentes juveniles que, aunque parezca que no, son por lo general idealistas... –Yo lo atendía con mis ojos y mis oídos y mi alma pendientes de sus labios. No necesitaba exagerar mi atención. Lo único que deseaba es que siguiera hablando... Y siguió, después de pasarse su larga mano por la ceja. Estaba aún desnudo y eso me dificultaba concentrarme–. Aquí quienes aplican las leyes son quienes hacen el trabajo sucio. Los abogados son los que resuelven, a su modo, lo que ellos califican de casos o de problemas, según sus dimensiones. También los abogados, pero otro tipo de ellos, redactan las leyes, que otro tipo de ellos analizan y aplican ante otro tipo, que se llaman jueces. Y éstos discriminan cuáles de aquéllos tienen razón, hasta que un Tribunal Supremo, a su manera, dictamine que uno u otro grupo se equivocó... Y los demás aceptan. No sé si la decisión favorable va por turnos o se subasta, o se la juegan a los chinos como hacéis en España. El caso es que unos ganan unas veces, y otros, otras... Están más o menos de acuerdo y se conforman. Eso es aquí la vida: no sirve para otra cosa que para darle trabajo a los abogados. No demasiado trabajo, por supuesto: el suficiente sólo para que parezca que se ganan la vida con su esfuerzo... Ya hacen bastante: hasta los mismos padrinos... –vaciló, alzó algo los hombros y continuó–, los de la mafia digo, no durarían lo que duran si los abogados de unos y de otros, de los de arriba y de los lados, no los enseñaran a actuar. Aunque no se conozcan entre sí... Ellos, los de la mafia, comienzan haciendo algo que los abogados, con la boca chiquita, llaman crímenes; pero son ellos, los abogados, los que logran que los sigan cometiendo... Para vivir ellos mejor, los abogados digo. Y ya, después, nadie sabe dónde acaban unos para que empiecen otros...

Aldo se cubrió el rostro con las dos manos, y las movió

como si se lo lavara. Luego, muy despacio, se acercó al sillón donde había dejado su ropa. Se puso sólo la camisa, que dejaba a la vista su sexo y el vello de su pubis, mucho menos oscuro de lo que podría imaginarse, de un rubio rojizo. Con una mano en la cintura, que le levantaba de ese lado la camisa y le afilaba el cuerpo, sin el menor atisbo de cadera, continuó:

–Una vez que tú sabes que un asesino lo es, quiero decir que sabes que alguien es un asesino, se te vuelve un poco irreal… ¿No te sucede así?

–Para mí tú eres ahora mismo más real que nunca. –Aldo sonrió con la comisura derecha de la boca: una sonrisa a la que yo temía.

–Me había olvidado de que eras especial. –Hizo una pausa y se me acercó. Casi se situó a mi espalda, pero volviendo un poco la cabeza, yo lo veía. Veía su nuez moverse con suavidad, veía casi salir su voz por aquella garganta fuerte y delicada. No se había abrochado la camisa–. Hay quien mata por odio. O por amor transformado, un momento irremediable, en odio. O por miedo, o por avaricia… Hay muchas causas, muchas razones y muchas sinrazones, muchas maneras de matar… Hay quien planea todo, milimétricamente, para no ser descubierto: no tarda mucho en serlo… Hay asesinos impunes, pero casi ningún asesinato queda por descubrir al fin y al cabo. Para una cosa y para la otra están también los abogados; ellos son quienes dirigen a la policía y les dan órdenes de actuar o de perseguir o de cerrar los ojos o de fingir que actúan… Y al revés, hay quien no planea nada, sino que mata por un impulso ciego, casi ciego e inmediato: cuando comienza a ver, es tarde ya, ve la sangre a sus pies… Y hay también asesinos para quienes su crimen, o su gesto, no es más que una forma de suicidio. Yo he conocido a uno. Son los más peligrosos… Hasta que no hacen coincidir un asesinato con su propia muerte o su captura, no paran de matar.

Me volví del todo hacia Aldo. Intenté sonreír, con cierto éxito creo, y lo piropeé:

–Y hay quien jode como si asesinara, o como si quisiera morirse en el intento.

Inclinó la cabeza y me besó la frente.

–Es que quiero morirme en el intento... –Yo alcé la cara. Nos besamos como si no tuviéramos más que hacer en el mundo, muy detenidamente–. Mira, Deyanira: aquí hay, para que me entiendas, un padrino que no es omnipotente, entre otras cosas, porque hay alguno más, junto a un patriarca de la Iglesia y un administrador gubernativo y un alcalde o un síndico, que tampoco lo son. Todos procuran no llevarse mal, porque les va mucho en ello. Y los matones con dinero se cuidan también de no molestar a ninguno de los cuatro o los cinco y de no hacer ningún ruido que los distraiga demasiado. Si lo hicieran, sus impuestos subirían de forma insoportable; si repitiesen la equivocación, se jugarían la vida, y la policía, que cometió el delito de colaborar con ellos, les volvería la espalda para siempre... En esta ciudad todo ha de estar abierto, tranquilo y bien surtido: es el acuerdo básico... Bendiciones, museos, orden, drogas, carnavales, cultura o lo que toque en cada día del año. Junto a los abogados, por supuesto... Si alguien falta, se le trae; si alguien sobra, se le elimina en un silencio riguroso. La *Serenísima* no puede perturbarse. Ni permitir que se admita tal posibilidad... En ella, los matones que no guardan las normas, se empobrecen y no vuelven a ser mencionados, o se largan de aquí siguiendo la dirección de una flecha que manda, u organizan sus negocietes de modo que pasen del todo inadvertidos... Aquí o uno funciona correctamente o se esfuma, o lo echan de mejor o peor modo, o lo suprimen. No es infrecuente que desaparezca, con lamentaciones de muchos si era importante, dentro de un ataúd, hacia la isla de San Michele, donde tú sabes que está el cementerio, porque lo viste y te gustó... Eso, en el más favorable de los casos. En general, se quedan por debajo del agua para comida de los peces, que buena falta hace.

–¿Por qué, para que yo me oriente, no me dices cómo distinguir a la gente esa de la mafia? –Aldo soltó tal carcajada que concluyó tosiendo. Luego me miró muy serio:

–Al principio, querida niña que se finge la ingenua, mucho honor y mucho traje oscuro algo cateto; luego, los más listillos andan con aire despectivo y ropa deportiva... Después de las películas de *El Padrino* reaccionaron, por no quedarse antiguos, con trajes bastante buenos y corbatas de seda... A la italiana todo, como comprenderás: los estadounidenses, por mucho que alardeen y coman hamburguesas, nunca sabrán vestirse: se les conoce desde lejos...

«Y a ti también», pensé yo, «te vistas como te vistas. Y si te desnudas, mucho más.»

–¿Y ahora? –dije. Aldo volvió a soltar otra carcajada más pequeña y abrió en cruz los brazos.

–Ahora cada uno va como le sale de los cojones. Yo por lo menos, mira. –Se levantó con la mano izquierda los faldones de la camisa. Luego dio un paso y me puso su sexo a la altura de los ojos y luego de la boca. Comprobé que la conversación lo había excitado. Y que era ya el momento de acabarla.

Antes de llegar al Campo de Santa Maria Formosa, Aldo me abandonó con un beso en el cuello. Sabía desaparecer de improviso. Ya estaba acostumbrada. Ahora, además, comprendía el porqué: yo lo olfateaba, lo mismo que una perra, y es más mío que nunca cuando desaparece sin darme explicaciones.

Esta vez me llevaba cogida, de un modo posesivo, por el brazo izquierdo.

–¿Sabes cómo se llama, en español, el sitio de mi cuerpo donde tienes ahora mismo tu mano derecha?

–Brazo, ¿no?

–Digo ese pliegue concreto del brazo: el contrario al codo… Se llama sangradura.

Aldo retiró, como si se quemara, la mano.

–Qué duro –dijo.

–Mi idioma no es el tuyo… –bajé la voz para que necesitara acercarme su cabeza–. Pero el nuestro, el de los dos, es más bonito que el de cada uno.

Aldo volvió a tomarme el brazo. Lo hizo con más seguridad que antes. Sin ponernos de acuerdo, los dos dijimos a la vez: «Te quiero», y los dos, con ternura, nos miramos y reímos.

Aldo levantó su mano hasta mi cuello, bajó su boca y me besó en él.

Esta vez lo hizo bajo el Arco del Paradiso, con su Virgen de la Caridad y los escudos de los Foscari y los Mocenigo. Lo crucé y entré en el Campo hermoso y ya atardecido. Días atrás hubiera dicho que era un Campo demasiado grandote, demasiado vulgar, ahora me complació. La fachada de San Juan y San Pablo, de Sansovino, y ante todo, en el centro de la plaza, el Colleoni, de Verrochio, que tiene cerca su propia calle, El Berugas, a la izquierda… Me quedé mirando al condotiero bajo su escultura. Viejo valiente y sinvergüenza, verde como Caronte. Guerrero de zigzag, que cobraba con la misma mano que disponía de la espada… Qué tensión en las piernas abiertas sosteniendo, separadas del caballo, los estribos. Qué tensión en su cuello, en su cabeza vuelta, en sus mandíbulas… Dentro de muchos años, Aldo será como él. Y yo, si sigo viva, lo seguiré amando y entregándome a su desenfrenado ímpetu… Lo prefiero al Gattamelata de Padua, más quieto y más sereno; quizá, para entonces, Aldo se asemeje más a él. Sea como sea juro que, si estoy viva, me moriré de amor.

Alguien, sin demasiada convicción ni bravura, toca un acordeón. Una pintada dice *Uno sabriaffo alla guerra*, o algo así… Y de repente levanta el vuelo un haz de palomas. El cielo, que ha palidecido, lo observa y lo oye todo silencioso. Yo respiro tan hondo que a mí misma me parece que he suspirado.

–Aquí –dice alguien que pasa al lado mío– todos nos ponemos los cuernos unos a otros. Con cascabeles son más sabrosos.

Sonrío y pienso en el mar doméstico que, afinado, empequeñecido y adiestrado, estará hondeando entre los fundamentos, extendiéndose hasta el horizonte más lejano, serpeando entre las casas, arrodillándose ante los palacios, lamiendo las iglesias… Cuando levanto los ojos de nuevo, el cielo es ya distinto. Yo, en cambio, continúo feliz. Incluso hasta ahora mismo que lo escribo.

Creo que, por primera vez en mi vida, me siento a escribir sin saber cómo empezar. Sí sé lo que quiero decir, pero no logro decirlo... No me atrevo... Tengo el presentimiento de que, si lo digo, si digo lo que temo, se realizará. Tengo miedo. Un miedo ciego y sordo, que tiende a ser mudo también. Ojalá no lo sea. Ojalá, si consigo que aparezca aquí, me desahogue.

¿No estaré exagerando? No, no es mi intención hacerlo. No estoy escribiendo un relato de suspense. Lo que escribo, lo que deseo escribir, es lo que tengo dentro: mi corazón o mis asaduras o mis entretelas, qué sé yo...

Todo comenzó anoche, o mejor, hoy al amanecer. Tenía un sueño en que dialogaba con alguien que, como sucede sólo en los sueños, era el amo de todas las respuestas. De eso estaba totalmente persuadida. No veía su cara ni su figura. Como Psique, que no veía a Eros cuando se amaban a oscuras y, sin embargo, dialogaban. Sé que no era Aldo, sino alguien superior a nosotros, quizá el destino o esa vana desesperanza que llamamos dios... Yo me encontraba confortablemente en su seno, descansaba en su presencia, y sonreía –me veía a mí misma sonreír– bajo el recuerdo de algo inefable. Y me escuché preguntar:

–¿Cuánto durará la fiesta?

Una voz que no salía de ninguna parte que no fuese yo misma, me respondió, perentoria y firme:

–Mientras tú cantes, durará.

Traté de despertarme. Quería escuchar, lo necesitaba, despierta la promesa. Pero sé que no lo hice. Por el contrario, caí más dormida que antes sobre la almohada de esas cuatro palabras maravillosas. «Mientras tú cantes, durará.»

En cuanto desayuné, decidí telefonear a Aldo para contárselo. No suelo hacerlo, pero me pareció que merecía la pena. La alegría compartida se multiplica, y yo me encontraba tan contenta como una niña que cumple años: la niña chica expansiva que no fui nunca yo. El teléfono está en un ensanche del pasillo, entre la puerta de mis habitaciones y la de un comedor que jamás he usado. No tengo la costumbre de marcar los números, ni habilidad ninguna, y menos en un teléfono desconocido. Me había dejado la tarjeta con el número de Aldo en mi habitación. Volví por él y regresé. Marqué, irritada conmigo misma e impaciente.

–¿Aldo?

Me contestó una voz de mujer:

–¿Qué Aldo?

Era una pregunta que no esperaba. Hacía poco que, por enésima vez, había pedido a Aldo que me dijera su apellido. «¿Para qué?» «¿Para qué va a ser? Para saberlo. ¿No me llamo yo Alarcón?» (Pensé: no, no te llamas Alarcón, te llamas Moreno Morales. Para que te enteres de qué sirve un apellido.) «Yo me llamo Aldo.» «¿A secas?» «A secas.» «¿Ni siquiera una pequeña palabra más?» Se echó a reír. Estábamos desnudos, cuerpo a cuerpo, en la cama. «Aldo de Deyanira», contestó besándome el cuello…

–Aldo de Deyanira –le dije a la del otro lado del teléfono.

–No, se ha equivocado –me contestó con una sequedad ofensiva.

Mi corazón no es que se detuviera, pero se aturulló. En principio, no esperaba una voz femenina… Pensé: «He marcado mal». Repetí la llamada. Contestó la misma voz. Volví a preguntar por Aldo, y ella a decirme que allí no había ningún

Aldo, lo cual me tranquilizó un poco. Esperé unos minutos en el pasillo, andando desde mi habitación hasta el teléfono, y mirando después por el balcón a la pequeña plaza. Estaba todo envuelto en una niebla baja, que emborronaba bancos, árboles, fachadas... Por tercera vez marqué el número. Ésta, con más seguridad, pregunté por Aldo.

–Ya le he dicho que no soy Aldo, señorita –me respondió la voz de la mujer ahora seriamente enfadada y casi amenazante. Tanto que me hizo sonreír, y le contesté:

–Naturalmente que usted no es Aldo. Aldo soy yo. –Y corté la comunicación.

Luego pensé que no había sido una broma: yo soy Aldo en efecto... Y recordé mi sueño: «Mientras yo cante, la fiesta durará», es decir, seguiré siendo Aldo. Me eché a tararear, a tontas y a locas, una copla de Concha Piquer, que la mujer de un guardia, en Alhaurín, no dejaba un momento de destrozar: «Dime que me quieres, / dímelo por Dios. / Aunque no lo sientas, / aunque sea mentira, / pero dímelo...».

«Cántaselo por teléfono a Aldo; pero no te equivoques por cuarta vez», me dije. Con el papel en la mano y cerca de los ojos, no a lo tonto, dígito por dígito, marqué. Tardaron en cogerlo más que antes. Luego escuché la voz de Aldo un poco deformada y fría: «Estoy fuera de Venecia. Si quiere dejar algún recado, hágalo. Gracias».

Fue tan inesperado que ni siquiera colgué el auricular. Lo dejé sobre una pequeña repisa que hay debajo... «Si quiere dejar algún recado...» No quería dejar nada. Quería tenerlo todo... Quería saber dónde había ido Aldo, si era verdad que no estaba en Venecia, y de quién se ocultaba si estaba aquí y por qué no me había advertido y cuánto tardaría en volver si es que iba a volver... Me eché a llorar. Sé que soy tonta del higo, pero rompí a llorar. No entendía nada. Ni por qué lloraba siquiera. «Mientras tú cantes, la fiesta durará...» Colgué el teléfono en la horquilla o como se llame, y volví a mi habitación.

Se me ocurrió ir a casa de Nadia. Nunca había estado allí. Ni siquiera sabía si a aquella hora estaría trabajando en algún sitio. Por otra parte, el día no estaba como para dar vueltas: la bruma brotaba desde abajo, se dejaba desgarrar por las ramas de los árboles y ascendía luego hacia un cielo tan gris como ella, con el que se fundía.

Me puse a leer, pero no podía. No me acuerdo ni del libro que tuve entre las manos. ¿Qué me estaba sucediendo? Miedo, lágrimas, falta de concentración en un libro que, el día anterior, antes del sueño, me había parecido fascinante... Y nada de cantar. ¿Qué es lo que presentía? ¿Dónde había ido a parar mi seguridad de tía con un par de huevos de avestruz? Y, por si fuera poco, ahora me doy cuenta, cuando escribo esto, de que nunca fui tan malhablada o tan malescrita o tan guarra como lo vengo siendo. ¿Qué había cambiado? Y hoy, ¿qué había vuelto a cambiar? ¿Qué coño era este lío? «Pon los pies en el suelo, Asun, preciosa, por lo que más quieras. Y procura cantar a toda costa.»

No estaba para cánticos. Hice un esfuerzo y regresé al pasillo y otra vez al teléfono. Por fortuna, Nadia sí estaba. No sabía nada de Aldo.

–Lo acaparas tú tanto que conmigo ha partido ya peras... Ni idea de dónde puede estar. No creo que haya ni salido de Venecia... Eso son cosas suyas. A él le gusta jugar al escondite...

–Pero ¿y la discoteca?

–Eso, sí. Él tiene allí un horario. Y es cumplidor, aunque no lo parezca. Y el que pincha mejor.

–Lo sé mejor que nadie –lo dije a pesar de no tener gana de bromas sexuales–. ¿Vamos a darle la sorpresa esta noche? –Sugerí casi tartamudeando–. Te convido a cenar, y luego nos acercamos allí.

–¿Desde cuándo no te atreves a ir en busca de algo tú solita? –preguntó con sorna.

–No, hoy, no… Hoy no me atrevo a nada. Estoy desconcertada…

Algo tuvo que notar en mi voz, porque ahora hablaba en serio:

–¿Ha sucedido algo?

–No lo sé… Lo peor es que no lo sé.

–Pasaré por tu casa a recogerte. Hasta luego. Besos.

–Besos –repetí yo. Y colgué.

Me vi desamparada y sin saber qué hacer.

–Pero por poco tiempo. Esta tarde a las ocho estará Nadia aquí. Y a las once te encontrarás con Aldo.

Me vi extraviada y en una callejuela sin salida. Intenté cantar eso de Marifé de Triana. No me salía la voz.

–No exageres. Siempre te da por situarte del lado negativo de las cosas. Eres mucho más dada a temer que a confiar. En lugar de recostarte cómodamente en un presente que te llena de luz y que lo estás tocando con los dedos, tú miras más allá, hacia un futuro desilusionado… ¿Qué derecho tienes a amargarte la vida, mamarracha? Estoy hasta la coronilla de que, en cada momento de tu puñetera vida, optes siempre por la infelicidad. Más aún, que ni te pares a contemplar la idea de que ya puedes descansar de una vez sin sentir el bordoneo de la mosca en tu oreja. ¿Crees, so imbécil, que la felicidad paga un impuesto de pena legalmente exigible? Te ha sido dada gratis. ¡Disfrútala!

–Todo lo bueno que hay en este mundo o es peligroso o perjudicial, o aún peor, mentira… (Pensé que la parte mía que me hablaba era la que escribía palabrotas, no yo.) Esta vez me lancé demasiado, me tiré sin paracaídas y sin ninguna protección. Tenía que suceder… Aldo se ha hartado de mí.

–No me extraña, porque te lo mereces… Pero ¿por qué tienes siempre la cochina imagen de un hombre maligno y hostil? Sólo porque tú no te fías ni de ti ya. Sólo porque piensas que, si te descubres confiadamente a ti misma, y mucho peor a otra persona, saldrás perjudicada. No es que seas pesimista, cabeza de chumbo, eres suicida… Temes siempre que te tomen el pelo, temes ser desilusionada y por eso no te ilusionas. Prefieres estarte tú sola, como Doña Rosita la soltera, a correr el riesgo de que alguien te haga daño… Qué valiente has sido siempre, Deyanira de mierda… ¿Por qué no se te ocurre que, de cuando en cuando, todo el mundo, hasta tú, tiene una posibilidad de que lo acepten como es, y de ser feliz? O aproximadamente feliz, porque contigo no puede exagerarse… ¿No se te pasa ni por la imaginación el hecho de que, cerca de ti, alguien pueda sentir tanta necesidad de alargar la mano y tocar otra mano como la que tú sientes?

–Sí, se me pasa por la imaginación alguna vez, pero me entra tal miedo… Un miedo mucho mayor que yo, como el que tengo ahora.

–De todas las personas que conozco, la que menos se quiere a sí misma eres tú. Así no se puede ser ni amante ni amada ni Cristo que lo fundó. Entérate, literata de chicha y nabo. Porque para querer a los demás, para amar a alguien, como te gusta a ti decir, hay que amarse a una misma primero. Nadie da lo que no tiene, hija. Nadie contagia lo que no padece, porque para ti el amor es como una enfermedad. Nadie enseña lo que no ha aprendido… Y cuando se habla de amor, más todavía. Porque, con él, sucede, a propósito de Cristo, como con la multiplicación de los panes y los peces: cuanto más das, más tienes, más recibes. Con él, el que más aprende es el que más enseña.

–Sí, sobre todo el culo, cuando te lo dejan al aire como hoy a mí.

–Calla, condenada, no nombres la bicha… Una persona, si es que a ti se te puede llamar eso, que tiene un amor sólido y bravo dentro de sí misma, una persona que se dedica en alma… y sobre todo en cuerpo a él, que es decidida y firme, no será nunca defraudada. Sobre todo, si es tan patriota que hace a rabo de toro y a tortilla española… A no ser que sea más tonta todavía que el *Cándido* de Voltaire. Pero para eso hay que nacer hecha de encargo, como tú.

–¿Ah, sí? ¿Conque amor, bondad, generosidad e inquietud por los demás garantizan la paz en los corazones y allanan los caminos del mundo? ¿Ésas tenemos? Pues, que yo sepa, a Sócrates le arrearon un vaso de cicuta, a Jesús lo crucificaron con muy malos modales, a Tomás Moro le cortaron el cuello, a Gandhi le pegaron un tiro... Y no quiero seguir. Todos amaban, todos confiaban, todos mejoraron su alrededor. Y a todos les dieron con la puerta en las narices: lo normal. La gente exalta a alguien que le gusta por algo, pero lo que le gusta de verdad más que nada es cargárselo luego.

–Si comienzas todo lo que comienzas con semejante actitud, no te extrañará estrellarte después. Porque todo lo que comienza de ese modo es sencillamente el principio del fin. En el amor, y eres tú quien lo ha escrito, la que ama ha de conducirse a sí misma en la buena dirección, y ha de conducir a la vez a aquel a quien ama hacia sí mismo. Si no, aquello no es amor sino una vaga ensaladilla rusa... Qué amor es ese que no crea alegría, que aturde, que marea, que intimida, que muerde... Y sobre todo, que no vive cada día con el mismo afán y la misma pasión que viviría el último.

–Pues te juro que así estoy viviendo éste, no lo dudes: el último.

–Mira, maribobales, la gente se muere de salmonelosis, o cayéndose de un andamio, o en un safari, o de cáncer de colon, pero nunca de amor... Y menos de ilusiones ya usadas como la de enamorarse del amor, que es llover sobre mojado. El amor también tiene su libro de instrucciones... Ah, abogada del diablo, acabas de darme toda la razón.

–No te estoy dando nada... Y si te diera la razón, sería porque no la tienes. Tú confundes tus ensueños con la realidad. Los ensueños no pueden confundirse, son sólo tuyos, como tus menstruaciones. Cuanto más te acerques a ellos, más te separas de quien tienes al lado. La felicidad es gratuita.

–Mentira, y tú lo sabes. Tú siempre lo has sabido. Todo se hace por algo: el que trabaja, para sobrevivir, no porque le guste su trabajo; el que escribe, para expresarse y tener éxito; por eso yo no escribo, aunque tú hayas tratado de que siguiera haciéndolo por gusto… Y la que ama no ama por el gusto de amar, sino para ser correspondida en la misma, o a ser posible en superior medida… O sea, el trabajador quiere su sueldo; el artista, su reconocimiento; el amante, la reciprocidad y la seguridad: el *yo* por el *nosotros*… ¿Qué me dices ahora?

–Te digo lo que sabes que Milton escribió: «A la mente no la cambia ni el tiempo ni el lugar. Ella es su propio lugar, y, por sí misma, puede hacer un cielo del infierno o un infierno del cielo». Ten cuidado con ella.

–Y tú con Milton, que escribió un comentario del Génesis en diez tomos y en versos como escarpias. Qué falta de respeto al gusto ajeno.

–Qué redicha eres, hija.

–De tal palo, tal astilla. No sé si tú y Aldo seréis la misma cosa. Pero tú y yo, sí. Lo que pasa es que a mí no me has dejado levantar el galillo hasta hace poco. Y porque me he rebelado, harta de coles, ya. Mira, joya de la corona, si una mujer es rechazada por un hombre será porque ése, aunque lo pareciera al principio, no estaba dispuesto para lo que se le ofrecía. Cuando se abre el amor, se abre sin estrecheces: a perder o a ganar, lo mismo que un melón… La que tiene amor para dar que lo dé. Sin poner condiciones. Que sienta el gozo de poder dar y dé a su vez las gracias: pero sin tener en cuenta, y menos exigir, lo que podría recibir a cambio.

–Pero entonces, ¿por qué escribo lo que estoy escribiendo ahora mismo? ¿Por qué amo yo? ¿Para qué amo?

–Por el hecho de amar. ¿O es que no te parece bastante? ¿O es que buscabas una renta vitalicia? Lo que tienes son celos.

–¿Celos yo? ¿Tú crees que yo retendría a alguien que quisiera estar con otra?

–No, matarías a la otra. Menuda soberbia estás tú hecha…

Y luego te morirías de celos: ésos sí matan. El monstruo de ojos verdes sabe muy bien estrangular... Reconócelo, humíllate y reconócelo: te devoran los celos.

–¿A mí? Yo estoy por encima de esas vulgaridades.

–Ni te contesto a eso... ¿Qué te crees? ¿Que Aldo está ahora mismo con una calienta almocafres? ¿Que tiene al descubierto el imperdible o el abrelatas o el cencerro? ¡Populachera! Qué celosa te pone a ti el cachondeo del amor. O de la dulce ardentía, como sueles decir cuando te vuelves fina y llamas coprolalia a escribir tacos... En serio, ¿qué te pasa?

–Que soy igual que un pez de aguas profundas: por mucho esfuerzo que haga, no es entendido por ningún humano, ni ningún humano puede hacerse cargo de su temor a que todo, a que cualquier persona o animal o cosa, lo devore.

–Y el pececito de aguas profundas ¿entiende a los humanos cuando se están ahogando al lado suyo?

–Tampoco.

–Pues entonces, pazguata, no presumas de ser experta en soledades. Tú, la única... A ningún sordo se le puede explicar la belleza de una sonata ni de una sinfonía.

–Salvo que el sordo sea Beethoven.

–Pero porque era también el autor de la sinfonía: él era quien la explicaba.

–Espero que *Las vidas paralelas* de Plutarco no quieran decir lo que yo siento ahora... ¿Mi vida es paralela a la de Aldo? Eso quiere decir no que voy acompañada hasta el infinito, sino que jamás me encontraré con él: ni ahora aquí, ni en el infinito...

–Tú, como siempre, ponte en lo mejor, hija. Pero apréndelo de una vez y que no se te olvide: hablas demasiado y escuchas poco, no te das tiempo. Sabes, y lo has dicho, que el camino que lleva hacia una misma es el más abrupto y el más doloroso y el más empinado de todos los caminos.

–Y sin embargo, Kung-Fu-Tse.

–¿Quieres decir Confucio? Pues di Confucio, coño.

–Él asegura que todos los caminos conducen al mismo sitio, y todos los pensamientos a las mismas conclusiones.

–O sea que ya está dicho. Entonces, abandónate.

–¿Quieres decir que siga como estoy? Tú sabes, como yo, que estoy peor que nunca.

–Tú siempre estás peor que nunca... Lo que quiero decir es que no saques las malas consecuencias definitivas como sueles. Que no crees en torno a ti una coraza de técnicas protectoras contra lo que venga. Que no te acobardes ni te aflijas de antemano. Que los resultados de lo que hacemos o de lo que nos hacen ni serán siempre malos ni los mismos. Que no preveas; que no profetices; que no lances jeremiadas; que no hay nunca una situación idéntica a otra; que no te abraces al dolor como si él fuera Aldo, o viceversa... Porque hay dolores inútiles, provocados por ti misma y por tu estupidez anticipatoria y por la soberbia que te impide reconocer tus patinazos. Y esos dolores recaerán sobre ti con más peso que ningún otro. Porque son dolores inventados por ti, y por ellos habrás de pagar un doble precio. Habrás de pagar dos veces tu propio tejado, que has deshecho a pedradas tú misma.

–Soy, ahora lo veo claro, víctima de la fatalidad. Desde el principio de mi vida. Al cumplirse un destino, la soledad se abre sitio dentro de mí con uñas y con dientes. Cuanto más grande es el destino, mayor la soledad. El auxilio no cabe, ni la compañía.

–Y yo, ¿qué soy entonces?

–Eres yo misma, pero de otra manera.

–De otra manera peor, ¿no es eso? Cuánta presunción: la que eres fatal eres tú, no tu destino. Sal fuera de ti, pero en el mejor sentido, no en el de perder el equilibrio. No te entimismes: pasea, pide ayuda, sin remilgos y a gritos, encuéntrate con la gente. Con la gente preocupada y triste o sonriente y dichosa, o todo al mismo tiempo igual que tú. Habla claro con quienes te rodean, confía en ellos, no te enroques... ¿No vas a encontrarte ya con Nadia? Sé limpia y fraternal con ella.

–Eso me sucedió una vez de niña, ¿no te acuerdas? Sin saber cómo ni de dónde venía, entró una mañana un perrillo en la pequeña habitación donde dábamos clase en el colegio de aquel pueblo. A mí nadie me hacía caso allí: todos me minusvaloraban, me agredían casi si es que no me ignoraban por las buenas... Y entró el perrillo aquel. Y todo se volvió una revolución de caricias, de llamadas, de piropos... Nadie lo conocía, pero todos querían ser amigos del perrillo, que movía la cola y miraba a la gente de la clase como si la hubiera visto cada día, confiado y tranquilo, de pupitre en pupitre, recogiendo cucamonas y mimos... Y yo me eché a llorar, porque era eso lo que yo necesitaba y no me daba nadie... Envidiaba al perrillo, y me puse a llorar como una Magdalena. Y nadie me preguntó qué me pasaba ni cuál era la causa de ese llanto... Nadie trató de consolarme. Toda aquella mañana se convirtió en perrillo.

–Es que, al que hubiese tratado de consolarte, le habrías atizado una colleja. ¿No te das cuentas de que eres contradictoria e imposible?

–Sí.

Fue la respuesta categórica que me aticé a mí misma.

Después del inconexo diálogo interior, cuando llegó Nadia me encontró más serena. Estuvo complaciente y muy dulce. Yo hice lo que pude para estarlo también. A pesar de todo, no conseguí cenar: tenía un grueso nudo en la garganta y otro aún mayor en el estómago. Se lo dije. Ella me animaba:

–El nudo gordiano no se deshace, Deyanira: se corta.

–Lo he intentado, Nadia, pero no lo consigo. Vámonos ya a la discoteca.

El encargado, nada más vernos, se acercó a decirnos:

–El pincha no ha venido. No sabemos nada de él. Tampoco es la primera vez que lo hace. –Me dio la impresión de que iniciaba una sonrisa–. Empezamos a estar hasta las narices de él.

–No te preocupes –me repetía Nadia una y otra vez–. Aldo es muy arbitrario, muy autócrata y muy independiente: ya lo sabes. Aparecerá cuando menos lo esperes.

En voz muy baja dije:

–Ahora entonces.

Nadia, para distraerme, sin éxito ninguno, se quedó conmigo todavía unas horas. Hasta que yo decidí que prefería estar sola. Con el permiso de mi otra yo, tomé somníferos. No me produjeron mucho efecto.

El día siguiente lo pasé también, casi entero, con Nadia. Paseamos, hicimos alguna compra... Había esa luz límpida, como si no existiera, que envuelve a Venecia en sus horas más claras. Yo, por el contrario, me movía como una autómata en mis horas más oscuras.

No conseguí dormir cuando ella, ya de noche, me dejó. Habíamos vuelto a la discoteca. Sin novedad ninguna: Aldo no había aparecido, no había dado razón de sí. Yo no conseguía apenas respirar. Esperé el amanecer como el náufrago espera la sirena de un barco, el humo de una chimenea, el eco de una proximidad, una voz, un sonido del agua que le devuelva la remota esperanza...

Muy temprano, telefoneé a Nadia para pedir socorro. El teléfono sonaba y sonaba y sonaba. Nadie lo descolgó. Nadie me contestó. Ahora Nadia era nadie también. Me pregunté si no habría ni una mano, amiga o enemiga, que me pegase un tiro.

De pronto, desesperada, recordé que debajo de mi colchón estaba la pistola que me había dado Aldo. Lo levanté de un tirón. Pensé que sólo la muerte me evitaría para siempre desastres nuevos, nuevos desengaños.

Busqué el arma. La busqué, la busqué desesperadamente... No estaba. Alguien la había cogido. No me atreví a preguntar a la dueña del piso. Ni a la sirvienta que hacía mi cuarto. Y aquí sigo, sin atreverme a nada. Ni a salir a la calle. Ni a seguir escribiendo...

Nunca he conocido, hasta ahora, la sensación de verme tiritando, asustada, tan abandonada... Sin saber por qué, ni de qué, ni siquiera por quién del todo. Ahora comprendo que siempre nos acecha algo peor que lo peor. Peor todavía que un tiro en la boca.

He pasado dos días que no se los deseo ni a mi peor enemigo. Aunque creo que mi peor enemigo soy yo precisamente. Hasta yo me he cantado las cuarenta en bastos. Intentaré escribir para distraerme. Al menos estoy viva: no sé si eso será de agradecer. Sigo teniendo miedo a una amenaza que no sé de dónde viene ni por dónde. La soledad la había ya aceptado. Pero, después de haberme sabido acompañada, la soledad de ahora se me hace insoportable. No tengo ni una persona a quien recurrir. Me he traído este cuaderno a la *trattoria*. Por lo menos aquí entra y sale la gente, se saluda, bebe vino o café. Aquí sigue la vida… A veces pasa alguien por la calle que me recuerda a Aldo, alguien que me recuerda a Nadia o a Bianca. Me da un vuelco el corazón… Para nada. Para sobrevivir unos minutos más. Compruebo que el amor continúa siendo una engañifa, que es el sacamantecas del corazón. Y que quizá lo que yo necesitaba, más que amar, era saberme amada. Todo mi mundo, mis teorías, mi conocimiento de mí misma que creí irrefutable se vienen abajo ahora con estrépito. Con un estrépito mudo y terrible: estoy llena de ruinas. Como después de un bombardeo. Soy una ruina más. ¿Por qué? ¿Por qué?

Tengo que divagar.

Yo me enamoré. Me propuse ser el ideal para el hombre que amaba. Pero ¿qué noción tenía yo de ese ideal? ¿Conocía yo a Aldo? ¿Me daba entera a él? ¿O más bien me agarraba a ese cuerpo, me aferraba a él no para unirme sino para salvarme? Mi sed de ser amada tiene tal dimensión y tal profundidad que nunca, ni Aldo ni nadie, la va a satisfacer, ni un poquito siquiera. Cuanto menos, colmarla, inundarme, ahogarme en ese mar de amor que necesito yo… Amante, amada… ¿Qué sabe nadie lo que es? Hasta que llega la hora, todo son teorías. Las teorías no quitan el hambre ni la sed…

Pido otro café, que creo que es el séptimo. El camarero, que me conoce y algo intuye, deja un instante su mano sobre mi hombro… Tendría que recuperar mi amor propio como primera providencia. Pero ya no es posible. Desconfío de todos, hasta del camarero, y de mí la primera: no puedo fingir naturalidad ante los demás ni ante mí misma; sólo hacer esfuerzos para no gritar. Hasta llorar me es imposible ahora. Cuánto me alegraría mojar estas asquerosas páginas con lágrimas. Por lo menos me desahogaría algo… Por lo menos se correría la tinta, ya que yo no.

En realidad, lo que querría ahora es el imposible taxativo de ser un hombre en vez de una mujer. Porque nosotras no podemos dirigir el amor hacia nosotras mismas: hablo de cada una; debemos brindarlo a un hombre y esperar. Y yo he esperado demasiados años. Me encuentro ya agotada. Me encuentro con la esperanza varias veces muerta. No puedo convencerme ni de que haya amado. El que inspiró el amor es lo de menos ya, ni el nombre que tuviera (el apellido no lo conocí: ¿cómo pude estar tan lejos, tan ajena a mí y a él?), ni la forma de acariciarme, ni sus besos… Lo que importa, ¿qué es? ¿El recuerdo que deja en mi memoria? ¿Un amor olvidado, no por mí sino de mí, al que añorar un día? Me quisiera morir… Lo juro en alta voz. Pero ¿ante quién lo juro? No tengo rey ni roque, ni alfil ni reina ni torre ni caballo; no tengo ni un mísero peón. No me tengo ni a mí… Y si me suicidara, ¿quién sería la muerta? ¿Quién soy yo? ¿Fui yo la amante? Sí, yo fui la amante, y acaso todavía lo soy. No fui correspondida con la misma pasión con la que amé. Una vez más me timaron.

Y de mala manera. Siempre me dejan sin decirme adiós. Las mujeres como yo no sirven para ser amadas. Son incómodas, parlonas, emprendedoras, masculinas... Quizá servimos para amigas más que para amantes... Coño, pues jódete, aprende de una vez a joderte. Aprende de una vez que el infierno no es verdad que sean *los otros*. El infierno es *nosotros*... Tú no cabes entera en el corazón de un hombre, Deyanira: lo estallas, lo desbordas, lo deshaces, lo hastías. Ellos tienen que defenderse de alguna forma. Aunque sea la huida, como esta vez ha sido.

Y me puse a beber. Pero esta vez –o mejor, estas veces– alcohol.

¿Lo amabas más que él a ti? ¿Qué sabías tú? ¿Qué preguntaste tú? Su apellido tan sólo y no te lo dijeron. Cuando ama, pregunta, indaga, ahonda... No por curiosidad ni acaso por amor: quizá por instinto de legítima defensa. O de entrega legítima. Aunque sólo sea por saber en qué manos vas a poner tu vida. Pero qué idiota, qué pobre idiota eres.

Con tanto pensar desde hace tanto tiempo, ¿cómo no has comprendido que el amor lo sentías sola tú, aislada e incomunicada en ti misma? Has amado subjetivamente, interiormente... Por muchos gestos de amor que hayas hecho... Nunca fuiste correspondida, nunca: atrévete a escribirlo. Te has inventado todo: tenías ramos de flores en tus manos y los depositaste en los primeros brazos que se alargaron para recibirlos. Te rebosaba el sentimiento, y creaste una figura, la primera que se te puso a tiro, para que soportara el peso de sus sueños... Y la revestiste a tu manera, como te habría gustado a ti ser revestida... Fue demasiado peso: lo abrumaste; se ha transformado sólo en una sombra. Me gustaría que Nadia, la que me contradijo, la que se reía y me llamaba la Amante, me oyese ahora...

Todo está en el corazón, ya lo creo... Yo lo he imaginado todo en este vía crucis póstumo. Yo he parido al amado y lo sacralicé. Yo he convertido mi amor en una categoría trascendente. Me debilitó la voluptuosidad que nunca había gozado. Y él, el hombre, se enorgulleció de tener tanto poder sobre la poderosa: el poder de satisfacerla cada vez que ella lo deseaba. La poderosa ciega, qué ironía. Tan ciega que creyó haber hallado un ser supremo al que entregarse, someterse y reverenciar... Demasiadas albardas para un burro tan chico: salió huyendo. Demasiada peana para un ídolo de barro: se cayó y se hizo un millón de pedazos... Yo creí que, con Aldo, hacía el amor, y lo que estaba era deshaciéndolo a tirones.

Si me he perdido entre zonas oscuras, es porque todo en el amor es zona oscura. Y además no da tiempo a encender una luz por pequeña que sea, ni una cerilla: no da tiempo. Ni para reflexionar, ni para machihembrarse, ni para ser tenaz hasta convertirse dos en uno... No hay amor absoluto: es todo relativo, pasajero, puntiagudo y doliente. No existe el amor único: todos son pequeños amores sucesivos. Todos son escaramuzas temporales. No hay ninguna que pueda detener el vuelo apresurado del tiempo: tienes que conformarte –¡y lo sabías!– con la concentración para evocarlo, pero estando ya a solas. Sin el amado ya, perdido en el recuerdo...

Bebe, bebe. Por lo menos, bebe.

De una cosa sí que estás convencida: quien convierte el pasado en un presente inmóvil es porque ya se ha muerto hasta para sí misma. No eches la culpa al tiempo: no es él el que condena, irremisible, al amor a morir: somos nosotros, soy yo quien lo ha empujado sin querer; he sido yo, ignorante y pretenciosa, quien creó la finitud de este amor... Es el amante siempre: quien amaba es quien deja de amar. Si emprendes un camino, cuando miras atrás te haces de piedra. Y mirar hacia delante ya es inútil: no está el amor. Sólo queda el amante que amó y su añoranza. El pasado no se reencarna jamás. Ningún amor futuro lo llena de la misma emoción: ya lo sabías. El tiempo es un verdugo que nos hace a su imagen y semejanza, es decir, pasajeros también. Nos renovamos, cambiamos, transcurrimos. Hay uno de los dos que se dice a sí mismo: «¿Lo amaba?». Y se responde: «Sí, lo amaba, pero no soy el mismo que lo amaba; soy ya otro diferente que no lo ama; dejé de amarlo cuando me convertí en otro». ¿Es de Proust? Me parece que sí...

¿Y todo esto ha sucedido de la noche a la mañana? Yo no he cambiado, habrá cambiado Aldo. Pero ¿por qué? ¿Qué he hecho, qué he mirado, qué he dicho, que sucedió en mi ausencia? ¿El tiempo? Pero en tan poco tiempo... En un momento se ha hundido el mundo y yo con él: las tragedias siempre son tajantes.

Hundida, sí, pero no transformada. Lo amaba con la locura lúcida, frenética y embriagadora que manda Dionisos, con el amor furioso... ¿Debí amarlo y convencerlo con discursos platónicos? Aldo no me escuchaba. Aldo nunca hablaba de amor. El amor se agota en el instante mismo del orgasmo, aunque luego renazca en otros entusiasmos. No hay ideales, ni estéticas, ni convicciones razonables. El amor no se razona nunca. El amor no puede nacer de una persuasión: ¿a quién, con qué palabras, con qué razones se convence al otro a que ame o por lo menos corresponda a tu amor? Violencia, deseo, exaltación, ternura... Ah, la ternura, se me olvidaba. Pero ¿es que Aldo era susceptible de ternura? Habría que enseñarle, desde el principio, un idioma distinto. Y eso no se improvisa. Antes llega la muerte... «Mientras tú cantes, durará la fiesta»: encima, cachondeo... ¡Por creer en los sueños!

Y el amor que se prolonga hasta la muerte es ya la muerte misma. Debió serlo. Pero ¿cuándo había desaparecido la pistola, dónde está ahora cuando la necesito, por qué no me han matado? Quiero, como Rilke, morir mi propia muerte. Pero ¿cuál es? Recuerdo confusamente a Donne: «Muerte, tú morirás». Es mi única salida: así mi muerte morirá conmigo. ¿Qué le pidieron Filemón y Baucis, el viejo matrimonio, al dios que recogieron en su cabaña del bosque, extraviado, sin saber quién era? Lo que yo había pensado grabar en dos alianzas: la de Aldo y la mía: «auferat hora», en una; «duos eadem», en la otra. Que muramos los dos al mismo tiempo.

Y el dios, complaciente y cruel y desdeñoso, hizo que el bosque ardiera y murieron los dos. Qué castigo tan duro es el amor.

¿Por qué recuerdo ahora haberlo leído en algún sitio? El hombre ama dos cosas: el peligro y el juego. Si ama a la mujer es porque en ella están juntas las dos. Ella es el juguete peligroso. Es la emoción y el riesgo que él necesita. Y también el reposo del guerrero. Él se rinde ante ella nada más, se vuelve niño ante ella después de la batalla, juega con ella. La mujer tiene que descubrir, en el hombre, al niño que se oculta y juega al esconder. Yo no he sabido hacerlo. Porque no lo jugaba… Ahora escucho la advertencia de la vieja puta sin dientes: «Sabes decir a las mujeres cosas muy lisonjeras, Zaratustra, a cambio voy a darte una verdad pequeña: si vas con ellas, no te olvides del látigo…».

Pensé en la muerte igual que en una orquesta cuyos instrumentos, desacordes y desafinados al principio, van coincidiendo, se unen en la armonía. Y comienza a escucharse de una vez la música que deseábamos oír… Y luego todo acaba.

Me había emborrachado lo mismo que una cuba.

Ahora lo tengo muy presente. Dejé caer, sin fuerzas, la cabeza sobre los papeles. La sostenía apenas con las manos. Luego ya no. No podía ni quejarme. Me había acabado… Poco después, muy poco, una mano se posó sobre mi nuca. Pensé en el camarero compasivo. Pero oí una voz que decía mi nombre de un modo incomprensible. «Ay, tonta, tonta, tonta», me reproché serlo tanto como para escuchar la voz que nunca más escucharía… Levanté la cabeza con un esfuerzo sobrehumano. Como si levantase una pirámide. Y mi alucinación estaba allí. Aldo me sonreía. Detrás de él, muy cerca, Nadia y Bianca. «Son alucinaciones mías», pensé.

Perdí el conocimiento.

Cuando me recobré, estaba tendida sobre mi propia cama. Tenía una manta encima. Nadia me daba de beber en un vaso lleno de whisky seco, que detesto. Sobre todo, en mitad de una resaca. Creo que fue su olor el que me hizo resucitar. Volví la cara apretando los labios... Y fue cuando vi de veras a Aldo. Me acariciaba la frente, el pelo... Y sonreía. Cerré de nuevo los ojos hasta que oí su voz muy cerca de mi oído:

–Todo ha pasado ya. Perdónanos.

Me encontraba sin fuerzas para hablar. No recuerdo si volví a desmayarme. Las caricias de Aldo persistían. Eran lo único que me ataba a la vida... Pero ¿y si seguía muerta? No era capaz de preguntarlo, ni quería saberlo. Estaba bien así... Me hundí en una negrura. No veía, no oía, no soñaba, no dormía tampoco. Toda yo estaba pendiente de esa mano que subía y bajaba... Sobre mi cara, sobre mi cabeza y descendía a mi cuello... No deseaba saber nada más. Nunca más. Suspiré y me alejé de mí. Sin duda era la muerte. La acepté.

Mi recuperación no fue muy larga. Aldo me trasladó a su casa de la Giudecca. No me dejaban sola nunca Nadia y él. Bianca no apareció. La prometida explicación de lo sucedido, tampoco: era aplazada siempre. «En realidad –me decían–, no hay casi nada que contar: todo fue un malentendido.» «Ya lo comprobarás», concluían uno u otra. Yo, en la placidez que proporciona haber escapado de una pesadilla para encontrarse en una realidad tan dulce, no preguntaba más.

Un día, no calculo qué tiempo había pasado, le pregunté a Aldo:

–¿Cuándo recogiste tú la pistola que había escondido debajo del colchón?

Él estaba de espaldas a mí. Llevaba a la cocina una bandeja con los restos de la comida, que había traído para que yo no me moviera. Volvió la cara, y me pareció otro. No diría que estaba desencajado, pero sí demudado. O extraordinariamente serio. Sus ojos parecían oscuros...

–¿Estás segura de lo que dices?

–Sí. Tan segura como de que todavía estoy aquí... No estaría si la hubiese encontrado.

Noté el esfuerzo que Aldo hacía para suavizar su mirada. Siguió hacia la cocina. Pasaron unos minutos hasta que regresó sin la bandeja. Volvía a ser él: cariñoso sin exageraciones, serio pero no demasiado, atento y guapo.

–Menos mal que no encontraste la maldita pistola. En cualquier caso, te habrías llevado un chasco: no tenía munición. –No sé si bromeaba. Se había acercado a mí. Me levantó la cara, porque él seguía de pie. Acarició mi barbilla, después de mirarme un rato con mayor detenimiento que de costumbre–. He decidido que te quedes aquí. Estarás mejor, más acompañada, más tranquila… Cuando quieras ir al otro lado del canal, yo te llevaré. Si yo no estoy contigo, estará Nadia. Acabo de hablar con ella. Traerá todas tus cosas de la otra casa.

–Me había acostumbrado tanto…

–Ya no es sitio para ti.

–Una vez me dijiste, ¿te acuerdas?: es mejor que por Venecia vayas tú sola, pero no estarás sola nunca, porque yo iré contigo aunque no me veas.

–Pues, desde ahora, iré contigo y me verás.

Había descansado su mano sobre mi frente. Luego se puso en cuclillas. Su cabeza quedaba un poquito más baja que la mía. Me dio un beso muy largo. La calidez del beso y la situación de su boca respecto de mi boca me produjeron la impresión de que lo besaba por primera vez, y de que Aldo era mucho más joven que yo, casi un niño. Un niño que necesitaba ser besado más que yo todavía. Acaricié su nuca. Cerré los ojos. Apoyé mi frente sobre la suya. Me di cuenta de que no necesitaba, ni nunca necesitaría, nada distinto a lo que en ese instante se me daba. Lo juro.

Para que no viese que se me saltaban las lágrimas, quise despistar y miré a otro lado. Mis ojos tropezaron, emborronándolo, con un estuche que había bajo una mesa adosada a la pared. Había pensado, cuando lo vi al llegar, que sería la funda de una escopeta rara. Los dedos se me volvían huéspedes allí.

–Y eso, ¿qué es?

–Un violín.

Creí que bromeaba.

–¿Qué hace aquí un violín?

–Si no lo tocas, nada.

–¿Y quién sabe tocarlo?

–Yo, pero no muy bien.

–¿Eres tan lujurioso que puedes tocar, al mismo tiempo, al violín y a mí?

–No es lujuria, es amor. Lo de los dos: el violín y tú.

–Pues espero que a él lo toques con más delicadeza. Porque, lo que es a mí, me desafinas. Míralo: estoy temblando.

Era cierto. Alargué las manos y me temblaban. Aldo las apretó contra su pecho. Le palpitaba muy fuerte el corazón. No habría nunca mejor momento para morir los dos.

Nadia no tardó mucho en presentarse con mi equipaje que no abultaba demasiado.

–Te traigo tus cuadernos secretos.

–Podías haberlos dejado caer en un canal. Son los papeles de agua.

–Entonces no se hubieran ahogado. Pobrecillos, qué mala eres con ellos.

–No lo sabes tú bien.

Pasó un tiempo, no mucho, mientras ordenábamos las ropas y los libros en silencio.

–¿Qué es de Bianca?

–No tardarás en verla. Está deseando venir.

No sé por qué, intuí que rehuía el tema dando de nuevo largas. Pero, como ya me conozco y creo conocer a quienes me rodean, no insistí. (Sí, déjate llevar otra vez por tus quimeras: no escarmientas, ceporra.)

Sin embargo, recapacitaba sin poderlo evitar. Todo me parecía un poco extraño. O quizá mucho: la mudanza, la postergación de las aclaraciones, la ausencia persistente de Bianca, las incomodidades de los turnos de mañana y de noche a cargo de Aldo y Nadia… Sentí la urgencia de ponerme bien, de salir, de ser autosuficiente como fui toda mi vida, de no ser tratada como una anciana dependiente... Pero no cesaba de preguntarme, no tanto dónde habían estado Aldo y Nadia en aquel tiempo muerto por culpa del que yo estuve a punto de morirme, sino, antes de nada, por qué no me habían advertido de que se iban y de por qué se iban. Juntos o separados o como hubiese sido... Y el silencio de Bianca. De ahí que me sintiera demasiado protegida y un poco protejodida. Pero como mi reconocida estupidez y mi impaciencia –y también mi amor– me habían traído hasta donde ahora estoy, no me atrevo a plantarle cara a una situación que no comprendo y que no considero cómoda para nadie.

Ahora aquí echo de menos a menudo mi soledad de antes, mi independencia, la sorpresa iluminadora de las visitas de Nadia, de Aldo y Bianca... Hoy está todo bajo un horario.

–¿Quién te entiende, pelmaza? No sabes lo que quieres, culo de mal asiento.

–Sí lo sé... Lo que no sé es todo lo demás.

Por fin, he salido. Con Aldo, desde luego. En una motora que yo desconocía que tuviese. Antes de que cruzáramos el canal, descubrí una Venecia distinta, como de fuera adentro. Era como alguien que penetra en el secreto de lo que ya conocía –o creía conocer– sin haber averiguado ni adivinado su verdadera intimidad. O sea, como una *renovatio amoris* de Ovidio. Me produjo una impresión extraña. Apenas embarcamos, le rogué que se detuviera ante el lugar de la Giudecca que prefiero, que siempre he preferido: el que tiene a los lados y de frente el esplendor del mundo. Donde yo me sentí acunada, lo mismo que una niña muy querida, por Aldo en una góndola. Él, después de besarme, me aseguró que iba a llevarme allí sin que se lo pidiera.

–Es nuestro altar y nuestra cama de bodas.

Sentí que se me llenaban de agua los ojos.

–Calla, si no, no podré verlo.

Me tomó la cabeza y me secó los ojos con sus labios.

–Es preciso que hoy veas mejor que nunca. Por Venecia y por mí.

¿De dónde venía ese cariño pulcro y delicado, como el que se manifiesta a una niña que se ama?

Y me introdujo en la auténtica ciudad, en la otra cara de la moneda veneciana. Me vi habitante suya de un modo diferente al que hasta entonces lo había sido. Aldo me paseaba por lugares que no reconocía: los había contemplado desde un punto de vista más alto, como formando parte de ellos. Ahora navegábamos entre pequeños puentes, adelantando góndolas o acompasándonos con ellas, desdeñados por sus ocupantes como intrusos muy poco respetuosos. Me decía a mí misma: «Cuánto influye, en lo que se ve, el lugar desde donde se mira. Qué imprescindible es cambiar, de cuando en cuando, de punto de vista. Para conocer mejor no sólo las ciudades, sino las situaciones, las personas, los problemas... Y también las incógnitas que, en ciertas circunstancias, como las mías ahora, nos perturban». ¿De qué procuraban distraerme Aldo y Nadia? No podía dejar de planteármelo.

Ahora no me extrañaba tanto que este pueblo, juntos todos o no, quisiera resucitar a La Fenice. Era su permanente símbolo: el fénix resucitando de forma interminable. Mucho más que el León alado de San Marcos, reproducido de manera incontable por toda la ciudad. El fénix significaba la ciudad renovada renovándose siempre. Siempre la misma y nunca repetida. No sólo por las luces y formas exteriores, sino por un ímpetu interior que la conduce y la reproduce; por un secreto persistente que la hace ser, a pesar de las mudanzas y los siglos, idéntica a sí misma. Fue entonces cuando empecé a sospechar el alma de Venecia, que antes me había parecido sólo un decorado hermoso: tentador pero frío, al alcance del tacto y la mirada, pero a la vez lejano e intocable. Sin embargo, supe entonces también que hay algunos fénix que no resucitarán sino a través de los siglos, cuando se logren reunir sus cenizas esparcidas, perdido ya el recuerdo de lo que fueron y de por qué murieron. Y me solidaricé con ellos más que con La Fenice. No sé por qué. Quizá sólo por el instinto de la propia conservación.

Y sin saber la causa, sin decirle a Aldo todo lo que pensaba, retrocedí en el tiempo. Tropecé con la ciudad del siglo XVIII, cuando fue la más libre de Europa, su válvula de escape, el refugio de los perseguidos por razones morales o políticas, el puticlub mayor de su época… Como ahora para mí… Con lentitud veía alzarse, ante mí y a mis lados, todas las condescendientes tolerancias que por razones económicas, de acuerdo –pero qué importaba eso–, recibían la indefinida variedad de lujurias, de desenfrenos y de extravagancias. La Serenísima hacía, sin perturbarse, la digestión de cuanto se le echara. Esta ambigüedad suya, de tierra y cielo y agua, esta levitación tan enigmática como irreproducible, la transformó en una *madame* lujosa y comprensiva, que utilizó hábilmente las armas que tenía para seguir viviendo y dar vida a los acosados. Y, cuando escribo armas, quiero escribir argucias, hermosuras, perfiles inefables, rincones captadores, lugares engañosos e insólitos, verdades mentirosas y mentiras veraces, el arte cultivado como nunca y en todas las magnitudes y trampas de las que sólo ella es capaz… La ciudad tolerante y exclusiva que es la antecedente de la de hoy, ya abaratada y decaída igual que una pilingui que en un tiempo fue deseada por todo el que la viera, la imaginara, la poseyera o la habitara…

Nunca como estos días, casi convalecientes, me encontré tan envuelta por una ciudad que era la permisiva quebrantadora de sus propias normas, la legisladora flexible con cualquier infracción. Desde el juego, que prohibía para cerrar luego los ojos ante los jugadores que la inundaban desde cualquier sitio, hasta la compasión por las zorras monjitas que se marchitaban sin amor en sus conventos de los que, indulgente, las libraba por horas. Qué dos grandes pasiones, la del azar y la de la carne, confluyeron siempre entre los canales de entonces.

–¿A los chulos de putas los llama proxenetas también el castellano? –me preguntó de repente Aldo. Yo solté una risa aprobatoria–. Esta ciudad estuvo llena de ellos. Las mujeres que habitaban los palacios, vendían, para jugar, hasta las bragas. Hubo que controlar, por medio de licencias, la proliferación de chulos... Claro está que para sacar beneficios de sus beneficios: dar para recoger. Las grandes damas jugadoras se entregaban a los ricos de entonces, que no eran ya los aristócratas ni del todo quizá lujuriosos desbocados, pero sí con boca bastante para hincar el diente en carnes que de otro modo no habrían estado al alcance de la suya.

Aldo reía y yo con él. Imaginábamos que Venecia había sido una fiesta, como lo fue para Hemingway París. Una fiesta desenfrenada y profesional, como la que se armaría en cualquier sitio que tuviese sus días contados. Jacobo Casanova no fue el único. Pero sí muy representativo. Cuando se dejaba de apostar o de oír música –«el comienzo del Barroco se llama Venecia»– se follaba. O acaso al mismo tiempo... Me acordé de mi primera conversación con Aldo aquella noche tan veneciana... Todo favorecía los encuentros simulados, los fingidos raptos de las religiosas que se dejaban penetrar en las góndolas, tan favorecedoras de cualquier metisaca. El bullicio y la jarana, más o menos visibles, hacían cerrar los ojos de quienes no deseaban darse cuenta, que eran todos cuando no les tocaba a ellos actuar: hoy por ti, mañana por mí era la ley mayor... Esta ciudad, en apariencia inmóvil, que yo veía desde la motora con más rapidez que antes, había sido una de las más disolutas de la Historia. Con la agravante de que fue, y continúa siendo, la que mejor supo venderse; la que se entrega, pero dejando intacto lo que le conviene que sobreviva siempre. Como una pelandusca que deja que le metan mano, o lo que sea, por donde sea; pero exige que no le toquen el sombrero. Y de la cartera, ya ni hablamos.

Con Aldo vi esos días la Venecia secreta a voces. La imaginé, sería mejor decir. La que acogió a los homosexuales perseguidos por las demás naciones; la de los espías y traidores políticos; la que pactaba con los papas o con los turcos o con ambos a un tiempo, indiferente a todo; la de los *castrati*, tan buscados por los compositores de ópera con motivos a veces menos límpidos que sus voces; la de las mujeres, decisivas protagonistas, a las claras y a las oscuras, que sorprendían a los forasteros con una libertad que acojonaba a los hombres: en el sexo, en el amor, en el color del pelo, en cualquier arte más o menos noble y, sobre todo, en el más complicado, que es la vida.

La ciudad entera, no sólo La Fenice, es un teatro con un gran escenario: un escenario cambiante, con decorados de quita y pon, que suben o que bajan según la conveniencia, con carras que entran o salen, con luminotecnias no naturales siempre, con telones que descienden lentos o rápidos según lo que convenga en cada caso…

Y me daba cuenta entonces de mi reconciliación con Venecia, la humana, palpitante, excesiva, simuladora Venecia. Era la tercera o la cuarta con la que me encontraba. La nunca ofrecida del todo, recóndita y exhibicionista al mismo tiempo y en semejantes horas y lugares. La poseedora de la suprema sabiduría: administrar bien lo que se enseña sin entregarlo nunca. Todo cuanto llega a ella, desde la arquitectura de cualquier época hasta una mujer adúltera, es veneciano ya. De la Venecia *streeper*, en salas de fiesta conventuales o en discotecas eclesiásticas, que ya tuvieron experiencias veladas de cuanto sucede en ellas hoy. Me reconcilié con esa mezcla de la que Aldo me había hablado: oficialidad y delitos, subterfugios y protecciones pagadas, la autoridad constituida y delincuente, los abogados acusadores o defensores según quien los costea. Una ciudad en que la mafia no es posible porque no hay quien la distinga de la que no lo es. Si es que hay algo aquí que no lo sea…

Volvió a hablar Aldo, y volvió a sorprenderme:

–En Bizancio, para privar a cualquiera de alcanzar el poder, se le cegaba. Sin embargo –te lo cuento para que entiendas mejor este batiburrillo–, Dandolo, un *dux* de Venecia, que conquistó y fue soberano de tres octavas partes de Bizancio, era absolutamente ciego. Es un buen símbolo veneciano.

Mirándonos, soltamos la carcajada al mismo tiempo. Yo iba junto a él y reposé en su hombro mi cabeza. Me la golpeó con el cariño de la suya, y yo me puse a soñar, en paz casi, arrullada por el ruido de la motora.

Esta noche he pedido a Nadia que no se quedara. Lo ha comprendido, y hace un rato se fue. Por fin me han contado, cada uno por su parte, lo ocurrido en esos días aciagos. Me falta el relato personal de Bianca, a la que aún no he echado el ojo encima. Pero su testimonio es quizá el más imaginable. Aunque un exceso de imaginación sea necesario para hacer coherentes los relatos. Por eso sospecho que aún faltan muchas piezas en este puzle.

La narración de Nadia es breve. A la mañana siguiente al día en que permaneció conmigo en mi casa de antes, recibió de madrugada, demasiado temprano para llamarme en mi estado de nervios, un telefonazo de Aldo. La avisaba de que, estando en Prato, cerca de Florencia, donde lo había llevado un asunto profesional urgente…

–¿Cuál es la profesión de Aldo?

–No lo sé de manera oficial, pero supongo que, aparte de pinchar discos, por afición más que por otra cosa, tendrá un modus vivendi. Siempre pensé que era mejor no preguntar. Si no lo sabes tú…

Qué cautelosa y qué morigerada, me dije. Y en alta voz:

–Continúa.

–Por teléfono, a su móvil, le habían comunicado no sabía quién, que Herbert Kalick…

–¿Quién es Herbert Kalick?

–Era el muchacho alemán experto en pintura, al que Bianca acompañaba.

–¿Era?

–Sí, de eso se trataba. Había sido encontrado no lejos de Fiesole… Es un pueblo donde está el antiguo y precioso monasterio de Santo Domingo. Lo visité en mi adolescencia… Me impresionó la inscripción en las piedras de la entrada: *O beata solitudo. O sola beatitudo.*

–«Oh, feliz soledad. Oh sola felicidad.» Es triste pero está cargado de razón.

–De Viccio, muy próximo, era Fra Angélico, y en ese convento vivió y pintó hasta que lo trasladaron al de San Marcos en Florencia.

–Mira, Nadia, todo eso, más o menos, lo sé. Pero ¿quieres hacer el favor de decirme qué tenía que ver Aldo con esa lección de geografía e historia?

–Es que habían encontrado al alemán en un olivar cerca de ese convento. –Hizo una pausa–. Muerto.

–Muerto, ¿cómo?

–Bien muerto, y de mala manera… No se sabe si asesinado, o atropellado por un coche y luego abandonado allí. O las tres cosas juntas. La autopsia aún…

La interrumpí.

–Aclárame dos cuestiones, por favor. La primera, si murió de un disparo o de una cuchillada.

–Ya te digo, la autopsia…

–La segunda, quién llamó a Aldo.

–Eso no lo sé… Creo que ni él.

–¿Y por qué comunicárselo a Aldo, y no a ti, por ejemplo? ¿Porque estaba más cerca? ¿Y quién sabía que lo estaba, si ni yo lo sabía? ¿Y quién sabía que la amistad de Aldo y Bianca es causa suficiente como para llamarlo antes que a nadie? Y más aún, ¿quién sabía que ese alemán y Bianca viajaban juntos?

–No lo sé, Deyanira. De verdad no lo sé... Dijiste dos cuestiones, pero anda que... Demasiadas preguntas... Yo no hice tantas. Cogí un coche y me fui en busca de Bianca, que aún no sabía nada. Por eso no me encontraste en casa. Me fui aprisa y corriendo, en cuanto me advirtió Aldo de lo que sucedía... Y recuerda que tú no estabas además para tales noticias. Y a semejantes horas...

–Bueno, en ese caso me habría quedado lo mismo de confusa que ahora estoy.

Después de mirarme y encogerse de hombros, Nadia continuó:

–Aldo y yo buscamos a Bianca en Florencia. Aldo me esperó a mí... Habíamos quedado en un café cerca del Carmine para buscarla juntos.

–¿Buscarla? ¿Es que no sabíais dónde estaba?

–Más o menos... Ellos se movían, viajaban, visitaban iglesias y museos... Un par de días antes, Bianca me dijo el hotel en que se iban a hospedar en Florencia. Pero, según nos advirtieron en él, estaba completo y les habían buscado otro alojamiento... Cuando llegamos, Bianca había salido, cosa muy lógica. Tuvimos que esperarla... Decidió darse una vuelta por tiendas y por bares. Es comprensible: estaba un poco hasta el colodrillo de cuadros y de piedras... El alemán salió aún de noche hacia Fiesole, según le dijo; tampoco estaba muy segura.

–Quizá ni lo mataron allí... Quizá allí llevaron sólo un cadáver. –Nadia hizo un gesto indiferente y concluyente.

–Quizá.

–¿Y cómo está ahora Bianca?

–Bien. Tranquila... Claro que ha sentido lo del alemán... Pero supone que algo le ocultaba, que estaba utilizándola como tapadera de cualquier cosa, o que había quedado con alguien para algo, no sabe qué, y aquello terminó de mala manera…

Ahora fui yo la que cerró la explicación diciendo una vez más:

–Quizá.

La narración de Aldo coincidía con la de Nadia. Aproveché que ella estaría ausente un par de horas haciendo algunas compras. Coincidía en lo que afectaba a ella. Pero creo que a mí me afectaba aún más. De ahí que me pareciera oportuno comenzar preguntando yo.

–¿No tienes nada que decirme?

–Sí, Deyanira: que te sigo queriendo.

–Pues no lo parece cuando me abandonas, ya te imaginas a lo que me refiero, sin decir adiós ni dar explicaciones.

–No pude… No debía.

–¿Por qué?

–Porque estaban controlando cada paso que daba, cada llamada que hacía.

–Pero ¿quién?

–Todos, cualquiera, Deyanira… ¿Es que aún no te has dado cuenta? –Balbuceaba. Lo vi, por primera vez, dubitativo, débil. Y él adivinó que lo veía así–. Tú eres tan fuerte, Deyanira.

¿Yo fuerte ante él?, me pregunté. Y escuché las palabras que Aldo no pronunciaba: «Ayúdame, ayúdame…». Estos hombres, me dije: ¿es que no hay ninguno que lo pueda todo? Uno en quien descansar de todo…

–¿Y por qué estoy aquí?

–Porque soy egoísta. Porque quiero que corramos los dos la misma suerte. –Sonreía. Dejé que me besara, y le dije al oído:

–¿*Auferat hora duos eadem?*

–No es momento para hablar en latín –susurró mientras volvía a besarme. Me aparté un poco de él. Y comprendió–.

¿Te acuerdas, al principio, cuando se descubrió un cadáver en aquel canal chico del río de Marcuola, por la Maddalena, y vimos cómo lo sacaban del agua? –Asentí con la cabeza–. Era un amigo mío. El único en el que tenía absoluta confianza… Creí que te habías dado cuenta. Me miraste mucho tiempo, entre asombrada y triste. ¿Te acuerdas?

–Sí, ¿cómo no voy a acordarme? Pero te miré así porque sospechaba que quizá tú habías sido…

–¿El asesino? –Volví a asentir–. No. –Se humedeció su voz. Me sentí responsable de haberlo defraudado: yo, tan lista–. No. A quien querían cargarse era a mí. –Se le nublaron los ojos, que eran mi luna y mi sol–. Lo habría preferido.

–¡No! –Me acerqué a él. Le acaricié la cara. Rocé sus cejas fruncidas. Había allí tanta tristeza–. Perdóname, Aldo, perdóname… Pero compréndeme también: no puedo vivir así. Necesito saber. Lo que sea, me da igual, pero saberlo. Es preciso que yo sepa a quién quiero, con quién me acuesto, con quién me levanto, en quién me apoyo, para quién vivo… Es preciso que esté segura de algo, del suelo que piso, de que la mano que me acaricia –él tenía sus dos manos, tan fuertes y tan tiernas, rodeando mi cuello– no me va a estrangular…

No pude evitar un sollozo. Yo creía que nunca volvería a sollozar. Pero me sentí blandengue, me sentí niña desvalida. Se lo debía a Aldo. Y se lo agradecí: sólo por eso hubiese valido la pena tanta ignorancia y tanta oscuridad. Pero era urgente insistir. Ahora o nunca:

–Aldo, quiero saber. Soy aún más fuerte de lo que tú te crees –y mucho menos de lo que me creo yo, pensé–. No me importa si eres policía o mafioso o cura, pero dímelo… No me importa estar viviendo una novela cuyo principio no he urdido yo y cuyo fin ignoro; pero necesito saber la novela que vivo… Sólo estoy acostumbrada a escribirlas, y en ellas hago más o menos mi real gana… Pero es que ésta, además, no es una novela mía: es una película americana de acción, y no me gusta…

Aldo tardó más de un minuto, que se dice muy pronto, en contestar.

–Creen que eres un contacto.

–¿Quién lo cree? –Aldo se encogió de hombros–. ¿Y lo soy?

–Tú sabrás.

–No. Ya no sé lo que soy. Es eso lo que estoy preguntando... Soy un contacto tuyo, tú eres mi único contacto... Lo asumo todo, me pongo de tu parte, te acompañaré vayas donde vayas. Pero dime, por lo menos, dónde vamos, de qué formamos parte, contra quién estaremos o a quién defenderemos, aparte de tú a mí y yo a ti... Dime –levanté la cabeza, alargué las manos para inclinar la suya y mirarlo a los ojos–, dime quién mató a ese Herbert, a ese alemán de Bianca. ¿Lo mataron de una cuchillada? –me temblaba la voz. Aldo sabía por qué.

–No. Lo mataron los mismos que sacaron la pistola de debajo de tu colchón... Sí que estaba cargada.

–Pero ¿quiénes son ésos?

–Los mismos que una tarde, en la placita de San Giacomo dell'Orio, al principio, ¿te acuerdas?...

–Sí, una fiesta de barrio, mucha gente, tú querías que nos fuésemos y yo quería quedarme... Choqué con alguien, me encontré abierto el bolso...

–Y perdiste las llaves de tu casa. Desde entonces te siguen. Desde entonces te vigilan porque eres cosa mía... Tuve la tentación de no comprometerte más, de alejarme. –Supe que me estaba diciendo la verdad.

–Y tú eres cosa mía, Aldo. Los dos somos *cosa nostra.* –Me miró, desde arriba, fijamente. Le tembló la mirada, tan clara, tan limpia, tan querida.

–Calla, no digas eso –lo decía con un tono infantil; su mano me tapaba la boca–. Nos hemos descuidado. Instalaron un micrófono en tu habitación el día en que robaron la pistola. Desde hace mucho sospechan de mí y de todo lo mío y de todo lo que hago… –Le temblaron apenas las comisuras de la boca–. Como sospechas tú que maté al alemán. –Me impidió hablar–. Sí: lo has sospechado… Fui a advertirle de que lo buscaban.

Aparté su mano de mis labios después de besarla.

–¿Quiénes?

–Los de la 'Ndrangheta.

–¿Qué es eso?

–La mafia de San Luca, la calabresa, la menos conocida y la peor de todas. Se figuraban que Herbert era un espía camuflado…

–¿Y lo era?

–Sí.

–Pero ¿de qué parte estás tú? ¿A quién perteneces tú? –Tenía los ojos más que nunca de color flor de la achicoria. Era inverosímil que viera bien con ellos, entre el azul y un violeta pálido. No sonrió:

–Pertenezco sólo a ti y a mí.

–Aldo, contéstame –lo estaba sacudiendo–. ¿Quién es aquí tu aliado? ¿Quién te ataca? ¿Quién te sigue? ¿Quién te controla? –Me abrazó. O mejor, me envolvió.

–Tú, tú, tú… –Me besaba apretándome tanto contra su cuerpo que me hacía daño–. ¿Quieres que nos vayamos de Venecia?

–¿Me estás proponiendo que huyamos?

–Como quieras llamarlo. Piénsalo bien… ¿A España? Yo puedo hacer mi guerra en cualquier parte.

–A España, no. Todavía no. Por un tiempo, no sé si corto o largo, no.

–Me alegro. Yo estuve allí. Blanqueando dinero en Marbella, para introducirme en una organización, una de negocios inmobiliarios de otra mafia. Tenía que conseguir no levantar sospechas… Aquello es igual que esto. Yo denuncié a una red de canallas que pagaban los viajes, como turistas a Marruecos, de unos infelices jubilados, y los hacían volver cargados de chocolate, quiero decir de hachís. Aquello es igual de duro que esto. Sólo que allí se llaman de otra forma y los tiros se dan con silenciador... Sí, es preferible no levantar la liebre, aquella liebre. Entre otras cosas, porque los que cargarían con el muerto serían los desgraciados asesinos a sueldo... –Me acariciaba una y otra vez, interminablemente–. Allí las pistolas no las carga el diablo; las carga gente más o menos conocida de cualquiera de los tres poderes: el legislativo, el ejecutivo o el judicial... Pero siempre consiguen que las dispare un pobre diablo, mejor si es inmigrante. Si no fuese por la mafia, que da más encargos que recibe, ¿cómo iban a vivir esos ajustacuentas que no saben, los pobres, más que restar y dividir? Al revés de los que les encargan los ajustes, que son los que suman y multiplican. –Había tanta desolación en su cara, tanta bondad, que parecía la de un Cristo mirando a una multitud hambrienta, antes de multiplicar los panes y los peces... Bajé la voz yo también. Me recosté sobre su pecho.

–¿Por qué no me aclaras, para que yo me entere por tu boca, qué es la mafia, Aldo? Un poco. Que yo sepa con quién me juego los cuartos –tomé su cara entre mis manos– si es que me quedan cuartos.

–No, tú no juegues... Aquí ya todo es mafia, y nadie sabe que lo es ni qué es... Está todo liado. Desde los altares mayores hasta la basura, que se deja abandonada por las calles para chantajear con ella. Hay demasiadas mafias... Y yo he encontrado una verdadera razón para luchar –me apretó de nuevo contra él. Ahora tenía una expresión de adolescente, desvalido y decidido a un tiempo–. No quiero seguir solo... Luchando solo quiero decir. Sin darme cuenta, te he estado buscando a ti toda mi vida. –Creí que era mentira lo que oía. Creí que era verdad. ¿Puede ser desdichada la alegría?–. Otro día hablaremos de eso que tú preguntas, lo que quieras saber... Ahora va a venir Nadia, no tardará. Déjame que te tenga... Tenme tú...

Noté que se me endurecían los pezones. Noté que a Aldo se le endurecía el sexo y casi me hacía daño con él. No era posible seguir hablando más. El deseo nos quitó a tirones la palabra y la ropa.

Hace unas horas leía a Plutarco cuando Aldo, al que aguardaba, llegó de la discoteca. Algún día me gustaría reflexionar largamente sobre la idea del amor de Plutarco. Quizá si Aldo hubiera tardado más... Pero no fue posible. Todo era silencio anoche menos el cuerpo de Aldo. Me llamaba y, a su reclamo, yo acudí. Me quedé sumergida en él y él se sumergió en mí. Como nos sucede siempre, salimos con dificultad uno de otro aún vivos.

En el libro *Sobre el amor*, que aún está aquí a mi lado, se distinguen varias clases de delirios. El profético, que procede de Apolo; el báquico, que envía Dionisos y sus embriagueces; el poético y el musical, que lo inspiran las musas... Todos ceden, todos tienen su tiempo, su duración, su ritmo. Cuando un soldado se despoja de sus armas, cesa su furor guerrero: quitada de sus hombros la armadura, se sienta a presenciar el combate de los otros. Pero hay un cuarto entusiasmo, otro rapto, otro delirio que no acaba. Cuando el amor se instala en un corazón, de mujer o de hombre, no hay cambio alguno que pueda apaciguarlo. Si el amado está ausente se le añora; si está presente, se arde con él en la hoguera de la misma pasión; si es de noche, monta guardia a su puerta; si de día, lo persigue; si el amante está sobrio, lo reclama; si ebrio, le dedica sus cantos... Yo hablo con Aldo aunque él no esté. Tanto, que cuando lo evoco con mucha intensidad, siento un orgasmo.

Ahora él duerme. Yo lo veo desde aquí tendido, abandonado y mío, más mío que nunca tras haberme hecho suya. Me encontraba tan plena después de estar fundida con él que me daba apuro dormir. Me daba apuro desperdiciar un tiempo tan hermoso, con el presagio de que quizá no pueda durar mucho… Qué gafe y qué asquerosa eres.

No son aún las seis. He descorrido con cuidado la cortina y he visto, tras de los cristales, una luz apenas, muy tenue, tachonada por otras luces más claras. La silueta de la ciudad al otro lado del Canal, sin despertar aún. Un temblor de estrellas inquietas, desvaídas, en el cielo alto e interminable. Sin embargo, hay momentos en que se asemeja a un toldo que se estremece y vive. Verlo da algo de frío, pero es un frío también tachonado de luces…

Vuelvo la cara y me admira la perfección carnal de Aldo. Su cuerpo, todo él del mismo color tostado, todo él constelado por rincones de gozo… Y, como soy una jodida por culo literata, no ceso de acordarme de Kavafis: «Como cuerpos bellos de muertos que no han envejecido / y los enterraron con lágrimas en una tumba espléndida / con rosas en la cabeza y en los pies jazmines, / así parecen los deseos que pasaron / sin cumplirse, sin que ninguno mereciera / una noche de placer o un alba luminosa».

Y, sin saber por qué (mentira, lo sé perfectamente), me viene a la cabeza Gabriel, tan completo y a la vez tan vulnerable. Él trataba de defenderme, de ser muy hombre para mí en casi todo. Trataba de hacerse valer protegiéndome: en la literatura, pero también en casa. Era su inválida manera de poseerme: apagar la luz y decirme «no temas, yo estoy aquí». Pobrecillo. Ahora lo comprendo mejor. El niño que es querido lleva, como el soldado de Plutarco, su coraza; el que no, se sabe débil y teme: los niños y los adolescentes son crueles y torpes, se burlan siempre del homosexual que hay en su clase, y éste se vuelve tímido y se encuentra mejor a solas con sus libros. Espera que el mundo esté tan ordenado como ellos.

Pero eso no sucede… Gabriel me acompañaba, a mí que era la fuerte. Mi niñez había sido más dura y por eso más robustecedora. Él tuvo, en su cuarto de niño, un cuadro de Turner, que no es poco; yo, un almanaque de la Unión Española de Explosivos. Me acuerdo de aquel Turner: un cielo ileso, con una nube amiga como una nota más de lujo y de delicadeza, y una nave sobre un mar muy semejante al cielo… Gabriel siempre vivió en ese mundo ideal, un poco falseado, un poco blando. Por eso daba, al parecer, cariño a manos llenas. Y yo, entretanto, tenía la impresión de cruzar un abismo sobre una estrecha tabla de chicha y nabo, y sin ninguna confianza en mí misma. Porque esa confianza la produce el afecto recibido, no el dado, y también la admiración por el que debe dártelo. Yo dependía, cada vez más, del público y su aprobación, de la difusa simpatía de los lectores. Pero eso no podía sustituir al cariño, más próximo y tangible, de un amante.

Gabriel me acompañaba en un mundo ideal que no pudo resistir al primer empellón. El suyo no era el mundo real, sino un refugio frente a él. Gabriel se desenvolvía fuera de la casa, abría la puerta a quien quería, me representaba en más sentidos de los convenientes, resolvía la cuestión de los números… Ésa era su manera de amar. Yo lo creí así al principio. Luego, ya no: aquello no fue amor ni hogar ni protección contra la verdad, que acaba por imponerse siempre. Y se impuso. Primero, porque él no era mi ninfa Egeria como creyeron muchos; segundo, ¿es que yo era incapaz de inspirar un deseo carnal, o era él el incapaz de sentirlo? Yo le amé, creo, durante algún tiempo. A una costa bella, desde un barco tranquilo, alguien puede admirarla, pero alguien zozobrado ya ambiciona la costa de otro modo… Yo acabé agradeciendo a Gabriel los servicios prestados: nada más. Es la diferencia entre la necesidad y el gusto, entre el peligro y el deleite (qué palabra tan antigua y tan eclesiástica: qué sabrán ellos de eso). No lo amé porque amándolo le correspondiera, sino por egoísmo y temor a estar sola. Y el temor es muy mal compañero de viaje. Al final, no traté de inaugurar con Gabriel una felicidad falseada, por eso huí de mi propia infelicidad. En común no teníamos ni proyectos, ni sexo, ni aquel hijo... Cada cual obtuvo el beneficio que buscaba. Yo vivía en una cárcel muy difícil de abrir; Gabriel nunca tuvo la llave que la abriera. El amor se quedó a mitad de camino. Qué pocas son las caperucitas que llegan vivas a casa de su abuela: creo que algo así, más o menos, lo he escrito ya en estos papeles que nunca leeré... ¿Por qué quien se llevó la pistola, ese mariconazo, no se los llevaría?

Si Gabriel me retuvo, aparte de su espléndido aspecto, fue por su ingenio y por su sentido del humor, por su manera de ironizar y satirizar contra los otros, por esa prepotencia de la palabra oportuna y malvada. Por esa manera de ocultar con gracietas la invalidez de quien está llamado a algo más grande y no responde al llamamiento. Me cegaba con su donaire, con la ocurrencia oportuna, con su protagonismo en el grupo en que estuviera... Al final, yo acababa yéndome con el mejor del grupo, siempre que hubiera alguien mejor que él y se dejara. Hasta que me preguntaba a mí misma para qué. ¿Qué hacía yo al lado de un payaso inagotable? «Tú te lo quisiste, fraile mostén; tú te lo quisiste, tú te lo ten.» Hasta que mandé al gracioso, a su mujer que era yo y al fraile mostén ese a tomar por donde amargan los pepinos.

Me dediqué a lo mío. Al principio, me consideré relativamente feliz: vale decir contenta. Pero lo que se hace en esa encrucijada no se hace para conseguir ser feliz, sino para ser menos infeliz. El creador, aun malo como yo, tiene que ser sensible, aunque sólo sea para transmitir bien lo que hace. Por eso son más felices los científicos que los poetas, pongo por caso; aunque la ciencia y la poesía tengan en común que las dos brotan de una cuestión, de una tiniebla, de una duda: me parece que fue él quien me lo dijo. El que escribe depende, si se deja, de demasiados filisteos enanos. Como les hagas caso, te han jodido: te vuelves una cínica y nadie puede ser feliz siéndolo. Porque, aunque me ponga trascendente y pulpitera, yo sé que el respeto a uno mismo es una premisa, un primer paso de la felicidad. Una felicidad de andar por casa, pero vale... Y si no te vuelves una cínica, acabas por ser una Sansona, que pretendes cargarte al templo y a todos los filisteos, con Gabriel incluido. De ahí que me saliera a mí del chichi escribir *Los comensales.* Y la cagué. Pero sólo a sus ojos. Yo hice lo que me dio la gana. Hice lo que creía que tenía que hacer. Vivimos demasiado poco y en un sitio demasiado pequeño como para tener que andarnos por las ramas... No, no va conmigo: que se vaya todo a hacer puñetas.

Ahora mismo me pregunto por qué coño tengo yo que seguir justificándome por haber escrito ese libro. O por haberlo publicado. Miro a mi espalda (no, ni siquiera a mi espalda del todo, apenas si me vuelvo) y veo el cuerpo de mi amante, abandonado, extendido, sereno, inmóvil, con la belleza de un dios bueno, una mano bajo la almohada, encima de la que se recorta, perfecto, su perfil... Ahora no me distraen sus ojos del resto de sus dones... En ellos la carne ha echado el resto verdaderamente...

Y me doy cuenta de que todo lo que acabo de escribir (ya es de día) es sólo para confirmar mi felicidad de hoy. Habría que fundar una comunidad de los felices. Como la Iglesia, que es tan cuca, ha inventado la de los santos y la de los difuntos. Los felices nos sentimos parte del ancho río de la vida, y no hay enemistad ninguna entre nosotros y el resto de este mundo. Yo no siento demasiado interés por personas ni por cosas ajenas a este Aldo yacente y a mí misma... Salvo que el temor a que esas cosas o esas personas puedan atentar contra mi felicidad. Entonces me volvería una leona. Y ni un gramo de incienso en mi pata conseguiría domesticarme ni dormirme. (Yo creo que esto del gramo es de un poema de Gabriela Mistral. Debió de inventárselo ella. Como se inventó un nombre falso, cuando se llamaba Lucila Godoy, que es tan bonito. Igual que yo de descontentadiza. Aunque algo más lesbiana.)

Bueno, sí, hasta aquí llegó la riada. Ya está bien de escrituras. Voy a despertar a Aldo para que me haga el desayuno. Qué idiota soy.

Ayer vinieron a tomar un té conmigo Nadia y Bianca. Las vi más unidas que antes, más cómplices, no sé si más enamoradas.

Bianca estaba tan guapa, gorjeaba al reírse de tal modo que no se me pasó por la imaginación preguntarle cómo había encajado el golpe de ese Herbert *Nosequé*. Envidiaba su ecuanimidad, su aceptación de los acontecimientos en los que no tenemos ni arte ni parte. Eso, al menos, es lo que me han dicho. Y yo lo creo. A ojos ciegas, pero lo creo.

Sin embargo, a Nadia la encontré más silenciosa, no sé si más escurridiza. De pronto se me ocurrió si no sería porque pensaba, o sospechaba, que al alemán lo había matado Aldo. Estuve a punto de contarle lo que Aldo me había contado a mí, pero supuse que también ella sabría esa versión. Si continuaba con la mosca en la oreja, no era cosa que estuviese en mi mano resolver y espantársela. En consecuencia, no se habló para nada del muchacho alemán.

Y, por si fuera poco, el té estaba malísimo; nunca he sabido prepararlo bien. Y además, no me gusta. Y creo que a nadie. Ni siquiera a los ingleses, pero ¿qué van a hacer, los infelices? Bastante tienen con el menosprecio de los franceses, que se creen la quintaesencia de no sé qué, y con comer tan mal que se tienen que ir fuera de sus islas…

Preguntaron por Aldo.

–Tenía algo que hacer. Como sabía que vendríais, aprovechó y se fue.

–¿Es que no quiere encontrarse con nosotras? –preguntó Nadia.

–No digas eso. Ya sabéis que daría la vida por las dos. –Antes de terminarla, pensé que no debería haber dicho esa frase–. Pero prefiere que nos encontremos más libres sin él. Las cosas de mujeres parecen no interesarle mucho.

–Puede –la preciosa cara de Bianca se iluminó con una risa–. Le interesan más las mujeres que sus cosas. Tiene muchísima razón: así son todos los hombres... Lo que creo es que se equivocan bastante en la idea que tienen de *nuestras cosas.*

No sé si había subrayado la última palabra o era una suspicacia mía. En cualquier caso, Nadia la interrumpió:

–La guerra de los sexos es más bien una paz armada.

Estábamos sentadas. Yo me levanté para traer algo de la cocina:

–Después de pensarlo bien, he llegado a la conclusión de que no hay guerra de los sexos. –Fui hablando y volví hablando–. Y, si la hay, no es el amor el campo de batalla. Quizá el hombre se encuentra en un plano de inferioridad, y por eso finge ser más alto y se crece. Todo eso del maltrato y de la violencia de género es consecuencia de que el hombre, a pesar de lo que aparenta, se siente humillado y reacciona con la fuerza, que es lo que tiene más a mano... Él sabe muy bien que, en realidad, para lo que es de verdad la vida, las hembras somos más inteligentes.

Nadia me miró con demasiada fijeza, y dijo:

–Pero para la muerte, no.

–En fin, no sé... ¿Para qué, por qué se arma el hombre? No estoy hablando en sentido sexual: en ése, lo sabemos. ¿Por qué inventa ese auxilio supletorio de su fuerza aparente? Sólo porque tiene conciencia de su debilidad... En eso consiste su trabajo más importante: transformar su debilidad en fuerza. En una fuerza que se mida por el poder que produce, consciente de sí mismo, o sea, la ley. Y es eso lo que el hombre impone. Él inventa la ley y es quien la aplica. No es poca cosa.

Hablaba con Nadia, pero oí la risa despectiva de Bianca.

–Sí, sí, lo que es en Italia... –completó Nadia–. Cada día la ley importa menos y se obedece menos. Hasta la mafia tiene nombre femenino.

–Pero hay otras leyes menores, leyes con minúscula, que proceden de círculos pequeños. De círculos que crecen y se amplían como las ondas que produce un golpe en el agua.

–¡Ay! –era Bianca–. No entiendo nada de lo que estáis hablando. Y además no me importa. Hablar así, en abstracto, del hombre y la mujer me huele a rancio... Este hombre, esta mujer; se gustan, no se gustan; o estos dos hombres, o estas dos mujeres... Eso es lo único interesante. O por lo menos lo único que me interesa a mí.

–Quizá tienes razón.

–Y la prueba eres tú. Antes Aldo salía, entraba, pinchaba discos, se divertía...

–¿Quieres decir que conmigo se aburre? –Fruncí las cejas.

–No, o a lo mejor no, pero tú lo has retirado de la circulación.

–Por el momento –completó Nadia, no sé si con ironía.

Se hizo un hueco de silencio, que yo rompí porque se ensanchaba demasiado como esas ondas del agua de que hablé. Ahora mismo no podría decir sus dimensiones, me refiero a las del silencio. Porque sólo al pensar en Aldo y oír su nombre y las reticencias, sospechadas o reales, de las dos chicas, sentí proyectarse mis pechos hacia delante. Parpadeé para dejar de imaginarme sus muslos y su nuca y su etcétera. Yo creo que antes no me sucedía nada semejante. Encoñamiento, creo que se llama. Pero creí que tales invenciones no sucedían en la vida normal. Claro, que a toda cerda le llega su san Martín... ¿Se había convertido mi vida en una novela pornográfica? Miraba a Nadia y a Bianca, las dos se habían acostado conmigo, y no podía evitar la presencia en mi cuerpo del de Aldo... Una de las veces que estábamos follando, como un relámpago, atravesó una luz mi abandonada torpeza y estuve a punto de comprender... Pero recaí en la carne endurecida y lisa que entraba en mí y que me traspasaba como una espada ardiente, a la que yo liberaba y aprisionaba y volvía a soltar y a aprisionar... Ay, la libertad. Cuánto había aspirado y soñado con ella... Y ahora, liberada de Aldo en apariencia, sosegada, liberada de mí también y casi de mis miradas retrospectivas, ahora, libre, pienso sólo en perder la libertad con Aldo, bajo Aldo, protegida y protejodida por él... Tuve que hacer un esfuerzo para hablar:

–¿No os parece que debemos tomar alguna cosa fuera?

–¿Enfrente dices? ¿En Venecia dices?

–No necesariamente. Yo creo que se come mejor en la Giudecca... ¿Sabéis lo que Venecia parece desde este lado? El otro día caí en la cuenta y me reía yo sola. Es como una anciana señora, venida un poco a menos, a la que el gerontófilo le ha recetado hacer mucho ejercicio. Y ella lo hace, pero despacio y con desgana. Por eso ofrece desde aquí esa apariencia inofensiva. Porque da la impresión de que es ella la que ha de defenderse. Yo sé muy bien que ése es un viejo truco: si le miras dentro del bolso, siempre te encontrarás con cuatro o cinco carteras robadas. –Las dos chicas se miraron y aprobaron riéndose–. Y a los comerciantes venecianos les ocurre lo mismo: tienen unos ojos con los que te observan, aburridos en apariencia. Pero la verdad es que están al acecho, en extremo sensibles, o sagaces más bien; son como gatos: ven en la oscuridad. Yo creo que los tienen así de nacimiento, pero los van perfeccionando por el uso. Ven con sus ojos, a través de los bolsillos, el dinero que lleva cada posible cliente. Si no lleva bastante, no le hacen ningún caso.

–Eso es cierto, pero no creo que pase sólo en Venecia. Toda Italia es así.

–Todo el mundo es así –concluyó Bianca.

–De todas formas, podemos, si queréis, ir a algún hotel famoso. Me gustaría invitaros.

–¿De verdad te apetece? –La sorpresa mayor del mundo se reflejaba en la cara de Nadia.

–No, no a mí... Yo detesto el lujo convencional y turístico de los bares caros y de los hoteles de cinco estrellas. Lo considero un envoltorio costoso que no añade nada, sino que oculta lo más bonito de cualquier ciudad... Allí los pobres ricos no ven nada. Sólo camareros y servicio complaciente. Y eso lo hay en todas partes, incluso demasiado.

–En ese tema Nadia y yo tenemos experiencia. Los ricos cambian de un sitio a otro, viajan, pero no sienten interés por mirar a su alrededor. Y cada día acaban por parecerse más unos sitios a otros. Los pobres ricos, como tú los has llamado, siempre se dejan aconsejar sobre los restaurantes más caros, o los casinos, o las salas de baile... Pero prefieren, a ser posible, que todo eso esté dentro de su mismo hotel.

–En cualquier caso, el tiempo no es muy propicio para salir y entrar y andar callejeando. Tomemos algo en la Giudecca –dijo Nadia, acostumbrada a tener la última palabra.

Anochecía deprisa. Se olfateaba casi la oscuridad. Todo estaba sostenido por una penumbra palpable, que no se apresuraba a desaparecer. Andábamos despacio, como sostenidas también por ella.

Entramos en una *trattoria* a la que acudíamos Aldo y yo de vez en cuando. Nada más acomodarnos, oí una voz sorprendida. Alguien se levantó: una mujer algo mayor que yo.

–¡Deyanira! Pero qué casualidad tan agradable. ¿Qué haces tú aquí?

Fue algo tan inesperado que me costó trabajo reconocerla. Su peculiar acento me ayudó. Era mi traductora al griego, Irene Lyttra. Labios finos, ojos tan negros como el pelo, delgada y no muy alta, una sonrisa que, a primera vista, le torcía la boca en un gesto antipático semejante al desdén pero sólo a primera vista. Y una nariz un poco puntiaguda.

Le presenté a las chicas. Noté que, de entrada, se caían bien. No sé si lo sentí porque no tenía gana de recordar, o si me alegré porque no me encontraba con ánimos de hablar, e Irene, que estaba sola, hablaba de manera volcánica.

La presenté como a ella le solía gustar que lo hiciera: como una mujer con especiales poderes espirituales, hija de otra famosa vidente de Atenas. Sus experiencias eran siempre extrañas, llamativas, maravillosas. Sus percepciones, admirables. Conté que un día la acompañaba a ver El Escorial. La aterró. Estaba, según ella, repleto de mal fario. «Esto es al clasicismo de la arquitectura como el catolicismo al mensaje amoroso de Jesús.» Lo consideró una obra ofensiva y diabólica.

–Irene es ortodoxa, pero creo que no en todos los sentidos. –Bromeaba. Sonrieron las tres–. El hecho es que aquella tarde comenzó, poco a poco, a suspirar cada vez más alto, a apretarse contra mi brazo como si algo la perturbara, a querer salir a toda costa del monasterio... Pero antes de conseguirlo, tropezó con uno de los desniveles del granito y se cayó partiéndose literalmente la boca. Sangraba la pobrecilla como un grifo... Por cierto, ¿esperas a alguien, Irene?

–No, no, a nadie.

–¿Te sientas con nosotras?

–Si no os molesta...

Hicimos la comanda. Mientras esperábamos, Irene se embaló:

–Aquella tarde en El Escorial no me tropecé: fui empujada. No te acuerdas de nada, Deyanira. El Escorial es un lugar maldito... Por cierto, acaba de aparecer en Grecia tu novela *El invierno que viene.* Ha quedado preciosa. Hace unas semanas te la mandé a Madrid y no me contestaste.

–Es que estaba ya fuera. Hice un crucero por el Dodecaneso, ya sabes que tu tierra y tu mar a mí me chiflan, y al final me quedé aquí una temporadita.

A Irene se le pusieron ojos soñadores:

–En Santorino me morí yo una vez, hace miles de años. Durante un viaje parecido a ese tuyo, al pasar por la isla –entonces yo era un navegante fenicio–, sentí un tirón hacia abajo de todo el cuerpo. Perdí la sensación de mí... Me metí por una niebla espesa y noté que me ahogaba. Pero no en el agua: era un vértigo, un temblor, una serie de sacudidas y luego ya lo oscuro... Fue muy parecido a lo que me pasó en Alejandría, donde tuve otra reencarnación, pienso yo que la más feliz de todas, en el tiempo de Cleopatra: ésta fue mucho más reciente que las otras… –De pronto se llevó las manos a la cabeza, se apretó las sienes, se cubrió los ojos–. Qué mareo más grande. Perdonadme… Ya se me ha pasado… –Sólo con hablar se recobraba–. Hay gente que no cree en la metempsicosis, ni en las transmigraciones ni en nada… Deyanira, por ejemplo. ¿Y vosotras?

–Yo ni creo ni descreo: no he recibido pruebas tangibles de una cosa ni de otra… –dijo Nadia–. Los administradores del misterio no son siempre fehacientes.

–Ni buenos administradores, salvo para ellos… ¿Y tú? –le preguntó a Bianca.

–Bastante tengo con lo que llevo encima. Preferiría saber más de mi futuro que de mi pasado.

–Al campo del espíritu no hay quien le ponga puertas: cabe la posibilidad de su irrepetible infinitud y también la del retorno en la reencarnación para lograr el perfeccionamiento.

–Pues tú has debido de ser malísima antes, porque ahora todavía… –dije yo riendo.

A Irene no le hizo ninguna gracia. Para ella esto era lo único serio en este mundo y en el otro. Traducía sólo para ganarse la vida. Traté de arreglarlo sin el menor convencimiento. También cabe pensar que tan inseparablemente unido está el espíritu a un cuerpo que forma con él un ser indivisible y que, si lo sobrevive, no sea ya el mismo. Con lo cual, al transmigrar el alma, tampoco representa al ser que antes conformó… Sea como sea, entre el cielo y la tierra hay muchas más cosas de las que nos es dado concebir… *Hamlet* comienza así prácticamente.

–Es más gracioso lo de Pico de la Mirandola que escribió el libro *De omne re scibila* –De todas las cosas cognoscibles– y Voltaire le añadió, en otro libro, *et quibusdan aliis* –y de alguno más–. Yo es que recuerdo quién fui antes; hay gente que no. Quizá viva más tranquila.

Bianca, que estaba disfrutando de una pasta riquísima –a mí Irene me la amargaba un poquito–, mientras enredaba los tallarines, dijo con voz irresistible:

–Cuéntanos algo de tus vidas pasadas, por favor.

–Pues mira, por ejemplo, yo fui Silvio, un joven de la Roma de Diocleciano. Guapo, rico y soberbio. Hice sufrir por amor a muchos *miembros*, en el amplio entendimiento de la palabra, de una sociedad que ahora juzgamos decadente. Aunque cada vez menos, ¿no? Y los hice sufrir como ha de ser la ley, sin acepciones personales. –Se hacía gracia a sí misma–. Yo pensaba en mi biga, arreando los dos caballos, sobre los corazones. Por fortuna, tenía un hermano gemelo... En cada una de mis vidas sucesivas he querido tener uno, casi nunca lo he conseguido y no por mucho tiempo. Éste se llamaba Conscino y consolaba los desastres amorosos provocados por mí.

–«Otro sabio iba cogiendo las yerbas que él arrojó.» Calderón: todo está dicho y hecho...

–Conscino era una especie de ladilla.

–¿Pues no era tu gemelo?

–Sí, pero en su género de garrapata... También fui una damisela de la *soi-disant* aristocracia francesa que coincidió, para su desdicha, con la Revolución. Lo original de esta vida mía fue su transitoriedad. Apenas tuvo tiempo ni ocasión ni lugar para la bondad ni la maldad. Y, contra todo lo previsible, no morí en la guillotina, sino bajo los cascos de unos caballos desbocados que arrastraban, no lejos de la Plaza de los Vosgos, un carruaje. Siempre me he preguntado que si aquellos caballos asesinos serían también la reencarnación de los de Silvilo... –Calló un momento mirándonos como un *racontastorie*–. Pero la más sorprendente de mis anticipaciones es la de Plauto. Sí, Tito Maccio Plauto, siglo III a. C.... La verdad, de poder elegir, me habría alegrado más ser Terencio: me coge más a mano.

–Y a mí –dije–. Su «Heautontimorumenos» soy yo: el atormentado de sí mismo, el masoquista. Pero ¿ves?, nadie elige su amor ni su mente, ni siquiera su punto de partida.

–De todos modos fui Plauto, introduje la música y el mimo en el teatro, que es a lo que tiende el de hoy... Pero qué curioso que yo haya necesitado aprender todo; nada hay en mí infuso: en la yo de hoy, digo.

–Eso está bien. Las transmigraciones han preparado, sin que te enteres, tu éxito de ahora.

–Pero no ser siquiera una experta en Plauto...

–Si ya fuiste Plauto, ¿para qué? ¿No es práctico inaugurar derroteros nuevos? Hasta Plauto lo hubiera preferido. Y lo prefirió de hecho: fue un innovador en el teatro.

–Pero yo me tengo que contentar con ser experta en ti.

–Muchas gracias, muy amable, mujer.

–Y, sobre todo, en ser yo, la de ahora que os habla, decidida y ferozmente.

–¿Y ni siquiera te acuerdas de que fuiste, cuando Plauto, el primero que escribió *Homo homini lupu*?

–No –parecía asombrada–. ¿No fue Hobbes?

–Ése fue el ladrón que lo tradujo: «El hombre es un lobo para el hombre».

–¿Y quién tradujo después su *Leviatán*?

–Todos. Cada cual a su conveniencia: un monstruo marino o un hipopótamo de agua dulce, el Job de la Biblia; la Iglesia, siempre obsesionada, el Belcebú enemigo de las almas... ya ves: cuando según sus declaraciones, es ella misma la que se pirra por ellas...

De un segundo a otro la cara se le demudó. Volvió a bostezar sin poder evitarlo... ¿Le habría sentado mal lo que yo dije?

«Perdón», decía. Y volvía a abrírsele la boca que inútilmente trataba de tapar con la mano. Temblaba un poco. Yo conocía ya el número. Pero nunca sé si es verdad lo que le pasa o finge o lo exagera.

–¿Te encuentras bien? –Las chicas se miraban entre sí

y miraban a Irene y sonreían, indecisas entre tomarla en serio o no.

–Alguien te está haciendo mal de ojo, Deyanira. Con estos bostezos te lo espanto, estate tranquila… Vas a correr un peligro. –Me miró con expresión de espanto–. Tú eres fuerte, pero debes tener mucho cuidado… No; este sitio no es el tuyo. Ten cuidado, por Dios. Procura irte…

–No me amargues la noche, mujer. –Las chicas empezaban a alarmarse.

–Es que estoy recibiendo muy malas vibraciones. Las percibo muy claras. Pero su contenido no lo es… La Giudecca. Es la Giudecca –suspiraba con los ojos cerrados–. Deyanira vete, vete de aquí… ¿Qué te está sucediendo?

–Eso es lo que yo digo: ¿qué te está sucediendo a ti?

–Oigo avisos… Percibo señales… Hay una grave premonición. –Seguía bostezando.

–No te preocupes por mí, Irene. Estoy bien. Estoy contenta, creo que por primera vez en mi vida.

Irene me miraba ahora con los ojos negros casi redondos, desorbitados, inquisidores.

–Quizá sea eso lo que veo –respiró más hondo aún. Hizo un gesto de rechazo con la mano. Luego la dejó caer sobre la mía: estaba absolutamente helada. Fue tranquilizándose–. Se acabó… Ay, se acabó. Pero júrame que… Desconfía de todo, por Dios, por Dios. –Volvió a respirar tragándose todo el aire del local–. Es la Giudecca… –Y después de un momento, añadió, con un tono normal–: Perdonadme. No sé qué me ha pasado.

–Lo de siempre, Irene… No es la primera vez.

–Es que lo he visto detrás de ti… Era el destino… He visto que te envolvía una sombra… Olvídalo.

Hasta que terminamos de cenar tuvo con las chicas una conversación llena de anécdotas, pero de vez en cuando me miraba de soslayo y suspiraba un poco. Al final recuperó su sonrisa torcida, pero se le había afilado la nariz. Y tanto. Porque, sin encomendarse a Dios ni al diablo, soltó los cubiertos de postre sobre la mesa; clavó la mirada negra en Nadia, levantó la mano derecha y la llevó a un punto en la frente de la chica: en su mitad, sobre la nariz, en el punto justo entre uno y otro ojo. Como en el ángulo superior de un triángulo equilátero. Y apretó fuerte. Creo que en un segundo se calló toda Venecia. Bianca me miraba, entre la alarma y la broma. Yo tenía ya cierta experiencia en excentricidades, pero ésta era nueva.

–Tienes muchísima energía. Tanta, que no sé cómo no me di cuenta antes… –Su cara de sorpresa, como si hubiese encontrado a una encubierta colega, era muy significativa–. Muchísima energía masculina. –Bianca y yo no pudimos evitar una tácita confabulación–. Irradias energía… ¿Tú no la notas? ¿No la has percibido antes? –Nadia callaba–. ¿No recuerdas algo de tus vidas anteriores: algo vago aunque sea, luces distintas, un gesto acaso, una inquietud, la sensación de haber estado antes en un lugar de ahora…?

–No, no… –contestó, en voz baja, Nadia impresionada–. Creo que no.

–Tienes mucho poder. Un día lo comprobarás. Muchos poderes… –Retiró la mano, después de hacer una última presión, como si le costara esfuerzo retirarla.

Después terminó de comer el postre con el sosiego de quien ha cumplido su tarea del día.

Me acompañaron luego las tres a casa. Se entendían muy bien. Las chicas se miraban a escondidas y se hacían señas. No sé si creían o no lo que Irene afirmaba, pero sé que, de cierta manera, las entretenía. Aunque, como para protegerse, se acercaran la una a la otra más de lo normal… Quizá las locuras de Irene no tuvieran nada que ver con un asustadizo modo de protegerse y de rozarse y de quererse Nadia y Bianca, que, a partir de esa revelación, se hizo más evidente. Al menos mientras estuvieron conmigo y con Irene.

La noche era estrellada y fría. Pero, más que otra cosa, yo la percibía ajena. Y más alta que nunca.

No sé por qué he escrito este cuento de miedo, que apenas me ha afectado, precisamente ahora cuando, tranquilamente, voy a acostarme para leer en la cama hasta la vuelta de Aldo.

Repito, como siempre que leo a Dante, el Canto V del «Inferno». Aldo me ha regalado una edición, mínima y preciosa, de toda la *Comedia.*

«Quali colombe dal disio chamate, / con l'ali alzate e ferme, al dolce nido / vegnon per l'aere dal voler portate...» Cuánta belleza para el oído, para la imaginación... *«Amor, ch'a nullo amato amar perdona...»* Eso es escribir de verdad, con la forma más breve y más rotunda... *«Amor condussenoi ad una morte...»* Otra vez el *«auferat ora duos eadem»*. Siempre mueren los amantes de la misma muerte: ésa es su recompensa. «Lo diré como el que a un tiempo llora y habla...» *«Quando leggemo il disïato riso / esser baciato da cotanto amante, / questi, que mai da fia diviso,/ la bocca ni bacio tutto tremante.»* Francesca y Paolo levantan la mirada del libro que leían. Se miran de hito en hito. No pronuncian palabra. Se besan. Son uno solo ya para la eternidad... *«Galeotto fu il libro e chi lo scrisse: / quel giorno più non vi leggemmo avanti.»* Estaba todo dicho... Y yo me continuaba estremeciendo en cada lectura: ¿por qué era tan mío ese pasaje? *«Mentre che l'uno spirto questo disse, / l'altro piangea sì, che di pietade / io venni men cossì com'io morisse; / e caddi come corpo morto cade.»*

Cerré el pequeño libro. Abandoné la cabeza sobre la almohada introduciéndome en la cama un poco más. *Y caí como un cuerpo muerto cae...* Se hizo un total silencio. Mi corazón latía más deprisa, y escuchaba perfectamente sus latidos. ¿O eran los del único corazón de los amantes?

El silencio lo rompió Aldo al abrir la puerta del piso con su llave. Entonces sí que estuve segura de que eran los latidos de mi corazón los que se aceleraron.

No es fácil, pero voy a tratar de referir todo tal como sucedió: tengo buena memoria. Sin embargo, los temas se amontonaron y la ilustradora y emocionante conversación, si puede llamarse así al casi monólogo de Aldo, fue larga y un tanto deslavazada y con una aparente falta de conexión. Quizá a primera vista sólo… Suele sucederle a Aldo que, en algún tema concreto o en algunos momentos, se embarulla al apresurarse; y en otros, se detiene casi, como si acariciara lo que dice o se recrease o le asaltase cierta inseguridad de ser a fondo comprendido. Todo depende de la importancia que le dé a lo que cuenta.

Qué equivocada estuve al principio, qué primera impresión tan confundida, cuando opiné de él que era superficial y que su cuerpo era lo más valioso que tenía. Qué planchazo me tiré: como siempre. Me doy más pena cada día. Quizá porque me quiero más, ahora que soy querida.

Estábamos mirándonos en silencio. Trato de decir que hablaban nuestros ojos sin palabras. Sentado en un sillón; yo, en un bajo escabel entre sus piernas, apoyados mis codos sobre sus muslos. No sé qué se produjo entre los dos: una corriente casi visible, un entendimiento más hondo aún que el de costumbre. Una certeza tácita y recíproca. Presentí que iba a suceder algo importante.

Después de parpadear, Aldo apartó mis codos de sus muslos muy despacio. Se levantó. Es muy aficionado a estar de pie, a moverse cuando decide hablar, a abrir los brazos y accionar con sus largas manos delicadas. Yo supe que había tomado una decisión. Y deduje que necesitaba ratificarse –o que yo lo ratificara– en ella.

–Tú hablas –comenzó, y yo sabía que era sólo un exordio–, tú hablas de lo tuyo, Deyanira. Y haces bien. Tú hablas siempre de libros, de escritores, de amor, de no sé qué fracaso literario, de música… ¿No es cierto?

–Pero prefiero oírte hablar a ti: tú lo sabes.

–Yo te quiero –habló como si no me hubiese oído–, lo paso bien contigo y algo más… También lo paso bien pinchando discos, cada día menos, ésa es la verdad: por culpa tuya.

–No confías en mí, Aldo –hablé en voz muy baja. Me había sentado en el lado contrario del escabel para mirarlo. Y lo miraba.

–No puedo, Deyanira. No quiero implicarte en una vida que no es la tuya, en unos peligros que ignoras. No quiero someterte a ningún riesgo…

–Tú eres mi peligro y mi riesgo, Aldo. El único… Y ya lo he asumido. No quiero repetírtelo más. Pero haz lo que te parezca mejor: tú lo decides.

Se produjo un silencio. Él me miró con una extraordinaria intensidad. Los ojos le brillaban más que ninguna luz. Tanto, que parecían más oscuros de tan claros. Lo amaba. Ahora era yo, como creí al principio de él, quien escuchaba por imágenes más que por palabras.

–Un hombre necesita ser honesto y sincero con alguien. Yo necesito serlo ya. –Abrió los brazos como ofreciéndoseme, o como implorando, porque mi posición era mucho más baja que la suya. Un momento después se volvió de espaldas, y siguió–. La mafia tiene tres formas de entrar en la economía normal. Tres formas, independientemente de sus tradicionales negocios: una, imponer reglas a quienes comienzan alguna actividad económica, acorralándolos; otra, ejercer ella misma algunas actividades comerciales manifiestas; y otra, los pactos con las grandes industrias, con los grandes grupos o las grandes empresas para permitirles poder desarrollarse con tranquilidad: a manera de un seguro preventivo, digamos... ¿Has comprendido bien? –Afirmé con la cabeza–. La mafia, así en general, la mafia, es la empresa de Italia que más factura al año... Si te aburro, dímelo. Un siete por ciento del total. Y, en contra de lo que suele pensarse, la usura es su principal negocio. Hablo de todas las variedades de mafia ahora... Porque al principio nació de una forma natural: se trataba de procurarse una justicia que los gobiernos no proporcionaban y a los que era inútil recurrir... Y así sigue: la mafia es la manifestación política de Italia. Una forma de gobierno en la sombra: más despiadada, más rotunda, pero también, en el fondo, y me cuesta decirlo, más previsible y más clara que la otra. Y más decente, creo, que la que tiene un pie puesto en la mafia y el otro en la antimafia.

–¿A cuál llamas tú la otra forma de gobierno?

Aldo se acercó y puso sus dos manos en mis hombros. Me pareció que estaba por encima de todo. Y sonreí cuando comenzó a decir:

–A la que aparece por encima de todas. A esa que utiliza a la mafia hipócritamente, pudorosamente, cuando le conviene, y se cubre con ella como con una coartada; a la que la señala con la mano de una manera vaga, sin personalizar, sin tirar nunca del todo de la manta, sin acusar con pruebas contundentes como podría hacerlo, sin juzgar y condenar como debería... A esa que, cuando juzga, lo hace bajo secretos sumariales para protegerse de posibles venganzas, o para que no se sepa que quien juzga está también involucrado en el proceso... ¿Comprendes este lío? –Afirmé de nuevo–. Aquí nacemos ya entendiéndolo. Por eso es muy difícil tomar un partido tajante. Porque es lógico que la mafia se defienda de esa gentuza que, en beneficio propio, finge no ser mafiosa y actúa como si lo fuese... Y la antimafia ha de defenderse también de los mafiosos que fingen ser lo contrario... No puedes entenderlo.

–Te entiendo a ti.

–Es decir, aquí reina la farsa. El secreto es aquí el peor enemigo de la justicia, que tantos otros tiene. Aquí hay una selva de relaciones subterráneas o encubiertas, de afinidades en las metas que se persiguen entre extremos contrarios y son las mismas, de amistades ya seculares que vinculan a los llamados malos y a los llamados buenos. Desde que se produjo la unificación del país, Deyanira, hace ya casi siglo y medio... Te estoy aburriendo.

–De ninguna manera. Deseaba con todo mi corazón oírte hablar así. –Aldo continuó como si yo no hubiera interrumpido su razonamiento.

–Hay tiempos peores o mejores para una de las partes, pero siempre se llega a una avenencia, transija quien le toque entonces transigir. Entiéndeme: se respira una especie de cultura mafiosa, sin la que no sabríamos vivir. Una vez te oí decir: tenemos que respirar el aire, por muy contaminado que esté; si no, nos moriremos. Y así es... Y quizá acabemos muertos también por respirarlo... No hablo ya de Sicilia, ni siquiera del Norte que vive de ella, ni de Nápoles sólo, o de Puglia o Calabria. Hablo del país entero. Hablo de generaciones de intelectuales hasta llegar a Craxi y Andreotti, de dominadores de las corporaciones profesionales, de las instituciones y los círculos culturales, de las hermandades, las iglesias, las universidades, todo, todo... ¿Te das cuenta, Deyanira, de por qué no quería hablar? Porque es ininteligible para alguien como tú. Porque es abstracto, pesado y doloroso... –Bajó la voz–. Para mí, sobre todo... Aquí no prima el Estado, no prima lo público, lo general, lo común. Prima lo privado, la normativa de las costumbres y los clanes con sus complicidades y sus recíprocas tenazas... Eso es imposible de entender para quien no lo haya mamado... Lo virtuoso, lo meritorio aquí es la obediencia, la pertenencia a un grupo, la astucia, la desconfianza hacia los otros: en una palabra, la *omertá,* esa ley del silencio... Lo que aquí cuenta es el privilegio, los intereses familiares, la parentela, el grupo reducido; en una palabra: la *familia...* La colectividad regida por el Estado se mira con desapego, con alarma y con distanciamiento. Lo que ha de ser de todos interesa a muy pocos. Y entre esos pocos no incluyo a quienes nos gobiernan: ésos no quieren saber nada, no quieren enterarse de nada, ni tomar partido por la nación entera ni mucho menos desinfectarla en serio... Un ejemplo... ¿Me sigues, Deyanira?

–Estoy pendiente de ti.

–Una persona que ha gobernado cerca de cuarenta años sin enterarse de lo que aquí sabe un hombre de la calle (tú estás enterada de quién hablo), demuestra tal candor o tanta hipocresía, tanta torpeza o tan torpe trinconeo, que debería fundar una universidad llamada Maquiavelo... O es que se trata de un idiota.

Hizo una pausa. Había tanta tristeza en su cara, que le provoqué a seguir.

–Antes has hablado del Norte...

Me sonrió un poquito antes de reiniciar. Su voz se hizo más dura.

–El Norte de los grandes poderes industriales... El Norte de los financieros, cuando le convino, planteó su *cuestión septentrional;* cuando le convino lo contrario, usó los tentáculos mafiosos y convenció, a la chita callando, a sus beneficiarios de que eran saludables para la democracia, y de que era imprescindible esa actividad paralela de los políticos y de sus personales aventuras de poderes extraoficiales... Todo está siempre igual. Todo, bajo una red de complicidades en la que se amparan los más vivos y que se protege por el intocable secreto del Estado... El comunismo sirvió como fantasma asustaniños durante muchos años; fue un fantástico resguardo de políticos. El mismo Andreotti, hace nada, dijo que, si no hubiera caído el muro de Berlín, habría podido seguir siendo primer ministro hasta su muerte... Después de serlo cuarenta años...

Volvió a callar, como si reflexionara, moviendo a un lado y otro la cabeza. Yo volví a espolearlo:

–¿Y qué arreglo tiene esto?

–Ninguno colectivo, de momento. Tendría que producirse un cambio histórico, o mejor, un seísmo y un tsunami a la vez... Y todo eso tendría que actuar a través de una verdadera y honda y sincera revolución cultural y popular también. Tendrían que ser enseñadas las masas, abrirles sus ojos, cambiar el estilo heredado y su actitud ante los Gobiernos y ante los políticos... De no tratarse de una mudanza auténtica, nacional, de abajo arriba, nada cambiará de verdad. Todos continuarán mirándose de reojo, dándose con el codo, complotando unos grupos contra otros para ver quién es el que primero llega a la meta: una meta de dinero, de dinero, de dinero, de falsos prestigios y sangrientas venganzas... ¡Y de dinero otra vez!

Un nuevo largo silencio. Pensé que Aldo se resistía a hablar. Se había cerrado su expresión.

–¿Hasta tal punto lleváis ese sentido turbio en la masa de la sangre?

–Hasta tal punto, sí. Ni los arrepentidos que delatan están del todo arrepentidos: hablan porque les conviene y nada más, pero no les conviene decir todo, porque saben que no se fiarán de ellos del todo. Y que, en otro caso, se los cargarían. Por eso, o se suicidan o son utilizados para engañar a los otros con el pretexto de que van a cantarlo todo... Y ni siquiera la mafia es cosa sólo de hombres: las mujeres del pueblo de San Luca, en Calabria, instan a sus maridos o a sus hijos a cumplir con un deber de mafiosos honrados... Hace poco, la madre y la hermana de un muchacho, al que había asesinado, como ajuste de cuentas, un gran rival, han sido condenadas como cómplices, pero no del muchacho, sino del asesino... –Abrió otra vez los brazos–. ¿Qué solución tiene eso? *Los hombres valientes* de Calabria se ven apoyados, más aún, incitados, por sus mujeres, que exigen sangre para lavar el honor de la familia... Ésa es su lavadora preferida.

–Pero me estás hablando, por lo que deduzco, de mafias diferentes. No lo entiendo...

–Claro que sí. Fuera se conoce la Cosa Nostra, la siciliana, la que publicitó el cine, la que personifica a todas, la representativa... Es la que tiene una historia más larga, más sabia y cautelosa, porque también sus raíces son más hondas y sobreviven, aunque atraviese malos tiempos. Tiene por lema no fiarse de nadie: todos pueden ser impostores, todos, todos esbirros, todos infiltrados, todos aprovechados y traidores... ¿Quién se atreve a juzgar, qué magistrado se atreve a condenar, después de recibir una nota que diga: «Si un caballero de Corleone es condenado, vosotros saltaréis por el aire, masacrados con vuestros familiares... Si se produce una condena, será mortal pero para vosotros y los vuestros. El hombre avisado está medio salvado»? La Cosa Nostra ha vuelto a la política, a los salones, a los mercados y a los grandes negocios dentro y fuera. Y da igual que un capo, o el capo de los capos sea capturado después de cincuenta años, por ejemplo... La Cosa sigue ahí, ahí está, y en Estados Unidos también, con su buena estructura piramidal, sus órdenes de arriba abajo, las drogas, la extorsión, los intereses de la usura, el tráfico de armas y su pie bien apretado y puesto en la política.

Dejé que se moviera unos momentos. Pensé que quizá se sentaría de nuevo. Me miró. Apartó su mirada. Siguió andando. Yo pregunté:

–¿Y qué otras mafias hay?

–Hay la napolitana, la Camorra, instalada tanto fuera, en tu país por ejemplo, como dentro. Es la superviviente de luchas sin cuartel entre rivales, mantenida más que nada por su carácter mercenario... Y también por su aprovechamiento de las debilidades gubernativas: nacionales, regionales, municipales, y de las ineficiencias del sistema. –Se detuvo, tan alto, delante de mí–. Y otra es la Sacra Corona Unita, de Puglia, el tacón de nuestra bota italiana. Un poco más reciente que las otras. Se originó por el encarcelamiento allí de miembros de la 'Ndrangheta y la Camorra. Y que mira, por su situación geográfica, como comprenderás, con atención muy especial, a toda clase de tráficos ilícitos con los Balcanes, sucursal de sucursales...

–¿Y esa Bragueta de la que te oigo hablar a veces, no hoy por vez primera?

Aldo soltó una carcajada. Me alegré de haber sido yo la causa. Se distendió. Se hizo más cercano.

–'Ndrangheta, no Bragueta... En griego antiguo, *Hombres valientes*. Es, en cambio, la mafia del dedo gordo del pie de Italia. Quizá hoy sea la más cruel y la más poderosa. Y con los clanes más violentos y enemigos de Italia... En San Luca, una ciudad de apariencia gris, con menos de cinco mil habitantes, está la Corleone de Calabria. Pero con una estructura no de arriba abajo, sino familiar, de sangre en todos los sentidos. Es la reina del tráfico de cocaína en Europa; con filiales y agencias por todo el continente... Pero con su propia tierra hundida en la miseria: siempre la mafia hunde el desarrollo de sus pueblos. Entre otras razones, porque, además de todas sus gestiones negras, está la de apoderarse del dinero que manda Roma para las infraestructuras de las regiones deprimidas... Entre los años mediados los ochenta y los noventa, una *faida*, una guerra de clanes –y hay cerca de ciento cincuenta– causó más de mil muertos, muchos de ellos víctimas de misiles tierra-aire, procedentes de su propio tráfico de armas. ¿Te cabe en la cabeza? Una *faida* es eso sólo: un cuerpo a cuerpo, un hacer daño para no sufrirlo... Luchas devastadoras, sin ningún cuartel, entre familias renombradas... Yo conozco a las dos principales: los Nirta-Strangio y los Pelle-Votabi, que se disputan el poder en esa terrible pequeñísima palestra de San Luca... Muchos de los amenazados se refugian en Alemania e instalan allí sus nuevas sedes. De ella procedía el muchacho aquel, Herbert, ¿te acuerdas?

–Cómo no.

–Pero en Wall Street y en las Bolsas de Milán y de Frankfurt también se encuentran como en su casa. Los mafiosos de Calabria son los que ostentan hoy un poderío mayor. Lavan su dinero con la compraventa de acciones, y son amos de centenares de hoteles y de restaurantes. ¡Se calcula que mueven al año más de 36.000 millones de euros! –Estuve a punto de aplaudir. A Aldo, por supuesto. Me contuve–. Y todas estas mafias se extienden, como un cáncer maligno, por el mundo. Un cáncer que afecta no sólo a otras células mafiosas ya infectadas, sino que contagia a muchas que no se califican ni siquiera así y que tampoco son italianas... ¿Quién sabe, por ejemplo, que la venta de plutonio a Al Qaeda para fabricar bombas nucleares sucias (¿es que hay alguna limpia?), descubierta en Múnich, fue iniciada en Madrid y en la costa del Sol, y estaba encabezada por un ministro ruso de energía atómica y por agentes de los servicios secretos de Ucrania? ¿Quién sabe, por ejemplo, que a un obispo de Colombia, amigo de los dólares, se le elevó al cardenalato por los maletines que recibía de los carteles de Medellín? ¿Quién sabe, por ejemplo, que Juan Pablo II llevó a la bancarrota al Vaticano a fuerza de subvencionar al sindicato Solidaridad polaco, y que el Opus Dei le tapó ese agujero, y él canonizó a los dos meses a su fundador Escrivá de Balaguer? Y, lo que es peor aún, ¿quién se quiere enterar, o a quién le conviene que se sepa?

–Insinúas que también la Iglesia esta metida en este ajo.

–Siempre lo estuvo. La mafia fue generosa con ella... La Iglesia ve sólo lo que desea ver: la parte caritativa, por llamarla de un modo conveniente. Con ella cubre deudas y déficit... La Iglesia tiene el poder de perdonar y limpiar así el pasado, y también el futuro, con el agua bendita. A cambio de fundaciones benéficas o de becas sustanciosas o de limosnas millonarias, otorga condecoraciones, medallas, bendiciones casi *urbi et orbi*, y admite a los padrinos en órdenes secularmente sagradas... Transforma a sus benefactores en conservadores, les da altura social, y los hace, en consecuencia, más peligrosos que antes porque los eleva sobre un pedestal: el peor, que es el crimen... Los sagrados dicasterios cierran los ojos cuando le ponen talegos de oro delante de los párpados. Si no hacen, consienten que se haga. Y nunca entrarán en negocios con los arrepentidos absueltos, sino con los que mandan. –Yo estaba horrorizada, casi temblorosa, pero me superaba el interés de tanta intriga.

–Entonces ¿no hay nadie bueno?

–Sí. En la Iglesia hay cardenales buenos, o eso creo, pero también creo que son los cardenales más tontos: no los del Banco Ambrosiano, por ejemplo, que provocó tantos escándalos y aparentes, sólo aparentes, suicidios... Los políticos y la Iglesia son aquí la peor de las mafias. Hay que ayudar al *prójimo*, pero sobre todo al más *próximo* posible. Bienaventurados los pacíficos o quienes aparenten serlo... La Iglesia habla demasiado. Y se le entiende todo, aunque hable en latín. Más aún cuando habla en latín. En cualquier caso, no ignora lo más cierto: que, cuando se miente, lo mejor es hablar lo menos posible... ¿Y cuál es el mejor político? El que mejor sabe cuándo hay que disparar. Los poderosos más reconocidos son quienes mueven los hilos sin que se sepa de quiénes son las manos. De vez en cuando, consienten que la mafia corte esos hilos: todos son marionetas... Si supiera la gente quién ha usado las fuerzas de la mafia, dando sin dar su nombre... Porque hay quien mata, por su cuenta, en nombre de mafiosos, pero el engaño no suele durar mucho: quien la hace la paga en este caso. Es una fuerza demasiado grande: siempre encuentra fotos y documentos con que chantajear a quien pretende usarla... También los hay contra ella. Recuerda esto que te estoy diciendo... Con frecuencia hace la justicia que no hacen quienes tienen que hacerla: entonces ella se toma la justicia por su mano. Y no siempre la de la mafia es la peor. En la política, cuanto más alta sea, más se mata... En el fondo, es cuestión de acertar. Porque hay que tener cerca siempre a los amigos, pero más cerca aún a los enemigos, sin perderlos de vista. A veces lo complicado es distinguir a los unos de los otros...

Dejé que la última afirmación se reposara.

–¿Tú eres mi amigo, Aldo?

–Tan bien como yo sabes tú ya que sí... Por esa misma razón, tú eres mi peligro como yo soy el tuyo: cuando vengan a por mí, irán a por ti antes, vida mía. –Sonrió, se me acercó, me acarició la cara–. Hay mujeres más peligrosas que las armas. –Me volvió acariciar primero con los ojos y luego con los labios. Yo estaba a punto de echarme a llorar–. Pero hay que tener, tenemos que tener, ante todo, sangre fría. Si no la tienes fría, te la derramarán mucho antes: la caliente rebosa... Sin embargo, no tengas miedo: tenme a mí.

–*Non ho che te* –repliqué, sin darme cuenta, en italiano malo.

–Cuanto más sola estés, más estarás conmigo. –Me seguía acariciando–. Corazón, corazón... Tu soledad es lo que mejor me habla.

–Transfórmame tú en ti: así estaré segura.

–¿De qué, amor mío?

–De estar viva contigo. O de morir contigo...

Me besó en la boca. Y yo le respondí con un beso que duró un año entero o más, pero pasó volando.

–Óyeme, tonta mía: ya es hora de que lo sepas... Sí, yo también pertenezco a una mafia, la más peligrosa de todas pero sólo para quienes pertenecemos a ella. Una mafia enemiga de cualquier injusticia, venga de donde venga: de arriba, de abajo, de la derecha o de la izquierda, de otras mafias o de otras antimafias, de los ministros o de los gobernados, de los curánganos sobornados o de los sobornadores, de los intelectuales o de los artistas que ponen sus obras y sus éxitos por encima de todo… –Me sonrió con una pequeña malicia–. Yo soy alguien que mata o que delinque con tal de acercarme a la justicia. Yo soy cómplice y encubridor de quien me venga bien para lo que persigo; enemigo del que atropella o asesina a inocentes; compañero de viaje de quienes piensen como yo en cada caso, lo sepan o lo ignoren… –Abrió otra vez los brazos. Yo me refugié en ellos–. Yo no sé lo que soy ya, Deyanira. Sólo sé lo que quiero, lo que persigo… Mi pasado no le importa ya a nadie, ni a ti ni a mí. Y puede parecerse mucho a mi futuro… Mi vida no tenía, antes de llegar tú, otra razón que ésta, porque es lo único de lo que estoy convencido. No creo en otra cosa: ni en palabras de honor, ni en firmas, ni en bendiciones, ni en mensajeros de Dios, ni en gobernantes elegidos o impuestos, ni en los malos aficionados a la bondad… –Nunca creí que Aldo pudiese hablarme tanto ni tan bien. Estaba colgada de sus labios–. Porque puede que los mandamases, o alguno de ellos, crean, hasta de buena fe, que sus manos están limpias, pero, en el trayecto de sus decisiones, a alguien se le habrá retorcido el cuello o la bolsa, o se ha timado a pequeños negociantes para hacerles vender por cuatro perras sus pequeños negocios, o se ha puesto en la calle a trabajadores que piden sus derechos, o se han utilizado las cotizaciones en Bolsa de un modo conveniente, o se han provocado sus alzas o sus bajas. O se han comprado voluntades, o se las ha forzado con amenazas, o se ha rechazado una ley que favorecía a los pobres, no a los ricos, o se ha instaurado a fuerza de sobornos otra que favorecía a los ricos, no a los pobres… El poder acaba siempre por ser mal empleado; y, cuanto mayor es, peor se emplea. –Se calló una vez más. Me miraba de cerca, porque me había vuelto a levantar, con los ojos casi cerrados y muy húmedos–. Desde el primer día te lo dije: no creo ser un buen tipo. Para luchar contra los fuertes hay que sacar fuerzas de donde sea: ahora me las das tú, pero antes saqué fuerzas de mi propia flaqueza y de las flaquezas de los otros. Porque no hay, Deyanira, ninguna fuerza limpia... Apréndelo: ninguna, ni la más justa si es que hay alguna que merezca ese nombre, ni la que aspira a mejorar la suerte de los desamparados, sea cual sea el continente en el que habiten, ni la que aspire a desterrar los integrismos religiosos que matan en el nombre del dios que sea... ¿Me estás oyendo bien?

–Te estoy oyendo con mi boca tan cerca de la tuya... Con mi corazón tan pegado al tuyo...

–Si hay que llegar al crimen, llegaré. Si hay que llegar a la maldad, a cualquier maldad: a lo que no llaman maldad los que no ven de cerca, porque están rodeados por ella y se ha hecho ya costumbre para ellos; a lo que no llaman maldad quienes creen en la buena voluntad de los de arriba o de los de más arriba todavía, llegaré a esa maldad y procuraré ahogarla con mis manos... Llegaré hasta donde pueda. No busco recompensa ninguna... Escúchame bien, amiga mía, esposa mía. Un hombre dio una vez una gran cena y convidó a muchos, que eran sus amigos más próximos. A la hora de cenar mandó a sus criados para que dijeran a sus invitados: «Venid, ya está todo dispuesto». Pero, uno por uno, todos se excusaron, tenían demasiado que hacer... El criado se lo contó a su amo. Entonces, lleno de ira, el dueño de la casa, le dijo...

Yo lo interrumpí llorando, casi a gritos:

–Les dijo: «Salid a las plazas y a las calles de la ciudad. Haced que vengan los pobres, los lisiados, los ciegos y los cojos». «Señor, ya hemos hecho lo que mandaste y queda sitio libre todavía.» «Pues salid a los caminos, salid a los campos y a los cercados, y que entren todos los que tengan hambre hasta llenar mi casa. Porque ninguno de los primeros invitados probará ni un bocado de mi cena.»

Aldo me abrazó contra él. Me besaba las lágrimas.

–Tonta, tonta mía, más que tonta... No pares de llorar... ¿Conque *Los comensales* fue un fracaso? En la primera página estaban esas frases del Evangelio de Lucas. Qué diferente ese san Lucas del de la 'Ndrangheta... –Juntó sus labios con los míos–. Yo había leído tu libro cuando te conocí. Es por tu libro por lo que quise conocerte. Ya te amaba por él…

Grité. Me dejé resbalar por el cuerpo de Aldo. Me abracé a sus piernas. Grité otra vez.

Los comensales había sido, por tanto, el único éxito verdadero de mi vida. Después de escribirlo, voy a ir contra los malvados como pueda, a tiros si es preciso. Seré la lugarteniente de Aldo. Siempre odié la posibilidad de que mi vida se transformase en un *patchwork.* Ahora ya tengo la certeza de que no lo será.

No puedo pensar, ni hacer, ni distraerme en otra cosa. Que cada uno de nosotros, sin conocernos ni intuirnos ni esperarnos de ningún modo, haya llegado a la misma conclusión por caminos tan alejados y contrarios, me conmueve y me conmoverá como nada lo ha hecho antes ni lo hará jamás en este mundo. Que nuestros destinos, de una manera inverosímil, llegaran a encontrarse y nos hayan, como en un milagro, unido… Es evidente que algo, por encima de nosotros, nos condujo uno a los brazos del otro. Estaba escrito, y ya no nos podremos separar: ni para vivir ni para morir.

Me gustaría que existiera dios. Que él nos hubiese creado a nosotros en lugar de nosotros a él. Por dos razones. Primera, para darle las gracias por reservarme un regalo tan inesperado y tan lleno de gloria. Segunda, para echarle en cara su desentendimiento de todo lo que sucede en este mundo que él dicen que creó… Qué pena que no exista en días como hoy.

Aldo me trajo ayer, para que me entretenga cuando me quede sola, los cuentos populares italianos recopilados por Italo Calvino. Como si yo fuese una niña chica. Me conmovió tanto que me puse a leerlos. El primero es el de *Juan sin miedo, Giovannin senza paura.*

El joven Juan llega a una posada. No pueden albergarlo, pero le ofrecen quedarse en un palacio si es que no teme hacerlo. Nadie ha salido vivo de él. Cada mañana viene la Compañía con un ataúd para llevarse al que tuvo el coraje de pasar allí la noche. Juan entra en el palacio con una vela, una botella y una salchicha. A medianoche, oye una voz que dice «¿Tiro?», «Tira», contesta él. Y por la chimenea cae una pierna de hombre. Y luego «¿Tiro?», «Tira», la otra pierna –Juan bebe y come– y un brazo. Y otro brazo. Juan silba una canción. Y luego cae un torso, al que se unen las cuatro extremidades, formando un hombre grande sin cabeza. «¿Tiro?» «Tira.» Y cae una cabeza, que completa el cuerpo de un gigante. «Toma la vela y sígueme.»

«Ve delante.» «Ve tú.» Y atravesaron muchos aposentos.

«Abre esa puerta.» «Ábrela tú.» «Baja esa escalera.» «Baja tú primero.» «Alza esa losa del suelo.» «Álzala tú.»

Y debajo había tres orzas llenas de monedas de oro.

«Llévalas arriba.» «Llévalas tú.» Y el gigante, en tres viajes, las llevó. Al concluir, dijo el gigante:

–Tú has roto por fin el encantamiento. –Se le separó una

de las piernas, que se fue por la chimenea–. Una de estas orzas es para ti. –Y se le fue un brazo por la chimenea–. La segunda es para la Compañía que vendrá a buscarte creyendo que te has muerto de miedo. –Y se le separó el otro brazo y salió volando–. La tercera orza será para el primer pobre que pase. –Se largó la otra pierna chimenea arriba–. El palacio, quédatelo tú. –Se le separó el tronco, que estaba asentado en el suelo, y sólo quedaba la cabeza–. Porque la estirpe de los amos de este palacio se ha perdido.

Y la cabeza, finalmente, salió también por la campana de la chimenea.

Amaneció. Se oyeron los misereres que cantaban los de la Compañía, mientras Juan sin miedo fumaba su pipa en la ventana. Fue rico y vivía feliz en el palacio. Hasta que un día, al darse la vuelta, vio su propia sombra y se cayó muerto de miedo encima de ella.

Cuando llegó Aldo, lo abracé.

–Tú eres mi Aldo sin miedo. Siempre que no mires para atrás ni veas tu sombra. Siempre que me mires sólo a mí.

Me miró muy despacio, con la curiosa dulzura con que se mira a una niña que nos está contando muy mal el cuento que le hemos contado nosotros primero a ella. Me tomó la barbilla, me rozó los labios con un dedo:

–La versión veneciana de ese cuento es distinta. A Giovannin le dan un ungüento para pegar las cabezas y los miembros cortados. Y él se corta la suya –la cabeza, quiero decir–, y después se la vuelve a pegar, pero al revés. Y se ve por primera vez su espalda, y le da tanto miedo que se muere... Por ti yo he perdido mi cabeza y por ti moriré.

–No; porque no tendrás que mirarte la espalda. Estate tranquilo: yo te la guardaré. –Me besó riendo a mandíbula batiente.

–Tienes una ocurrencia para todo, lagarta.

–Pero me ha gustado todavía más el cuento de las tres viejas hermanas, que es también veneciano: una tenía sesenta y siete años, otra setenta y cinco y la mayorcita noventa y cuatro. Vivían en una hermosa casa con un hermoso balcón; en él, un agujero les dejaba ver a quienes pasaban. La mayor, un día, vio venir a un muchacho guapo y garboso, y le arrojó un pañuelo muy delicado y lleno de perfume. El muchacho pensó que era de una muchacha hermosísima y se enamoró de ella. Él era príncipe y todo lo podía. Llamó a la puerta. Le abrió la segunda hermana.

»–Hay una muchachita aquí.

»–Sí; hay más de una.

»–Quiero devolverle este pañuelo. Quiero verla.

»–En este palacio no se puede ver a ninguna joven antes de estar casada.

»La reina, madre del joven, le advirtió que tuviera cuidado, que casarse era cosa demasiado importante.

»–¿Y si te engañan?

»–He dado mi palabra y no faltaré a ella.

»Al día siguiente volvió a la casa de las hermanas y volvió a abrirle la segunda.

»–¿Es usted la abuela de la muchacha?

»–Sí, eso es: su abuela. A ella no puede verla.

»–¿Ni un dedito siquiera?

»–Puede ser. Vuelva mañana.

»Y entre las tres hermanas, con el dedo de un guante y una uña postiza apañaron un dedo falso. Al día siguiente se lo mostraron al príncipe por el agujero de la puerta. El joven le dio al falso dedo un beso apasionado.

»–No puedo esperar más. Necesito casarme.

»–Mañana, si es que tanto le urge.

»El príncipe habló con sus padres y organizó su boda casi secreta. Mientras, las dos hermanas menores preparaban a la anciana y la cubrieron con velos y más velos.

»–Hasta que no se encuentren en la alcoba nupcial no podrá verla. Si no es así, sucederá algo terrible.

»Se casaron en la iglesia. No hubo banquete, porque no consintieron las dos viejas:

»–La niña no tiene costumbre de estas cosas mundanas.

»De vuelta a casa, la desnudaron entre las dos más jóvenes y la metieron en el tálamo y se llevaron las velas. Cuando entró el príncipe, estaba ya la novia debajo de las sábanas y la colcha bordada. Él se desnudó y se introdujo, tembloroso de amor, junto a su esposa. Pero había traído una bujía en el bolsillo. La encendió para ver a su divina esposa, y vio una esquelética, decrépita y aterrorizada vieja. Se quedó de piedra del susto que se dio. Luego la furia del engañado lo volvió violento. Levantó a la anciana en el aire y la tiró por la ventana. Abajo había un emparrado y se quedó enganchada, por el camisón, a él.

»Tres hadas paseaban por allí aquella noche. Al ver el espectáculo se partieron de risa. Acabaron por dolerles las costillas de tanto reírse. Y pensaron compensarla, para agradecerle la diversión, con algún sortilegio. Una dijo: "Conviértete en la joven más bella que nadie haya visto". Otra: "Que tengas un joven esposo que te ame y te adore". Y la otra: "Que seas una joven princesa toda tu vida".

»Cuando amaneció, el príncipe quiso comprobar que no había sido un mal sueño todo lo sucedido. Se asomó a la ventana. Sobre el emparrado había una joven de sin igual belleza. "¿Qué he hecho, pobre de mí?", se dijo. Y arrojó una sábana trenzada para que la muchacha se agarrara. Y la ascendió. Y le pidió perdón. Y ella lo perdonó. Y empezaron a compartir el día de la boda. Hasta que llamó una de las hermanas.

»–Es la abuelita –dijo el príncipe.

»–Clementina, tráenos el desayuno –ordenó la recién casada...

–¿Y por qué te ha gustado ese cuento más que el otro?

–Porque el otro eras tú de cuerpo entero, con mayor o menor número de cabezas, y conmigo de guardaespaldas. Pero en éste soy yo la que salgo ganando. Las hadas me han rejuvenecido, hermoseado a tus ojos. Sé que sólo a tus ojos. Pero tengo bastante. Si tú me ves guapa, es que soy guapa. Y tú eres mi príncipe. Y deberás amarme y respetarme para siempre. "Clementina, tráenos el desayuno" –concluí.

Aldo se echó encima de mí riendo.

–Ahora mismito voy. Para los dos, ¿verdad?

No sé ni cuánto tiempo llevo sin escribir una sola palabra en estos papeles. Porque he sido feliz y a eso no conviene darle publicidad. Ahora lo necesito. Pero no recuerdo con precisión qué es lo que sucedió, o cómo sucedió, antes de empezar a manchar esta página. Supongo que da igual. Realmente tampoco sé qué ha sido de mi vida después de eso... Tenía yo razón al darles a los putos papeles una cierta importancia. Sin ellos, todo sería un revolú fuera de todo orden y concierto.

Vamos a ver. Yo volví de la compra una mañana, cerca del mediodía. Venía cargada lo mismo que una burra. No estoy acostumbrada ni a comprar ni a freír ni a remover lechugas... O sea, que volvía hecha una pascua florida. Dejé en el suelo las bolsas delante de la puerta. Me costó trabajo encontrar la llave, porque creo que el señor Alzheimer me acecha cada día con mayor ilusión y más de cerca. Por fin, abrí. Con un cierto inconsciente temor. O quizá lo digo ahora a posteriori. Todo estaba, sin embargo, tal como lo dejé... No. Encima de la mesa de la entrada, que es en realidad un cajón, sobre la que se debería dejar el correo si lo hubiese o algo por el estilo, vi un papel y una cosa oscura. No era un pisapapeles, pero lo parecía. Di la luz. Era un teléfono móvil. En el papel había escrita sola una frase: «Vete de esta casa cuanto antes».

Creí que me faltaba el suelo bajo los pies. Descubrí que no, cuando me encontré tumbada sobre él y sobre las bolsas del supermercado. Me había desvanecido como una idiota, y me estaba preguntando por qué. Releer la frase del papel, que aún tenía en la mano, con un efecto contrario al primero, me hizo recuperarme.

Nunca antes había visto nada escrito por Aldo, pero supe que ésa era su letra. ¿Qué quería decirme? «Vacaburra –me contesté–, no puede estar más claro: que te vayas.» Pero no era eso lo que me hacía dudar. Era el sentido en que lo decía: una orden, una despedida, un ruego, una amenaza, una advertencia... ¿Y por qué me dejaba, sabiendo mi aversión, un teléfono móvil? Quizá para explicarse –reflexioné–, porque él ha tenido que tomar el pendingue precipitadamente... ¿Y adónde debía irme? Pensé en la casa de las chicas, que tenían que estar de mí hasta el mismísimo bocadillo de calamares. O a alguna pensión desconocida. ¿O a un hotel de un número de estrellas comparable al de la Osa Mayor...? *«Le vague stella della Ursa...»* Y aún seguía sentada en el suelo. Al tratar de levantarme, cuando mis ojos llegaron a la altura de la mesa, vi unos cuantos billetes... En consecuencia, ellos significaban que Aldo no me echaba de su casa. Por las malas, al menos. O quizá significaba que daba por concluidos mis servicios prestados, y ése era el finiquito... «No, desgraciada, no te desmayes más.»

Me entró un dolor de cabeza como si la hubiese tenido una semana en el secador de una peluquería. No comprendía nada. O quizá no quería comprenderlo. Me vino a la cabeza, sin la menor noción del porqué, un villancico que cantábamos mi hermano y yo de pequeños: «El niño Jesús / nació en un pesebre: / donde menos se espera / salta la liebre». ¿Qué tenía que hacer una liebre aquí? Y, puesta ya a perder el menor atisbo de razón, recordé otro que había escrito yo por ese tiempo: «Cuando con los otros niños, / de niño jugabas tú, / ¿sabías o no sabías / que eras el niño Jesús?». O sea, toda la trascendencia de la unión hipostática en plan coplilla... En el fondo, la teología es ciencia-ficción. O la rama menos amena de la poesía. Decidí, como mínimo, llevar las bolsas a la cocina. Pero no lo hice... No puede haber algo menos racional que la fe, por mucho que se empeñe alguien en lo contrario. No sólo es ciega, sino tonta. Qué confusión: madre/virgen, uno/trino, oblea/carne de Dios, vino/sangre de Cristo... Tiene tela. Y yo allí, con la cabeza perdida, delante de las bolsas, con un papel en la mano que me dice «Vete de aquí ahora mismo».

«No, no. No quiero divagar.» Fue más o menos lo que me dije entonces; ahora lo que hago es repetirlo. Mi vida se había convertido de pronto en una historia entre el espionaje, el abandono erótico-festivo y la persecución de no se sabe quién. Aunque parece que, en el fondo, sí: de cualquiera menos de Aldo, que se alejaba y me dejaba tirada como una tanga con cuarenta duros...

Menos mal que ahora tengo cierto sentido, no sé si del humor o de la resignación. En aquel momento, desde luego, no. Y a vueltas con las mismas preguntas de siempre: ¿Qué sabía yo de Aldo en definitiva? ¿Era persona fiable? Sólo sabía lo que él me había contado: cuatro datos sobre la mafia, en singular o en plural, da lo mismo, que cualquiera puede encontrar en una hemeroteca, o en un libro de Sciascia, o en internet, cosa que no manejo... Ah, y que él había vivido su infancia en un orfanato: información que me dio sin querer una noche y que me emocionó tanto que me abalancé sobre él una vez más, pero que, después del polvo, me aclaró muchas cosas: su soledad interior, su desapego, su inmensa lejanía... Está bien; sin embargo no me hallaba en condiciones de rememorar la entrañable confidencia... Pero ¿también que además ahora me dijera por escrito «Quítate de mi vista»? Estaba literalmente perpleja. No angustiada como la otra vez, no moribunda. Pasmada más bien. Habíamos hecho juntos un viaje completo y bien surtido. No inmenso, pero intenso. Como el del crucero, pero dónde va a parar: mucho más interesante, incluso más educativo. Y también sin vuelta atrás.

Entre otras utilidades, ese estado mío de entonces era una prueba: curiosidad más que desesperación, expectación más que temblores... ¿Todo acababa con una brevísima nota de adiós? En el fondo, eso bastaría para comenzar una novela apasionante. Para comenzarla por el final, idea que no está mal del todo. «Vete de aquí...» Sí, muy bien, pero el resto tendría, por lo visto, que inventármelo yo. Y, puesta en lo mejor, podía imaginarme la posibilidad de que Aldo hubiera salido huyendo, hasta los pelos, de una bruja. Una bruja vieja, a la que sólo le interesaba joder a todas horas. La verdad es que como una gran dama no había quedado con él. ¿Una vez más se habían reído de mí? Ya debería estar acostumbrada. Pero ¿por qué esta vez me dolía de una forma especial, demasiado especial?

Porque amaba a Aldo, eso sin duda. Pero había algo no más evidente, pero tampoco menos cierto. Se me advertía de un peligro. De un peligro común. Ya debía de haber supuesto que, con Aldo, lo primero que se tenía en común, sin duda, era el peligro. Hasta follando. ¿Por qué, entonces, no me había ido ya?

Estaba tan desconcertada. Llevábamos bastante tiempo bastante tranquilos. Reconozco que una escritora –y yo lo he sido– no tiene por qué hacer preguntas, pero debe estar siempre atenta a lo que se dice cerca de ella. Y, si es lejos, aún más. Yo sabía, con total convicción, que no sólo Aldo hablaba poco, o al menos pocas veces, sino que daba además la sensación de que, para hablar tú, debías esperar que te diera permiso y de que no dejaras, por si fuese poco, de preguntarte antes, por qué hablabas.

Me parece que me estoy dando a mí misma la sensación de que estaba borracha. En cierto modo, lo estaba... Si quiero ser sincera, en cualquier modo: había bebido para aguantar el coñazo de la compra.

Me senté en un sillón, el habitual de Aldo, para cavilar. En realidad, para ponerme el teléfono en la falda con la esperanza de que sonara. Y en efecto, no sonó. Desde los pies notaba que me subía otra convicción: la de que no me iba a ir de aquella casa por las buenas. Fuese ésa o no la voluntad de Aldo. Todo lo que antecede me lo indica: mi decisión estaba tomada de antemano.

(Reconozco que estoy escribiendo demasiado, incluso poniéndome molesta e insoportable hasta para mí misma. Pero es que llevo tanto tiempo sin escribir que se me va la mano sola. Y eso puede ser inspiración, pero muy de tarde en tarde: lo corriente es que se trate de una idiotez incontenible y automóvil.)

De repente noté hambre. Cogí algo, no recuerdo qué, de una de las bolsas, que continuaban en la entrada. Me fui a la cocina y me hice un emparedado. Lo mordisqueé con apetito y con un vaso de chianti. No estaba nada mal: el emparedado digo. Para haberlo hecho yo... Bebí otros vasos de chianti para comprobar cómo estaba el vino. Tampoco mal... ¿Y yo? Pues no sé por qué; pero tampoco me encontraba mal del todo. Me acordé, mientras hacía algo con una raya o dos, de forma incoherente (no las rayas de coca, sino el recuerdo), de una copla de Lola Flores, que se dice muy pronto. «Y estando en esta soberbia, / abrió la noche un postigo / por donde entraron dos ojos / que dieron muerte a los míos.»

Como si me estuvieran escuchando, sonó el timbre de la puerta. Un timbrazo prolongado. Después del teléfono, era el que más ansiaba oír. Me temblaban un poquito las piernas, pero me daba igual: no sabía por qué. «¿No has dicho muchas veces que deseabas morirte? ¿Qué más quieres entonces? Ahí está tu oportunidad.»

Abrí. Abrí sin indagar por la mirilla. Otra insensatez de condenada a muerte. Pero total, ¿para qué?

Era un señor ligeramente bizco, ligeramente tartamudo (no mucho: como un inglés de clase alta) y ligeramente espantoso.

–¿Está el señor Aldo?

–Ni está Aldo el señor ni de ninguna otra manera: aquí estoy sola yo. E indebidamente.

Se hizo una pausa, en la que yo pensé, muy deprisa, que debería haberme ido a casa de Nadia más deprisa aún. Y también pensé –lo que es el ser humano cuando no está en sus cabales– que los ojos verdes de Bianca estaban llenos de promesas, y parecían tan sinceras que no tenían más remedio que ser falsas... Sí, el hombre aquel era feo. No había ni que reflexionarlo: saltaba a la vista.

–¿Tendría, en tal caso, la bondad de acompañarme?

–¿Adónde? ¿Por qué? ¿Con qué motivo?

–Todo eso, señora, lo sabrá usted al mismo tiempo –hablaba con modestia y algún respeto más de lo esperado.

–¿Es usted de la municipalidad? Todos mis papeles están en regla. ¿Hay en Venecia consulado español, o viceconsulado por lo menos? ¿Conoce usted su número de teléfono? Si me niego a ir con usted a parte alguna, ¿qué puede sucederme? ¿Me permitirá telefonear a la policía? –Hice el gesto de entrar en la casa–. Sólo será un momento... ¿Tiene usted una idea aproximada de quién soy yo? Porque quizá podría darme una pista. ¿No se plantea la duda de haberse equivocado de piso?

–Habla usted demasiado deprisa.

–No, es que estoy hablando en español. En España todo el mundo habla así. Y los escritores también escriben así, de carrerilla... ¿Me explica qué desea de una vez?

Sentí la urgencia de meterme otra raya de coca, lo cual quería decir que tenía varias dentro.

–Pedirle, por favor, que se deje llevar por mí al despacho de un señor abogado.

–No necesito ningún abogado. De momento. Claro, que si usted se pone imposible…

–Un abogado que, en beneficio del señor Aldo, desea plantearle ciertas cuestiones.

–No sé bien quién es ese Aldo al que se refiere.

–Aldo Ucceli, señora.

–El que yo conozco no tiene apellido.

El hombre algo bizco se estaba impacientando. Era exactamente lo que yo pretendía. Y me preguntaba de dónde sacaba yo semejante valor, y una cierta satisfacción, que me movía a respirar muy hondo de cuando en cuando y a reconocerme dueña de una seguridad en mí misma desconocida hasta ese momento tan adverso. El alcohol y la coca es que dan mucha fuerza.

El hombre algo tartamudo no tenía mala pinta. Se le notaba algo violento, cosa que, dado mi proceder, no podía sorprenderme.

–¿Y dónde está el despacho de ese abogado benefactor?

–No muy lejos de aquí.

–¿Es que me va a llevar en brazos?

–Tengo una pequeña motora estacionada ahí mismo.

–Entonces, vaya cogiendo estas bolsas que hay distribuidas por aquí y por allá. Acabo de subirlas. Métalas en ésta más grande. –Le alargué una enorme de basura–. Luego he de llevarlas a casa de una amiga: me ha invitado a comer y no puedo presentarme con las manos vacías. –Entré en la pequeña sala, cogí mi pequeño bolso, guardé en él el pequeño teléfono móvil sin que se notara y, con una osadía nada pequeña que me dejó estupefacta, concluí–: Cuanta más prisa se dé, antes despacharé yo con el abogado y antes me presentaré en casa de mi amiga. ¿Me ha entendido?

No sé con qué ojo me miró ni con cuál me dio a entender que sí.

–Pues muévase, caramba.

En realidad, para su sorpresa y la mía, dije: *mascalzone fanculo*, un poquito entre dientes, la verdad. Fue en ese instante cuando me di cuenta de que me había bebido entera la botella de chianti.

Será mejor no intentar describir con ningún detalle la casa a la que me llevaron ni por qué camino. Si ya a pie me pierdo, yendo sola y despacio, por Venecia, sería imposible imaginar hasta qué punto en un fuera borda zigzagueante, hasta llegar a tierra y continuar con una carrera que a mí me pareció desenfrenada, a pesar de que no era yo quien llevaba la bolsa de las compras. Con todo, al detenerse el Virgilio medio bisojo que me conducía, me sonó aquella calle y aquel sitio. Había pasado a menudo por ella, pero jamás me había fijado en la casa ante la que nos detuvimos: era como una mella en una dentadura poco limpia. Está ligeramente retranqueada. Quizá date de mediados del XVIII, y la flanquean dos muros de color almagre. Desde abajo, desde la entrada, se atisbaba un cielo entonces muy azul y lejanísimo. Junto a la puerta, una placa de bronce con un nombre que nada me decía. Supongo que ni a mí ni a nadie. Incluso puede que sea ésa su única intención.

Un zaguán, largo, estrecho y oscuro, desembocaba en un patio cuadrado, con un pozo en el centro. A la izquierda, una escalera ancha por la que no subimos. La impresión era la de penetrar en una colmena con numerosas celdillas. Se escuchaba un ruido parecido al de una máquina de escribir o al runruneo de un millón de abejas. Yo, siempre exagerada, me dije: «Una ametralladora». Luego me añadí: «Asun, no seas fantástica. Como empieces así, acabarás ahogada en un canal».

Atravesamos el patio oscuro. La salida se dividía: a la derecha aumentaba la oscuridad, pero esta vez húmeda, como si fuese un sótano; a la izquierda, un pasillo estrecho y corto que desembocaba en un segundo patio, éste más grande y dorado por el sol. Allí nos encontramos con una puerta de cristales que daba a una escalera. Yo, en mi estado, que no sé ni cuál era, no la habría visto a no ser por una especie de vibración que la sacudía. O quizá era aún el chianti. Ante la cristalera, un enrejado ancho de hierro marrón. *«Tutto tremante»*, como el Paolo de la *Comedia*, hasta el punto de producir la impresión de que podría desmoronarse el edificio entero de un momento a otro. Lo que mayor sorpresa me produjo es por qué lugar entraba el sol hasta allí. Porque al fondo de ese segundo patio no había otro edificio, sino un muro bastante alto. Parece que alguien hubiese planteado la posibilidad de ajardinar aquello, pero sin el menor éxito: sólo quedaban unos breves arriates con unos palos secos.

El hombre feo (ya no me acuerdo si era feo del todo o medio feo) empujó la puerta de cristales que se abrió a una escalera. Pero me dio tiempo a ver, a la izquierda, un tercer patio, encalado, donde el sol reverberaba. Quizá tras él habría un cuarto, un quinto, un sexto patio. No lo llegué a saber.

Torcimos a la derecha para descender unos cuantos peldaños. Al fondo de un recinto no grande, una insignificante puerta de madera. Abierta, nos deparaba la sorpresa de un jardín cuidado y no del todo diminuto, que hacía de atrio a una casita de color rosado. Todo era como un cuento: el de Alicia y el País de las Maravillas, por ejemplo, pero sin la sonrisa del gato de Cheshire, que me habría animado tanto. Había fucsias, azaleas y astromelias: cuidadas y aseadas. Revoloteaban bastantes avispas. No abejas, creo: habría puesto la mano en el fuego, pero quizá no era el momento. Al fondo, la perspectiva de una cúpula y un *campanile*. Todo estaba revestido de un aire monástico, pero desamortizado como todo en Venecia. Aquello no era un claustro, pero podía haberlo sido, o quizá podría llegar a serlo: no me sorprendería, las cosas están cambiando velozmente. Para mí, por lo menos… A la izquierda de la casita, otra puerta acristalada con barrotes de hierro, también pintados de marrón, que conduciría a otra escalera quizá, o a otro patio blanco y a otra casita rosa. Pensé si no se trataría de un juego de la oca. Y estaba empezando a marearme. O quizá es que venía mareada: eso es lo más probable.

El hombre, al que ya veía casi normal, dejó a la izquierda de la entrada de la casita nuestra (digo la nuestra porque quiero que se entienda la real, no la imaginaria mía) la bolsa con las bolsitas de la compra.

–Aquí estarán seguras –comentó.

Yo no le dije qué pensaba: era mi seguridad más que la de las bolsas la que me interesaba. Mi posición, la que quería aclarar. Lo de dentro, ¿sería un despacho de abogados, una dependencia del Ayuntamiento, una celda prioral, una comisaría o el subrepticio domicilio de un mafioso importante? Yo ardía en deseos de averiguarlo y a la vez ardía en deseos de salir a escape de allí.

El hombre, al que me había ya casi acostumbrado y empezaba a ver casi atractivo, empujó la puerta claveteada de la casita, cuyo tejado se inclinaba en aleros bastante largos, y pasó primero. «Qué tío más ordinario», pensé. Pero no, fue para sostener la puerta y que pasara yo. Y pasé a una habitación amplia, impoluta y bien remozada, con un suelo de mármol de color champán. De ella arrancaba, al fondo a la izquierda, una escalera como de caracol. Pero parece ser que tenían que darle morcilla a la escalera: nosotros nos dirigimos a otra puerta que quedaba a su derecha.

El hombre, cuyo ligero estrabismo le daba ya un aire de misterio, llamó a ella. Se oyó un vago permiso. Él la abrió y la sostuvo también. Pasé.

–Te has retrasado, Leo. –Al principio, no pude localizar la voz.

–La señora tenía cosas que hacer.

–Está bien, retírate.

–Espéreme en el patio –le dije yo antes de que saliera y se cerrase, ¿para siempre?, la puerta. Y luego, casi a gritos–:

Tiene que devolverme los paquetes. –Aquella última frase la dirigí, al parecer, a un señor mayor, con buena pinta en general. Porque concretamente no tenía pinta de nada concreto: ni de teniente de alcalde, ni de *padrone*, ni de capitán de cuerpo alguno, ni de narcotraficante, ni de drogadicto. (Quizá no se podría decir lo mismo de mí.) ¿Sería de verdad un abogado? Porque los abogados no tienen pinta de nada, salvo los de secano, que tienen una pinta pésima.

En realidad, aquello, fuese lo que fuese el habitante, era un despacho. Pero decir despacho no es decir casi nada. Lo miré, para que me invitase, por lo menos, a sentarme. Lo hizo con un gesto amplio y una sonrisa mucho menos amplia, casi una sombra de sonrisa. Él se sentó a su vez.

–Estoy encantado de conocerla, señora Deyanira Alarcón... ¿O prefiere que la llame Asunción Moreno de Roelas?

–En realidad hubiera preferido que no me llamase de ninguna manera, es decir, que no me hubiese llamado... No sé qué pinto aquí. –Lo cierto es que estaba impresionada: debía de tratarse de la policía. Quizá me habían buscado para devolverme la maleta que yo di por perdida hacía meses en el aeropuerto. De ser así, no eran muy eficaces.

–Por favor, tranquilícese.

–No me es posible: estoy completamente tranquila.

Él agrandó un poco su sonrisa:

–Quiero confesarle, en primer lugar, que adoro su tierra.

–¿Le gusta España?

–Bueno –hizo un gesto ampuloso–, España es demasiado grande. Me refiero a Alhaurín el Grande. –Creo que no me inmuté; al menos por fuera–. Es un pueblo que no ha cambiado mucho: ése es su encanto. Y usted, tampoco.

–¿Nos conocíamos ya? –Ahora sí que estaba perdida. Me ofreció un cigarrillo en una pitillera de oro. Me así a él como a un clavo ardiendo. Pero no ardía aún: me alargó fuego con un mechero naturalmente de oro.

–¿Quién no conoce a la mejor novelista en castellano?

–Pues, si le soy sincera, por ejemplo, yo. –Él sonrió; no, se echó a reír–. ¿Cómo se llama usted, o debo decir con quién tengo el honor?

–Arrigo Buonatesta, a sus pies.

–Gracias… ¿Y a qué debo el gusto de que estemos frente a frente? –Creo que el efecto del chianti se había ido a hacer gárgaras.

–Ser sincero, se lo advierto, señora, ser completamente sincero no entra dentro de mis posibilidades.

–Me lo imagino, pero aproxímese lo más posible, por favor… Comprendo que ser un caballero las veinticuatro horas del día, incluso aunque sólo sean doce, es un esfuerzo duro. No obstante, haga un pequeño intento.

El señor Buonatesta volvió a reír. Se había echado encima demasiada colonia: olía que mareaba. Como si yo no llevase ya bastante mareo. Lo que faltaba para el duro.

–Sabía que era usted encantadora pero no hasta este punto. Cuánto me alegra estar aquí escuchándola.

–Pues figúrese mi alegría si pudiera escucharlo a usted aclarándome qué hago en esta preciosa sala…

La sala, muy iluminada por ventanales que daban a otro patio, cubiertos por transparentes cortinajes, era en efecto hermosa. Solemne pero a la vez con gracia: sofás y sillas casi cómodos, cuadros casi de firma con colores alegres y marcos casi recargados, muebles en los que el diseño era lo único importante, mucho más desde luego que la confortabilidad, dos cornucopias que me hubiese llevado sin dudarlo… Y alfombras, unas sobre otras, de Uzbekistán, del Cáucaso, de Persia…

–Sobre estas admirables alfombras –agregué.

–Me encanta que le gusten. –Tosió con una falsa tos, como un pésimo actor para marcar una transición–. En este tipo de asuntos, como el que vamos a tratar, hay que tener mucha delicadeza: cualquier detalle, aun el más insignificante, puede resultar vital.

–Incluso mortal me temo, según los casos. –Él no sonrió esta vez, pero me miró con inteligencia–. ¿Cuál es su profesión, señor Buonatesta? No me gusta jugar con desventaja.

–Pertenezco a una vieja familia veneciana.

–¿Hay otra Malatesta? –Tampoco le hizo gracia la pregunta.

–Sí, pero no es la mía. No tiene buena fama, y procede de Rímini… Si usted preguntara fuera de aquí, como comprenderá no vivo en esta cabaña, le contestarían que mi profesión es ser rico simplemente.

–No es mala profesión. Porque, en último término, llegado el caso, todos los ricos son aliados.

–No, no lo crea. Somos como los escritores…

–Frente a los pobres, digo. Entre ustedes, los ricos. O eso creemos los que no lo somos. –Él hizo un gesto de incredulidad–. O no lo somos tanto… Entre los ricos verdaderos es siempre primavera… Suele decirse, ¿no? Y debe usted reconocer que eso ayuda… Los ricos de verdad siempre pueden protegerse solos. Y eso también ayuda.

–¿Cómo lo sabe usted? –Hizo un gesto excesivo, de nuevo como un mal actor–. Ah, claro: los escritores son adivinos… Divinos adivinos.

–Gracias, pero no. Es que los grandes negocios siempre los hacen personas duras y con gente valiosa: gente que sabe colaborar sin hacer demasiadas preguntas, sin necesidad de ver ni abrazar a quienes la mandan… Porque es peligroso depender de los dependientes, ¿no? Y esa gente valiosa se llama aquí familia, ¿no es eso? O mafia… Aquí y en Laponia, claro.

–Si opina así y lo va diciendo a troche y moche, es posible que su carrera de escritora sea breve. –Lo afirmó entre unas pequeñas carcajadas, levantando el cuello y mostrando la nuez. No era un hombre desagradable.

–Tan breve que ya ha terminado, señor Testa… Perdone, Buonatesta. Por lo que dice, opina como yo, pero parece que está del otro lado… –Frunció el ceño. Sus cejas se levantaron y se arrugó su frente. Me observaba. Sentí un poco de miedo–. Del otro lado de la mesa, quiero decir, al menos. –De nuevo se distendió su cara.

–Eso está ya mejor… Qué pena que no fuese yo el editor de su última novela. La hubiese lanzado de tal modo que habría sido su éxito más grande… Gabriel Roelas es un hombre –¿lo dijo con cierto regodeo?– encantador, pero no deja de estar en un momento crítico.

–La palabra crítico, para un escritor, es tabú, Malatesta.

–Buonatesta, Asun.

–Dejemos los torneos o lo confundiremos todo… ¿Qué quiere usted de mí?

–Poca cosa: saber dónde está Aldo Ucceli.

–Es quizá lo que más me gustaría saber también a mí: se lo juro. –Me besé los dedos en cruz, como se hace en Andalucía.

–Usted, señora, ha sido vilmente engañada. No voy a marear más la perdiz: eso dicen ustedes, ¿no? El señor Aldo Ucceli es un ser gélido y antisocial: uno de los más peligrosos miembros de lo que llama usted la mafia.

–¿De cuál?

–De todas. En el fondo, en ese campo, hay quien hace a pelo y a pluma… Usted, por su marido, ha de estar acostumbrada al tema.

Dejé pasar unos largos segundos, y luego susurré como en secreto:

–Acláreme una cosa antes de nada: ¿es usted uno de esos homófobos, o es que siente sencillamente envidia por no ser ambidextro? Porque entonces no sabe usted lo que se pierde, amigo: la mitad de la vida. –Sabía muy bien que en algo había mentido. Quizá por eso alcé un poco la voz–. Soy escritora. Se supone que he de conocer, que debería conocer, algo a la gente, ¿no? Aunque no sea la inventada por mí, sino la que me rodea… No sé nada de nada, señor Buonatesta: por eso me he retirado de la literatura. Qué distinto es vivir en la realidad aquello sobre lo que se ha escrito con la imaginación. Qué decepcionante resulta. Debo de inventar muy mal y debo de ser muy mala observadora... ¿Quiere usted creer que aún no he deducido –aparte de ser rico, eso se nota– qué coño es usted? Porque si el Aldo que conozco es peligroso como miembro de la mafia en general, usted tiene que ser el mismo diablo... Y, si no es así, que el diablo me lleve.

Me encontraba a mí misma demasiado dicharachera. Acaso el origen estaba en las cuatro rayas que me había metido entre pecho y espalda antes de comerme el bocadillo en la cocina. Para animarme un poco. Nunca pensé que me envalentonarían tanto... Oí que aquel señor, entre ofendido y ofensor, me decía:

–Los españoles han sido así toda su historia: están de visita, pero se comportan como si estuviesen en su casa.

–Eso mismo piensan en España de los mafiosos: se portan como si estuviesen en su casa, y además se llevan la vajilla y la cubertería.

–Mire, señora, no hablemos de menajes domésticos. Yo no tengo ni la menor necesidad de ellos. Venecia es la inventora en Occidente de la porcelana...

–Enhorabuena –lo interrumpí–. Hay quien dice que no... Perdón, lo he dejado con la palabra en la boca.

–Y con la boca abierta. Usted tiene que ser una escritora muy popular: ahora no me sorprende. Me refiero a su tipo de buena educación –lo decía no con ironía, sino con asco verdadero–. Aldo Ucceli tiene en su poder un documento... Para ser exactos, se trata de una fotografía o de una filmación o qué sé yo, muy comprometedoras para algunas personas de suma importancia en esta zona.

–¿Para quién?

–Eso no es cosa suya. Y aunque se lo dijera, no lo comprendería.

–¿Piensa usted que soy tonta?

–Al contrario: pienso que es lo bastante lista como para hacerse la tonta maravillosamente.

–Escuche, señor mío. Yo me encontraba tan tranquila en casa de un amigo que vive en la Giudecca. Acababa de hacer unas compras y estaba hasta el mismísimo cucuné de la calle. Un enviado de usted me ha sacado del burladero a empujones... Como escritora, todo lo insólito me atrae. Pero hasta aquí llegó la riada: tengo suficiente con lo que ha sucedido. Sobre todo, considerando que no sé ni quién es usted. Sólo me ha dicho que es rico, lo cual no es ninguna profesión: es un descaro. Quiero poner mis cartas boca arriba para corresponder al honor de haber sido invitada a esta casa. A empujones, pero invitada... Yo, del señor Aldo Comosellame no sé nada más. Ni siquiera conocía su apellido. Me cae divinamente porque es amable, guapo, habla español y sabe de música. Lo conocí pinchando discos (he dicho discos, no personas) en una especie de discoteca parroquial...

–Qué contradicción, ¿no?

–En esta ciudad las hay a cientos.

–¿Contradicciones?

–Desde luego, pero también iglesias que han cambiado de oficio.

–Y ¿cómo es Ucceli en plan de pinchadiscos? –Cuánta ironía, Dios mío, y cuánta mala leche. Lo pensé deprisa; mejor, no tuve que pensarlo:

–Es violento, inagotable, difícil de seguir. Como una tormenta que tuviese ritmo. Como una estridencia que se dejase llevar por un orden implacable.

–¿Está hablando de música? Parecería que habla usted de sexo.

–¿Por qué no? Si el sexo se hace bien es también música... Aldo estuvo atento conmigo y yo con él. Nos compenetramos. Quizá no en el sentido que adivino que usted piensa con lo de penetrar, pero nos entendemos: es a lo que me refiero... No sé ni una palabra más. Ni él tiene por qué decirme dónde va y viene, ni el apartamento de la Giudecca es el único que posee en Venecia, ni hemos hablado nunca de ninguna otra actividad que pinchar discos, la cual en la actualidad está por cierto mejor remunerada de lo que yo creía... Y eso es todo. –Me levanté–. El resto no me interesa, ni puedo ayudarle en lo que me pide. Si quiere algún recado para Aldo, y yo lo vuelvo a ver (y así lo espero, en su trabajo o en su casa), dígamelo y se lo transmitiré con mucho gusto. Ya sé el nombre de usted. En realidad es lo único que sé (si es que no firma, como yo, con seudónimo) y supongo que él también lo sabe... Ahora, buenos días o buenas tardes, señor Buonatesta. –Él también se incorporó.

–¿Y qué diría, señora de Roelas –quizá subrayaba en exceso ese título–, si supiese que soy el jefe de lo que aquí, entre nosotros, llamamos la brigada antivicio?

–Pues diría que deben ustedes de pasarlo fatal. Una canita al aire de vez en cuando a nadie le hace daño.

–No deje de decirle a su amigo Ucceli que, si no pone en mi poder ese documento o esas pruebas, por otra parte falsas, que tiene ahora en el suyo, puede acabar con más agujeros que un colador.

–¿El documento o las pruebas?

–No, el que los posee... Y que además encontrarán su cadáver con un arma en la mano.

–Muy delicado por su parte ese póstumo obsequio. Siempre he pensado que las coronas fúnebres son un gasto fallido... ¿Algún otro mensaje? Espero ver a Aldo esta misma noche. En la discoteca, por descontado.

–No estoy seguro. Quizá nosotros lo encontremos antes.

–¿Puedo entonces darle yo a usted un recado para él? Dígale que había hecho compras para unos días, pero que he preferido no dejarlas en su casa, dadas las buenas maneras que han tenido para sacarme de ella.

Se hizo una pausa tensa. Él la interrumpió:

–Señora, es mejor que yo mismo me desenmascare. Si no, no nos entenderemos.

–Yo creo que sí lo estoy entendiendo. Demasiado quizá.

–Escúcheme con atención... ¿Nos sentamos de nuevo? Tenga la bondad. –Así lo hicimos–. Su amigo Aldo Ucceli ha cometido un crimen más grave de lo que se imagina.

–¿De lo que se imagina él? Porque yo nunca me he imaginado un crimen leve.

–Déjeme hablar, se lo suplico. –El tono de ahora era muy otro–. Ayer ha desaparecido, quizá definitivamente por desgracia –el corazón me dio un salto mortal–, uno de los puntales de nuestra asociación: un altísimo familiar nuestro –no subrayó la palabra familiar, pero bastaba–, que había venido encargado para negociar con el gobierno y con la Iglesia una operación muy conveniente para esta ciudad y para la región entera.

No sé por qué, de pronto, pensé que aquel tipo era un número sin importancia, o con muy poca, en su familia si la tenía o en cualquier otra. Alguien a quien se había encomendado la cuestión de entrevistarse conmigo para saber qué pintaba yo en la vida de Aldo, o si quizá era posible utilizarme para dar con él y cargárselo.

–Ignoro, señor Buonatesta, cuanto significa política, municipalidad o sectores de poder en esta bellísima ciudad, cualesquiera sea su grado y su carácter. Y además creo firmemente que no hay nada interesante, a mi entender, de todo eso para Venecia. Salvo seguir explotándose a sí misma como hasta ahora ha hecho: pienso que ése es su verdadero y único destino.

–En estos días de invierno –habló como si no me hubiese escuchado– hay convocada una cita de máxima importancia, y ha desaparecido uno de nuestros representantes, señora, hágase cargo... ¿No se da cuenta de que nosotros tememos por la vida de Aldo, dado que tenía en su poder valiosos, y arriesgados, testimonios? –¿Me estaría diciendo ese tío la verdad ahora? ¿Lo minusvaloraba yo injustamente?–. Hemos hecho grandes favores a los políticos y al Vaticano. Ha llegado la hora de pasarles factura. Pero la factura autentificada nos la ha quitado de las manos ese Aldo Ucceli, si es que se llama así… O en fin, como le haya dicho a usted que se llame.

–Pero ¿hablamos de la misma persona por lo menos? Siempre me han sacado de quicio las ambigüedades.

–Por lo que usted y yo sabemos, sí.

Se hizo un vacío en la conversación. Como si estuviese advertido, el del ojo biroque que me había traído apareció un momento. La atención del Buonatesta se fue tras él y también el Buonatesta. Pude escuchar, con gran esfuerzo, que le anunciaba a su jefe la muerte a tiros de alguien importante, cuyo cadáver acababa de encontrarse cerca del Guetto. Buonatesta me miró desde mucho más lejos que antes. Cuando volvió, la voz le había cambiado, y su expresión era concentrada y lejana. Tocó un timbre que había sobre la mesa. De oro, claro. Por una puerta que debía de ocultar la escalera de antes, entró alguien. Al principio me asustó. Era, en apariencia, un hombre, pero con una enorme mancha negra en mitad de la frente. Como si tuviera un tercer ojo. Aunque a lo peor era al contrario; a Polifemo le pasaba: sólo tenía uno.

–¿Cómo le gusta a usted el té, señora de Roelas?

–A estas horas, lo más lejos posible.

–¿Y el veneno? –Sus ojos se volvieron mortíferos.

–Si es inevitable y mortal, en la dosis mayor. Para acabar cuanto antes. Pero de aquí deseo irme viva. Y pronto.

–Un momentito aún. Quiero que sepa, por su bien, que en Venecia suceden las mismas cosas que en Sicilia, por ejemplo, o en otras partes: España, sin ir más lejos. Pero con voz más baja y mejores modales.

–Por lo que hace a los modales, lo dudo. En cuanto a emplear la sordina, no me cabe duda.

–Precisamente, mi agradable amiga, deseaba, en nombre de varios ilustres ciudadanos, pedirle que aceptara una cena en su honor. El más alto representante de esta ciudad, el Síndico, como si dijéramos el Dogo, desea ofrecérsela en un hotel del Lido. Me lo acaban de comunicar… No en vano es usted la representante más significativa de la literatura española actual. Y si además ha venido a pasar con nosotros una temporada para localizar escenarios de su próxima novela... Porque es así, ¿verdad?

–Más o menos –respondí–. No he podido dejar de escuchar algo de lo que le decían. –Me temblaba la voz–. ¿Se trata de Aldo? –Hice un gesto con el pulgar hacia abajo. Él reaccionó casi gritando:

–A ese Aldo no lo quiero muerto. Lo necesito vivo, y que no crea nadie que sea un mérito traérmelo fiambre. Necesito que hable, que confiese, que me dé lo que tiene y me hace falta. Y ahora precisamente más que nunca. Créame. –Bajó de nuevo el tono–. Respecto al homenaje que le ofrece la municipalidad, señora. ¿Qué me dice?

–Esperemos unos días, si no le importa, antes de decidirlo... Así usted resolverá los problemas que tiene y que, en mi opinión, no son pequeños... Le deseo buena suerte. Pero quisiera hacerle una advertencia: yo no soy una campesina siciliana, que calla siempre pase lo que pase; ni una mujer de San Luca, que sólo grita para pedir que se restaure el honor de la familia.

Ignorando mi última frase, se dirigió al cíclope en miniatura que permanecía fuera:

–Vicenzo, quédate bien con la cara de la señora. Quizá debas acompañarla en alguna ocasión a alguna parte.

Me volví, haciendo un gesto de ofrecimiento, hacia el mequetrefe que acababa de entrar. Era, en efecto, como una edición de bolsillo de Polifemo. Me levanté, e incluso di una vuelta sobre mi propio eje para que me contemplara con comodidad. El Buonatesta continuó.

–¿Ha sacado de su visita alguna conclusión seria, señora?

–Sí, que lo bueno de Italia es que el gobierno y la mafia suelen estar de acuerdo en los razonamientos de cualquier discusión, pero no en las conclusiones: cada uno va a lo suyo. Y a veces están de acuerdo incluso en lo que quieren, pero no en el procedimiento para conseguirlo... En lo que siempre, siempre, coinciden, es en que los dos se expresan bastante mal, pero actúan peor... Por curiosidad, estando aquí de pie, más lejos de la mesa –había cambiado un poquito la voz–, ¿también recogerá su grabadora lo que digo?

–No lo dude.

El mequetrefe hizo el gesto de sacar un arma de la parte de atrás de su cintura. Una negación muda de Malatesta lo impidió.

–Me temo que, en Italia, escriben ustedes la palabra gobierno con minúscula y la palabra Política con mayúscula. Eso resulta desconcertante en ocasiones. –Hice ademán de salir, pero me volví de nuevo–. Una curiosidad, señor Buonatesta, si es que ése es su nombre: ¿qué diferencia encuentra usted entre un gran negocio y un delito?

Desconcertado, cogido por sorpresa, respondió:

–No sé, la verdad, no caigo ahora –fingió una falsa risa, de nuevo como un mindundi de teatro.

–Yo, tampoco. Quizá es que no la hay. –Una mirada entre él y el mequetrefe me hizo darme cuenta de que me estaba propasando. Pero no pude evitar la estocada–. Sé que se ha esforzado en caerme bien y en resultar amable. Siento decirle que no lo ha conseguido. No hemos tenido un buen principio... Pero los gitanos españoles prefieren siempre, a los buenos principios, los buenos finales.

–Cada vez que me empeño en hacer una buena acción, en lugar de una recompensa me echo encima un problema.

–Por lo que deduzco, no tendrá usted nunca demasiados problemas. Buenas tardes.

Giré la cara para mirar al cíclope embrionario. Me dirigí hasta la puerta con la esperanza de acertar porque estaba bastante trastornada por lo que fuera. Antes de llegar, escuché a Buonatesta hablar ya en pie, y como quien no quiere la cosa:

–Señora mía, si por casualidad coincide con Ucceli, dígale que, en caso de estar interesado en desprenderse de lo que él ya sabe, no habrá ningún inconveniente en ponernos de acuerdo sobre una cantidad realmente importante. Siempre que no incluya el León de San Marco…

–¿Ha tomado la precaución de apagar la grabadora?

–Por descontado. ¿O cree usted que soy tonto?

–Sí –contesté sin volverme.

–Pues me gustaría hacer negocios con usted.

–Los hará. Y mejores de lo que se imagina.

Lo cual no me impidió oír la despedida que musitaba Buonatesta:

–Me pregunto con quién estaría su madre cabreada cuando la parió a usted.

Continué, sin volverme, y con el pomo de la puerta en la mano, concluí:

–No podría decírselo, porque más cabreada estaba yo.

Y salí.

El pequeño jardín parecía esperarme: sosegado, brillante, florecido… De mis bolsas, ni restos.

Después de varias intentonas, logré lo que quería: pisar la calle. Nada más hacerlo caí en que no estaba lejos de la casa de Nadia. Concluido el primer *round*, lo que más me apetecía era descansar. La coca o el bocadillo o el vino o las tres cosas me habían quitado el hambre, pero no la tensión. Me di la enhorabuena. Pensé que Aldo habría estado orgulloso de mí. Y, después, que yo no lo estaba de él. En algo había fallado: él, no yo… ¿Estaba siendo sincero conmigo? ¿Totalmente? ¿Había leído *Los comensales* antes o después de conocerme? ¿Entero? Esta última cuestión, como autora, me interesaba mucho. Yo nunca he releído, después de corregir las galeradas, ni un solo libro mío… Mientras avanzaba sin mirar hacia atrás me repetía que las confesiones de Aldo, por llamarlas de alguna manera, eran muy oscilantes; que sus apariciones y desapariciones eran repentinas y no bien justificadas; que la historia del Herbert alemán me la había creído porque el amor no es sólo ciego sino sordo y, en último término, deficiente mental.

Y me di cuenta, con una repentina claridad, de que no pintaba ya nada en Venecia. Que me encontraba en ella más sola que nunca, precisamente porque había estado muy bien acompañada. Y porque no tenía ni puta idea de quién era mi enemigo. Es decir, *come prima più di prima.*

No sé si por el esfuerzo para mantenerme en mi sitio –¿cuál es mi sitio en este juego de malos y peores?– que había hecho. O por la decepción amistosa –y amorosa, qué coño–.

O por miedo a lo que más adelante pudiera suceder en una guerra que acababa de declararse. O porque el efecto de las rayas se había ido al carajo... El caso es que, instintivamente, me detuve, me volví de cara a la pared, una pared de color rosa vivo, y apoyando sobre ella la frente, me eché a llorar como una huerfanita... Y cuando recordé que Aldo había comenzado su vida en un orfanato, lloré más fuerte aún. No sin preguntarme, mientras, hasta qué punto puede llevar el cretinismo a una cretina.

Sin embargo, es difícil imaginar lo que desahoga el llanto en muchos casos. Supongo que para eso se inventó. Me estaba quedando como nueva. Recordé, sin el menor motivo, un verso de Keats: «El otoño también tiene su música». Y, después de un sorbetón, dejé de llorar. Quizá también el verso recordado se inventó para eso. Una cosa lleva a la otra: me dije «imbécil» con toda mi alma. Y pensé: «Imbécil se dice del que no lleva bastón: en latín claro». Y fue entonces cuando caí en la cuenta de que tenía el estómago vacío. Me hacía ruidos extraños. Sin duda todo lo que acababa de sucederme era cosa del hambre. Decidí comer algo camino de la casa de las chicas. Engullí una pizza margarita entera, y me animó más de lo que imaginaba: para eso quizá también se había inventado. Era ya otra mujer: puede que peor, pero otra. Qué despreciables somos los humanos. No me extraña que las grandes revoluciones se hayan hecho por los mal alimentados. Ahora menos que nunca comprendía por qué Luis Vives pudo escribir que un estómago vacío produce agilidad mental. Nada bueno puede ser el resultado de un cuerpo insatisfecho. La infeliz María Antonieta, cuando aconsejaba, a falta de pan, comer brioches a los pobres, no sabía cuánto se equivocaba... Después sí se enteró.

Con paso ágil y decidido me encaminé a casa de Nadia. Ya todo lo veía de otra forma. No digo que claro, porque eso era imposible, pero sí con una actitud menos amilanada y mucho más resuelta.

Nadia no había llegado de su trabajo. Sea el que fuera entonces: ya no estaba dispuesta a que nadie me la diera con queso. Bianca me recibió sin el menor asombro. Hasta tuve la impresión de que sabía mejor que yo de dónde llegaba y qué había sucedido. Estaba viviendo –hablo de mí– acontecimientos tan poco comprensibles que nada de lo que sobreviniera iba a producirme demasiada sorpresa. Partiendo de tal premisa de ignorancia, habría sido una torpeza más echarme a llorar en los brazos de Bianca... Porque si desconfiaba hasta de mí misma, ¿en quién iba a confiar?

Nada más abrirme la puerta, le descerrajé una pregunta a bocajarro, convencida de que no me iba a dar una respuesta tan contundente como ella. Por eso no le pregunté si me estaba esperando. Le pregunté:

–¿Dónde está Aldo?

–Si no lo sabes tú, ahora que sois la sal y la pimienta...

–¿Es que estáis todos conchabados contra mí?

–Tiendes siempre a pensar que el ombligo del mundo eres tú, Deyanira.

–Y me equivoco, claro, porque el ombligo del mundo eres tú, ¿no?

–Nunca he pensado que el mundo tenga ombligo. Pero, si lo tuviera, para ti debería ser Aldo.

–Por eso te pregunto dónde está: porque he perdido mi ombligo. O me ha dejado.

Le conté, a grandes rasgos, lo que me había sucedido esa mañana. Nada más comenzar, sin interrumpirme, me llevó despacio hacia un sofá y me invitó, de un empujón, eso sí, a ponerme cómoda.

–Continúa, continúa –me dijo, y salió del salón hacia la cocina–, te estoy oyendo...

Yo proseguí mi relato. Un momento después volvió con un par de tazas de café. Tomé la mía y noté que me caía bien. Inmediatamente, sin darme cuenta, me bebí la suya. Bianca se sonrió. No pude evitar reconocer que era hermosa como un sol y que no había perdido, ni por un segundo, la serenidad. Era la doble de una madona de Rafael, sin niño, con las manos olvidadas sobre el regazo. Yo tenía tal necesidad de descansar en alguien, de que alguien me alentara, de que alguien se pusiese de mi parte y yo me lo creyera, que sentí brotar una renovada confianza dentro de mí. Las primeras palabras de Bianca no me dieron opción:

–Aquí nadie confía en nadie. Sólo tienen una cosa en común: seguridad en el buen criterio propio y en que acabará por coincidir con el ajeno... Aquí a nadie le merece la pena declarar una guerra por un hecho que pueda resolverse con una multa o con seis meses de cárcel o con un tiro... Aquí se tienen en cuenta los grandes beneficios, no las sobras. El sentido común consiste en saber no cuándo se amenaza, sino cuándo hay que matar porque no exista una solución más conveniente... Entérate de una vez: alguien que piense o actúe de otro modo aquí no hará carrera. Deberías saberlo. Ya no eres una niña.

Casi grité:

–Gracias, eso lo sé. No tienes que echármelo en cara... Pero ¿es que tú también eres de la mafia, carajo?

–Puede ser. A veces me he sentido, ya demasiado tarde, utilizada... Todo el mundo, de alguna forma, lo sepa o no lo sepa, es de la mafia. O abre su propia mafia como quien abre una tienda de regalos... Por ejemplo, ese Buonatesta de quien me has hablado y que yo no conozco, ¿de parte de quién está? Probablemente sólo de la suya. Quizá sea un confidente de la policía que vende a quien ella busca, y que te ha buscado a ti porque adivina que tú buscas en la misma dirección que a él le interesa... Parece un trabalenguas porque lo es... O quizá a quien quiere venderle el favor es a una mafia concreta, investigando por su cuenta lo que sabe que ella anda investigando... O a lo mejor es un político segundón que trata de hacer méritos... O sencillamente alguien que alquila un par de pistoleros a quien mejor le pague... En cualquier caso, Deyanira, un enemigo. Pero todo está lleno de enemigos, aunque sea sólo porque lo que desconocemos nos parece siempre enemigo. Aquí nadie lleva un rótulo que diga a quién representa. Y si lo lleva, desde luego es mentira.

Me quedé fascinada comprobando cómo una muchacha que sólo me parecía hermosa, razonaba con tanta exquisitez. Pero dije algo muy distinto:

–¿Sabes lo que te digo? Que me estás animando extraordinariamente. Por los huevos.

–Siento no poderte hablar de otra manera. Todo es confuso, todo. El que crea que la vida en Venecia es unidireccional y luminosa está en ella como una cabra en misa… ¿Qué pasa, por ejemplo, con un policía? Ésa, aquí y en todas partes. Piensa un poco, Deyanira… El policía cree, más que nadie, sobre todas las cosas, en la ley y en el orden: de ello deriva todo su poder, grande o pequeño según su graduación. Pero, en sus intestinos y en sus testículos y en su corazón, hay un tremendo resquemor contra la gente a la que sirve, y también contra sus superiores: porque todos ellos viven mejor que él. Él está en un equilibrio insostenible: por una parte, por encima de la gente, porque obliga a guardar las normas; pero, por otra parte, a su servicio. Es decir, es a la vez desagradable y exigente como custodio, y astuto y resentido como sirviente… El pobre policía no dicta sentencias: eso son cosas de jueces y políticos. El poder no es lo suyo; el poder es de quien puede absolver a los que el policía ha detenido como delincuentes. O sea, es de los gobernantes, los abogados, los que indultan, los que liberan… En una palabra, cualquier pobre policía arriesga su vida por cuatro o cinco perras gordas: no es nada extraño que se deje sobornar y se ponga, con visible frecuencia, del lado de aquel al que persigue. ¿Tú no harías lo mismo?

–No lo sé. No me veo con gorra. No creo que me vaya mucho ese uniforme.

–¿Te traigo otros dos cafés? –Me eché a reír. No tuve otro

remedio–. Escúchame otro poco. Si acaso oyes decir, por aquí o por allí, que la mafia está atravesando un mal momento, no te lo creas nunca. En el lugar menos pensado, donde haya un negocio susceptible de que lo monopolice la violencia, allí florecerá la mafia como azahar en marzo. Quizá con peor olor... Se trate de prostitución, de drogas, de construcción inmobiliaria, de blanqueo de dinero, de juego, etcétera, etcétera, etcétera... ¿No quieres de verdad otro café? –Dije que no con la cabeza y le hice un gesto de que siguiera–. La mafia puede ser la policía auxiliar de la política ilegal. –Debí de poner una cara muy rara–. Quizá un whisky te vendría mejor... Siempre a favor de los ricos naturalmente... Deyanira, Deyanira –me hablaba como a una tonta de baba–, la mafia es y será una estructura capitalista, antiliberal y anticomunista. –Pensé qué extraño contraste el de esas palabrotas con esa boca, hecha en apariencia sólo para besarse. Y continuó–: Por lo tanto, ejercer frente a ella cualquier libertad, sea económica o política, da igual, es declararse su enemiga.

–Yo lo soy. Aldo lo es.

–¿Por qué entonces preguntas lo que sabes, Deyanira? ¿O es que quieres probarme?

–Preguntaré entonces lo que no sé: ¿tú eres la misma Bianca reidora, superficial, amorosa y guapísima que se acostó conmigo? –Batió palmas dando una risotada.

–Si te lo acabo de decir. ¿Es que eres sorda? La vida no es sencilla ni unidireccional en absoluto. Salvo las calles de sentido único, siempre que se respeten los semáforos y los pasos de cebra. Pero te lo repito: sencilla, de ninguna manera.

Me tuve que reír. Bianca se inclinó y me besó. Escuchamos el ruido de una llave, y apareció Nadia. Al ver que nos besábamos soltó una carcajada tan grande como un piano, se le cayeron las llaves, las recogió, y siguió riendo.

–Siento interrumpir. Si me lo pedís, salgo, espero una horita y vuelvo a entrar.

Me levanté y la besé. Me sentía con más serenidad que a

mi llegada, lo cual no era difícil. Mientras dejaba un par de paquetes que traía, en dos minutos, Bianca la puso en antecedentes. Me habría hecho falta aprender su facilidad de sinopsis: hubiera escrito mejor toda mi vida.

Nadia me miró, entre la admiración y el afecto. No había ninguna duda ni temor en sus ojos.

–El golpe o los golpes que, a partir de ahora, alguien descargue sobre ti, no creo que procedan de ese despacho en que has estado. Pero que alguno te vendrá no cabe duda. Y sabe dios de dónde.

–Hoy os ha dado a las dos por ayudarme a hundirme. Muchísimas gracias, amigas mías más íntimas.

–Eso te probará que no somos mafiosas. Del todo. –Nadia salió, pero continuó hablando como la otra–. El origen de la mafia, su fuerza y su permanencia consisten en callarse y resistir. Ésa es la auténtica ley de *omertá.* Hay que guardar silencio, aunque lo que te pregunten sea una dirección y la sepas. No se responde nunca: ni a una amenaza, ni a un agravio, ni a una acusación, ni a una denuncia... Tampoco se habla para amenazar ni para insultar ni para acusar. Ya hay quien se encarga de todo eso fuera. Y con medios mucho más contundentes que las simples palabras y que las sentencias o las multas... –Apareció con una bandeja, una botella, y unos vasos–. ¿Lo entiendes o no lo entiendes?

–Sí. Se me encogen un poquito los ovarios, pero sí.

–Entonces vamos a tomar algo... Vengo más cansada que una burra vieja recién parida.

Creí que iba a servir el whisky en los tres vasos, pero sacó del bolso una papelina y preparó tres largas y anchas rayas de coca. Me pasó, la primera a mí, el esnifador. Reconozco que elegí la que me pareció de mayor relevancia. Las muchachas se echaron a reír.

–Qué sinvergüenza eres –dijo Bianca.

–Ánimo no sé si tendrás mucho o no, pero de la vista andas divinamente.

–Pues te juro que no veo el camino que tengo que seguir.

–¿Para qué?

–Para encontrar a Aldo, que quizá está en peligro. Y para encontrar a la nueva Deyanira, con el fin de que se sienta de nuevo acompañada.

Abrí los brazos y le tendí una mano a cada una. Como si se hubiesen puesto de acuerdo, cada una tomó una mano mía y las dos las besaron con una sinceridad que me conmovió. Las acariciaron luego con sus caras tan guapas... ¿Qué me importaba si Bianca había colaborado o no en la muerte de aquel alemán comprometido? ¿Qué me importaba que Nadia supiese de la vida de Aldo más que yo? Tuve la impresión de formar con ellas un trío de mosqueteros. Aldo era D'Artagnan... No, D'Artagnan era yo.

Era el momento justo, en cualquier película de intriga, para que sonara el móvil que Athos, Porthos, Aramis o D'Artagnan, quien fuese, me había dejado encima de un papel. Y sonó.

Tuve que buscarlo, orientada por su griterío, porque no tenía ni idea de dónde lo había puesto. Una vez encontrado, me lo llevé a la oreja con tal fuerza que me hice un daño atroz.

–¿Deyanira? –Era *la* voz, su voz.

–Sí.

–¿Estás con Nadia y Bianca?

–Sí.

–Eso me tranquiliza. ¿Fue alguien a casa?

–Sí.

–¿Te condujeron a la presencia de alguien?

–Sí.

–¿De Buonatesta, por ejemplo?

–Sí.

–¿Registraron la casa?

–Delante de mí, no.

–No importa. No te preocupes. Lo que buscan no estaba allí.

–¿Y tú? ¿Dónde estás tú? ¿Estás bien donde estés?

–No sin ti.

–¿Cuándo nos veremos?

–Cuando caiga la noche. Id las tres al piso desamueblado cerca de la discoteca. Nadia tiene unas llaves.

–¿Vas a pinchar hoy discos?

–No.

–¿Puedes darme el número de tu móvil?

–No. El que tienes tú y éste están vírgenes todavía. Pero por si las moscas.

–¿Y el número de éste?

–No lo uses. Espera mis llamadas. Hasta luego.

–Hasta luego, Aldo Ucceli –subrayé el apellido.

–Veo que no todo ha sido inútil. –Oí su risa–. Para ti, Aldo de Deyanira.

Cortó la comunicación. A mi alrededor se hizo otra vez lo oscuro. Bianca y Nadia me miraban sonriendo en silencio.

–¿Es que tengo monos en la cara?

–¡Sí! –dijeron las dos al mismo tiempo.

Las tres rompimos a reír. Eso me salvó de volver a llorar. Qué tonta del haba he sido siempre. Pero me hago más tonta con el tiempo: he llegado a batir mi propio récord.

Después de cenar algo ni muy ligero ni con mucha prisa, nos presentamos en la discoteca. El encargado nos saludó. No hizo mención de Aldo. Nos llevó hasta la mesa más visible. Yo ya sospechaba intención, mala o buena, en cualquier gesto.

El pinchadiscos, comparado con el que yo conocía, era una calamidad pública. Los bailarines, de vez en cuando, le silbaban. Él se encogía de hombros y seguía. Era miércoles, hacía frío fuera y niebla y agua alta: el local no estaba lleno. Las chicas me acompañaban en la mesa una u otra por no dejarme sola. Hasta que un señor, de bastante más edad que la generalidad de los concurrentes, tuvo el valor de querer bailar conmigo. Me levanté y bailé, como pude, con él. Pero podía poco y mal.

–¿Usted es la española?

–Sí. Y Venecia es un pueblo donde todo se sabe.

–Todo, no.

–¿Sabe usted mi edad, pongo por caso?

–Lo que sé es que no la representa. –No me cupo otro remedio que reírme.

–¿Y lo que significa la palabra piropo? –Negó con la cabeza. Tenía unos ojos sumamente expresivos–. Pues lo que usted acaba de decirme es el mejor de todos.

–Si estuviera aquí Aldo –señaló con la cabeza al pinchadiscos–, bailaríamos con más gusto y mejor.

–¿Y dónde anda ese hombre?

–No lo sabe ni Dios. Es un loco perdido.

–Esa sensación tuve yo desde un principio.

De pronto, el miserable pincha precipitó la música de una manera demencial. Yo estaba cansada e impaciente, pero no podía permitirme el lujo de que se me notara. Hice lo que pude. Supongo que el ridículo más que otra cosa. Mi pareja no parecía notarlo. Me di la enhorabuena entre saltos y contorsiones de hip hop.

–Si le digo mi edad, ¿me llevará a mi mesa, o a un geriátrico?

–Si se dejara, la llevaría a otro sitio.

Nos reímos los dos. Pasado un rato, me acompañó a mi mesa. Vino en seguida Bianca.

–Tienes que enseñarme dos o tres movimientos de ese baile –me advirtió muy en serio–. Conque el culo caído, ¿no? ¡Válgame la Madona!

–Cuando los dioses se indignaron con Prometeo por arrebatarles el fuego y dárselo a los hombres, decidieron crear una hermosa mujer de arcilla. La llamaron Pandora y le dieron toda clase de dones, aparte de la vida. Se la regalaron a Epimeteo, que la aceptó a pesar de la prohibición de su hermano Prometeo, que ya le había hecho un regalo anterior: una caja en que había encerrado previamente todos los males de este mundo, pero con la promesa de que jamás, por nada, la abriría. A Pandora, como es natural, se le antojó lo prohibido, y el esposo, enamorado, accedió: le dio la caja que no debía abrirse. Y ella, como es natural también, la abrió. Y salieron y se esparcieron los males por la tierra… En el fondo de la caja quedó tan sólo la esperanza, que con sus desacertados consejos y sus falsos consuelos les impide a los hombres suicidarse… Es, ¿quién si no?, la esperanza la que a mí me ha dado esta noche unas clases rápidas de ritmo.

–Para todo lo que haces, bueno o malo, tienes una preciosa explicación.

De pie, a mi lado, Nadia, que me había oído, aprobaba en silencio.

–Sí, sobre todo, para mis equivocaciones –reconocí.

–Vámonos ya si quieres. Creo que hemos cumplido ante las turbas. Tenemos coartada… Tú más que nadie, como siempre.

–Sí, vámonos. Y que ojalá nos guíe siempre la esperanza. No tengo ya otra cosa.

En aquel deslavazado piso donde vi por primera vez desnudo a Aldo, todo seguía igual, pero sin Aldo. Con más polvo quizá, en todos los sentidos. Había whisky y hielo. O quizá los subiera alguna de las dos. Nadia llevaba en su bolso además un reconstituyente imprescindible. La noche se animó. Quizá Pandora supo lo que hacía. También los dioses abusaban del néctar. Bebimos, fumamos, esnifamos...

Yo procuraba no mirar demasiado el reloj. Pasada la una, oí unos pasos que querían no ser oídos. Corrí a la puerta y esperé ansiosa que se abriera... De repente me asaltó el terror a equivocarme. Giré la cara para mirar a Nadia. Ella se llevó un dedo a los labios. Con cuidadoso sigilo alguien usó una llave. Bianca, dentro, había apagado la única luz dada. Se abrió lentísimamente la puerta... Mi corazón se apresuró: había adivinado sin verla una silueta espigada y muy alta. Me abracé a ella, y ella me apretó contra sí. En absoluto silencio. La puerta se cerró. Una lengua le dijo a la mía el nombre del intruso.

Al dar la luz, dejé de conocerlo. La oscuridad es la mejor aliada del amor. Y el silencio, su mejor idioma. Con unas grandes gafas, un bigote postizo, una peluca canosa y un ancho traje de hombros muy caídos, Aldo no era ya Aldo para mis ojos. Sólo lo seguía siendo para mi corazón. Una carcajada suya me lo ratificó.

Recuperado mi Aldo, una vez desprovisto de accesorios, conté de nuevo, esta vez con más detalles (alguno de los cuales lo divirtió, aunque pude percibir que a su pesar), los acontecimientos que me habían abrumado durante casi todo el día. Después, mientras fumábamos, tomábamos unos nuevos whiskies y esnifábamos unas nuevas y estrictas rayas, Aldo tomó la palabra con calma, pero también con una acentuada seriedad.

–Arrigo Buonatesta, a quien yo llamo Ambiguo Buonatesta, es hombre de cuidado. Hay que andarse con ojo. Sin exagerar, pero lo suficiente. Se trata de uno de esos personajes menores, que cumplen su papel de relleno cuando en una comedia se acerca el desenlace. Su trabajo es desconcertar y distraer hasta que la comedia se transforma en tragedia... En esta ciudad tiene una vara no muy alta, pero que puede crecer; más que nada si él huele que se le está minusvalorando. Goza de cierto prestigio provinciano, que le toleran disfrutar los que pueden ignorarlo en el ámbito nacional... Si es que Italia es una nación y no una larga broma en la política... Pero ese modesto prestigio y ese papel que busca despistar, cuando el juego se desarrolla en su propio campo, lo más prudente es no perderlos de vista. Y, en cierta forma, respetarlos... Tú, Deyanira, lo has desafiado y te has cachondeado de él –sus ojos me recorrieron de arriba abajo y se sonrió al volver a mis ojos–. Puedes hacerlo, porque eres del equipo visitante y traes un equipaje de consideración en tu país, pero has de ser más hábil cuando se trate de mi vida... –Hizo con su mano, tan fuerte y tan tierna, ese gesto que amenaza con dar un azote a un niño chico–. Y ahora se trata. –Las tres mujeres nos miramos con susto en silencio–. Él tiene razones para defenderse... La reunión a la que aludía ante ti era del más alto nivel oficial. Aunque para nosotros fuese de un nivel repugnante, porque se trataba de engrosar ciertas arcas privadas y ciertas cuentas bancarias a costa de la gente de a pie... Y hablo en pasado porque va a ser ya difícil que se celebre, puesto que anoche ha sido asesinado uno de los representantes de los cuatro estamentos que iban a concurrir. La noticia no va a hacerse pública: oficialmente esa persona no estaba en Venecia. Ha sido eliminada por una facción contraria a la suya… Cabe, no obstante, que la reunión tenga lugar, previa sustitución del muerto por un vivo, quizá demasiado vivo a causa de esa muerte. Un vivo que pertenezca a la facción que ha ejecutado la primera sentencia… Digo primera, porque quizá se alargue el número de muertos. No es infrecuente algo así: al resto de los participantes, con tal de que las condiciones sean iguales o mejores, les da en el fondo igual quién o quiénes se sienten a departir, o a repartir, con ellos. Lo que no les da igual es que exista un testimonio fehaciente de su venalidad y de su desvergüenza. Y que ese testimonio indiscutible pueda ser ofrecido a la luz pública… –Me estremecí al ver que su mano derecha, sin un expreso porqué, se apoyó en el bolsillo de su chaqueta–. Sobre todo, si la prueba va, además, acompañada de un resumen breve (aquí los resúmenes, cuando conviene, suelen ser muy largos para que nadie termine de leerlos o de escucharlos) de cuanto se pretende con esa reunión: el beneficio personal de unos pocos, y, ni que decir tiene, no de la ciudad, ni de los ciudadanos, ni del Véneto.

–¿El testimonio a que te refieres lo tienes tú? –Le pregunté en voz baja. Aldo se levantó. Me pareció más alto que nunca. Me miró desde arriba y me dijo que sí moviendo la cabeza. Después se sirvió otra copa, tras comprobar que nosotras apenas habíamos probado las nuestras–. ¿Y vas a utilizarlo?

–Sin duda, pero no sé si éste es el momento. –Hizo una pausa sin dejar de mirarme–. Antes prefiero utilizarte a ti.

–Si molestamos… –comenzó a decir Nadia, un poco violenta. Aldo se echó a reír.

–Eres una mujer, más que obsesa, obsexa. Como diría Deyanira, tan aficionada a jugar con el ingenio… Eso, obsexa, será después. Ahora hablo de que, como Deyanira y yo formamos parte del mismo reducido ejército, creo conveniente utilizar por fin sus armas. Me refiero a las más exteriores, visibles y provocativas... –Ahora tenía la mano libre de la copa sobre mi cuello–. Su belleza, su gracia, su encanto, su pésimo italiano contra lo que ella piensa –se inclinó y me besó la oreja– y su glamour.

–¿De veras crees que tengo yo glamour?

–Sí, sobre todo cuando estás cabreada... En otras palabras, te agradecería que aceptases esa cena: la que oficialmente te ofrece –lo pronunció con ampulosa solemnidad– la comunidad de la Serenísima República de Venecia.

–¿Estás seguro? –pregunté absolutamente sorprendida.

–¿De qué? ¿De que tienes glamour, de que estás cabreada, de que te ofrecen una cena, o de la Serenísima?

–De todo junto y de que yo deba aceptarlo.

–Sí, pienso que debes. Es la mejor manera de mandar a la mierda la espada de Damocles que, con tu valiosa colaboración, te han puesto encima. Por juntar tu cabeza con la mía...

–¿Crees que corro peligro? –Me producía cierta satisfacción hacer esa pregunta.

–Sí, pero no te hagas muchas ilusiones. –Volvió a sonreír pero muy levemente–. Tú eres mi mano y mi pie y mi corazón. Tú eres yo, pero muy mejorado.

–Si tú lo dices...

–Sí, lo digo. –Las tres seguíamos sentadas y él nos volvió la espalda unos segundos. Luego nos miró de una en una–. Para eso vamos a hacer un nombramiento que no salga de aquí. Vamos a elegir secretaria e intérprete tuya a... –miró a Bianca, sonrió esta vez para sus adentros, frunció los labios, dudó– a Nadia. Creo que es tan guapa y tan lista como Bianca, pero menos llamativa. Así, además, no te hará a ti la competencia.

Bianca depositó con fuerza su vaso sobre la mesa. Estuvo a punto de romper una de las dos cosas:

–Creo que debo darme por ofendida: conmigo no se cuenta.

–No, niña... Tú has estado más vigilada de lo que te crees. Lo estás aún. Alguien a quien acompañabas era un contacto alemán de la 'Ndrangheta... Las mafias es muy raro que se lleven bien unas con otras. Bastante tiene la pobre Deyanira cargando con mi conocimiento –me miró–; bueno, con mi amistad... Está bien, con mi amor –ahora sonreía–, como para cargarla además con un muerto. Demasiado provocadora ha estado con el Ambiguo ese, al que deberá llamar, hacerle sin excederse la pelota, acariciarlo un poco (de palabra, ¿eh?, tan sólo de palabra), y aceptar la cena de homenaje, o de bienvenida, o del coño que sea... –Se volvió para mirar a Nadia–. Secretaria e intérprete. La acompañarás desde ahora a todas partes... Debéis cambiar un poco, bastante diría yo, el vestuario. Sin pasaros, porque Deyanira es una escritora moderna y sin prejuicios: no necesita cargar las tintas... Por el dinero no os preocupéis. Trajes de noche largos, abrigos y accesorios lujosos... Al dueño de tu bar le aseguras, en mi nombre, que será bien compensado... Bianca actuará de enlace entre nosotros... Os reservaré una suite en el Danieli: es temporada baja y no habrá problemas. Tú tendrás que apencar con la carga de los periodistas y de los entrevistadores de televisión, Deyanira. Por favor, cágate en todos con *charme, charme, beaucoup de charme.* Te han quitado el incógnito, te han dejado con el pompi al aire –me golpeó en el muslo muy dulcemente con el pie–, llevas meses aquí, estabas encantada y yo también, pero ¿qué vas a hacerle? Una vez descubierta, reconoce que estás tomando notas para tu nuevo libro; confiesa que te sientes encantada del invierno en Venecia –así serás la única– y agradecida de que la ciudad te haya salvado de un pequeño bache, por lo que la querrás como tuya para siempre, y serás siempre suya...

–No sabía que fueses tan buen diplomático. Ni tan falso. Aunque esto lo temía. –Los dos nos miramos entendiéndonos.

–Las llaves del piso de enfrente –se dirigía a las chicas–

son éstas. –Se las dejó caer a Bianca en su falda–. Ahora sí podéis iros a descansar: ha llegado la hora de lo que decía Nadia. No es que la guerra se haya declarado, pero hay que estar dispuestos para que, en cualquier momento, se declare.

Nos levantamos las tres. Nadia y Bianca, cogidas de la cintura, se dirigían ya hacia la salida. Las despedí:

–Antes de que os vayáis, necesito deciros que *jamais, jamais, jamais*... –me volví a Aldo–. *Charme, charme, charme:* muchas gracias... *Jamais* creí que Aldo hablara como ha hablado. Antes tan sólo lo quería. Ahora lo admiro mucho más que lo quiero, lo cual es peligroso: enamorarse de un general en jefe siempre lo es... Buenas noches... Ah, Nadia, tradúceselo todo a Bianca si es necesario: así irás entrenándote.

–*Ciao, ciao, ciao* –dijeron las chicas a la vez muertas de risa. Y atravesaron el rellano.

Aldo y yo, otra vez, la misma creo, estábamos solos. Y sucedió lo que sucedía siempre. Quizá esta noche de una manera más a la desesperada, con la misma pasión y la misma ansia con que un náufrago o dos se agarran a un mismo salvavidas: eso fue él para mí y lo seguiría siendo... No olvidaré nunca, aunque viviera miles de años, la forma en que me tuvo y en que me obligó a mí a tenerlo a él. Ni en miles de años. Cosa que, vividos junto a él, nada me importaría.

Qué exagerada soy. Pero quizá, tratándose de amor, sea en la exageración donde está la verdad. ¿O no es acaso exagerado creer que, por fin, te está tocando la felicidad con la punta de un dedo? Acariciar el inagotable cuerpo de Aldo, sus manos que a su vez te acarician, sus piernas que te envuelven, su estrecho culo frutal, su rotundo falo erguido... Antes de perder la razón para recuperar la verdadera razón de ser: fundirme con él, hundirme en él, abrirme para recibir su sexo inevitable, extraviarme en la niebla azulada de sus ojos, descansar en la propiedad privada de su pecho, enloquecer para siempre un instante... Ahora sí que estaba poseída por la *hybris*, esa locura que trastorna a los humanos cuando se atreven a saltarse las lindes de lo humano. La locura que mató a Aquiles ante Troya, la que envenenó a Alejandro al plantearse qué hacer con sus victorias... Siempre ocurre lo mismo: la enfermedad divina te hace danzar al insostenible son que ella toca; produce una euforia sublime durante un tiempo que no puede prolongarse, y luego, el rayo de los dioses envidiosos te fulmina. Eso demuestra algo que yo ignoraba: los humanos pueden sentirse dioses. «Eritis sicut deos», seréis igual que dioses. Así lo dijo el tentador reptando por el tronco del manzano al oído de Eva. Y demuestra también algo que no se dice nunca: los dioses, en lo más alto de su Monte, saciado su deseo, son mortales también. Un privilegio contradictorio que a Calipso no le fue concedido.

Hoy he recordado algo que, inverosímilmente, marcó mi adolescencia. Para muchos resultaría increíble: quizá para mí también ahora. Y, sin embargo, un objeto –¿o era una vida?– tan menudo, tan frágil, tan efímero, a mediados de junio, me hacía levantar cada mañana, muy temprano, en época de exámenes, y marcaba, sólo con encontrarlo, la suerte de ese día.

Hablo, o escribo, nada más que de una flor. Una flor como la que dibuja un niño: la más sencilla, la más humilde, la más convencional, crecida en una matita despreciable, tanto que ni siquiera un niño se dignaría dibujarla: la flor de la achicoria silvestre. Ahora la siento dentro de mí tal como era, idéntica pero nunca la misma, porque dura menos de un día: por la tarde ya no está. Apenas cuatro, apenas dos florecillas a medio palmo de la tierra, sobre verdes hojas harapientas, y ella erguida, callada y portadora, según la pobre infeliz que yo era y que sigo siendo, de la suerte mientras permanece. Mi talismán, al que ni siquiera podía dar las gracias, ya que, a la siguiente mañana era una flor distinta ante la que me arrodillaba…

¿Qué color era aquél? ¿Cómo podría contarlo, si es que un color puede definirse con palabras? No, no era el magenta, que tiene nombre de batalla y mucha más oscuridad, porque es un fucsia que tira al violeta. No era ningún color que tenga nombre propio… Probablemente, de haber tenido medios, habría puesto yo una florería sólo para encontrar el color de la florecilla de la achicoria, con sus escasos y tupidos pétalos. No es tan azul como los agapantos, un tanto pretenciosos, o como la flor del romero o del espliego... No era malva tampoco, ni tenía, como ella, sus pétalos marcados por trazos brillantes y llamativos. Ni lila, ni tan sonrosada como las peonías de ese tono, ni siquiera como la glicina, ni como la olorosa flor del tomillo o del cantueso. No tenía el dudoso azul del plumbago, ni la dura evidencia de la violeta, tan invasora como el helecho casi, ni siquiera el delicado matiz de la vincapervinca... Se asemejaba más al heliotropo, pero fundidos en uno más modesto todos sus matices... Menos estridente que el carmesí de las flores del ciclamor o el inverosímil añil de las de la borraja, una planta tan aparentemente poco delicada. Parecida al lóbulo más claro de la flor del guisante, o a la variedad muy poco discreta de la ipomea o de la correhuela... Algo más azulada que la flor del membrillo... No, no sé cómo acertar. Casi al borde de la tedera canaria o de alguna, muy despeinada, de los cardos, pero en el color sólo, y más olvidadizo que el de ellos. Y nunca la de los borriqueros, tan altos y tan semejantes a la de la alcachofa, coronadas por su insolente y crispado solideo episcopal. No, no... Hay astromelias, hay lantanas o verbenas en que, a veces, algún decaimiento de color en ellas remeda al de la pequeña flor... Pero no, nunca, nunca es lo mismo: ellas son más brillantes, mucho más llamativas... La flor de la achicoria es sólo como la flor de la achicoria, el nombre de cuyo color aún no se ha pronunciado. Ni inventado siquiera.

Un día, con Gabriel, volví a Alhaurín nada más que por verla. Lo llevé hasta donde yo solía encontrarla, por la parte de atrás de la casa cuartel que daba al campo... Me deshojé buscándola. Era su preciso momento de aparecer y quizá alguna de aquellas matas anónimas fuese la suya. Pero no estaba en flor. Pasado el tiempo, comprendí lo que la ausencia de la pequeña mensajera quiso decirme. No lo entendí yo entonces... Ahora mismo me rodean galopando recuerdos y recuerdos, sensaciones precisas e imprecisas, olores que no sé de dónde emanan y que nunca lo supe. Toda la cabeza se me inunda, ahora y aquí, tan lejos de entonces y de allí, de pérdidas, de irremediables pérdidas. Nunca la vida puede estar completa. Hay trozos que para siempre hemos perdido.

Ahora mismo siento la flor de la achicoria dentro de mí, como si la tuviera delante de los ojos: sin adornos, sin olor, sin misterio, sin pretensión ninguna. Con el único privilegio, nunca reconocido, de un color que no puede describirse, de un color al que ni las aproximaciones más cuidadosas se le acercan, y no se ha pronunciado. Por eso ella fue mi flor y siempre lo será.

Por eso los ojos de Aldo, cuando se abandonan para que, por ellos, yo me asome a él y al mundo, tienen ese color. Y son mis ojos y siempre lo serán.

Acabo de leer en un periódico una noticia que guarda relación con algo que escribí en estos locos cuadernos, o como se llamen unos cuantos papeles grapados que, como el color de la flor de la achicoria, tampoco tienen nombre. No pienso revisarlos para buscar el precedente, y jamás leeré ni corregiré lo que en ellos escribo. Jamás completaré con nuevos descubrimientos lo que recuerdo, quizá no exactamente, que inicié un día que tampoco recuerdo.

Se trata de que en Rascafría, un pueblo de Madrid cuyo nombre da idea de su clima, han inaugurado un centro biológico para evitar la extinción de una especie de sapo. Se trata del sapo partero, cuya piel devora un hongo pervertido. Vive en los humedales, y actúa como una buena comadrona. Mientras la hembra desova, arrojando los racimos de huevos que se depositan en el légamo del fondo, colabora el macho abrazándola por detrás. En su piel mucilaginosa (palabra que me chifla, como nefelibata y alguna otra) y, por añadidura, en un medio acuático, sus manitas resbalarían. De ahí que la naturaleza, ciega e inmisericorde pero sapientísima, le haya dotado de unas asperezas en los dedos para asirse y fijarse. Son las rugosidades nupciales, o mejor, parturientas.

Yo achaco tal evolución, perfeccionista e inconsciente, a la naturaleza. Lo que me llama la atención es que alguien la atribuyera a una infinita paciencia de Kamerer, el biólogo austriaco, del que se creyó que, durante generaciones y generaciones (de sapos, no de humanos) implantaba verrugas o asperezas en las manos de sapos comunes y terreros, después de trasladarlos a pequeñas piscinas, hasta conseguir que sus especímenes mutaran. Me niego a creer semejante invención de un hombre que ni siquiera supo defenderse del abusivo amor de Alma Mahler, una de las peores mujeres de la Historia: tuvo por vocación ser esposa de genios. Deshizo a tantos superdotados ella sola que Cleopatra o Mesalina, en su género de buenas folladoras, hubieran sido dos monjas de clausura efectiva a su lado. Mahler, que más bien fue como Gabriel Roelas, mi marido, Gropius el arquitecto, Kokoschka el pintor dramaturgo, aparte de Kamerer científico y paciente, y de otros muchos que se entreveraron. Para llamarse Alma, ya está bien; si llega a llamarse Concha, la jodemos... Lo cierto es que una mujer, alguna mujer, puede exprimir el cerebro de un hombre predispuesto, y llevarlo a empujones a la genialidad. Confieso que mi vocación nunca fue ésa. ¿O es que quizá la envidio? Yo bastante he tenido con aguantarme a mí. Aunque sin sacar, eso es cierto, todo el provecho que quizá habría podido. Pero dejemos las lamentaciones: ya no es hora.

Hoy escribo un poco a lo loco porque necesito distraerme. Si lo hago sobre asuntos ya tocados, no me importa. Estoy buscando una tregua. Un agujero no por el que mirar, sino al contrario, por el que escaparme. Porque no veo a Aldo. A Nadia y a Bianca, sí: las dos se han instalado en el piso frente a éste, en el mismo rellano. Son aquéllos, próximos a la discoteca. Pero ellas saben más que yo. O, al menos, eso sospecho. Yo estoy aquí escondida, quizá sólo agazapada. Espero, con impaciencia, órdenes de mi jefe.

Leo, para ayudar al tiempo a deslizarse más deprisa, libros sobre animales. Siempre me apasionaron. Y ahora me encuentro, más que nunca, compenetrada con ellos. Hoy me ha traído uno mi nueva secretaria, que me conoce mejor cada media hora.

Los animales –algunos, no todos– gozan mucho mejor que nosotros de la vida. El sexo es el protagonista de la suya. Y no siempre para transmitirla, esa secular obsesión de la Iglesia católica, como si dios, en el improbable caso de existir, fuera idiota. Quien inventa el olor, el sabor, el oído, la vista, el tacto y el sexo, no los inventa con una lista de prohibiciones. Todo sirve, o todo puede servir, para todo... De repente me viene a la cabeza el cuerpo entero de Aldo: él es el mejor campo de experimentación de mis cinco sentidos. Y nunca se me ha pasado por la cabeza tener un hijo de él. Y menos aún ahora cuando sería un intento inoportuno e intempestivo. Dejo el libro de Nadia sobre la mesa... Se me impone dejarlo: ahora diré por qué.

Qué poder físico el de la imaginación, qué maravilla. Acabo de sentir un orgasmo ejemplar. Sin tocarme siquiera. Sólo oprimiendo dentro de mí la omnipresente y omnipotente imagen de la polla de Aldo. Estoy casi sudando, como si hubiese tenido una contienda con él mismo en persona. Como Jacob y el ángel. Lo añoro, lo deseo. Por él y para él persisto en esta casa no exenta de peligros.

En los diarios de ayer, quitándole certeza e importancia, se insinuaba que había sido encontrado otro cadáver en la isla de San Pedro, en el extremo opuesto al Guetto. Un cadáver al parecer desconocido. Muerto de un solo cuchillazo. La sangre de la hoja que lo atravesó había sido limpiada en su propia ropa de alto precio. No era posible para mí evitar que algo me viniera a la mente... Nosotras, o las chicas sólo, sabemos quién era ese muerto: el representante de la Camorra que se había cargado, él mismo o por su orden, al de la 'Ndrangheta que asistiría al concilio in excelsis. Empleo esta expresión porque también asistiría a él una altísima personalidad eclesiástica.

¿Quiere decir que de nuevo se aplaza el consistorio? De mañana no debe pasar que llamemos aceptando la cena que suavice, con una innecesaria y lujosa máscara, estos crímenes... Yo no los llamo crímenes, por cierto, sino actos de justicia. Primero, porque los dos muertos bien muertos están; segundo, porque la mano ejecutora tiene el derecho a actuar como actúa. Ya quisiera yo ser utilizada por ella en más dulces gestiones. Supongo que vendrán.

No logro desechar de mi recuerdo una noche que pasó en un minuto. ¿Necesito decir que fue junto a Aldo? Yo, en la cama, lo veía pasear desnudo como siempre. Me venían a la cabeza los museos de Atenas, mientras lo escuchaba divagar sobre el lenguaje de las puñaladas.

–Hay que matar en frío –le había oído decir antes en alguna ocasión. Ahora reflexionaba, mirándome apenas, como si hablase sólo para sí. Como si recitara una lección que tenía que ser bien aprendida, antes de pasar a los ejercicios prácticos, una vez y otra vez–. El odio y la ferocidad son contraproducentes: debilitan la fuerza. La furia enloquecida de quien mata hace necesarias, al producir torpeza, muchas más puñaladas. Para eso es preferible matar de un solo tiro. Pero a mí no me gusta ese procedimiento: no me veo implicado, no lo asocio al ajusticiamiento. Un tiro se le puede pegar, desde lejos, a cualquiera. E incluso fallar, o equivocar el blanco. Utilizar las manos tiene algo más familiar, más benévolo dentro, pero ellas solas representan quizá un instrumento demasiado humano, como el marido que mata a su pareja: es él la propia arma asesina... A eso no hay que llegar. Hay maridos que primero apuñalan veinte o treinta veces, igual que si besaran o jodieran, y luego atropellan con el coche el cuerpo de su mujer ya agujereado, y continúan después apuñalándolo... El ensañamiento no me gusta. Me produce un escalofrío: odiar es malo. La demasiada rabia, la demasiada ira te implica hasta las trancas en la muerte... En una muerte que se pretende lenta, que el agresor observa y casi fotografía con el propósito de no olvidarla nunca. –Se detuvo un momento frente a mí. Era de pronto un profesor dando instrucciones, gesticulando con minuciosidad hasta hacerme olvidar casi, tan sólo casi, que hablaba en cueros–. Yo prefiero el arma blanca... Blanca: eso lo dice todo. Participar de cerca, acortar las distancias, acortar también la muerte en lo posible, pero que no sobrevenga desde lejos, que la víctima (no, no la víctima, el delincuente, el enemigo de todos) tome conciencia de lo que está pasando, y de que, a esa hora última, se le respeta un poco: más por la muerte que por él quizá... Como un verdugo honrado que cumple un honrado oficio en el nombre de todos... ¿Tú me entiendes?

–Sí.

Abrí los brazos y lo obligué a sentarse a mi lado en la cama. Tenía los ojos más oscuros que nunca, casi violetas. No parecían los suyos. Lo acaricié muy, muy despacio... La cara interior de sus muslos, tan delicada y a la vez tan musculosa. Sus testículos, dulces y pesados. Sus pezones, que siempre respondían a la menor llamada. Su polla, atenta lo mismo que una torre vigía... Su lengua, que penetraba en mí después de llamar con impaciente suavidad a la puerta...

Ahora tengo que conformarme, espero que dure poco tiempo, leyendo este libro, pornográfico y casto al mismo tiempo, sobre el sexo de los animales, con el que cada día me siento más identificada. No con los hermafroditas. Tampoco con esos peces que ovulan en el agua sin enterarse de lo que están haciendo: ésos me interesan tan poco como yo a ellos... Me acuerdo ahora de pronto de una tarde en la que Gabriel y yo, con una pareja inglesa amiga suya, fuimos al zoo de Madrid. Hace ya años, como de casi todo... En fin, ¿qué importa aquí nada personal? A lo que vamos... Yo leí un rótulo atractivo: «Macaco cangrejero. Animal peligroso». De inmediato me sentí atraída. Cubrimos con rapidez la distancia que había hasta la jaula. Nada en ella hacía ver el peligro. Una hembra saltaba de un sitio a otro lo mismo que una loca. «Sin duda está limpiando. Sin duda hace sábado y ordena los utensilios de la casa.» El macho, desde un rincón, sentado, la observaba. Cuando se descubrió los genitales, los cuatro nos quedamos de una pieza: los huevos eran de un bellísimo color turquesa, atenuado por un *sfumato* algo más pálido, como esa leve capa de aparente polvo que embellece a las ciruelas aún pendientes del árbol; y su pene, no grande, era de un escandaloso color naranja. Se levantó, se dirigió a la hembra, la pretendió... Ella, molesta y desdeñosa, se apartaba, iba y venía. El macho, sin la menor muestra de enfado, se masturbaba, y su semen saltaba igual que un chisquetazo. Intentaba otro acercamiento, la hembra lo rechazaba de nuevo. Él volvía a menearse el pene... Así hasta dieciocho veces en el tiempo que nos tuvo pendiente de él a cuatro imbéciles, muy distintos unos de otros, creo que avergonzados y envidiosos todos igual que yo. No podíamos apartar los ojos de ese lujo desperdiciado, de esa indecente hembra fugitiva y tan torpe... Macaco cangrejero. Ahora comprendí por qué decía debajo «animal peligroso». Miré al inglés primero; miré luego a Gabriel. Los dos bajaron con pudor los ojos. Con humillación más bien. Desde el zoo, me divierte todavía acordarme, nos fuimos a enseñarles a los ingleses el Cristo de El Pardo. Un Cristo yacente, creo, para más inri. Espero que no se llevaran de Madrid un recuerdo muy grato. Y me alegro, porque eran unos coñazos.

¿Cómo vamos a compararnos con los animales que yo envidio? Por eso este libro me entretiene. Ellos no se preocupan de traer nuevos seres al mundo. Lo que quieren es pasárselo bien, acompañados o no. Al desgraciado Onán, que no quería tener descendencia con su cuñada, impuesta por la ley como su esposa, lo imitan los más listos. Unos emplean sus propios órganos de reproducción: toma castaña; a otros, les basta con rozarse algunas partes de su cuerpo usando árboles o usando compañeros complacientes: eso lo hacen los altaneros ciervos sin ir más lejos. De los bonobos y de los macacos ya tenemos noticias fidedignas.

Siento curiosidad por los homosexuales no racionales, aunque no tan irracionales como nos creemos, pienso. Los osos y las ballenas incluidos, que no lo disimulan. O los ánsares, que nos parecen tontos. Contraen, algunos de ellos, como nosotros, matrimonios «para toda la vida hasta que la muerte nos separe», qué choteo más grande. Y hacen sus escapadas luego con otras parejas de su mismo sexo: de eso sé yo lo suficiente como para escribir un libro más si me quedaran ganas.

El gran motor del mundo es, sin necesidad de hacerlo productivo además de gozoso, el sexo por sí mismo. Sólo su olor atrae a algunas mariposas hembras a kilómetros y kilómetros de distancia. Intuyen a los machos y los excitan contagiándoles sus propósitos con las mismas feromonas que nosotros. Qué poca diferencia y qué poco motivo para la presunción que mostramos hacia ellos. Quizá yo olfateo el aroma que envuelve al cuerpo de Aldo como un traje invisible, precisamente más apreciable cuanto más desnudo. En este mismo momento, cuánto me sorprende que la memoria pueda recordar un olor, con cuánta precisión y con qué efectos tan inconfundibles... Sobre todo, el olor a la flor de la acacia –la del pan y quesillo– de su semen.

Pero son los bonobos los que dan las mejores lecciones. Me satisface mucho que sean parientes nuestros lo bastante cercanos, aunque los imitemos poco y mal. Para ellos el sexo es una fiesta y una diversión inagotables: con la hembra o sin ella. Y otras veces, más conscientes, una bandera de la paz también: cuando se suscita un conflicto entre grupos, no se molestan en competir por la jerarquía ni por el territorio. No son tan cabezotas ni tan susceptibles respecto a tales idioteces como los chimpancés o como somos los retrasados humanos... Los dos grupos enfrentados se miran y se gustan; se ponen a follar como unos críos locos, y organizan una *partous* orgiástica que pasa del penduleo a la erección común. Y así se apaciguan las enemistades con las mutuas satisfacciones. Es la mejor manera de alcanzar la paz auténtica. Adoro a los bonobos. Son quienes dieron la pista de follar frente a frente, como hacemos de ordinario nosotros y los misioneros, sólo que en multitudes. Qué alegría me invade cuando me los figuro, longánimes en su entusiasta metisaca, ligero y múltiple a un tiempo. No como esos tontacos de los rinocerontes, que tardan un insufrible par de horas para alcanzar el clímax, o como –toco madera– las fulanas de cascabel que se pasan un día completo entrelazadas: no sé qué coño de ritmos tocarán con el cascabeleo. O como las tortugas... Una mañana, en un templo de Kyoto, vi a dos superpuestas cuando entré. Y a la salida, mucho más tarde, estaban en la misma postura.

–¿Cuánto llevan así? –le pregunté a un monje, señalándolas.

–No sé, señora, cuando yo llegué, hace ya cinco años, se encontraban en la misma postura.

Supongo que se quiso quedar conmigo. En todos los sentidos, porque la túnica, por delante, se le levantó un poco. Yo le sonreí, pero no por buscar connivencias, sino pensando lo que sería tener a ese tipejo encima sin apearse en un duro quinquenio.

Al contrario, los sinsorgos de los chimpancés, tan semejantes a nosotros, con siete minutos tienen suficiente: visto y no visto. Y de los tigres, ni hablamos: unos cuantos segundos. Para que luego cualquier mujer fogosa pregone que su amante es un tigre en la cama: menudo juergazo.

Me quedo con la promiscuidad de algunos roedores que, a falta de otra cosa, son capaces de copular hasta doscientas veces en una hora. «A poco tiempo, mucha cara»: buen lema. O quizá con los machos de algunos mamíferos, como el león, el oso o el elefante marino, que organizan bestiales –uso la palabra como ponderativa– orgías envidiables. Se rodean con un grupo de hembras, a la manera de un harén simultáneo o sucesivo, entre ceremonias y ritos de jugueteos eróticos, masturbaciones, sexo oral y plural, hasta el punto de producirse tal extenuación, que las hembras, con llamadas visuales o sonoras, reclaman nuevos machos sementales de repuesto. Y no les importa ni el empaque ni el paquete: cada uno a lo suyo. Igual que esas especies admirables de ranas y de sapos ansiosos, que no hacen otra cosa que croar y joder... Así la vida sí que vale la pena.

Lo más cierto es que aparearse hasta la muerte comporta un riesgo demasiado grande. Entre el mundo animal no se aspira a tanto, y les daría la risa si pudiesen reírse lo mismo que nosotros, que sin embargo no nos reímos de cosas tan risibles como ésa. (Yo conocí, sin embargo, en el Lago de Canaima unos loritos verdes, tontos como nosotros. O más tontos aún, porque, si uno de ellos muere, el otro se deja simplemente morir. Quizá yo ahora, que ando bastante entontecida, los comprenda mejor.)

Entre nosotros, mujeres y hombres reyes de la creación, con tanta falsa ceremonia de bodas religiosas o civiles, de virginidades y de maternidades, antes de que empiece a joder la pareja, ya debe darse por jodida.

¿Y todavía hay quien dice que el tamaño no importa? Pues lo dirá con la boca chiquita y ante una polla más chiquita todavía. Por supuesto que importa. Pero no sólo porque una polla ha de actuar en espacios como la vulva y la vagina, eso es lo de menos; lo importante es que te ha de restallar en la mano y contra los pechos; y palparte los muslos; te ha de llenar la boca; te ha de deslumbrar los ojos, porque ojos que no ven corazón que no siente... ¿Qué hace un gorila con cuatro centímetros y medio de pene? Tirarse a otro gorila con otros tres centímetros. Mientras, la ballena azul exhibe sus tres metros, como sus dos metros los elefantes. A tal señor, tal honor... Una no está para andarse con nimiedades. Yo, por lo menos, he pasado esa edad. Si a un piojo se le supone un pene cincuenta veces mayor que él entero, y existe un pato de laguna argentino, que tiene ese instrumento siendo un ave, y cuando está en plena acción le mide tanto como su propio cuerpo, sólo las melindrosas hipócritas pueden, con una santurrona sonrisa, fingida y codiciosa, afirmar que no importa el tamaño... Si no fuese una acaparadora, que lo soy, las invitaría a contemplar el triunfal monolito erguido de Aldo para ver cómo se echaban a llorar mesándose los pelos. Del coño, por supuesto.

Me encontraba tan inquieta por no tener noticias que me dediqué esta tarde a abrir cajones, cajas, muebles, despensas y una alacena empotrada. Todo lo que hay en este piso que, de hecho, está sin habitar. Reconozco que no es cierto del todo, pero ésa es la impresión que queremos que dé. No es que el de enfrente, donde las chicas siguen viviendo por no dejarme *seduta e abbandonata*, presente un aspecto de gran mansión vivida, pero sí tiene otro aire. Este mío es idéntico a un refugio de guerra donde uno se protege, sin ninguna garantía, de un bombardeo...

Cuando ya iba a desistir de encontrar algo con algún interés, tropecé, debajo de una estera y de una mesa, con una argolla bien incrustada en el parqué. La agarré fuerte y tiré hacia arriba. Me costó Dios y ayuda levantar lo que no sabía qué. Pero me compensó. Porque, conociendo la predilección de Aldo por las armas blancas, comprendí que en ese campo tampoco era racista. Encontré las suficientes armas de fuego como para abastecer a un ejército mediano. Ignoro si trafica con ellas, las usa o las cede a algún compañero para sus incursiones en el campo enemigo. Yo reconozco ser, en esa materia, una auténtica analfabeta, pero tuve la sensación de que muchas de aquellas piezas era la primera vez que las veía: no así, táctiles y brillantes, sino ni en ninguna película de guerra ya ni privada ya ni pública.

Con la primera de ellas en la mano, me vino a la memoria

una frase que me dijo Aldo una noche para tranquilizarme: «Sé demasiado como para que alguien me haga daño: llevo en esta guerra mucho tiempo... Salvo que el daño sea la muerte, y ése no me preocupa».

Veía en aquel arsenal, que se extendía más allá de lo que pude ver con la cabeza metida dentro del agujero, toda clase de armas cortas, escopetas y rifles –Magnum semiautomático del 22, leí–, que habían disminuido sus grandezas, recortados en el cañón y en la culata, supuse que para producir su efecto mortal a muy corta distancia. Vi granadas de mano (ésas sí las supe distinguir, porque en cierta ocasión sentí curiosidad y me informé), de fragmentación, más dañinas que una piara de rayos. En una caja, separadas, dos pistolas del 357 de seis tiros –me entretuve en examinarlas con minuciosidad–, y otras dos, con cañón de unas cuatro pulgadas. A una de las primeras se le notaba que le habían limado el mecanismo de disparo, lo que daba una pista de cuánto se encolerizaría con un mínimo roce del gatillo: no está ella para bromas... Y, esparcidos, otros aliados más o menos imaginables: bates de béisbol, desmontadores de neumáticos –o eso se me ocurrió nada más verlos–, rollos de cuerdas, alambres enrollados, de apariencia sencilla o espinosa, arcos y flechas, picos para hielo, destornilladores de todos los tamaños, limas muy empingorotadas, diversas clases de explosivos, ordenados paquetes de distintos venenos ingenuamente marcados con una calavera y las dos tibias...

Me juré a mí misma no hablar a Aldo de mi descubrimiento. Pero lo cierto es que entendí mejor su lema de que nada como un cuchillo para matar humanamente. Siempre que se sepa dónde asestar la cuchillada. Porque entre la hoja y la mano se produce una alianza fraternal: lo comprobé, primero arrodillada aún, y luego ante el espejo. En los casos restantes se utiliza un instrumento sobrevenido, artificial y frío. Por mucho que –se ve con frecuencia en el cine– los vaqueros acaricien sus colts como si fuesen pechos de mujer, y los soben como a muñecos de peluche. Con un puñal o una navaja o un machete hay que adelantarse en el espacio y en el tiempo: buscas ganar con ellos una lucha. Con otras armas sólo se buscan muertos.

Me volví a prometer no mencionar ante Aldo el acerado polvorín. Pero no resistí la tentación, de dejarle, en medio de la armería, una pequeña nota: «Ojalá todos estos aliados te ayuden siempre contra los facinerosos *comensales*». No era necesaria mi firma.

Reordené la colección aproximadamente como la encontré. Y no había terminado la tarea, no tan sencilla como pueda creerse, cuando sonó mi móvil, cuyo número seguía desconociendo. Pensé con alegría: «Aldo me llama. ¡Por fin, Aldo me llama!».

–¿Sí?

Después de unos segundos, habló una voz resbaladiza y sin matices.

–Señora Alarcón, cuando vea a Aldo Ucceli, dígale que entregue lo que sabe y a quien sabe, o que será hombre muerto.

–Hace ya mucho tiempo que no sé nada de él.

–Eso no es cosa nuestra.

«Cosa Nostra», pensé; la comunicación se había cortado. Era evidente que el teléfono no estaba ya tan virgen como Aldo imaginaba. Yo tenía confianza ciega en Aldo. Estaba convencida de su astucia, de su valor y su experiencia. Pero sentí un escalofrío de horror. No podía casi respirar... ¿Estábamos perdidos? Yo, a solas por lo menos, sí.

Después de una eternidad en que supe lo que sería el infierno si existiese, llegó Nadia. Le hablé entrecortada y torpemente de la llamada. En cuanto me abrazó, como una estúpida, me eché a llorar.

–Tranquila, Deyanira... No saben nada. No saben dónde estamos.

–Ni yo tampoco. Nosotras tampoco… O tú sí sabes.

–Hemos de obedecer lo que Aldo dijo.

–¿A ciegas?

–Ésa es nuestra manera de acertar. Ahora mismo voy a llamar, en tu nombre, para aceptar la cena.

–¿A quién vas a llamar? ¿No será todo una trampa, Nadia, todo, todo, todo?

–Los periódicos de hoy dan la noticia de que estás en Venecia. No creo que se atreviesen a darle publicidad si fuese su intención… –No concluyó la frase.

–A estas horas no encontrarás a nadie.

–Sí, a Arrigo Buonatesta. –Marcó un número después de consultar una tarjeta. Esperó un par de timbrazos–. ¿Señor Buonatesta? Le habla la secretaria de la señora Deyanira Alarcón –pronunciaba el italiano de un modo especialmente bello–. Le ha sido imposible decidirse hasta ahora. Estaba pendiente de una entrevista con su editor en Grecia, donde acaba de aparecer una novela suya… Sí, comprendo, comprendo… Precisamente para eso le llamo. La señora Alarcón estará encantada de aceptar esa cena que, a pesar de interrumpir su riguroso incógnito, le produce una gran satisfacción… Sí, sí, téngalo por seguro… Mañana o pasado se trasladará, ya sin temor a ser reconocida, al hotel Danieli. Hasta ahora estuvo en el anonimato para tomar notas sobre la ciudad, a la que tanto ama, con la tranquilidad imprescindible; pero a partir del día que decidan ustedes esa tranquilidad se verá interrumpida… Por amistad, naturalmente… ¿Qué noche será la de la cena? Perfecto. Pasado mañana a mediodía le telefonearé para que me lo confirme… No, no se moleste: yo lo haré… Soy Nadia Pettacci, para servirle, señor Buonatesta… El honor es para mí. Buenas noches.

Cortó la comunicación y se volvió hacia mí.

–Qué italiano tan bonito tienes cuando quieres –le dije.

–¿Te estás pitorreando?

–No, apenas me he enterado de lo que hablabais… Ahora

comprendo que, cuando lo chapurreas, es para que yo te entienda.

–Pero ¿qué es lo que dices, mala pécora? Si a ti te he hablado siempre ¡en español!

Ante su sorpresa, me eché a reír. Nadia, tras un segundo, me acompañó en la risa por lo menos. Eso nos ayudó a librarnos, aunque a mí no del todo, de la tensión que era casi insoportable. Luego preparó un par de rayas, para lo que tenía habilidad y concisión no siempre imparciales.

–Bianca no tardará. Ha ido, para preparar el campo, a ver tiendas y buscar vestuarios.

–¿Y Aldo?

–Vendrá, vendrá, vendrá... No me pongas nerviosa... Pero más tarde. Vamos a preparar algo de cena.

–Si os queréis comer después lo que preparemos, mejor será que no intervenga yo.

–Pues haz de pinche y me das conversación. Anda, anda... Con eso te entretienes. –Nos dirigimos a la cocina–. ¿Qué has hecho toda la tarde?

–Escribir un poco en los puercos cuadernos escolares. Y esperar.

Comenzó a oírse caer la lluvia a raudales por un patio interior. Nadia iba y venía buscando en un armario.

–Me temo que Bianca va a llegar menos blanca que cuando se fue... Nunca lleva paraguas. Es tan presumida...

–Motivos tiene para serlo. –Nadia me miró sonriente para agradecerme el elogio como si se lo dirigiera a ella misma–. Y, por si fuera poco, qué valiente es la tía.

–Eso es más cierto de lo que tú crees. Si un día te contara...

–Cuéntame ahora, entre los pucheros, donde decía santa Teresa que andaba también Dios.

–No, ahora tenemos que concentrarnos en organizar el

festín: estamos esperando a nuestros salvadores... Lo que ocurre es que no hay casi nada.

Y eso hicimos. Hasta que Nadia me pidió, algo más tarde de lo que yo había imaginado, que saliese de la cocina y no ayudase más.

–Por favor, por favor... Con tu ayuda tengo que estar a la defensiva.

Todo se complicó infinitamente más aún de lo que estaba. Hacía mucho que la tarde echó sus cierres y que se abrió la noche. Nadia, disimulando a la perfección sus nervios, se obligó a cenar para obligarme a mí. Lo hice a la fuerza, aunque ponderé, con buena educación, sus habilidades culinarias. Mi desasosiego se atenuó un poco ante su calma, creo que sólo aparente...

Pero de madrugada, cara a cara las dos, dentro de mí se produjo tal inquietud que me impedía casi respirar. Cerré los ojos. Era como si me invadiese una pesadilla pavorosa. De esas en que siempre surge algo más y más aterrador, y no puedes hacer nada por evitarlo como no sea despertar... Pero en esta ocasión, como no se trataba de un sueño verdadero, no cabía salir de él. Respiraba cada vez con mayor angustia y me oía respirar. Atravesaba campos enlodados y yermos, llenos de tumbas. Saltaba inverosímiles vallas que se transformaban en acantilados con un rugiente mar abajo, y el mar se transformaba en un pedregal erizado, y yo caía y me elevaba para ver con más fuerza, entre la lluvia y el espanto, entre aletazos de grandes aves... Se aceleraba mi respiración. Un peso insoportable me destrozaba el pecho... Tenía los ojos abiertos como platos y la sangre me caía a los pies, ante la mirada comprensiva de Nadia. Y oía su voz sabiendo que no me estaba hablando: «Cualquier tarea que emprendas confinará con la noche, que es la muerte. Y te despedirás con ella si la acabas... Y, si no la acabas, te despedirás de ella.

A no ser que la tarea sea infinita. Como ésta, como ésta... Vivir es sólo eso: llegar hasta la muerte... Ahora». Me sentía muerta de terror en las entrañas. Me dio un vuelco el estómago... Sólo una vez, en Lisboa, con LSD he tenido una experiencia tan desastrosa... Tuve que levantarme para vomitar. Nadia no hizo ni el menor comentario: sabía que no era una consecuencia de su cena. Desde el cuarto de baño la escuché.

–No me atrevo a telefonear a Bianca... Es horrible, pero no me atrevo. Temo que, si lo hago, empeoraré la situación que sea... y que tampoco me atrevo a imaginar.

Cuando volví, después de enjuagarme la boca, la encontré con la cabeza abatida entre las manos. Le besé el pelo. La sensación de limpieza y el discreto perfume, sin saber por qué, me obligaron a respirar con ritmo y sentí alivio.

–Creo que debemos esperar sin imaginar nada. Bianca y Aldo... –Comencé a decir, no sé por qué–. ¿Tú piensas que están juntos? ¿Por qué lo piensas? Ojalá fuera así.

Yo lo había dicho sin darme cuenta, pero me apunté velozmente a esa idea, que nos beneficiaba a todos.

–Bianca y Aldo. –Repetí una y otra vez sin cesar sin dejar de acariciarle el pelo–. Bianca y Aldo son demasiado fuertes. Convéncete.

No me creo capaz de reflejar en este papelajo todo el espanto que me sacudía. No cabría en él. Además prefiero no intentarlo. Me temblaban las manos. Sentía una tirantez dolorosa en las mandíbulas; una vez que me senté, fui ya incapaz de levantarme; tenía que permanecer con los ojos abiertos porque, si los cerraba, las visiones de muerte eran más explícitas y más irrevocables. Aun ahora, aun ahora...

No habíamos corrido las cortinas de las ventanas. Sólo quedaba encendida la luz del pequeño pasillo que daba a la cocina. La penumbra se había vuelto casi oscuridad total. Más tarde, no sé cuánto más tarde, empezó a clarear con una imperceptible lentitud. Ni Nadia ni yo hablábamos. Una tiniebla amortiguada, ni siquiera una luz incipiente, se posó sobre el alféizar de la ventana izquierda... Miré a Nadia, y me estaba mirando. ¿Qué había sucedido después de tantas horas? ¿Cómo habían pasado, tan largas, tan deprisa?

De pronto, sin motivo, nos erguimos las dos. Sé que el mínimo ruido que hizo, al abrirse, la puerta, vino luego. Yo creo que fue el segundo más largo de mi vida. En realidad, creo que mi vida entera cupo allí. Pensé, si es que a eso puede llamarse pensar, que me había pasado la vida reflexionando sobre la vida, imaginándola y escribiendo sobre ella en lugar de vivirla... Ahora estaba a punto de morir.

Cuando vi entrar, despacio, juntos, a Aldo y a Bianca, que era sostenida por él y cojeaba, supe lo que es la intensidad que se llama estar viva.

No sé cómo, si saltando o volando, nos encontramos abrazados, primero, Aldo y yo, y Nadia y Bianca. Luego los cuatro juntos, sin hablar. Por fin, Nadia y yo conseguimos llorar. Pero muy poco. De alegría, o no sé... En realidad, para llorar como es debido, se necesita alguien que te consuele. Hacía un minuto, ni Nadia ni yo estábamos para consuelos mutuos.

–¿Habéis cenado? –dijo de pronto Nadia estropeando intempestivamente la escena. Los cuatro rompimos a reír o algo así: eran los nervios sólo. Aldo y yo, mirándonos, comenzamos a hablar al mismo tiempo. Y al mismo tiempo nos detuvimos.

–Habla primero tú –dijo él con una claridad y una paz mayores que nunca en los ojos.

–Los teléfonos no eran tan vírgenes como tú creías.

–Suele pasar en estos casos. La virginidad es sólo una vana esperanza de los recién casados... ¿Te ha llamado alguien?

Le conté el bonito recado que había transmitido la voz anónima para él.

–Esta gente tiene armas invisibles. Quizá sean las peores... Más que nunca se hace necesaria ahora tu asistencia a esa cena.

–Ya está a medias concertada –intervino Nadia. Y luego Bianca, con una extraña excitación:

–Yo he visto vuestra ropa. Hay de todo y es una maravilla. Estuve a punto de encargarla, pero preferí que eligieseis vosotras... En realidad estuve a punto de traerla yo misma. –¿Fue un sollozo lo que no pudo evitar?–. Me gustaba tanto... Menos mal que no lo hice... –Se había vuelto hacia Aldo. ¿Le pedía que hablara? Él lo hizo:

–Sí, menos mal. –Hizo una pausa y nos miró despacio a mí y a Nadia–. Estando a punto de cerrar la última tienda, secuestraron a Bianca. –Se oyó caer el silencio lo mismo que un alud. Bianca levantó la barbilla con un gesto entre la soberbia y el desafío. Y sonrió. Le temblaron un poquito los labios. ¿Tenía manchada la cara de pintura? Fue cuando nos dimos cuenta de que algo le había sucedido. Por las marcas de su cara, por sus ropas... Nadia la estrechó contra su cuerpo como si tuviese más de dos brazos: cuatro o seis como mínimo. Yo miré a Aldo y abrí las manos como pidiendo una explicación–. Lo que yo he deducido es lo que os cuento, lo que voy a contaros. No tengo pruebas, ni las necesitamos. Eran dos *sgarriste*, dos soldados rasos, de la 'Ndrangheta, que debieron ser los custodios del *capo* que fue muerto en el Guetto... No custodiaron bien... Y ataron cabos, y los ataron mal. Probablemente fueron los mismos que se cargaron al alemán, al que Bianca acompañaba. La conocían de vista por lo tanto, y ella es inolvidable. Ser demasiado bonita tiene sus desventajas... –Se notaba que quería aligerar el mal trago–. Se habían quedado aquí para vengar la muerte de su jefe... Y la reconocieron cuando ella visitaba alguna tienda. Dedujeron que algo tenía que ver ella con este asunto. La siguieron... –Miró a Bianca con ufanía y ternura–. No se puede ser tan guapísima sin correr algún riesgo. La siguieron y aguardaron la hora de cerrar. Al salir ella de la última tienda, cuando ya oscurecía y apenas quedaba gente por la calle, la agarraron cada uno de un brazo. La mandaron callar con una pistola en la cintura... ¿Fue así?

–Así fue. El que iba a mi derecha... Sentí su arma contra mi costado. «Como grites o trates de escapar, aquí te acabas, preciosidad», me dijo al oído como si me piropease. No podía hacer nada. No podía resistirme. Me dejé llevar. No sabría decir ni dónde me llevaron... No lejos, no, no lejos... Por una callejuela transversal. No había nada... Me empujaban, me arrastraban casi. Mientras uno me encañonaba, abrió el otro una puerta pequeña como de servicio. Ya te lo he dicho, Aldo, parecía la entrada trasera de una casa importante... Cuando volvieron a cerrar la puerta, me di por muerta. –Hizo una pausa en que me di también por muerta yo–. «Tu gente se ha cargado a nuestro *capo.* Dinos nombres y dónde podemos encontrarlos. Por muy lejos que estén, están ya muertos.» El otro, más tranquilo, me preguntó si seguían en Venecia. «No sé de qué me estáis hablando... No os comprendo... Yo he salido de compras... ¿Quiénes sois? Yo soy una camarera de un bar de por aquí. No me hagáis daño, por Dios. No sé nada...» Pero lo cierto es que yo ya lo daba todo por perdido...

–Ellos no sabían que, en realidad, su vengador había sido yo. Yo los había vengado. Yo fui el que mató al de la Camorra que dio la orden de matar al otro.

–Lo que yo imaginaba –dije hundiéndome en él.

Nadia se había acercado a Bianca. Le besaba los golpes de los brazos, la acariciaba:

–¿No pudiste llamar la atención de nadie? ¿No pudiste pedir auxilio?

–Me habrían dado un tiro, Nadia. Aquí la gente no está por la labor de jugarse la vida.

–Ni aquí ni en ningún sitio. Pero además aquí no hay ni un coche para meterte dentro y que te secuestren sentada por lo menos... –explicó Aldo tratando de animarnos–. No hay taxis que tomar y decirle al taxista: «Siga a ese coche», como en las películas. En esta ciudad todo es más contundente que en el cine. –Me acerqué a él. Lo abracé levantando la cabeza para poder mirarlo más de cerca.

–Pero tú, ¿cómo te enteraste de lo que sucedía?

–Alguien me dio el aviso… Afortunadamente mi teléfono tampoco es virgen. Ese alguien, por otro alguien, se había enterado de algo y me lo dijo. Me cercioré de que la 'Ndrangheta tiene una especie de santa sede aquí. Entre Santo Tomé y San Rocco, la cuarta o quinta calle a la izquierda… No estaba seguro: un edificio que llega hasta el mismo Río de la Frescada… No podía equivocarme. Quiero decir que no tenía derecho, porque Bianca se jugaba la vida. Y tampoco podía tardar, porque la forma de tratar a la gente que tienen estos bestias…

Nadia continuaba mimando a Bianca, arrullando a Bianca. Las lágrimas le caían por la cara sin que se diera cuenta.

–Pero ¿qué te pasó? ¿Qué sentiste? ¿Tú qué pensabas?

–Nada, ¿qué iba a pensar, Nadia? Lo que tú estas pensando. Me vi flotando sobre el río…

–Qué cojones tiene esta niña, madre mía, joder –exclamé yo sin darme cuenta.

–Ya te lo dije, ya te lo había advertido –comentó, ensoberbecida, Nadia–. Y eso que yo no sabía qué estaba sucediendo mientras te lo decía… –Se le quebró la voz. Se volvió a Bianca. Le habló en un tono más íntimo–. ¿Qué te hicieron, mi amor?

–Unos cuantos tortazos… Nada que no esperara.

–¿No estabas asustada?

–¿Asustada? ¿Yo? ¿Por qué? Si me habían invitado a un baile de disfraces, ¿no te jode? –Nadia se cubrió la cara con las manos–. Mujer, traté de convencerlos de que no era la que ellos creían… «Mira, esos ojos no se repiten tanto» –dijo uno, y agregó–: «Hija de la gran puta».

Después de un segundo, saltó la pregunta que yo temía:

–¿Abusaron de ti? ¿Te violaron?

–No te pongas grandiosa, Nadia. Ni megalómana... Me amenazaron con todo lo que se puede amenazar... Me hice la débil, aunque no necesitaba para eso fingir mucho... Puse cara de no tener ni idea de quiénes eran.

–Pero tú lo sabías.

–Me lo figuré desde el principio. Trataba de calmarlos, de equivocarlos, de darles pistas falsas, yo qué sé, de confundirlos... Traté hasta de ofrecerles un rescate adecuado. ¿Qué será para esa gente un rescate adecuado? Yo era hija de un negociante con dinero... «¿Pero no eras camarera, cabrona, en qué quedamos?» «Hoy en Venecia trabaja todo el mundo, sea rico o no; las mujeres también. Las cosas han cambiado. Se ve que vosotros no sois de aquí...» Me gané una patada en el estómago.

Fue entonces cuando me di de veras cuenta de cómo estaba el vestido de Bianca: desgarrado por todas partes. Nadia se arrodilló ante ella, puso sobre su regazo la cabeza y se echó a llorar, ya no en silencio ahora. Aldo, con toda la razón, quiso ser útil una vez más, y preparó unas rayas.

–Ya era hora, so cerdo –le dijo Bianca mientras esnifaba dos–. Creí que no tenías. –Aldo se echó a reír.

–Perdón, pero te recuerdo que te has tomado tres mientras llegábamos. Cómo estaría ese cuerpo...

Yo casi lo sacudí:

–Pero ¿qué hiciste tú?

–No sé. Salí corriendo aún con el teléfono encendido. Sabía dónde iba, pero me equivoqué dos veces... Llamé a una puerta, y luego a otra... Me abrieron y deduje, por el aspecto de quienes abrieron, que allí no era. No fue difícil: uno era un hombre demasiado mayor; la otra, una cocinera, por el delantal, aunque con bastante bigote... La tercera puerta, desde ella se veía cabrillear el río, por mucho que llamé, por muy despacio que lo hice para no alarmar, no la abrió nadie... Había que exponerse. Di una buena patada, y entré en un pasillo *negro como boca de lobo*. –Me miró; sus párpados plisados le achinaban los ojos–. ¿No lo decís así? Al fondo, no muy lejos, escuché voces. Alguien se asomó en seguida al pasillo. Yo me había pegado a la pared en que la luz no daba: la luz que salía del cuarto. Y eso le impidió verme... Esperé un eterno minuto. Comprobé que eran dos los que hablaban. Una voz femenina, que parecía muy débil, se quejaba... Ya no podía permitirme ni un segundo más para dudar. Al final del pasillo, a la derecha... La oscuridad había vuelto. Abrí de un empujón con el hombro. La cosa no estaba para investigar si había o no picaporte. Supe que era Bianca quien estaba recostada en un camastro... –Me miraba aún a mí. Pero ya no le sonreían los ojos, insondables ahora–. No podía hacer más que lo que hice. –¿Se excusaba?– tuve que usar una pistola. Y con silenciador. Los disparos sonaron como truenos, o así me pareció... –Se encogió de hombros. Continuaba mirándome como para subrayar su explicación–. Esa gentuza no merecía otra cosa. Cayeron. Muertos o no, cayeron... Bianca se lanzó de un salto hacia mí y se refugió abrazándome sin decir ni una sola palabra. Salimos... Esta vez cerré la puerta con un pestillo chico que antes no había visto. Avanzamos hacia la salida de la calle. No hubo movimiento ninguno. Ni en el pasillo ni dentro, ni tampoco fuera. Aquellos miserables tenían su merecido. Por fin... Cuándo los encontrarán ni quiénes, no lo sé...

Bianca, con un asomo de malicia en la voz y muy mala intención, concluyó el relato:

–Uno de ellos no estaba nada mal... El otro era un *desecho de tienta* –me miró–. ¿No lo decís así?

Nadia preguntó estremecida.

–Entonces, ¿te violaron?

–Qué grandilocuente eres, hija... Estábamos en ello cuando apareció Aldo... –La sacudió por los hombros y gritó–. Lo que importa es que ahora estoy aquí. *¡Vivita y coleando!*

Me miró. Yo me mordí los labios y moví de un lado a otro

la cabeza: no encontré mejor forma de manifestar mi admiración:

–Vivita y coleando, qué castiza eres. Olé tus huevos, niña. –La abracé con todas mis fuerzas. Tuve la impresión de que le hacía un poco de daño: *llovía sobre mojado*, otra frase hecha–. Perdona, bonita –le murmuré al oído–: en el fondo, te envidio... Eso sí que es vivir la vida, no inventársela. –Nadia había salido y volvió con unos vasos, whisky, hielo y agua–. El mío, con Coca-Cola.

–Pues ve tú a buscártela.

Me sustituyó junto a Bianca. Aldo estaba alegre, o por lo menos lo aparentaba, y guapísimo de la muerte. Tardé un segundo en regresar. Levantamos los vasos y brindamos. Todos sabíamos por qué.

–Antes de que estas mujeronas se vayan a descansar –ya entraba la luz, aún de puntillas, por las ventanas–, que bien se lo merecen, tengo que deciros un par de cosas. Como escribiría nuestra novelista, *se han desencadenado los acontecimientos.* –Yo me hice la ofendida.

–Ni soy novelista, ni os merecéis salir jamás en ninguna novela, ni se me ocurriría escribir esa frase en mi vida.

Aldo frunció los labios en un beso y continuó.

–En tres días tenemos que aclarar algunas cosas todavía en penumbra. En la madrugada siguiente a tu cena en el Lido, daré una nota a los medios de comunicación, relatándolo todo. Y adjuntaré unas ilustraciones fehacientes: las fotografías por las que me amenazan. *Se descubrirá enterito el pastel.* –Me sonrió–. Hoy estamos hablando con frases de tu tierra, ¡viva España! –Ahora fui yo la que frunció los labios y le soplé un beso–. Hasta entonces, tendremos que sobrevivir como podamos. Nadia, tú y Deyanira tenéis ya reservada la suite en el Danieli. Desde mañana mismo. Y llegaré, o eso espero, en la madrugada de la noche de la cena. Me gustaría compartir contigo –me acechaban sus ojos con un brillo entre la guasa y el deseo– una noche de lujo: creo que nos la merecemos.

–¿Y qué será de Bianca?

–No le conviene que la asocien ni con vosotras ni conmigo.

–Pero casi todos saben que somos íntimas amigas.

–Es que a ti ahora tampoco te conviene insistir sobre eso... Esa misma mañana saldremos los cuatro de Venecia. Rumbo desconocido. Hay que darle un descanso a la gente. El carnaval está ahí: eso los distraerá.

Nadia insistió:

–¿Pero hasta entonces, Bianca...? Aquí sola...

–Bianca se quedará en la discoteca. El encargado es buen amigo mío. Y suyo.

–¿Será un sitio seguro?

–Las oficinas, sí. Tampoco va a actuar de *stripper*... Que no os llame ella a vosotras al hotel; siempre la llamaréis vosotras a ella. Yo estaré muy pendiente, no te preocupes... Quizá incluso estaré allí mismo: ya veré. La noche de la junta general en el Danieli, la llevaré conmigo y con una maleta. Vosotras dos llevaos el equipaje que creáis necesario. Pero tampoco tratéis de conectar conmigo. Si tengo algo repentino o urgente que comunicaros telefonearé yo. Diré que soy, perdón, Deyanira, tu marido Gabriel Roelas. Total, por unas cuantas veces...

–¿Nada más? Yo tenía otros proyectos...

Le guiñé. Aldo puso la mano sobre mi hombro, y se dirigió a las chicas:

–Tú, Bianca, dile a Nadia a qué tienda deberán ir mañana a vestirse de reinas... Y ahora, para terminar con las frases hechas españolas, *cada mochuelo a su olivo.*

–Tú debes de haber blanqueado más dinero en Marbella de lo que yo pensaba, sinvergüenza: qué perfección de idioma... ¿Cuál es tu olivo, búho?

No sé de qué manera volvió todo a su ser. Ésa era la principal virtud de Aldo: serenar. Los cuatro, aunque cada uno *con su alma en su almario* (carajo, otra frasecita), sonreímos.

Las muchachas, después de besarnos entre suspiros bastante comprensibles, salieron al rellano y las vimos entrar en el apartamento de enfrente.

–Hoy, ya no puedo decir esta noche siquiera –la luz se reflejaba contra los cristales de las ventanas que Aldo cubrió con las cortinas, bastante cutres por cierto–, hoy seré incapaz de hacer sexo contigo, Aldo... He estado todo el día en un ay, tan aterrada, y ahora tan aturdida... Un exceso de emociones para una pobre y recatada vieja... –Sin que yo viera cómo, él ya se había desnudado. Desde su altura, brillándole los ojos como dos flores de achicoria al sol, me observaba muy serio, indagaba en mí–. No me mires, por favor. No me gusta que me miren cuando estoy desnudándome. Yo lo hago como todo el mundo; tú, aprietas un resorte y se te cae la ropa y se te levanta la alabarda.

–Has dicho que te miren: ¿así, en plural?

Apenas se acercó y yo estaba vencida. En lugar de la paz, pedía la guerra:

–¿Por qué no me ayudas a desnudarme tú? Con tu experiencia... –Comenzó a hacerlo–. Me haces pasar unos días terribles.

–¿En qué sentido? –Me provocaba.

–En el peor.

–¿Y las noches?

–También.

–¿En qué sentido? –me susurró en la boca. Yo ya me había metido debajo del cobertor, y tiré de él, digo del cobertor, hasta mi barbilla. Aldo se tendió al lado mío: Dios, cuánta hermosura junta.

–¿En qué sentido? –repitió a mi oído–. ¿En qué sentido?, di.

–Sólo quiero que me abraces. Acurrucarme junto a ti y que me contagies tu serenidad. Que me des paz... Estoy temblando. –Me vino al recuerdo otro día, en la Giudecca, en que también temblaba.

Me abrazó con más miramiento que nunca. Sus manos, como las de un taumaturgo, me dieron lo que acababa de pedirle. Dejé de temblar. Y sentí la dureza de Aldo contra mi cadera. Respiré, o suspiré. Se crisparon mis pechos. Mi pelvis fue en busca de la suya. Su lengua entró en mi boca con una autoridad no mucho más suave que la que empleó él para entrar en el cuartucho de San Rocco... ¿Qué podía oponer yo a invasión semejante?

–Esto te calmará –murmuró al oído– más que cualquier palabra. Estoy aquí. Contigo. –Tomó mi mano y la llevó a su polla–. ¿Lo ves? Soy yo. ¿Me reconoces? Y te quiero: en tu mano tienes la prueba... Hoy me merezco todo lo que me des.

Y yo se lo di todo. ¿Qué iba a hacer? ¿Cabía otra posibilidad? Como nunca. Es decir, como siempre.

Después me adormilé. Aún no había salido Aldo de mí, y me quedé dormida. Misteriosamente soñé la misma pesadilla que había tenido despierta hace unas horas. Todo era en ella dolor y más dolor, despeñamiento y muerte... Grité. No sé si grité para despertarme o me despertó el grito... La proximidad de Aldo, tan poderosa, tan convincente, tan sosegadora, sin necesidad de una sola palabra, me persuadió de que nada sucedía, de que estaba en mi casa, de que había llegado ya donde se me esperaba, de que estaba bien todo... De que todo estaba como debía estar y donde debía estar. Como un relámpago que huye, cruzó por mi mente la imagen de Irene Lyttra intimidándome...

Cuando me desperté de nuevo, Aldo salía de la ducha. Desnudo, claro. ¿Qué podía yo hacer contra ese disparate?

–Tardo minuto y medio en ducharme.

Él me detuvo contra la cama: parecía sólo un gesto y era una orden divina:

–No es preciso.

–¿Te vas? ¿Ya?

–No sin darte los buenos días. –Se tumbó sobre mí después de descubrirme y con un leve movimiento de su cuerpo me colocó sobre él–. El agua estaba tibia. Y tú también... –Sentí su aliento en mi oreja. Tiró de mí hacia arriba como si fuese lo mismo que una pluma, sin esfuerzo ninguno. Me besó en la boca sin ninguna prisa. Luego me hizo girar–. ¿Está tu colmena llena de miel? –Posó su mano en mi sexo, lo abrió, sus labios dialogaron con mis labios secretos, me sentí acariciada hasta el alma... Mi boca dialogó con su sexo:

–Sí, y tu vara de nardo ya está en flor y perfuma.

Pensé: «Qué cursi soy, quién me lo iba a decir». Pero ya no importaba. Me halagaba sin palabras su lengua en el rincón más mío. El olor de su nardo me salpicó la frente. Lo bebí a grandes sorbos... Somos ingenuos cuando opinamos de un polvo que ha sido insuperable.

Voraz y ahíta, sin abrir los ojos, oyéndole moverse, imaginando el roce de las telas con su cuerpo, envidiando ese roce, me quejaba con un tono infantil:

–¿Cuándo llegará el día en que, a media mañana, pueda traerte un desayuno, surtido y abundante, a la cama o a una mesa muy próxima, y te diga: «Aldo, arriba, vago, a desayunar», y podamos tomarnos una taza grande de café con leche, como una pareja de burgueses bien avenidos, y un trozo de ensaimada mallorquina por ejemplo, o un cruasán bien crujiente...? ¿Tú tomas pomelo o zumo de naranja? No, tú tomarás papaya, como si lo viera... Así funciona todo... Toda mi vida la reduciría a hacer cada mañana un desayuno para dos...

Abrí los ojos. Aldo se había ido ya.

La última boutique en la que Bianca estuvo se veía entera desde la calle. Nadia y yo nos miramos extrañadas. Pensábamos lo mismo: aquello era un cuchitril, aunque bien ordenado y vestido de gala. En las paredes, unos nichos rectangulares exhibían elegantes accesorios. Al fondo, bajo el hueco de una escalera casi vertical y mínima, un mostrador mínimo también, de cristal y alargado, con joyas y collares de Murano. En el local cabríamos, sin excesiva holgura, nosotras dos, una señora joven con indiferente aspecto de dueña, y otra más joven, con el de dependienta.

Entramos sin muchas perspectivas de encontrar lo que buscábamos. Quizá Bianca no estaba para dar direcciones: ¿se había equivocado? Tampoco parecía que aquella tienda gozara de una exagerada clientela. Al principio, dudamos.

–¿Qué te parece? ¿Entramos? –La total discreción de aquel lugar empezó a seducirme.

–Sí, ¿por qué no? Yo confío en Bianca para estos menesteres.

–Yo confiaría en ella, si fuese tú, para todos.

Nos saludó la dueña:

–¿Son ustedes las señoras que hace un par de días nos anunció una amiga? –No esperó la respuesta–. Síganme, por favor.

Subimos por la estricta escalera. La planta a que accedimos era extensa, de suelo y techo blancos, vacía, salvo dos sillones blancos también de un simple e implacable diseño. Las paredes, cubiertas del todo con espejos. Los que cubrían la de la derecha eran corredizos. Ocultaban un espléndido ropero. Nadia y yo volvimos a mirarnos con gesto aprobatorio.

–Deseaban dos vestidos de noche, ¿no es verdad? Echen una ojeada, una primera ojeada, a ver si encuentran algo de su gusto.

Cuando el espejo terminó de deslizarse a la izquierda, dejó ver una veintena de trajes largos hechos de telas ricas: damascos, tisúes, glasés, moarés, gruesas sedas lisas o bordadas… Parecía el vestidor del harén de un sultán. Casi tuvimos que parpadear, como si nos cegase tal riqueza, iluminada desde arriba. Se hizo un silencio de curiosidad. Apenas había pasado un minuto cuando yo di un paso hacia adelante, alargué la mano y señalé un vestido que, a primera vista, parecía el más sencillo. Colgaba de una percha enguatada y plateada. La dueña, con cuidado, como si se tratara de una alhaja, lo descolgó sonriendo.

–Una vista certera y rápida, señora… ¿Puedo preguntarle por qué se ha decidido tan deprisa?

–¿Puedo preguntarle yo por qué sabe que me he decidido?

–Tiene usted una mano derecha demasiado expresiva: no induce a confusión.

Yo sonreí para corresponder a su sonrisa.

–Me decidió el color. Es exactamente el de la flor de la achicoria silvestre.

–Nunca he visto una clienta como usted. Ni el color del vestido ni su rapidez al elegirlo son nada frecuentes… Ojalá le esté bien. Hablo de las medidas. Al color de su piel le va, por descontado.

–También lo espero yo… Es un color que me llena la cabeza de recuerdos y me trae buena suerte.

–¿Lo probamos entonces?

Era un tejido de seda espesa. Su caída y los pliegues que formaban no requerían ningún adorno; más bien lo rechazaban. No tenía mangas. Sólo un enorme escote de barco. Pensé si no sería para mi cuerpo, del que de pronto me avergonzaba, demasiado barco. Me volví hacia Nadia y le pregunté en español con voz desalentada:

–¿Me ves tú a mí con estas escaseces superiores?

–Pues claro que te veo y te veré más todavía. –Se rió la muy sinvergüenza–. Cuando una mujer tiene tu experiencia y tu olfato, no se equivoca nunca al elegir. Cuando además tiene tu cuerpo.

La dueña, que dijo llamarse Claudia Aldobrandi, me acompañó a un pequeño probador, cuya puertecita, también cubierta de espejo, estaba entre la desembocadura de la escalera y el ropero. Me ayudó, sin un gesto de más, a desvestirme. Yo llevaba un traje de chaqueta gris en todos los sentidos. Ella, con una acostumbrada soltura, recogió el elegante y sucinto vestido achicoria, y lo pasó, sin rozarme el pelo, por mi cabeza.

–Cierre ahora los ojos, hágame el favor. –Durante unos instantes, muy pocos, colocó, alisó, plegó, prendió algo en la cintura–. Ábralos ya.

Yo habría dicho que aquello que tenía delante de mis narices no era un espejo que me reflejaba, sino un cuadro en que un pintor de Corte había retratado a una dama desconocida para mí y suntuosa. Que conste que no me gusta nada presumir, y no lo hago. El milagro se reducía a la tela: a la calidad, al corte y al color de la tela. Y a un pequeño pliegue, a la izquierda de la cintura, que se abría al caer y acababa descansando en el suelo. Los brazos y los hombros al aire y el pecho entero a punto de estarlo no desentonaban del majestuoso conjunto. Estaba abstraída, pero oí a la dueña:

–Tiene usted y lo sabe, señora, una percha perfecta... Yo no me atrevería, después de verla, a ofrecerle otra *robe*.

Acaricié, emocionada por el contraste con un pasado del que no hablaría, la seda que brillaba sutilmente, con la misma exquisita timidez de la flor cuyo matiz llevaba. Comprendí que, como algunas otras cosas, aquel traje me había estado esperando. Sólo pensé por qué no lo habría encontrado mucho antes. Quizá no me lo merecía. Giré despacio.

–Este vestido, permítame que la llame amiga mía, nadie se lo ha probado antes que usted. Es usted quien lo estrena. Rigurosamente. Más aún, es usted la primera señora que se ha fijado en él.

–Le juro que la creo –murmuré en voz muy baja.

Salimos al salón donde aguardaba Nadia, de espaldas, inspeccionando otras maravillas, segura yo de que ninguna se parecía a la que llevaba yo ya puesta. Avancé por el espacio blanco y vacío que los enormes espejos ampliaban. Y me acerqué muy despacio a ella, que se había vuelto ya... Vi cómo se llevaba una mano a la boca; vi sus ojos sorprendidos y luego, al mover la cabeza, su admiración. Abrió los brazos con los dedos de las dos manos juntos, a la italiana, en un gesto que todo lo decía. Después, sorprendentemente, rompió a aplaudir. Yo saludé lo mismo que una diva. Me eché a reír:

–Qué tonta eres.

Veía en el espejo a la dueña con los brazos cruzados, aprobar satisfecha.

–Quizá sea pasarme de mis atribuciones: no tengo ninguna y es usted la que ordena... Pero para este vestido, llevado por usted, no puedo recomendarle nada que lo enmascare ni lo oculte; sólo algo que lo subraye al descubrirlo... Tengo una estola violeta, ligeramente bordada en plata, muy, muy, muy larga... Y zapatos y bolso de noche plateados... Pruébeselos... ¿Tiene usted un sencillo broche, también de plata, para el pelo?

–No tengo nada. No venía a Venecia para lucirme sino para llorar.

Claudia Aldobrandi no pudo evitar un gesto demasiado cortés y quizá incrédulo.

–Su forma de llorar es la más hermosa que haya visto en mi vida. Lo que voy a decir no le va a parecer muy veneciano... La señorita que vino a anunciar su visita me advirtió quién era usted. Me alegro de tenerla en mi menuda tienda, y le ofrezco un simple broche mío de plata con dos amatistas. Es un peine también mínimo, como todo lo mío. Apenas tiene valor, sólo el sentimental: por eso se lo ofrezco.

–Pero me iré de la ciudad después, casi inmediatamente después, de una cena en el Lido. No podré devolvérselo...

–Si te gustase –intervino Nadia, muy en secretaria–, sí. Podría dejárselo en la conserjería del Danieli. A su nombre, señora Aldobrandi.

–De acuerdo, muchas gracias. Mientras usted elige lo que sea de su gusto –hablaba con Nadia–, buscaré la estola de la señora Alarcón... Deyanira, ¿no es eso? Y el resto de su vestuario. –Miró mis zapatos. Me avergoncé de ellos–. Espero acertar con el número de sus sandalias de plata.

–Me hace usted sentir la *Cenerentola.*

–En el Danieli usted será recibida como una Dogaresa morena.

Cuando salió, yo, que reconozco no ser muy femenina en estas lides, me dirigí muy seria y muy directa a Nadia:

–¿Te gusta de verdad?

–Te lo juro por Bianca.

Le di un beso, cosa a la que ella ni yo parecemos propensas, pero lo somos.

–¿Has elegido algo?

–Esperaba que tú me aconsejases. Ahora, después de verte, sé que he hecho lo mejor.

Me dirigí al ropero. Eché una ojeada a la parte ya abierta. Descorrí la otra mitad. Fui pasando uno a uno los vestidos de noche. Buscaba algo concreto para Nadia: algo que la alegrara.

–Mira éste –dije, y señalé uno–: es verde Lido. Adamascado. Puede resultar muy oportuno como homenaje al sitio. En el caso de que te siente bien...

Lo descolgué. Tenía un vago aire de feria de Sevilla aristocrática: escote en pico, dos escuetos volantes en cada manga y otros dos en el bajo de la falda. Llevado con garbo, quedaría muy joven, muy gracioso. No le cubriría del todo los tobillos, al contrario del mío, que arrastraba un poco. «Era la secretaria, al fin y al cabo.» La ayudé a ponérselo en el probador. Noté que le gustaba. Y a mí, también.

–Nunca he conocido a dos mujeres menos latosas y más rápidas. –Era Carla Aldobrandi, que subía con los accesorios.

–¿Pero acertadas? –Pregunté yo.

–Por completo. Les doy mi palabra. La señorita está tan seductora con ese traje… Nada de abrigo para él. Creo poder recomendarle lo perfecto: una capa con capucha muy grande de terciopelo verde botella. El mismo color de los zapatos y del bolso.

Yo, contenta sin saber bien por qué, dije:

–Así seremos *Cappuccetto y Cenerentola.* –Claudia no reprimió una risa–. Una noche de cuento… Caperucita y Cenicienta.

–¿Tiene usted ya su príncipe, y usted tiene su lobo?

–Más o menos. –Reí–. Si ella no encuentra al lobo, por lo menos tendrá asegurada su abuelita: soy yo.

Las tres nos reímos de todo corazón.

Nadia y yo habíamos olvidado, de momento, que, como dijo Aldo, los acontecimientos se desencadenaban. Sin embargo, yo estaba tan gozosa de mi traje de color de achicoria, que me dije mientras lo acariciaba: «Ya era hora, joder».

El Danieli está, como diría un periodista al uso, estratégicamente situado. O sea, una vez más Aldo había elegido bien. En este caso no estoy pensando en mí. Aunque parezca inverosímil.

No lejos del palacio de los Dogos, cosa que a mí me traía sin cuidado, pero también frente a la Laguna, y con un embarcadero que permitiría que nos recogieran y nos devolvieran antes y después del acto litúrgico de la santa cena. No sé por qué pensaba en la *Última Cena*, y me entraba la risa. Una falta de respeto más a la que toda mi vida he sido aficionada.

El hotel, como tal, funciona bastante bien. Aunque sospecho que, en plena temporada, tiene que resultar agobiante, cosa que muy probablemente lo hace más caro todavía. En cuanto a lo de las estrellas, cinco en este caso, ya se sabe: por estrellarse que no quede. La decoración, como la de todos los hoteles ricos de este mundo, es muy ostentosa y bastante horrenda, quiero decir excesiva. Da la impresión de que el decorador ha querido tirar la casa por la ventana. Y, si te fijas, a ti te dan también ganas de volverla a tirar. En realidad, lo mejor de los hoteles es que pasas en ellos poco tiempo. En otro caso, tendrías que adaptarlos a ti, lo que sería un esfuerzo agotador y no te dejaría mirar fuera, que es por donde la vida se pasea.

La mayor ventaja del Danieli, en mi circunstancia, son sus dimensiones. Con casi 250 cuartos es difícil prestar con minuciosidad la debida atención, pero también prestarla con minuciosidad a la vida y milagros de cada uno de los huéspedes. Y eso, en nuestro caso, es fundamental. Como supongo que lo es, para los propietarios, el haber superado el quiero y no puedo de tantísimos hoteles con el quiero y puedo del suyo. Aunque a veces se pasaran un tanto en el quiero, en el puedo y en los oropeles.

Nadia ha llamado, quizá con excesiva frecuencia, pero con toda mi comprensión, a Bianca. Fue lo primero que hizo cuando volvimos de elegir los vestidos. La oí desde mi cuarto, y me hizo reír aunque no tenía ganas. Era como una niña el día de sus *quince años*, esa fiesta que celebran en Sudamérica; bueno, no sólo allí. A Bianca, tan aburrida en aquella parte de la discoteca, sin música y sin gente, que es para lo que una discoteca sirve sólo, supongo que la distraen las llamadas y las agradece... Sobre todo, las amables de Nadia dándole la enhorabuena y las gracias por haber elegido aquella tienda, que se llama Aldobrandi como la dueña, para nuestras extraordinarias comprillas.

–Deyanira –decía– nos ha estado engañando, Bianca.

Aquí ha venido disfrazada de pobre. En España debe ser una fulana de categoría. La puntería que ha demostrado al elegir su ropa y la mía es que te cagas. Ven pronto. Estoy deseando que me veas... Ya sé que a ti te caería mi traje mucho mejor que a mí... Ya lo sabes, contigo no quiero competencias... Sí, que te caería y que te caerá, porque pienso ponérmelo una vez y no más... Es tuyo, claro que es tuyo. Ya verás qué maravilla. Creo que Deyanira y yo hemos acertado... Sospecho de las malas intenciones suyas, porque el vestido mío tiene mucho que ver con tus ojos... Sí, ya sé que tus ojos te sirven para ver, pero también para que los disfrutemos... No, no te adelanto nada... Ni bonito ni feo ni nada: se acabó... ¿Cómo lo estás pasando? ¿Qué tal andas de tus moretones, amor mío? Por lo menos, no me lo digas: si no fueras tan guapa de morir, no te hubieran toqueteado tanto... Sí, en eso tienes razón: te hubieran dado un tiro y santas pascuas... ¿Cómo que tienes un gatito? ¿Romano? Qué gracioso; claro que te quiere, no tiene mérito ninguno, todo el mundo te quiere. Pero no todos como yo... Te dejo, voy a ver si Deya quiere algo... No, la infeliz, no: nada exigente. Mujer, echa de menos a quien tú sabes... Ella se distrae con sus libros, con sus puercos cuadernos, esos que llama de agua. Y escribe; ahora mismo estaba escribiendo... Dale un beso al gatito, y luego mírate tú al espejo y date el beso más gordo en mi nombre... Donde tú sabes, no te hagas la tonta... Bueno, pues si no te llegas con la boca, llégate con el dedo besado de antemano. *Ciao.*

Oyéndola hablar y viéndola volver luego con los ojos húmedos, después de fingir buen humor por teléfono, recordaba la letra de una canción muy bella, que hace poco escuché: «*La lontananza sai è come il vento, che spegne l'amore piccolo e accende quello grande...*».

Cuando se me ha acercado ahora mismo, he cubierto en broma esta miserable libreta escolar con la mano como para evitar que la leyera, y le he dado un beso. Ella me ha comprendido y ha hecho un puchero, cono una niña chica. Y a la vez sonreía. Estoy segura de que soy una pobre discapacitada: ahora me ha dado por querer a todo el mundo. Menos a los de la cena de esta noche, claro.

En todo caso continúo pensando que la vida es una sucesión de fracasos. Por eso, cuando viene con un éxito o te entrega un regalo, hay que bebérsela de un sorbo.

Por lo visto, es la hora de empezar a vestirse. A decorarse, diría yo. Es la única vez que la primera actriz –esta noche lo soy– va a presentarse ante su público con todo el decorado puesto encima. Qué trabajera...

Me he acordado de que en cierta ocasión escribí: «Sólo puedo elegir entre lo que no tengo», y he estado a punto de hacer pucheros como Nadia. Si seré tarada... Ahora precisamente que lo tengo todo: un amor que me invade, que me hace vivir y me aniquila, y hasta un espléndido traje del color que me protege. Aunque sea sólo para que él me lo quite. Qué bien va a salir todo.

Le he pedido, por si las moscas, a Nadia, que nos prepare unas rayitas. No dejo de admirar cuánta maña se da y qué pulso tan bueno. El otro día me regaló Aldo un esnifador muy cómodo y muy práctico.

–Es de acero inoxidable, ¿verdad? –le pregunté.

–No, es de calamina. De vez en cuando, límpialo... Y límpiate ahora las narices también. No, mejor deja que te las limpie yo.

Me las lamió porque tenía algo de polvo en ellas. *Mambrú*, mi perrillo, me las lamía así... De todas formas, nunca habría dicho yo que la calamina tenía este aspecto. Siempre se aprende algo. Hasta drogándose.

Nos hemos duchado. Nos hemos maquillado. Nos hemos puesto ropa interior limpia. Y nos hemos revestido como los curas que van a decir misa.

–¿Estás ya, Nadia?

–Más o menos... ¿Quieres que te eche una mano?

–Depende de adónde.

Hablábamos a voces, de su cuarto al mío. Me ha dado apuro, no nos fueran a oír. Aunque aquí se nos respeta, quizá en exceso. Quien haya encargado la reserva, y anunciado la cena-homenaje, ha debido de ser muy expresivo. Me asegura Nadia que mi nombre impone mucho… ¿Con qué intención creerá la ingenua que me lo puse yo? ¿Dónde iba llamándome Asun Moreno Morales? Si hubiera sido Asumpta por lo menos… Qué duro es nuestro idioma: Concceta, Concepción; Anunciatta, Anunciación, y todo por el estilo… Una conocida mía de Granada tenía a su servicio dos doncellas, Angustias y Martirio. «Menos mal», decía, «que la cocinera se llama Consuelo.» Aquí sería Consolazione, supongo, que dura un poco más.

Veo entrar a Nadia entre sus verdes. La *Cappuccetto* viene deslumbrante. ¿A que le va a fastidiar el *show* a su señora?

Qué pesadita se me ha hecho la cena. Yo me temía una murga, pero ha sido peor: el punto de mira era yo, y también la diana. Lo cierto es que pensaba que, en cualquier momento, se iban a poner todos a tirar al blanco. Nadia, que estaba frente a mí en una mesa muy larga y muy estrecha, me decía que sí con la cabeza. No sé a qué venían las afirmaciones. Supongo que con el fin de animarme. Y el caso es que yo estaba animada, pero harta, desde el primer minuto, deseando volver. Hasta el peor hotel del mundo, hasta la peor posada puede transformarse en tu casa si se te espera allí o si tú tienes que esperar allí a alguien.

Ahora todo ha acabado. Para llenar el desierto que supone la ausencia de Aldo y Bianca, me pongo a escribir esto como quien se refugia en un oasis. Un oasis que no es ya, por fin, un espejismo.

Vinieron a buscarnos en un vaporetto pequeño y entoldado. El señor Buonatesta, al que ya no sabía si llamar Arrigo a Ambiguo, y alguien, el señor Donatti, de la municipalidad o cosa así.

El trayecto fue corto. Yo pensaba, entre sonrisa y sonrisa, que, si aquello naufragaba, Nadia y yo nos quedaríamos flotando con los trajes de gala. Por lo menos hasta que se empaparan. Porque entonces sí que no nos salvarían ni la paz ni la caridad.

–He oído hablar tanto de usted... –comenzó a decir Donatti nada más presentarnos.

–Espero que no tenga usted demasiado buen oído: no siempre lo que se dice es halagüeño.

Lo de halagüeño se lo tradujo Nadia. Yo tropecé con la mirada del Buonatesta, que fue terrible. Me imagino que les tenía miedo a mis gracietas. Por si acaso, traté de tranquilizarlo con una sonrisilla. Que le había impactado con mi cambio de ropa era evidente: no quería fastidiarlo todo ahora jugando a la ingeniosa. Hice el firme propósito de hacerme la tonta, pero es que no me sale. Y menos esta noche... En cualquier caso, él no perdió el tiempo:

–¿Trae usted algo para nosotros, Deyanira? ¿Recuerda lo que al final hablamos?

–La noche es larga, Buonatesta. Y una noche como la de hoy merece celebrarse.

–¿Luego tendremos algún pretexto especial para celebrarla?

–¿Le parezco yo poco? –dije coqueteando.

–¿A cuerpo limpio, o con algún recado encima?

–Descuide: siempre me ducho antes de acicalarme. –Bajé la voz, como si se lo reprochara–. No se preocupe más... ¿Qué pensará Donatti?

–Exactamente igual que yo.

Nos esperaban en el embarcadero del hotel o del restaurante de la cena un grupo mayor de lo que imaginaba. Señores vestidos como nuestros dos acompañantes, con esmóquines negros y pajaritas no siempre de ese color, y sus respectivas mujeres o parejas: no todas maravillosas, claro está, pero sí todas más alhajadas que nosotras. Yo iba sencillamente con el cuello en pompa (y muchísimo más que el cuello, según comprobé por las miradas de unos y otras), las orejas y los dedos sin ningún aderezo... No sé por qué, me asaltó una preocupación: el broche prestado por la Aldobrandi, que me recogía el pelo en un moño alto para exhibir la nuca (la tengo bonita según dicen; nunca he conseguido vérmela como *Giovannin senza paura*, y mira que me he empeñado), debería haber tenido aguamarinas en lugar de amatistas. No me acuerdo si la amatista tiene o no buena suerte, pero algo tiene. Puede que sea benéfica, porque una vez, con motivo de un premio, o quizá era ése el premio, me dieron una geoda con ellas. ¿O no eran amatistas y eran cuarzos violetas? Ahora no estoy para puntualizar... Quizá haya bebido demasiado para no venirme a menos. Cuando hay gente delante que sé que no me quiere, desconfío de mí. Es decir, desconfío casi siempre que no está Aldo...

Lo que sí puedo decir, con total certidumbre, es que no me enteré de quién era nadie ni de lo que pintaba en el evento... Evento, qué categoría le da a todo ese término. Y más que a nada, a una cena interminable... Estuve tan gentil y educada con todos... Y pronuncié tan mal el italiano, que en lugar de parecer que cantaba ópera como ellos, parecía haber descendido a la opereta, o a la pura zarzuela: de mariscos, y quizá no muy frescos. Pero comprobé casi en seguida que de ese modo les hacía más gracia. Los italianos prefieren que los otros sean más tontos que ellos: si los ven superiores, los compadecen desde demasiado arriba. A los tontitos, pobres, los ayudan: eso los ratifica en la excelente opinión en que se autoconfirman. (Menos mal que Aldo no leerá nunca esto: yo quedaría como la Perejila. Por eso añadiré que los españoles nos parecemos, en este punto, a ellos como un huevo a otro huevo. En qué huevos estaré yo pensando...)

Creo que tengo tiempo, y me divierte, contar quién era el personaje de la Perejila. Se trataba de una de las niñas de la casa de la Pichichi, por buen nombre señorita Conchita, en cierta capital andaluza que amo y que enseñaré a Aldo en cuanto pueda. Todo en aquella casa de lenocinio –otra palabra, como evento, que me hace mucha gracia– era disparatado. Un día, las niñas, entre pañitos higiénicos y otras marranadas parecidas, atascaron el retrete común (o el *excusado*, que también tiene chispa). La señorita Conchita llamó a un fontanero, cuyo taller estaba en la acera de enfrente.

–Lopera –le dijo–, las niñas me han atascado otra vez el *vaterclós*. Échale un vistazo y dime cuánto costará arreglarlo.

Eso pasó hace muchísimos años, más de los que yo tengo, que hoy no son tantos.

Y, para colmo, Lopera el fontanero hablaba bajito, despacio y tartamudeando. O sea, lo contrario de la dueña del cotarro: pizpireta, parlanchina y novia de un ingeniero conocido. Había entonces (parece que me estoy liando) un bar muy conocido llamado Dunia, donde iba la gente bien –bueno, vamos a decir la gente joven– de la ciudad. La señorita había quedado allí con su novio el ingeniero. Le había mandado su coche a la puerta de la casa a recogerla; porque la señorita Conchita, en el fondo, era una señora. Y allí estaba, aparcado frente a la entrada del bar *collet monté*, con la ancha acera plagada de mesas con ciudadanos *collet montés* también, o relativamente. Y se corrió la voz de que la Pichichi esperaba a su novio. Muchos corrieron a meter las napias, ya que no podían meter otra cosa, por la ventanilla. El cristal estaba bajado porque hacía calor. La Pichichi lo subió con la manija olfateando el peligro, y se recostó como una novia mora. Pero llegó un momento en que, hasta el coño de ver caras que se empujaban unas a otras para verla lo más cerca posible, bajó de un manotazo el cristal, sacó un poquito la cabeza, y chilló:

–Qué os pasa, maricones. ¿Es que no habéis visto nunca una puta en coche?

El ingeniero no se atrevió a salir, y la señorita Conchita se fue a su casa o lupanar, harta de ser un espectáculo gratuito.

Pues era ésta la que hablaba con el infeliz fontanero, cortito, impresionado porque ella era impresionante, y tartaja perdido.

–¿Que cuánto va a costarme, Lopera?

–Eeeeeso seseñorita Conchita, no va a ser babarato… Eso es que está ya viviejo…

–Aquí no vengas a decir palabrotas, Lopera. Viejo no se dice… Dime cuánto.

–Eeesta grieta… es del mamaltrato de las otras seseñoritas.

–Aquí no hay más señorita que yo. Las otras son bastas como serones, ya lo sé… Pero ¿cuánto?

–Y el mamaterial está muy cacaro. Y el titiempo que me va a llellevar… Memejor sería poner uno nuevo.

–De eso, ni hablar, que las niñas, que son unas ordinarias y sabe Dios dónde habrán hecho pis hasta ahora, quiero decir meado, que sean las que paguen el papato: ya me estás contagiando. La culpa es mía por darles estos lujos… ¿Cuánto, Lopera?

–Los conconductos, la tutubería, los dedesagües…

–¿Cuánto, Lopera?, que me estás ya tocando el chirimbolo.

–De sesetecientas pepesetitas no babaja, seseñorita Conchita.

–¿Setecientas pesetonas? Por ese dineral compro yo un burro y que vayan las niñas a cagar al campo.

Era en semejante recinto, junto a semejante retrete, donde prestaba sus servicios la Perejila. Guapa, bien formada, apetecible y sin ninguna vergüenza. Alguien debió de insinuarle que su sitio no estaba en esa ciudad provinciana, hipócrita y roñosilla; que volara más alto; que se buscase un porvenir lleno de alhajas y perfumes y sábanas de holanda. Sin duda se trataba de un tío sinvergüenza, que, a fuerza de llenarle la cabeza de halagos y de ínfulas, sacaba gratis sus servicios cameros… Y por fin, la Perejila se despidió de la Pichichi y, altiva y resuelta, tras haber utilizado por última vez el retrete de Lopera, se fue a la estación del ferrocarril, que no quedaba lejos.

En un asiento de tercera, caída ya la noche, incómoda y soñadora a pesar de no pegar ojo con el traqueteo, después de casi doce horas de tormento, la Perejila se apeó, arrastrando como podía su maleta, en la estación de Atocha de Madrid. No tenía ni la menor idea de hacia dónde tirar. Con negros y espléndidos ojos, apoyada ya una pierna bien hecha ya la otra contra su maletón, adivinaba un futuro deslumbrante... Ella habría dicho *dislumbrante,* porque era como la Macarena vestida de paisana.

Se le acercó un soldado aragonés. Entabló con él una conversación que la Perejila creyó muy conveniente para informarse del estado de las cosas. Después, para pagarle todos las falsedades que le había largado el maño, de paso por Madrid para enlazar con otro tren militar, lo mismo que el resto de guiris de su regimiento, la Perejila le hizo un sencillo servicio manual. Al concluir, en la mismísima puerta del reducto, la Perejila se encontró con una cola de cincuenta y tantos guripas: la voz había corrido –la voz y alguna otra cosa– y el tren militar se había retrasado. La Perejila, entre piropos y amenazas, llena de sueño de verdad porque no había dormido, e invadida por sus sueños falsos y por los crueles meneos del tren, se vino abajo y empezó a resignarse. De uno en uno –ya manual, ya bucal, ya entrepernilmente– le desfiló a paso de marcha el regimiento entero por lo alto. La Perejila durante todo el santo día, estuvo cumpliendo su servicio militar. Lo que ganó no llegaba a cien pesetas en quince horas y media...

Hasta que tomó una sublime decisión: volverse a su sitio en un tren que empezaba a humear en la segunda vía. «Como en casa de una ni en el cielo», se dijo... Cuando volvió a reclamar su puesto en el putiferio de la Pichichi, ésta se lo restregó por los morros.

–Con que tu destino era Madrid, ¿no, Perejila?

–Qué loca he sido, señorita Pichichi.

–Cuidadito con lo que dices, señorita Perejila.

Y desde entonces, de alguien que trata de volar sin alas y se estrella, se dice que ha quedado como la Perejila. Nadie lo mirará a la cara sin echarse a reír.

Como yo misma en este instante. Estoy escribiendo a tontas y a locas. Y sospecho por qué: porque me da miedo contar lo de la cena y quiero rellenar con tonterías el tiempo que falta hasta que llegue Aldo. Y me da miedo, entre otras cosas, porque no me acuerdo muy bien: entre las rayitas y los cambios de bebidas, no sé qué fue de mí...

Seríamos unos veinte, pero a mí me parecían ciento cincuenta y tantos. Y es que los italianos hablan más con las manos que con las bocas, y si lo sumas todo, bocas y manos, sale una multitud. Como yo en esa cena era el objeto de todos los disparos, bien o mal intencionados, y como les hacía gracia mi italiano latinizado para acercarlo al español, y como debían estar en antecedentes, muy de segunda mano, de algo sobre mi obra, aquello se transformó en un campeonato de tiro al plato, digo, o de tiro de pichón: no en vano estábamos cenando.

Al principio, antes de nada, cuando me presentaron Buonatesta y Donatti, con cierto aire de amistad casi íntima conmigo, me quedé de una pieza. Era lo que debí temerme, y no lo hice porque soy medio lela: una conjura ciudadana de las más diversas procedencias y pelajes. Alguien de la ciudad, alguien del Véneto, alguien del patriarcado, alguien de la policía, alguien del puerto, alguien de la organización de exposiciones y galas y variados eventos (adoro esa palabra), alguien de la literatura... Bueno, de la literatura, palabra que detesto, una señora erguida, que no se apeó de su montura en toda la noche; más vieja que la cotonía y nariguda hasta el punto de que desalojaba un metro a la redonda. Fue la única que no me habló de nada, como si no estuviera: como si no estuviera yo, por descontado, la huelepedos esa...

Aquello era peor que una rueda de prensa de las del corazón. Peor que las entrevistas de los periódicos y las televisiones, que a mí me hicieron pagar las setenas mientras el resto se atiborraba ya de aperitivos. Entre unos y otros pretendían sin duda dejarme sin cenar. Y lo consiguieron. Creo que la primera pregunta, ya sentados y con las servilletas, me la hizo una mujer muy guapa. Una indudable *bella* oficial, con el pelo de un rubio veneciano y, en consecuencia, más falso que Judas.

–Yo he leído su novela *El deber de las rosas*… La nueva que prepara, por la que ha venido aquí para tomar apuntes, ¿es también una historia romántica de amor?

–En cierta forma, sí. Es la segunda parte de la última novela que he publicado, *Los comensales*. Sólo que en esta nueva, los comensales son otros muy distintos: los que sustituyen en la mesa, una mesa como ésta, a los de la primera… Muy distintos: opuestos…

–Pero ¿también de amor?

–Sí, del amor más grande: el amor de los desprovistos, de los desheredados, de los que se quedan siempre sin cenar…

Una voz que no localicé dijo:

–Pero ¿de verdad confía usted en ese cambio? ¿Cree usted que cenarán por fin? –Era una pregunta con muchísima guasa. Y yo me guaseé:

–Si no confiara, ¿qué haría hoy aquí? Estoy convencida de que todos ustedes propiciarán el cambio. –La mirada de Buonatesta, que coincidió un segundo con la mía, me disuadió: estaba absolutamente equivocada. Pero insistí–: A nadie puede mirársele desde arriba, ¿no piensan ustedes así?, como no sea para ayudarle a levantarse.

Por un momento tuve la certeza de que era yo la que debería levantarme e irme. Unas risitas generalizadas me dieron la razón.

–¿Conocía Venecia? –me preguntaba un hombre calvo.

–Sí, como muchísimos recién casados, pasé aquí mi luna de miel.

–Otro libro suyo es precisamente *Bajo la luna nueva*… –era un hombre distinto, que agregó con picardía–: ¿Lo pasó usted muy bien?

–No me enteré: cuando cambia la luna es cuando se ve menos… Y, si es de miel, no puedes ni despegar los párpados.

Unos cuantos que, más o menos, entendieron el chistecito, se rieron. Muy pocos.

–¿Le gustan los venecianos?

–¿Se refiere a los hombres, o en general?

–Digamos que a los hombres. –Se trataba de un joven, de una belleza un poco relamida; un artista quizá, pero no sé de qué arte.

–Si no recuerdo mal se llama usted Fabrizio, ¿no es cierto? –Él afirmó–. ¿Pero Fabrizio Lupo?

Es el protagonista de una novela de Carlo Coccioli, titulada así, que trata de la terrible historia de un homosexual. Yo la leí con diecisiete años, me impresionó muchísimo. Entonces, por fortuna, ignoraba cuál iba a ser mi historia.

–No, Fabrizio Baldoni.

–Pues yo conozco a un hombre hermoso. No sé siquiera si es de aquí, pero aquí lo conocí. Su nombre es Aldo… El señor Buonatesta me dijo su apellido, pero lo he olvidado… Por lo visto se crió en un orfanato. Y es, de verdad, no un hombre de una vez, sino del mayor número posible de veces… ¿Cómo se llama de apellido, Arrigo?

Buonatesta, después de mirar con desgana a uno y otro lado, dijo:

–Aldo Ucceli. –Se oyó un suave murmullo de desaprobación–. ¿Lo ha vuelto usted a encontrar?

–Qué más hubiese yo querido… Hay que ver lo que dan de sí los orfanatos. Jean Genet, como ustedes saben, estuvo en uno en Francia. Pero su corazón no lo llamaba al bien. A este italiano, sí. Aldo no es ni resentido ni violento. Sólo emplea la violencia justa para tratar de que la justicia nos iguale a todos. –Nadia no levantaba los ojos de su plato. Los camareros, ahora en silencio o casi, iban y venían atendiendo a los comensales–. Él será, si lo consigo, el protagonista de algo más que de mi próxima novela.

Yo creo que fue a partir de ese momento cuando la conversación se fragmentó. Ya no era yo por fortuna el centro de ella, o esa ilusión me hacía. Un eclesiástico que estaba a mi derecha, con alzacuello y bastante buena pinta, rompió por fin a hablarme:

–¿Puedo deducir que es usted católica?

–Soy cristiana más que otra cosa… ¿Y usted? –Él se llevó la mano al alzacuello con la intención de mostrar lo evidente–. Ya lo he observado. Pero a lo que me refiero es tan interior que se trasluce en obras y no en indumentarias.

El invitado, o quizá el anfitrión que se sentaba a mi izquierda, intervino muy oportuno:

–¿Encuentra usted que ha cambiado Venecia?

–No tengo edad para contestar eso –me reí–. En realidad, Venecia es inmutable. Estoy convencida de que ella a mí, si se tomase el trabajo de mirarme, sí me encontraría cambiada, muy cambiada…

–Nunca para peor, puedo jurárselo –me halagó el anfitrión.

–Deyanira, qué hermoso nombre, por cierto –era una señora de cuello colgandero la que me hablaba–, ¿tiene usted hijos?

–No, no soy nada valiente… No tengo nada ahora, sólo una esperanza casi recién nacida.

–¿Está usted *expecting*?

–¿Hay quien esté vivo si no espera?

–Es bastante. Hay quien no tiene ni eso.

–No es otra la razón de esa esperanza de que le hablo: poder hacer algo para compartir.

Habló una señora más joven:

–No la había imaginado así.

–¿Cómo? –Me expuse entreabriendo los brazos y fingiendo curiosidad.

–Como la veo ahora. Alguna vez, en la televisión o en alguna revista, me pareció menos asequible, más dura si me permite decirle la verdad… Esta noche se asemeja más a una gran actriz que a una escritora.

–Quizá es que, en la edición de esta noche, vaya mejor encuadernada. –Señalé a la concurrencia–. Una edición de lujo para gente de lujo.

–¿Por qué tengo la sensación de que habla usted siempre con ironía?

–Porque no es usted tonta –le sonreí y ella quizá entendió.

Un otoñal atractivo, bastante alejado, levantó la mano como pidiendo la vez, y dijo:

–Yo tengo una hija que quiere dedicarse a escribir. ¿Le podría dar usted algún consejo? Ella me ha pedido que la salude en su nombre: se llama Laura Negri.

–Nadie debe dedicarse a una cosa tan rara como escribir si no lo necesita; si no lo necesita para seguir viviendo: no hablo de dinero. Y, en el caso de que así sea, ya sabrá cómo hacerlo… Es como respirar, es como morir: nos es inevitable. Aunque el aire esté contaminado, hemos de respirarlo… –Me vino, tan evidente, el recuerdo de Aldo–. Dígale de mi parte que, cuando sepa cómo escribir, trabaje para los que saben por qué ha de escribir ella. Parece un trabalenguas, pero no lo es. Y si lo es, yo lo he resuelto ya. Ella lo hará también… Y añádale que no haga como tantos que se creen escritores: contar, con toda clase de misterios y en voz baja, lo que todo el mundo sabe.

El hombre maduro me hizo una inclinación de cabeza. Comprendí que no se había enterado de nada.

De vez en cuando consultaba una locución o una expresión con Nadia, más que nada para que hiciera su papel, y ella me la solucionaba como una traductora simultánea de la ONU, pendiente de mí siempre.

–¿Cuánto tiempo se quedará entre nosotros? –Esta vez era un hombre malencarado, cejijunto y astuto (o eso creía él).

–Según como se mida. El tiempo es tan elástico, ¿verdad?

No es lo mismo el valor de una semana para un niño de pecho que para usted. Y una décima de segundo, ¿es lo mismo para un corredor olímpico que para cualquiera de nosotros? Ni es lo mismo el tiempo para el agricultor que espera una cosecha que para quien espera, desde un balcón, la llegada de su amante.

–Y para usted, ¿qué es?

–Un perpetuo compañero de viaje. Pero no siempre tenemos los dos la misma prisa ni igual cansancio.

–Pero no ha contestado a mi pregunta: ¿cuánto se quedará?

–¿Lo ve usted? Ya ha pasado su tiempo... Ayer, usted no existía para mí; mañana, no existiré yo para usted; hoy, de momento, coincidimos no sabemos en qué... Tiene usted razón. Muchísima más de la que cree.

Me miró de un modo que me estremeció. Volví a otro lado la cabeza. Tropecé con la mirada de Buonatesta y él rehuyó la mía. Pero, al hacerlo, me interrogó con muy mal café:

–¿Tiene algún escritor italiano preferido?

–Sí; dos o tres que dicen lo que piensan: seguro que los conoce usted. El resto escribe lo que no piensa: porque no son capaces de pensar, o porque son cobardes. Igual que sucede en todos sitios.

Empezaba a estar entre asustada y hasta el coño, cuando el señor de mi izquierda se puso de pie y levantó su copa. Hizo un brindis sin la menor originalidad, deseándome casi todo lo que yo deseaba para mí, menos lo más importante. Yo di las gracias con la misma falta de gracia.

–Vivir en Venecia –concluí– es como hacer un viaje interminable: ningún instante, ninguna luz, ningún rincón son iguales jamás unos a otros. Y, lo que es más extraordinario aún, tampoco son iguales a sí mismos. Espero que los venecianos sean más permanentes en sus afectos. Con esa ilusión y confianza os ofrezco yo el mío.

La verdad es que no me había comprometido mucho.

Los fotógrafos de prensa y las cámaras de televisión, que habían desaparecido casi todos desde la llegada al embarcadero, volvieron a inmortalizar los brindis y las bobas sonrisas de quienes brindábamos.

Fue entonces cuando tuve la tentación más grande de mi vida: decirles a todos, comensales y periodistas, que jamás escribiré ningún otro libro. Porque ahora sé que tengo cosas mejores que hacer. Y porque habíamos cenado muy bien, por lo visto, aunque sin enterarme yo de qué y sin el menor apetito, y habíamos bebido vinos caros y brindado con champán, con los eructos que provoca después de las comidas. Yo estaba a punto ya... Opté por hacerle una seña a Nadia. Nos levantamos.

–Perdónenme. Es sólo un momentito.

Fuimos al servicio y, después de eructar, nos endilgamos un par de rayas, que era lo que yo estaba necesitando para controlarme y no escupirle a toda esa manada de ricos, viejos o nuevos, que en el mundo hay una infinita hambre que, sin embargo, puede ser satisfecha. Porque la miseria embrutece, ¿no es cierto?, pero la insaciable búsqueda de la riqueza embrutece más aún... Eso nadie lo dice en una fiesta, porque todos lo saben y se han encogido de antemano de hombros para poder comer en paz y cenar y hacer negocios entre sí con los que seguir estrangulando a los hermanos que no están invitados. Debía decírselo yo: la diferencia entre la vida que vivimos, atroz, desigual, cruenta, falsa, y la exhibida en las novelas románticas, de exaltación y de éxtasis: esa, que para tranquilizarse y distraerse, gusta a *Los comensales*. Debía decírselo yo, no una novelista ni leches, sino la hija de un sargento de carabineros, más o menos, para que ellos lo entendieran. Una novela nueva es lo único que faltaba en un mundo superpoblado por hambrientos. Yo soy una de esos hermanos, que no tienen otra cosa (en cuanto me quite este traje lo seré) que el cuello para que los estrangulen...

Eso quería decir subida encima de la mesa, después de dar una patada a las copas y los platos para hacerme sitio. Después de atizarle a su eminencia con una cuchara en la crisma y hacer, con su cabeza, una tortilla de sesos. Después de gritarle que todos los ladrones quieren redimirse dando una limosna chiquitita mirando al cielo. Y gritarle que aquí todos los maridos llevan cuernos con sonajas, que las he oído yo. Y que la nobleza de que alardean tiene prohibidas, por lo visto, varias cosas: pagar lo que deben, no estafar, decir la verdad y trabajar; porque las manos de un cristiano viejo no trabajan: sólo sirven para usar la espada o el arma conveniente, y así gana su vida; si no, roba... Aquí no hay más que potentados y mendigos, y ninguno de los dos grupos hace nada... ¿No es hora de equilibrar un poco la balanza? Y he oído que, en secreto, la mafia, es decir, todos, canta una copla que define su oficio: «Matar de noche y de día. / Matar a diestro y siniestro. / Matar al ave maría / y matar al padrenuestro».

Debía gritárselo: los inofensivos roedores de la tierra están siempre bajo los ojos ávidos de las aves de presa. Las naciones y las razas humildes y pacíficas, desprotegidas y sin armas de ataque, sin más aliado que sus necesidades, son como ovejas que van al matadero en silencio, acompañadas sólo por su resignación. O que se embarcan en pateras, que les cuestan todas las ganancias de su vida, y a las que el mar destroza antes de que lleguen a otras tierras donde, si llegan, sólo encuentran un futuro de humillación para ellos y los suyos.

Debía decirles que siento la tentación de volver a escribir. Empezando por una cuestión: la de descubrir mi incompetencia y mi incapacidad de dar testimonio de lo que veía y de lo que había visto, para escandalizar hasta a las piedras, para estremecer hasta a los muertos. Porque, con lo que hay alrededor en este mundo, es suficiente para saciar a cualquier niño hambriento, pero un tercio de ellos se mueren de hambre. Y los países deudores dejan de cultivar los alimentos suyos para cultivar lo que les da dinero, coca incluida, y contentar a los bancos de este puto mundo y pagar las deudas a los matones poderosos, que a tiros o a machetazos protegen a los desarrollados… ¿Es ése el desarrollo? ¿En qué nos hemos convertido? ¿Qué excusa lo que hacemos? Poner la gente por debajo de los beneficios, la moral por debajo del dinero, la decencia bajo los dividendos, la justicia bajo los fanatismos, la agonía de los pobres bajo nuestras estúpidas comodidades… La culpa es lo único que compartimos aquí, la perversión de los valores, un orden falso y nauseabundo… ¿Y qué esperamos? ¿Que llegue la revolución proletaria para que fracase de nuevo? ¿O el juicio final, en el Valle de Josafat, que a nadie le importa en dónde leche está? No, no, no. Ahora. Tiene que hacerse, lo que hay que hacer, ahora. Sobre las pocas leyes justas que hay. Contra una avalancha de egoísmos inmensa que se está perpetuando. Desde esta misma noche. Ahora, ahora. ¡Ya!

Debía decírselo. A eso había ido hasta allí, porque ahora sí que vivo de verdad. Vivo para algo y alguien. Y estoy lista para pisotear a quienes pisotean, a todo ese rebaño de canallas que dicen, para excusarse de mentirijillas, eso de que a los hambrientos es mejor enseñarles a pescar que darles peces; para que después nadie les enseñe ni les dé un chanquete siquiera. Por eso siento ahora, con esta compañía de Jesús delante, vergüenza por vivir holgadamente. Y por llevar este traje, aunque sea del color de la flor de achicoria… Y como estoy prácticamente borracha, en lugar de seguir parloteando y haciendo la payasa, lo que debo hacer, lo que debería hacer, era irme antes de tirarle la copa a la cara de ardilla de este cura. O apretar los dientes para impedirme decir al cejijunto, que sé que me odia tanto como yo a él, que adivino que es él quien ha matado toda su vida hasta a su propia gente: quienes fueron a secuestrar a Bianca, por ejemplo. Y puede que me acuerde y acabe por decirle dónde se están pudriendo sus cadáveres… Para que así escarmienten todos los padrinos y los *capos* y las familias y los ahijados, que ya no defienden a nadie ni sustituyen los vacíos del gobierno, sino que le sacan las castañas del fuego y, sin más ni más, sin apagar las llamas, se llevan tranquilamente las castañas.

Con decir algo de eso, sin levantar tanto la voz y una vez sólo, habría sido suficiente. Pero no.

Me estoy despidiendo, junto a Nadia que me toma con ligereza del codo izquierdo. Y tiendo mi mano derecha para que hagan el gesto de besarla llevándosela casi hasta los labios. Y rozo mis mejillas con las de las señoras. Y me dan sus pendientes de brillantes un golpe en mis orejas desarmadas… Qué ganas de ensuciar…

Pero mi venganza será sonada. Mañana saldrá la reseña de este hermoso y solidario acto, y sus fotografías, en todos los diarios y en los programas de televisión, tan dada a esta idiotez de suscitar envidias, y en las revistas del corazón, que inventarán un romance, al que maldita la falta que le hace ya ser inventado, y hasta el argumento de la inexistente próxima novela… Yo me cago en sus muertos… «La mejor escritora española de novelas de amor, agasajada por la Venecia invernal y neblinosa, más romántica que nunca.» Y así servirá de publicidad para el turismo de la primavera y del verano. Una ciudad tan intelectual, tan madre de todas las madres y tan antigua como la inteligencia humana. Una ciudad que es obra de esa inteligencia más que de la naturaleza. Hecha por el hombre para el hombre. Y para la mujer naturalmente: más que nada, para la mujer. Donde la mafia gobierna sin hacerse visible por buen gusto. Vía de comunicación entre Occidente y Oriente, pero no para el tráfico de divisas, ni de drogas, ni siquiera de reliquias en otra época: sólo para la comunicación y el intercambio del arte y de las letras… Todos los topicazos reunidos… Todos los mandamases reunidos… Todos los buitres carroñeros.

Como las mafias. Reunidas todas aquí, en un campo neutral, donde hacer que desaparezcan los cadáveres es la tarea más sencilla y la más agradable. Descontada naturalmente la de atiborrarse de euros los bolsillos *per vías non rectas*, como diría el cura, si tuviese vergüenza, con la mano en el alzacuello o en el culo... ¡Hasta mañana!

Aunque quizá suceda que, sin alguien que le apriete las clavijas, nadie cuente nada de la verdad y nadie publique los documentos de Aldo. Ojalá me equivoque y nosotros, no demasiado lejos, podamos escuchar no ya la campanada, el cañonazo de dejar con la popa al viento a la *troupe* de este circo del robo a mano armada y desarmada... ¿Y luego? Por desgracia, aunque se remuevan ahora, se aquietarán las aguas y las conciencias, y aquí no habrá pasado nada una vez más. Un fénix muere y, de sus cenizas, renacerá otro fénix, siempre el mismo. Y volverá a morir. Y, entre todos los ladrones que me han invitado a cenar, tramarán de nuevo sus negocios mientras la gente, indefensa e ignorante de todo, va de iglesia en iglesia, de pintor en pintor, de puente en puente, de bienal en bienal...

O puede que todo esto se haya sabido siempre y no le importe a nadie en esta Italia tan desentendida, porque se siente por encima de cuanto pueda sucederles a sus ciudadanos. Y a ella misma también.

¿Es que no servirá nada de lo que se haga, ni aquí ni en ningún sitio?

Se me ha pasado un poco la irritación que tenía. Hemos charlado Nadia y yo un ratito. Entre las dos –en el fondo, qué femeninas somos, qué idénticas a todas las demás– hay una tácita complicidad: la de no quitarnos los trajes todavía. Y así quedar como dos grandes damas de prestado ante nuestros amantes. Que estarán ya al caer. O eso deseo, aunque un pavor que crece a cada instante me agarrota todo el cuerpo.

A alguien se lo tengo que contar. Me alegra la humillación de reconocer que para algo servían estas libretillas escolares, estos cuadernos de agua. El ser humano es demasiado humano. Cuánta razón tenía ese loco de Nietzsche…

Por fin oigo llamar.

Abrió Nadia la puerta. Primero pasó Bianca, guapa y sin maquillar salvo los cardenales. Se llevó las manos a la cabeza, casi sobrecogida y encantada. Hizo girar a Nadia y quitarse la capa con capucha. Y luego ella giró en torno de su amante… Daba pequeños gritos, que yo oía desde dentro de la suite. No deseaba ninguna competencia para mi presentación de *prima donna.* Necesitaba mi aria. Me había colocado como, en el más irrealizable de sus sueños, hubiese soñado la pequeña Asun Moreno, en Alhaurín el Grande: ante los cortinajes crudos de los dos balcones, en pie, con un extremo de la estola bordada en plata, arrastrando sobre el parqué, y el otro descansando en mi antebrazo; descubiertos los hombros y el pecho casi entero, con una expresión ausente y bien fingida por la falsa sorpresa de recibir visitas a esa hora…

Aldo no pronunció ni una sola palabra. Yo le daba la espalda. No me cogió de los hombros para verme de frente: fue él quien me buscó dando una vuelta. Sin perder aquel aire de desentendimiento, lo miré a los ojos… Durante mucho tiempo. Hasta que resbaló su mirada por mi cuerpo…

Qué previsible es el ser humano macho; más que la hembra, también muy previsible… Me gustaría que una noche –sí, una noche– me contara cómo me vio, qué descubrió en mí que no hubiese ya descubierto, de qué forma distinta me deseó, qué incomprensible barrera adivinó entre nosotros para no dar el salto que yo ardía en deseos de que diera. Me miraba con una seriedad absoluta. Pensé: «A que ahora se arrodilla este idiota». Y luego: «La idiota aquí eres tú». Aldo me despojó, con una pulcritud que la dimensión de sus manos y sus brazos no hacían suponer, de la estola, y la arrojó a un sofá. Como para decirme sin palabras que no eran los ropajes los que le inspiraban aquel necio respeto: un respeto que ya había comenzado a impacientarme.

Se alejó de nuevo, para mirarme de nuevo muy despacio, ahora de abajo arriba. Dio un paso. Dio otro paso. Con temor de quebrarme, me acarició el cuello desnudo, la nuca descubierta por él en ese instante, los hombros... Hundió sus manos en el ancho escote y las descansó por fin sobre mis pechos. Y sólo entonces fue cuando volvió a mirarme de hito en hito.

–Deyanira –dijo en voz tan baja que apenas lo escuché.

No me atreví a moverme. Empecé sólo a sonreír... Y Aldo, mi Aldo de siempre, de un siempre aún tan corto, se abalanzó para devorarme sin duda. Tenía de pronto veinte manos, miles de dedos, quince bocas y más ocelos irisados que un millón de pavos reales...

No sé cómo pasó, pero pasó. En menos de un segundo yo estaba absolutamente desnuda y tumbada sobre la colcha de raso granate de la cama. Lo que es la experiencia.

Fue un polvo dominador, de alguien que necesita conquistar. De alguien que necesita demostrarse a sí mismo que todo lo hermoso, que hasta ahora le pareció intocable, era tan sólo suyo. Su propiedad exclusiva... Tenía que demostrarse a sí mismo que la debilidad había concluido, que sólo la belleza lo había asaltado desprevenido e indefenso, y ahora se resarcía... Por un momento temí que me haría daño: tanto era su arrebato, su urgencia por tomar posesión, su ardor, su necesidad de convencerse de que ni yo ni él habíamos cambiado. Aunque él sintiese, por una parte, cierta inferioridad, quizá por vez primera, ante ese silencioso poderío que yo exhibí con toda la malísima intención femenina. Y, por otra, la superioridad de quien ha producido el milagro que lo deslumbra ahora. Igual que quien enciende una luz muy potente, una luz que pone de manifiesto los pequeños e innumerables tesoros nunca vistos pero sí presentidos...

«Y eso que sólo ha pagado la ropa», pensé yo riéndome por dentro. «Por eso ha necesitado despojarme de ella, y que vuelva a ser la Deyanira que siempre, desde el principio, él ha querido...»

Debo confesar que no entiendo cómo algunas parejas, si no todas, descubren cierta monotonía, que sin rubor confiesan, en sus encuentros sexuales. Aldo a mí siempre me ha sorprendido... Y –tengo que decirlo, porque si no reviento– yo también a mí misma.

Mientras nos duchábamos juntos, me ha asaltado un deseo. He visto, tras la ventana del baño, la luna casi llena, reinando inmóvil en la quietud del cielo. He visto, desde el balcón, envuelta en un albornoz, a través del aire de la noche limpio y frío, la punta de la Dogana y la cúpula de la Salute. He adivinado el Fundamento de la Zittele en la querida costa de la Giudecca. He imaginado su continuación, que me enamoró desde el principio, los Fundamentos donde mi corazón se ha recreado tan a menudo y con tanto fervor: el de San Giacomo y el del Puente Piccolo...

Y casi me ha herido la necesidad de despedirme de ellos. Una necesidad exigente, obligatoria, justificada por recuerdos que ni la muerte puede arrebatarme. Por su causa, esta noche, creo a ciegas que algo perdura. Supongo que todo aquello que el amor ha tocado. Porque el amor es el único y verdadero fundamento.

Voy a pedirle a Aldo que vayamos, aunque sea un momento, aprovechando que tiene su motora en el embarcadero, a aquel lugar preciso donde, en una góndola anónima, yo supe con una vehemente certeza inconmovible, que mi vida era ya de él... De él, que lo llamó un día nuestro altar y nuestra cama de bodas.

Quiero ratificárselo esta noche. Antes de que mañana –o mejor, dentro de muy pocas horas– salgamos de Venecia... ¿Hacia dónde?

EPÍLOGO DE LA EDITORIAL

Hasta aquí llega el contenido de estas libretas escolares, en las que volcó su inteligencia y su sentimiento Deyanira Alarcón, durante casi un estremecido y estremecedor año.

Poco tiempo –menos de una hora– después de escribir las últimas frases, Deyanira Alarcón y su amante fueron tiroteados y asesinados en el lugar de la Giudecca al que se dirigieron. Sus cuerpos tardaron algún día más de lo imprescindible en ser recuperados. Nadia Petacci, que fue quien nos remitió *Los cuadernos de agua*, como los tituló, con ironía, Deyanira, advirtió a las autoridades del lugar desde el que los amantes se habían propuesto ver, por última vez, Venecia. Sin saber que morirían en él. El envío nos lo hizo desde fuera de Italia, después de que se lo devolviera la editorial Proteo, y por indicación de la traductora al griego de Deyanira Alarcón, Irene Lyttra.

Acompañaban al texto unos recortes de periódicos y unos vídeos televisivos. Eran la prueba de que, aunque algún tiempo después de lo calculado por los protagonistas, estalló el escándalo que había provocado su muerte. Ésta, por tanto, no cayó en el vacío, y sirvió para iluminar otras muchas vidas.

La conocida novelista actuó por tanto, al final, como la diosa Nike, la Victoria que, para quedarse con los humanos, se despojó de sus alas y de su gloria luminosa, convirtiéndose así en la Nike Áptera, la Victoria sin alas. Alucina comprobar, en este libro, cómo alguien que cree huir de su destino, cumple el que era su destino verdadero. Deyanira Alarcón, que había renunciado a escribir más, para morir de su propia muerte tuvo que vivir, sin escribirla, su última novela.

Esperamos que el libro que aquí concluye produzca el mismo efecto, no mortal sino enriquecedor. Y que los nombres enamorados de Deyanira Alarcón y de Aldo Ucceli sean recordados con amor. Y entrelazados públicamente, como fue su secreto deseo. *Auferat hora duos eadem.*

Ilustración de la sobrecubierta: © John Brown/GettyImages
Foto del autor: © EFE/Toni Albir

Círculo de Lectores, S. A. (Sociedad Unipersonal)
Travessera de Gràcia, 47-49, 08021 Barcelona
www.circulo.es
1 3 5 7 9 8 0 1 1 8 6 4 2

Licencia editorial para Círculo de Lectores
por cortesía del autor.
Está prohibida la venta de este libro a personas que no
pertenezcan a Círculo de Lectores.

Depósito legal: B. 42564-2008
Fotocomposición: punt groc & associats, s. a., Barcelona
Impresión y encuadernación: Printer industria gráfica
N. II, Cuatro caminos s/n, 08620 Sant Vicenç dels Horts
Barcelona, 2008. Impreso en España
ISBN 978-84-672-3296-7
N.º 28654